# PASAJES

SEXTA EDICIÓN

## CULTURA

# PASAJES

### SEXTA EDICIÓN

## CULTURA

■■■ **Mary Lee Bretz**
Rutgers University, Emerita

■■■ **Trisha Dvorak**
University of Washington

■■■ **Carl Kirschner**
Rutgers University

**Contributing Writer**

■■■ **Michael Morris**
Northern Illinois University

Boston    Burr Ridge, IL    Dubuque, IA    Madison, WI    New York    San Francisco    St. Louis
Bangkok    Bogotá    Caracas    Kuala Lumpur    Lisbon    London    Madrid    Mexico City
Milan    Montreal    New Delhi    Santiago    Seoul    Singapore    Sydney    Taipei    Toronto

## Higher Education

This is an EBI book.

Published by McGraw-Hill, an imprint of The McGraw-Hill Companies, Inc., 1221 Avenue of the Americas, New York, NY 10020. Copyright © 2006 by The McGraw-Hill Companies, Inc. All rights reserved. No part of this publication may be reproduced or distributed in any form or by any means, or stored in a database or retrieval system, without the prior written consent of The McGraw-Hill Companies, Inc., including, but not limited to, in any network or other electronic storage or transmission, or broadcast for distance learning.

Some ancillaries, including electronic and print components, may not be available to customers outside the United States.

This book is printed on acid-free paper.

2 3 4 5 6 7 8 9 0 WCK/WCK 0 9 8 7

ISBN 0-07-305171-3

Vice President/Editor-in-chief: *Emily G. Barrosse*
Publisher: *William R. Glass*
Director of development: *Scott Tinetti*
Development editors: *Jennifer E. Kirk,*
  *Allen J. Bernier*
Editorial coordinator: *Letizia Rossi*
Senior media producer: *Allison Hawco*
Media project manager: *Kathleen Boylan*
Executive marketing manager: *Nick Agnew*
Project manager: *Anne Fuzellier*
Lead production supervisor: *Randy L. Hurst*

Senior supplement coordinator: *Louis Swaim*
Design manager: *Violeta Díaz*
Interior and cover designer: *Anne Flanegan*
Photo research coordinator: *Nora Agbayani*
Photo researcher: *PhotoSearch, Inc.*
Art editor: *Emma Ghiselli*
Compositor: *TechBooks/GTS, York, PA*
Printer: *Quebecor World Versailles*
Cover art: *La historia sin fin* (oil on canvas, 1999),
  by Homero Aguilar (Colombia, 1953– )

Because this page cannot legibly accommodate all the copyright notices, page A-57 constitutes an extension of the copyright page.

**Library of Congress Cataloging-in-Publication Data**

Bretz, Mary Lee.
    Pasajes. Cultura / Mary Lee Bretz, Trisha Dvorak, Carl Kirschner.— 6. ed.
      p. cm.
    English and Spanish.
    "This is an EBI book"—CIP t.p. verso.
    ISBN 0-07-305171-3 (softcover)
    1. Spanish language—Readers—Civilization, Hispanic. 2. Civilization, Hispanic. I.
Dvorak, Trisha. II. Kirschner, Carl, 1948- III. Title.

PC4127.C5B73   2006
468.6'421—dc22                                                    2005054384

The Internet addresses listed in the text were accurate at the time of publication. The inclusion of a Web site does not indicate an endorsement by the authors or McGraw-Hill, and McGraw-Hill does not guarantee the accuracy of the information presented at these sites.

http://www.mhhe.com

# CONTENTS

## CAPÍTULO 2

# La comunidad humana     20

## CAPÍTULO 3

# Costumbres y tradiciones     38

## CAPÍTULO 4

# La familia 58

## CAPÍTULO 8

# Creencias e ideologías    150

## CAPÍTULO 9

# Los hispanos en los Estados Unidos 178

## CAPÍTULO 10

# La vida moderna                                                            202

## CAPÍTULO 11

# La ley y la libertad individual                                           218

## CAPÍTULO 12

# El trabajo y el ocio  240

# Answer appendix     A-1

Welcome to the Sixth Edition of *Pasajes*! To those of you who have used *Pasajes* in the past, we hope that you'll find this new edition even more exciting and interesting than the last. To those of you who are teaching for the first time with *Pasajes*, we hope that you and your students will find teaching and learning Spanish with *Pasajes* to be a rewarding experience. We've been especially heartened by the enthusiasm of instructors who have told us that *Pasajes* has increased not only their satisfaction in teaching Spanish but also their students' enjoyment in learning Spanish.

## ■■■ THE *PASAJES* SERIES

The Sixth Edition of *Pasajes* consists of three main texts and a combined workbook and laboratory manual developed for second-year college Spanish programs. The texts—*Cultura* (a cultural reader), *Literatura* (a literary reader), and *Lengua* (the core grammar text)—share a common thematic and grammatical organization. By emphasizing the same structures and similar vocabulary in a given chapter across all three components, the series offers instructors a program with greater cohesion and clarity. At the same time, it allows more flexibility and variety than are possible with a single text, even when supplemented by a reader. The design and organization of the series have been guided by the overall goal of developing *functional, communicative* language ability and are built around the three primary objectives of *reinforcement, expansion,* and *synthesis*.

Since publication of the First Edition of *Pasajes* in 1983, interest in communicative language ability has grown steadily. The focus on proficiency, articulated in the *ACTFL Proficiency Guidelines*, and the growing body of research on the processes involved in developing each of the language skills have supported the importance of communicative ability as a goal of classroom language study, while suggesting activities that enable learners to develop specific skills in each of the four traditional areas. At the same time, the growing interest in cultural competence, which has been a focus of the *Pasajes* program from the beginning, has confirmed that instructional materials need to be not merely contextualized but also content-rich. The revisions of *Pasajes* have been shaped by these factors, as well as by the combined expertise of those who have used earlier versions of the materials and have offered suggestions based on their experiences.

## ■■■ *PASAJES: CULTURA*

*Pasajes: Cultura* has been developed with two goals in mind: to expose students to the cultures of the Hispanic peoples, without encouraging the formation of preconceptions or prejudices, and to improve students' reading skills in Spanish. The concept of culture that has guided us is one suggested by many social anthropologists: Culture is a meaning system shared by members of a particular group or community; the values and beliefs that form this meaning system provide answers to fundamental human dilemmas and establish guidelines for appropriate behavior.

The themes of the twelve chapters of *Cultura* are the same as those developed in *Literatura* and *Lengua*. The readings are of two types: those written specifically for *Cultura* and those culled from authentic sources, such as magazines, and written originally for native speakers of Spanish. They cover important characteristics and concerns of the Hispanic world, reflected in all its rich diversity: urban and rural; of European, American, or African origin; young and old; Spain, Latin America, and Spanish-speaking communities in the United States and Canada. It is hoped that the exploration of each theme will lead students away from superficial generalizations and toward a deeper understanding of Hispanic ways of life. One of the steps in this process is to increase students' sensitivity to their own culture and to the unique answers it provides for the human dilemmas shared by Hispanics. The purpose is not to argue superiority or inferiority of cultures but to recognize that the value of any culture's answers is relative and to arrive at an appreciation of the significance of cultural differences. *Cultura* presents only a cross-section of the great diversity of the Hispanic peoples and cultures and, in its aim to help students realize how others view us, offers views of North American culture that are sometimes unflattering.

In the third and fourth semesters of college Spanish, many students are in a quandary. They are supposed to begin "really reading" in Spanish, but the materials they are given may be impenetrable unless they have already been "really reading" for some time. The excitement and the adventure the instructor had hoped to convey often degenerate into a dictionary exercise. Possibly the most important skills an instructor can teach students is *how to get ready to read.* The structure and approach of *Cultura* is specifically designed to help students develop their reading skills.

## ■■■ ORGANIZATION OF THE TEXT

Although the look of *Pasajes* has changed, the chapter organization of the Sixth Edition remains fundamentally the same as in the Fifth Edition. To enhance the utility of *Pasajes: Cultura* we have added a new **Sociedad** feature to each chapter and updated and renamed other sections and features to reflect the new look and feel of the Sixth Edition. Suggestions for using each section and its various features are offered in the *Instructor's Manual.*

### Exploraciones

Functioning as an advance organizer for the chapter theme, the chapter-opening section is designed to activate students' prior knowledge about the topic and set the stage for the readings to follow. Each **Exploraciones** section consists of a photo-review or photo-comparison activity that presents the chapter theme. Additional activities ask students to analyze critically their thoughts on the photos or the theme(s) they represent, and then expand on their analysis through individual speculation or small-group discussion.

### Lectura I (II or III)

Each chapter generally consists of two or three main readings or a single main reading divided into two or three parts. Most readings are preceded by prereading skills, strategies, and vocabulary sections and followed by comprehension, interpretation, and/or application activities.

### Aproximaciones al texto

In this section students practice specific skills designed to help them read more efficiently and with greater comprehension. Contextual guessing of word meanings, breaking complex sentences into simpler ones, and interpreting function words are among the many reading strategies practiced in this section. This section closes with **Palabras y conceptos,** in which students work with key vocabulary to anticipate ideas and issues related to the subsequent reading.

### Symbols and Glossing

Within readings in the first five chapters, graphic symbols are used to indicate the meaning of verbs in tenses that have not yet been reviewed in *Pasajes: Lengua.* Important vocabulary items that cannot be guessed from context are glossed at the bottom of the page; glosses are mostly in English in the earlier chapters and appear increasingly in Spanish in later chapters.

### Comprensión

The **Comprensión** activities allow students to verify their general understanding of the content of the reading, as well as to practice the grammar points treated in the corresponding chapter of *Pasajes: Lengua.* Activity types vary greatly. Typical formats include, but are not limited to, content questions, true/false, sentence completions, and identifying key ideas.

### Interpretación

Once students have verified their general comprehension of the reading, they move into an interpretive phase. In these activities students move beyond their general understanding of facts and details to meaning at a deeper level. Here, too, a variety of activities helps students interpret the readings: speculating, making comparisons, and creating semantic maps.

### Aplicación

Finally, students are given the opportunity to apply what they've read to their own experience. In activities such as class discussions, role-plays, and debates, students have an opportunity to use the information gleaned from the readings in more free-form contexts.

## Sociedad

A new feature for this edition is the **Sociedad** box found in each chapter. Each **Sociedad** consists of a short essay with accompanying photo, highlighting a contemporary cultural aspect of Hispanic society. The **Sociedad** essay touches on the broader chapter theme in some fashion. Here is a list of the **Sociedad** topics found in *Cultura*.

1. Un cambio en el sistema escolar de la Argentina
2. El café de comercio justo
3. Carnaval en Bolivia
4. Dos chicos cantantes que están para hacerse famosos
5. Las ciberescuelas españolas
6. Marc Anthony y Jennifer López
7. Las vacas que producen electricidad además de leche
8. Catalina Sandino Moreno, actriz colombiana
9. Selena, diez años después de su muerte
10. Cómo hablar SMS
11. La situación de los derechos humanos en Latinoamérica
12. Cristina, reina de la televisión

Several special activities appear in each chapter of *Pasajes: Cultura*.

**¡Necesito compañero!** activities, identifiable by their icon, are specifically designed for partner or pair work.

**Entre todos** are activities designed for small-group or whole-class discussion.

**Papel y lápiz** activities, which typically build progressively, have two purposes: to encourage students to use writing as a way to explore and develop their understanding of the ideas expressed in the chapter reading(s) and to build their writing skills by practicing a variety of writing techniques. **Papel y lápiz** activities are typically informal and journal-like in nature and are not intended to be graded exercises; nevertheless, the **apuntes, mapas semánticos,** and **comentarios** that students produce can be a rich starting point for more formal composition assignments.

**Improvisaciones** are opportunities for learners to engage in role-play and to practice a variety of communication strategies.

**Pro y contra** are guided debate activities in which learners must actively defend or refute statements related to important chapter themes and issues. The **Pro y contra** and the **Improvisaciones** activities motivate learners to want to communicate while challenging them to extend their language skills in order to produce the functions and extended discourse characteristic of advanced proficiency.

## ◼◼◼ CHANGES IN THE SIXTH EDITION

In response to feedback from professors and student instructors, a number of changes for the Sixth Edition have been implemented without altering the essence of *Pasajes: Cultura*.

- A new **Sociedad** feature found in each chapter presents a contemporary cultural aspect of Hispanic society. Students will enjoy these brief, cultural readings that explore an aspect of the chapter theme.
- In response to reviewer feedback, new readings have been introduced in **Capítulo 10** to allow students to explore the theme of *la vida moderna*.
- Activities and photos have been updated and revised.
- New Online Flash™ Interactivities, available as Premium Content on the *Online Learning Center,* replace the Fifth Edition's *Interactive CD-ROM* and offer students a variety of interactive activities and games to practice the grammar and vocabulary presented in each chapter of *Lengua*.
- The redesigned *Video to accompany Pasajes* is now available on CD as well as in VHS format.
- Finally, an updated, full-color design of *Pasajes* makes learning Spanish not only more enjoyable but also easier. The purposeful use of color highlights the various features of the text and draws attention to important material.

## ◼◼◼ COMPONENTS

As a full-service publisher of quality educational products, McGraw-Hill does much more than just sell textbooks to your students. We create and publish an extensive array of print, video, and digital supplements to support instruction on your campus. Orders of new (versus used) textbooks help us to defray the cost of developing such supplements, which is substantial. Please consult your local McGraw-Hill representative to learn about the availability of the supplements that accompany *Pasajes*, Sixth Edition.

For instructors *and* students:

## Cultura

Thematically coordinated with *Lengua* and *Literatura*, *Cultura* is a collection of cultural essays and authentic articles culled from contemporary Spanish-language magazines and newspapers. Each reading treats an aspect of the chapter topic and is accompanied by abundant prereading and postreading activities designed to develop reading and writing skills while furthering students' appreciation of the cultural diversity of the Spanish-speaking world. A new feature for this edition is the **Sociedad** box found in each chapter. Each **Sociedad** presents a short essay with accompanying photo, highlighting a contemporary cultural aspect of Hispanic society.

## Literatura

Thematically coordinated with *Lengua* and *Cultura*, *Literatura* is a collection of more than twenty literary texts, including a variety of short stories and poetry, excerpts from longer works, and a legend. All texts have been selected both for their interest to students and for their literary value. Based on the valuable feedback from reviewers and users, the readings in the Sixth Edition reflect the return to some of the canonical selections that were reintroduced in the Fifth Edition yet also include representation of some contemporary writers. There are four new readings, with accompanying illustrations:

"La conciencia," Ana María Matute

"La Llorona," (anonymous)

"La IWM mil," Alicia Yánez Cossío

"Tiempo libre," Guillermo Samperio

Each text is accompanied by abundant prereading and postreading activities that develop reading and writing skills. New for this edition are sidebar literary terms and their accompanying definitions in Spanish that appear throughout the text in support of corresponding activities and literary selections. This new feature provides students with key terms that are important to understanding literature and facilitates participation in classroom conversation.

## Lengua

The core grammar text for the *Pasajes* program consists of a comprehensive review and practice of basic vocabulary and grammatical structures, while introducing and practicing more advanced grammatical structures.

## Cuaderno de práctica

This combined workbook and laboratory manual is coordinated thematically with *Lengua, Literatura,* and *Cultura* and provides students with various controlled and open-ended opportunities to practice the vocabulary and grammatical structures presented in *Lengua*. The chapter organization of the *Cuaderno* follows that of *Lengua*. The laboratory section promotes listening comprehension through many short narrative passages, and speaking skills through a variety of activities, including pronunciation practice. The **Voces** section includes authentic interviews with men and women from different areas of the Hispanic world. The workbook section provides guided writing practice to help students develop a variety of writing skills. The **Pasaje cultural** section contains video-based activities for individual viewing of the *Video Program*.

## Online Cuaderno de práctica

 The updated *Online Cuaderno de práctica*, produced in collaboration with **Quia™**, offers the same outstanding practice as the printed *Cuaderno* with many additional advantages such as on-screen links to corresponding audio files, immediate feedback and scoring for students, and an easy-to-use gradebook and class roster system for instructors. To gain access, students purchase a unique Student Book Key (passcode). Instructors should contact their local McGraw-Hill sales representative for an Instructor Book Key.

## Audio CD Program

 Corresponding to the laboratory portion of the *Cuaderno*, the *Audio CD Program* contains activities for review of vocabulary and grammatical structures, passages for extensive and intensive listening practice, guided pronunciation practice, and interviews with men and women from different areas of the Hispanic world.

## Online Learning Center

 The *Pasajes Online Learning Center* brings the Spanish-speaking world directly into students' lives and into their language-learning experience by means of vocabulary and grammar practice quizzes and cultural resources and activities. Many resources are also available for instructors. The *Online Learning Center* can be accessed at **www.mhhe.com/pasajes6**.

## Online Flash™ Interactivities

 The *Online Learning Center* now includes Flash™-based activities that provide a new level of interactive review and practice for *Pasajes: Lengua*, in an online format. Presented as Premium Content on the *Online Learning Center*, these fun yet practical activities take the place of the Fifth Edition's *Interactive CD-ROM* and provide a unified language experience for students online, thus eliminating the need for multiple components. Diverse activity types (many that are art-based) and interactive games engage students as they review vocabulary and grammar.

## Sin falta Writing Software

*Sin falta*, developed in partnership with Ultralingua, Inc., is a powerful Spanish writing program on CD-ROM that includes the following features: a word processor, a bilingual Spanish-English dictionary with more than 250,000 entries, an online Spanish grammar feature, basic grammar and spell-checking functions, and more!

For instructors only:

## Instructor's Resource CD

New for the Sixth Edition, the *Instructor's Resource CD* includes MSWord files of the *Instructor's Manual* (with sample tests), *Videoscript*, and *Tracklisting for Audio CD Program* and Adobe PDF files of the *Audioscript*.

## Instructor's Manual

This useful manual, now available electronically on the *Instructor's Resource CD* and in the Instructor's Edition of the *Online Learning Center*, includes suggestions for using all components of the *Pasajes* program, sample lesson plans and syllabi, and sample chapter tests for *Lengua*.

## Video and Video on CD

 The *Video Program*, now available in VHS and on CD, consists of authentic footage from various Spanish-speaking countries. Topics are coordinated with the chapter themes, and accompanying activities can be found in the **Pasaje cultural** section of each chapter of *Lengua* and the *Cuaderno*.

## Lengua Instructor's Edition

This special edition of *Lengua*, specifically designed for instructors, contains a 32-page insert with helpful hints and suggestions for working with the many features and activities in *Lengua*.

## Audioscript

This complete transcript of the material recorded in the *Audio CD Program* is now available electronically on the *Instructor's Resource CD* and in the Instructor's Edition of the *Online Learning Center*.

# ACKNOWLEDGEMENTS

We are extremely grateful to be publishing the Sixth Edition of *Pasajes*, something we could not have predicted when we first began working on these materials many years ago. Over the years and throughout earlier editions, various people have helped shape the *Pasajes* program, keeping it contemporary and of interest to students and instructors. Jennifer Kirk, our editor on the Sixth Edition, was instrumental in helping develop and shape the new cultural content in **Capítulo 10.** We thank Jennifer for the fresh perspective she brought to this chapter. Michael Morris (Northern Illinois University), informed by his expertise in the field of second language acquisition and his classroom teaching experience, provided the original manuscript for the new **Sociedad** essays. He was also instrumental in helping revise and update the entire book, including **Capítulo 10.** We are grateful for his contribution.

We would like to acknowledge the contributions of certain individuals who contributed in various ways to previous editions. These include Myriam Criado (Rutgers University), Carmen M. Nieto (Georgetown University), José Manuel Reyes (Rutgers University), José Luis Suárez (Colorado State University), and Enrique Yepes (Bowdoin College).

Additionally, we wish to acknowledge all of the instructors who participated in the development of the previous editions of *Pasajes*. Their comments, both positive and critical, were instrumental in the shaping of those editions. We would also like to express our gratitude to the instructors who completed surveys and user diaries that were indispensable to the development of the Sixth Edition. The appearance of their names does not necessarily constitute an endorsement of the texts or their methodology.

Colleen Coffey, Marquette University
Jeffrey Diamond, Western Oregon University
Anna J. Gemrich, University of Wisconsin, Madison
Juergen Kempff, University of California, Irvine
Darlene Lake, University of Wisconsin, LaCrosse
Alison Lamothe, Southern Illinois University, Edwardsville
Carlos López, Marshall University
Mark J. Mascia, Sacred Heart University
Timothy McGovern, University of California, Santa Barbara
Monica Revak, Winona State University

Stanley L. Rose, University of Montana
Emily Scida, University of Virginia
Andrea Topash-Ríos, Notre Dame
Sharon Voros, U.S. Naval Academy
Tamara Williams, Pacific Lutheran University

We are grateful to Laura Chastain (El Salvador) for her careful review of the manuscript for matters of style, clarity, and linguistic and cultural authenticity. Many thanks are due to the entire production team at McGraw-Hill, especially Anne Fuzellier, Emma Ghiselli, Nora Agbayani, Randy L. Hurst, and Louis Swaim, as well as to Violeta Díaz for the wonderful new cover and interior designs for this Sixth Edition. We are grateful to our publisher William R. Glass for shaping the revision plan for this edition and to the rest of the editorial team at McGraw-Hill, especially Jennifer Kirk, Letizia Rossi, Scott Tinetti, and Allen J. Bernier for guiding this edition on the path from manuscript to publication. Finally, we would like to thank Nick Agnew, Executive Marketing Manager, and the entire McGraw-Hill sales force who have so actively promoted *Pasajes* over the years.

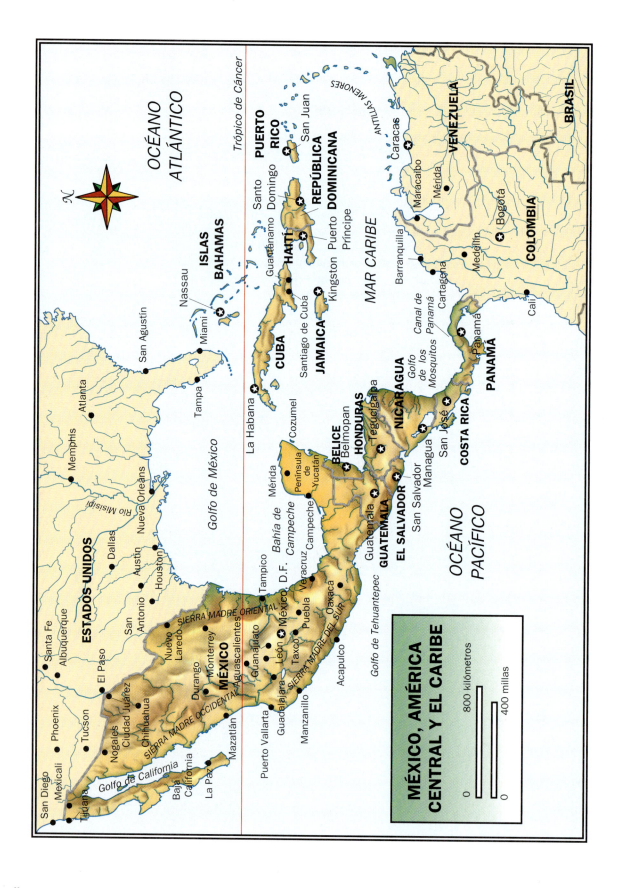

MÉXICO, AMÉRICA CENTRAL Y EL CARIBE

OCÉANO ATLÁNTICO

Trópico de Cáncer

ANTILLAS MENORES

MAR CARIBE

OCÉANO PACÍFICO

Golfo de México

Bahía de Campeche

Golfo de Tehuantepec

Golfo de California

Baja California

SIERRA MADRE ORIENTAL

SIERRA MADRE OCCIDENTAL

SIERRA MADRE DEL SUR

Península de Yucatán

Canal de Panamá

Golfo de los Mosquitos

Río Misisipí

ESTADOS UNIDOS

MÉXICO

BELICE

GUATEMALA

EL SALVADOR

HONDURAS

NICARAGUA

COSTA RICA

PANAMÁ

CUBA

ISLAS BAHAMAS

HAITÍ

REPÚBLICA DOMINICANA

PUERTO RICO

JAMAICA

VENEZUELA

COLOMBIA

BRASIL

San Diego
Mexicali
Tijuana
La Paz
Mazatlán
Nogales
Ciudad Juárez
Chihuahua
Durango
Phoenix
Tucson
El Paso
Santa Fe
Albuquerque
Memphis
Atlanta
Dallas
San Antonio
Austin
Houston
Nueva Orleans
Nuevo Laredo
Monterrey
Aguascalientes
Guadalajara
Guanajuato
León
México, D.F.
Taxco
Puebla
Veracruz
Oaxaca
Acapulco
Manzanillo
Puerto Vallarta
Tampico
Mérida
Cozumel
Campeche
San Agustín
Miami
Tampa
Nassau
La Habana
Santiago de Cuba
Guantánamo
Puerto Príncipe
Kingston
Santo Domingo
San Juan
Belmopan
Guatemala
San Salvador
Tegucigalpa
Managua
San José
Panamá
Barranquilla
Cartagena
Caracas
Maracaibo
Mérida
Medellín
Bogotá
Cali

N

0        800 kilómetros
0        400 millas

MAR CARIBE

OCÉANO ATLÁNTICO

Barranquilla
Maracaibo
Caracas
PANAMÁ
VENEZUELA
GUYANA
Georgetown
Medellín
Paramaribo
Río Orinoco
Panamá
Bogotá
Cayena
Cali
SURINAME
GUYANA FRANCESA
COLOMBIA
Quito
Ecuador
ECUADOR
Río Amazonas
Guayaquil
Belém
Manaus
PERÚ
BRASIL
Recife
CORDILLERA DE LOS ANDES
Cuzco
Lima
La Paz
Brasília
Arequipa
BOLIVIA
Sucre
Antofagasta
PARAGUAY
Río de Janeiro
Trópico de Capricornio
CHILE
Asunción
San Miguel
de Tucumán
São Paulo
La Serena
OCÉANO PACÍFICO
Córdoba
Rosario
URUGUAY
OCÉANO ATLÁNTICO
Valparaíso
Santiago
ARGENTINA
Buenos Aires
Montevideo
Concepción
Río de la Plata
Bahía Blanca
Puerto Montt
Bariloche
Chiloé

N

Islas Malvinas
Estrecho de Magallanes
Punta Arenas
Tierra del Fuego

Cabo de Hornos

**AMÉRICA DEL SUR**

0          1500 kilómetros

0          1000 millas

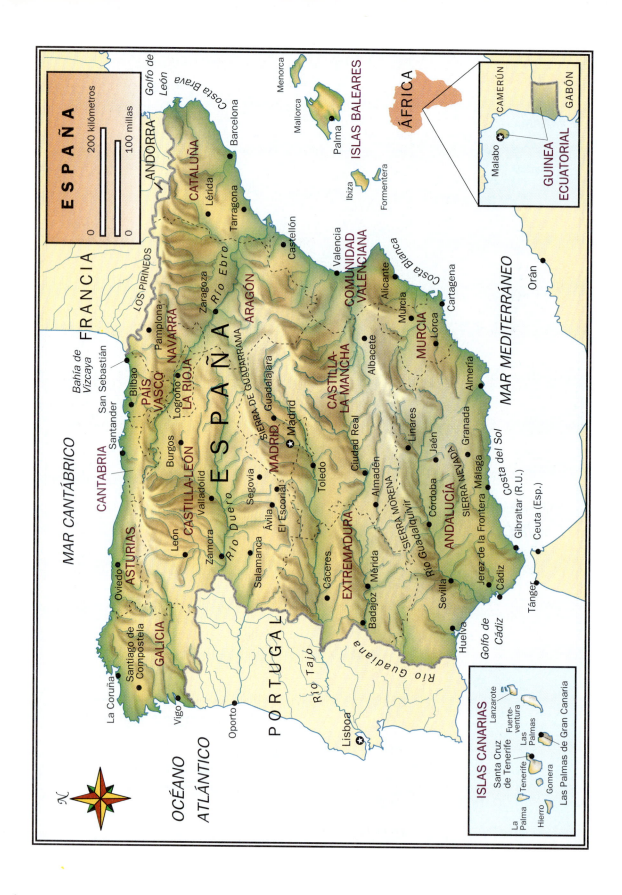

ESPAÑA

200 kilómetros

100 millas

Golfo de León

Costa Brava

Menorca

ISLAS BALEARES

Mallorca

Palma

Ibiza

Formentera

ANDORRA

CATALUÑA

Barcelona

Lérida

Tarragona

Castellón

Valencia

COMUNIDAD VALENCIANA

Costa Blanca

Alicante

FRANCIA

LOS PIRINEOS

Río Ebro

Zaragoza

ARAGÓN

Pamplona

NAVARRA

LA RIOJA

Logroño

PAÍS VASCO

Bilbao

San Sebastián

Bahía de Vizcaya

Santander

CANTABRIA

MAR CANTÁBRICO

ASTURIAS

Oviedo

GALICIA

Santiago de Compostela

La Coruña

Vigo

OCÉANO ATLÁNTICO

PORTUGAL

Oporto

Río Tajo

Lisboa

Río Guadiana

Golfo de Cádiz

 E S P A Ñ A

Burgos

CASTILLA-LEÓN

Valladolid

León

Zamora

Río Duero

Segovia

Ávila

Salamanca

SIERRA DE GUADARRAMA

El Escorial

MADRID

Madrid

Guadalajara

Toledo

Ciudad Real

Cáceres

EXTREMADURA

Mérida

Badajoz

SIERRA MORENA

Almadén

Río Guadalquivir

Córdoba

Sevilla

Jerez de la Frontera

Cádiz

Huelva

CASTILLA-LA MANCHA

Albacete

MURCIA

Murcia

Lorca

Cartagena

Almería

Granada

SIERRA NEVADA

Jaén

Linares

ANDALUCÍA

Málaga

Costa del Sol

Gibraltar (R.U.)

Ceuta (Esp.)

Tánger

MAR MEDITERRÁNEO

Orán

ÁFRICA

CAMERÚN

GABÓN

Malabo

GUINEA ECUATORIAL

ISLAS CANARIAS

Lanzarote

Fuerte-ventura

Santa Cruz de Tenerife

Las Palmas

Tenerife

La Palma

Gomera

Hierro

Las Palmas de Gran Canaria

# PASAJES

SEXTA EDICIÓN

## CULTURA

# Antes de empezar

*México, D.F.*

*Pasajes: Cultura* is designed to introduce you to certain basic aspects of Hispanic culture and at the same time to teach you to become a better reader of Spanish. The book is divided into twelve chapters, each devoted to the study of an aspect of Hispanic culture that is of universal human importance. In addition, the text tries to present points of obvious cultural contrast. As you read each selection, it is likely that you will become not only more sensitive to Hispanic culture but also more aware of your own culture. It is our hope that the combination of greater awareness and sensitivity will enable you to reach a higher level of cultural understanding.

To improve your reading skills, *Pasajes: Cultura* has several features that will help you read Spanish with greater ease and comprehension.

■ **Aproximaciones al texto.** This prereading section, which occurs with most reading selections, includes two general types of activities designed to help you to "approach" the text you will read and to help you read with minimal use of the dictionary and/or translation. Answers to these activities are provided in the Answer Appendix when possible.

The first type of activity consists of explanations of and practice with reading strategies (word guessing, cognate recognition, skimming, and outlining, among others) and grammar tips (for example, simplifying sentences or recognizing the subjects and verbs of sentences).

The second type of activity, **Palabras y conceptos,** contains a list of vocabulary useful for understanding and discussing the reading selection. The vocabulary items are practiced in various types of exercises, so that by the time you begin to read, both the vocabulary and also the general context of the reading itself become familiar.

Both types of **Aproximaciones al texto** activities encourage you to use certain strategies to familiarize yourself as much as possible with the general topic of the selection before you read it. These strategies include looking at titles, subtitles, and illustrations; thinking about and discussing what you already know about a certain topic; and so on. In the readings themselves—except those that come from authentic sources—unfamiliar vocabulary, grammatical constructions, and idiomatic expressions are defined at the bottom of the page. These have been kept to a minimum to encourage you to apply the skills that you have practiced. If you encounter unfamiliar vocabulary items in an authentic text, you can look them up in the Spanish-English vocabulary at the back of this book. In addition, in the first five chapters, the past, future, and progressive tenses are indicated by in-text symbols to help you recognize those forms. Past tenses are indicated by (←), future tenses by (→), and progressive tenses (the *-ing* form in English) by ∿.

■ Following each reading selection are one or more activities, occurring in sections entitled **Comprensión, Interpretación,** or **Aplicación,** depending on the focus of the activity. These activities move from literal content questions to interpretative exercises, to discussions and analyses of the selections. They are designed to improve your understanding and expand your appreciation of what you have read. Answers to the comprehension activities are also provided in the Answer Appendix whenever possible.

The readings in *Pasajes: Cultura* are challenging, and we think you will find them thought-provoking. We hope you will carefully and conscientiously practice the reading strategies offered in the book. When you finish reading *Pasajes: Cultura,* you will not be a totally fluent reader of Spanish, nor will you know everything there is to know about Hispanic life. You will, however, have acquired a solid base for both goals, a base on which we hope you will continue to build.

## NOTES ON GLOSSING

Words in the reading that are not in the chapter vocabulary and are not usually part of second-year college vocabulary are indicated by superscript numbers within the text and defined at the bottom of the page. If more than one word requires glossing, the superscript number will appear after the last word in the phrase, and the first word will be included at the bottom.

in text:  Le dan las gracias por haberse dejado ver.[1]

gloss at bottom of page:  [1]haberse... *having let itself be seen*

In the early chapters, definitions may be in either English or Spanish. In later chapters, Spanish predominates. When English is used, the definition appears in italic type. When Spanish is used, the definition appears in roman type. Words that can be guessed from the context are not glossed. ■■■

## CAPÍTULO 1

# Tipos y estereotipos

1.

2.

1. *Oaxaca de Juárez, México*
2. *Sevilla, España*

# Exploraciones

En cada región hay ideas estereotipadas sobre la gente de otras regiones y culturas. Algunas de estas creencias (*beliefs*) representan, efectivamente, los hábitos y modos de vida del grupo o cultura a que se refieren. Sin embargo, muchos de los estereotipos son falsos y manifiestan ignorancia, prejuicio o desinterés en conocer mejor a otros. ■■■■

**A** TRABAJAR CON LAS IMÁGENES  Mire las fotos de la página anterior para contestar las siguientes preguntas.

- ¿Qué se ve en cada foto? ¿Qué están haciendo las personas? Descríbalas.

- Mire la primera foto. ¿Quiénes cree Ud. que son estas personas? Por ejemplo, ¿son turistas o viven allí? ¿Es ésta su manera habitual de vestirse? Y el mercado, ¿es tradicional o moderno? ¿Es un lugar típico para ir de compras? ¿Qué otros tipos de mercados cree que hay en México? ¿Qué se puede comprar en ellos? ¿Quiénes cree que normalmente van a cada tipo de lugar? Explique sus respuestas.

- Ahora mire la segunda foto. ¿Cómo se llama este estilo de baile y música? ¿Qué sabe Ud. de sus orígenes? ¿Es un estilo particular de España, o se baila y se toca en otros países también? ¿Qué otros estilos de música o baile españoles conoce Ud.? ¿Cree que esta escena representa una ocasión especial o es algo que ocurre todos los días? ¿Por qué sí o por qué no?

ENTRE TODOS  Compare sus respuestas con las del resto de la clase. ¿Están todos de acuerdo o hay diferencia de opiniones? ¿Qué demuestran sus respuestas sobre los estereotipos que existen en cuanto a la gente y los lugares representados en las fotos? ¿Dan las fotos una impresión acertada (*accurate*), son sólo estereotipos o representan una combinación de ambos?

**B** ANÁLISIS CRÍTICO  A continuación hay una lista de algunas de las ideas preconcebidas que se suelen tener de los hispanos,° y otras que frecuentemente se tienen de los norteamericanos.† Trabajando en parejas, indiquen cuáles de las siguientes ideas Uds. asocian con los hispanos (**H**) y cuáles con los norteamericanos (**N**).

---

°The terms **hispano/a, latino/a, hispanoamericano/a,** and **latinoamericano/a** are used interchangeably throughout *Pasajes: Cultura* to mean *Latino* or *Hispanic.* In most cases these terms refer to *Spanish-speaking* Latin American countries only, however when appropriate and obvious, the terms **latino/a** and **latinoamericano/a** can refer to all countries south of the United States.

†Although the term **norteamericano/a** can mean *American (from the United States),* *Canadian,* and *Mexican* (in geographical terms, Mexico is part of North America), many native Spanish speakers use it to mean only *American (from the United States).* Throughout *Pasajes: Cultura* **norteamericano/a** will mean either *American (from the United States)* *and Canadian* or simply *American (from the United States).* The intended meaning in a given reading will be apparent from the context.

| | |
|---|---|
| **1.** _____ Toman mucho vino. | **7.** _____ Son agresivos y violentos. |
| **2.** _____ Les gusta masticar chicle (*chewing gum*). | **8.** _____ Siempre tienen muchos hijos. |
| **3.** _____ Todos son morenos. | **9.** _____ Son revolucionarios y guerrilleros. |
| **4.** _____ Son muy sentimentales y se dejan llevar (*they get carried away*) por las emociones. | **10.** _____ Son puntuales. |
| **5.** _____ Son informales. | **11.** _____ Les interesa mucho el arte. |
| **6.** _____ Son muy competitivos. | **12.** _____ Aprecian mucho la eficiencia. |

**C  ENTRE TODOS**    Ahora, compartan su clasificación con el resto de la clase.

■ ¿Hay diferencia de opiniones? ¿Cuáles son? ¿Cuáles de estas características podrían (*could*) aplicarse a las dos culturas? ¿Creen Uds. que algunas de estas características son sólo estereotipos, o les parece que todas son verdaderas?

■ Cuando se habla de «la cultura norteamericana», ¿se habla realmente de una sola cultura? Por ejemplo, ¿es igual la cultura de Texas a la de Maine, o la de Columbia Británica a la de Quebec? Mencionen algunos elementos que se consideran propios de (*as belonging to*) algunos grupos de norteamericanos (la comida, los intereses, las actividades, etcétera).

■ ¿Conocen Uds. algunos elementos culturales que varían entre distintos grupos de hispanos? (Contrasten, por ejemplo, la comida y la música de México con las de España.) En fin, ¿creen que las culturas hispana y norteamericana son homogéneas o creen que son heterogéneas? Justifiquen su respuesta.

# Lectura I

## ■■■ LOS ESTEREOTIPOS CULTURALES

### Aproximaciones al texto*

### Reading for the main idea

In order to read for general understanding, you do not need to know the meaning of every word in a text. You can get the gist by relying instead on the words that you *do* know, plus a variety of textual, linguistic, and cultural cues. Usually, skimming the first paragraph and reading the first sentence of the paragraphs that follow will provide you with enough information to construct an overall idea of what the

---

°When possible, answers to **Aproximaciones al texto** and **Palabras y conceptos** are provided in the Answer Appendix.

selection contains. This will give you a general context for guessing the meaning of unfamiliar words and expressions you encounter as you read the selection in its entirety. The more you develop your skill in anticipating the general meaning of a selection, the less dependent you will be on a dictionary, and the more effective and enjoyable reading will become for you.

**A** Mire rápidamente el primer párrafo de «Los estereotipos culturales», en las páginas 10–11. Después, indique cuál de las siguientes oraciones mejor expresa la idea principal del párrafo.

1. Los turistas son importantes en este país.

2. Hoy en día, muchas personas viajan a otras partes del mundo.

3. Existen muchos estereotipos sobre los turistas.

4. Es difícil viajar (ir a otros países) porque las distancias son grandes.

**B** Aquí se reproduce la primera oración de cada párrafo de «Los estereotipos culturales». Mírelas rápidamente y trate de adivinar el significado de las palabras y frases que Ud. no conoce.

1. El mundo es cada vez más pequeño.

2. ¿Acompaña a este movimiento un mejor conocimiento de los Estados Unidos en los países hispanos?

3. La imagen que tienen muchos norteamericanos de Latinoamérica° es igualmente simplista.

4. En cambio, mucha gente de los países hispanos cree que la mayoría de los norteamericanos es materialista y que no se interesa por los valores espirituales o artísticos.

5. Esta clase de estereotipo nace de la ignorancia sobre otras culturas.

Según estas oraciones, ¿cuál parece ser la idea principal de la **Lectura I**? Mencione dos o tres ideas en particular que Ud. espera (*expect*) encontrar en la lectura.

## ■■■ ■ PALABRAS Y CONCEPTOS

| | |
|---|---|
| **evitar**   to avoid | **lujoso/a**   luxurious |
| **nacer**   to be born | |
| | **cada vez más**   more and more |
| **el bolsillo**   pocket | **en cambio**   on the other hand; in contrast |
| **las gafas**   (eye)glasses | **sino**   but rather |
| **la lata**   (tin) can | **todavía**   still; yet |
| **el rascacielos**   skyscraper | |
| **el reflejo**   reflection | |

---

°In *Pasajes: Cultura*, the terms **Latinoamérica** and **América Latina** are used to refer to all of Latin America (all countries south of the United States). In contrast, the term **Hispanoamérica** is used to refer to only the Spanish-speaking countries within Latin America.

**A** Escoja la palabra de la lista de vocabulario que mejor describe cada una de las siguientes oraciones.

**1.** Las necesitamos cuando no podemos ver bien.

**2.** Así son los hoteles de cinco estrellas.

**3.** Aquí llevamos el dinero y otros objetos pequeños.

**4.** Tratamos de hacer esto con respecto a los errores y los problemas.

**5.** Lo contrario de morir es _____.

**B** Complete el siguiente párrafo lógicamente, usando palabras y expresiones de la lista de vocabulario.

El mundo moderno, a diferencia del mundo antiguo, parece _____¹ rápido y agitado. A veces, los autobuses y los trenes de las grandes ciudades parecen una _____² de sardinas. Mucha gente vive y trabaja en los inmensos _____³ que hay en las ciudades. Otras personas, _____⁴, prefieren vivir fuera de la ciudad, en sitios que _____⁵ conservan un ambiente rural. No quieren la vida cosmopolita, _____⁶ vivir en contacto con la naturaleza. A las personas que prefieren la ciudad, sin embargo, este tipo de vida les parece sólo un _____⁷ pálido de la vitalidad de la metrópolis.

**C** PAPEL Y LÁPIZ Todos pertenecemos a uno o más grupos que otras personas pueden estereotipar. Explore este concepto en su cuaderno de apuntes.

■ Elija un grupo (étnico, regional, generacional o basado en el sexo, la religión, la ocupación o la apariencia física) al que Ud. pertenece.

■ Utilice las oraciones de la **Actividad B** de la página 9 como modelo para apuntar (*to jot down*) de cinco a ocho características que otras personas puedan atribuirles a los miembros del grupo que Ud. eligió. Según esos estereotipos, ¿cómo son todos los de su grupo? ¿Qué (no) les gusta? ¿Qué siempre (o nunca) hacen?

■ En general, ¿cuáles son las consecuencias de estas ideas estereotipadas? ¿Les causan problemas a los miembros de su grupo? ¿Crean situaciones cómicas? Apunte algunas ideas al respecto.

■ ¿Sabe Ud. dibujar? Haga un retrato (*portrait*) de su grupo que refleje los supuestos rasgos (*traits*) que acaba de identificar.

Guarde sus apuntes. Más tarde se harán (*will be done*) otras actividades con ellos.

**NOTA** You might not understand every word and structure in the following selection. Make intelligent guesses whenever possible, and read for the main idea rather than for literal comprehension of every sentence. Vocabulary, grammatical structures, and verb tenses that may be unfamiliar to you are glossed at the bottom of the page.

# Los estereotipos culturales

1  **EL MUNDO ES CADA VEZ MÁS PEQUEÑO.** Ahora que un vuelo de Nueva York a Europa dura tan poco tiempo, es posible pasar el fin de semana en un pequeño pueblo de los Alpes y regresar el lunes a los rascacielos de Wall Street. Y no sólo viajan los ricos; la clase media y los estudiantes también dejan su

Los turistas a veces se sorprenden al descubrir que el flamenco no se baila por toda España. Aquí se observa un baile típico de Galicia, una región en el norte del país.

5 país en busca de nuevas experiencias y oportunidades de trabajo. El intercambio de turistas y trabajadores es particularmente evidente en los Estados
Unidos. Todos los años miles de turistas viajan a diversos países de habla
española. Los turistas hispanos que llegan a los Estados Unidos son menos
numerosos, pero el número aumenta cada vez más. Y sin contar a los turis-
10 tas, hay millones de personas de habla española que viven en los Estados
Unidos. De hecho,[1] en algunas ciudades —como San Antonio, Texas— los
hispanos ya constituyen la mayoría de la población.

   ¿Acompaña a este movimiento un mejor conocimiento de los Estados
Unidos en los países hispanos? ¿Comprenden los norteamericanos mejor a
15 los hispanos hoy que en el pasado? En muchos casos, la respuesta es afirmativa, pero hay todavía una tendencia a la visión estereotipada. Para
muchos norteamericanos, España es el país del sol, de los bailadores y cantantes de flamenco, de las señoritas morenas con mantillas negras y de los
donjuanes seductores. No saben que en el norte y especialmente en el noro-
20 este de España la lluvia es más frecuente que el sol, que el flamenco sólo
se cultiva en el sur del país (y que es sólo un tipo de baile español entre
muchos) y que hay gran número de personas rubias y de ojos azules en el
norte y también en el sur de España. ¿Y el donjuán? Hay muchas francesas,
alemanas, japonesas y norteamericanas que afirman con desdén que el tipo
25 no es español sino universal.

   La imagen que tienen muchos norteamericanos de Latinoamérica es
igualmente simplista. Creen que todos los que viven allí hablan español, sin
recordar que en el Brasil la lengua oficial es el portugués y que en otros países de Centroamérica y Sudamérica se habla francés e incluso[2] inglés. Tam-
30 poco se debe olvidar que hay centenares[3] de lenguas indígenas a lo largo
de las Américas. También se imaginan que todos los latinoamericanos viven
en un clima tropical, llevan sombrero y ropa similar al pijama norteamericano,
siempre intentan evitar el trabajo, duermen la siesta siempre que[4] pueden
(cuando no están haciendo el amor o bailando el cha-cha-chá), ordinaria-
35 mente comen platos picantes como el chile con carne, las enchiladas y los
tamales y hacen una revolución cada dos o tres meses.

[1]De... *In fact*   [2]*even*   [3]*hundreds*   [4]siempre... *whenever*

En cambio, mucha gente de los países hispanos cree que la mayoría de los norteamericanos es materialista y que no se interesa por los valores espirituales o artísticos. Se imaginan que todas las familias de los Estados Unidos viven en casas lujosas y comen de latas o de platos preparados fuera de casa. También creen que todos los hombres norteamericanos llevan pistola y que en los Estados Unidos se da más importancia a los deportes que a la educación. Según muchos hispanos, los turistas norteamericanos nacen con el chicle en la boca, una cámara en la mano, dinero en los bolsillos y gafas oscuras en la nariz.

Esta clase de estereotipo nace de la ignorancia sobre otras culturas. Es muy fácil partir de observaciones superficiales y crear una imagen simplista, pero es más inteligente e interesante examinar las diferencias como reflejos de respuestas distintas a la experiencia humana, cada una con sus méritos y su lógica, basadas en razones históricas, sociales, políticas, geográficas o económicas.

*La gente latinoamericana tiene herencias culturales muy diversas. Estos indígenas viven en Chincheros, en el altiplano cerca de Cuzco, Perú.*

## ■■■ COMPRENSIÓN*

**A** Haga oraciones completas con las siguientes palabras, usando la forma correcta de los artículos, los verbos y los adjetivos. Donde se dan dos alternativas entre paréntesis, escoja la forma apropiada. No cambie el orden de las palabras. Luego, indique si las oraciones son ciertas (**C**) o falsas (**F**), según la **Lectura I.** Corrija las oraciones falsas.

1. _____ el / norteamericanos / viajar más / y / por eso / comprender / mejor / a / el / hispanos

2. _____ para mucho / turistas / norteamericano / España / (ser/estar) / el / país / de / flamenco y todo / el / españoles / (ser/estar) / moreno

3. _____ alguno / latinoamericanos / tener / (un[a]) imagen / de Norteamérica / que / (ser/estar) / también simplista

---

*When possible, answers to the **Comprensión** activities are provided in the Answer Appendix.

# Un cambio en el sistema escolar de la Argentina

HOY EN DÍA es muy controvertible el movimiento escolar que pone énfasis en los exámenes estándares como medio de verificar que los estudiantes de las escuelas primarias y colegios[1] aprenden la materia que se les enseña. El problema, según muchos críticos en los Estados Unidos, es que las escuelas se interesan demasiado en las asignaturas incluidas en el examen mientras descuidan otras como la historia, geografía y lenguas extranjeras. Por eso, los críticos creen que las escuelas llegan a convertirse en un lugar cuya única función es la preparación de los alumnos para presentar exámenes.

Pero los Estados Unidos no es el único país que ha reconsiderado[2] el uso de tales pruebas. En 2005 el gobierno de la Argentina aprobó[3] un sistema que requiere que todos los estudiantes de colegio rindan[4] exámenes finales para pasar de un grado a otro. Se evalúan sus conocimientos en cuatro asignaturas: ciencias naturales, ciencias sociales, lengua y matemáticas. Se escogieron estas asignaturas porque reflejan la materia básica que se necesita para tener éxito en los estudios universitarios y porque son las que fallan[5] más estudiantes cada año.

Los argentinos recibieron la nueva iniciativa con reservas.[6] Algunos creen que los exámenes van a subrayar[7] la seriedad del proceso educacional y asegurar la calidad de las escuelas. Otros críticos opinan como los de los Estados Unidos. A algunos les preocupa que los profesores menos capaces no preparen bien a los alumnos, quienes sufrirían[8] las consecuencias. Aún otros temen que los nuevos exámenes provoquen los mismos líos[9] burocráticos que han plagado[10] otras propuestas educacionales en el pasado, o que la educación se convierta en una competencia para ganar las calificaciones[11] más altas en los exámenes. ■

En un salón de clase en Buenos Aires, Argentina

[1]*high schools*   [2]*ha… has reconsidered*   [3]*approved*   [4]*take*   [5]*fail*   [6]*recibieron… had a mixed reaction to the initiative*   [7]*van… are going to emphasize*   [8]*would suffer*   [9]*predicaments*   [10]*han… have plagued*   [11]*grades*

4. _____ el / norteamericano / «típico» / (ser/estar) / (un[a]) materialista / que / usar / gafas / oscuro / y / vivir en / (un[a]) casa / lujoso

5. _____ la / personas / que / creer en / estereotipos / (ser/estar) / gente de poca inteligencia

**B** PAPEL Y LÁPIZ   Vuelva a mirar sus apuntes de la actividad **Papel y lápiz** de la página 10.

■ ¿Hay otras características que Ud. quiere añadir al «retrato» de su grupo?

■ ¿Por qué cree que existen estas ideas simplistas acerca de los miembros de su grupo? ¿De dónde vienen esas ideas? Apunte algunos pensamientos generales al respecto.

- ¿Qué información puede mencionar para contradecir (*contradict*) cada uno de los puntos de la perspectiva estereotipada? ¿Cómo suelen ser realmente los miembros de su grupo?

Guarde sus apuntes. Más tarde se harán otras actividades con ellos.

## ▪▪▪ INTERPRETACIÓN

¿Cuál es la idea principal de «Los estereotipos culturales»? ¿Cómo se compara con las ideas que tenía la clase al completar la **Actividad B** de **Aproximaciones al texto**?

## ▪▪▪ APLICACIÓN

**¡NECESITO COMPAÑERO!**   Trabajando en parejas, mencionen los hechos (*facts*) que la **Lectura I** presenta para contradecir los siguientes estereotipos. ¡Cuidado! La lectura no menciona los hechos sobre los norteamericanos.

1. «España es el país del flamenco.» De hecho,…
2. «En Latinoamérica todos hablan español.» De hecho,…
3. «Todos los norteamericanos viven en casas grandes y lujosas.» De hecho,…

# Lectura II

## ▪▪▪ CONTRASTES ENTRE CULTURAS
## Aproximaciones al texto
### Word guessing from context

Even though you do not know every word in the English language, you can probably read and understand almost anything in English without having to look up many unfamiliar words. You have learned to make intelligent guesses about word meanings, based on the meaning of the surrounding passage (the context).

You can develop the same guessing skill in Spanish. Two techniques can help you. The first is to examine unfamiliar words to see whether they remind you of words in English or another language you know. Such words are called *cognates* (for example, *nation* and **nación**). The second technique is the same one you already use when reading in English, namely, scanning the context for possible clues to meaning.

**A**   Mire las siguientes oraciones y empareje (*match*) las palabras *en letra cursiva azul* con su equivalente en inglés. Examine el contexto en que se usa cada palabra o frase para adivinar su significado. Todas las palabras en letra cursiva azul aparecen en la **Lectura II, «Contrastes entre culturas».**

1. _____ Casi todos los bebés *lloran* cuando tienen hambre.
2. _____ Cuando el bebé llora de hambre, su madre lo *amamanta* en un lugar privado.
3. _____ Los norteamericanos *se despiden* diciendo simplemente: «Adiós» y «Buenas noches».
4. _____ Los hispanos, en cambio, *se estrechan la mano* al despedirse.
5. _____ Los inmigrantes *se marchan de* su país en busca de nuevas oportunidades.
6. _____ Muchos inmigrantes nunca *regresan* a su país de origen.

a. say good-bye
b. go back, return
c. leave, go away from
d. cry
e. shake hands
f. nurses, breast-feeds

## ■■■ PALABRAS Y CONCEPTOS

**abrazar**   to hug, embrace

**cogerse del brazo**   to go arm in arm

**el nene, la nena**   very young child, infant

**el pecho**   breast

**la reunión**   meeting

**(in)cómodo/a**   (un)comfortable

La **Lectura II** describe algunos comportamientos (*behaviors*) de los hispanos que son distintos de los de los norteamericanos y viceversa. Utilizando las palabras de la lista, y también las de la actividad de **Aproximaciones al texto,** conteste las siguientes preguntas sobre el comportamiento de la gente norteamericana típica.

1. ¿Dónde suelen amamantar las madres a sus nenes?
2. ¿Cómo se siente la gente cuando ve a una madre que le da el pecho a su hijo/a en un lugar público?
3. ¿En qué circunstancias se abrazan dos personas normalmente? ¿Cuándo se estrechan la mano? ¿Cuándo se cogen del brazo? ¿Qué tipo de relación suele existir entre esas dos personas?
4. En una reunión, ¿cómo se despide una persona que se marcha?

## ■■■ Contrastes entre culturas

1  **MUCHAS VECES, CUANDO TRATAMOS CON PERSONAS** de culturas distintas a la nuestra, podemos sentirnos incómodos o sorprendidos. Pero al llegar a conocer las costumbres propias de otros grupos, comprendemos que muchas veces la realidad está en conflicto con los estereotipos. Por ejem-

5  plo, muchas personas creen que los hispanos son más formales en sus relaciones sociales que los norteamericanos. Vamos a ver algunos casos concretos.

*Una conversación entre amigos hispanos es animada y hay más proximidad y contacto físico entre las personas que en una conversación entre norteamericanos.*

**A.**  Estamos en una reunión de colombianos. Todos hablan, cantan, gritan[1] —en fin, son viejos amigos. Es medianoche, y uno de ellos necesita regre-
10  sar a su casa, pero antes de marcharse, de acuerdo con las costumbres hispanas, le da la mano a cada uno de sus amigos.

En Chicago hay otra reunión de amigos norteamericanos. Llega la hora en que uno debe marcharse. Con un «Buenas noches. Hasta pronto», se despide sin más ceremonias.

15  **B.**  Un abogado de 50 años espera a su esposa en el aeropuerto de Lima. Descubre que un compañero de la universidad también está allí. Sorprendido y muy contento, corre y le da un abrazo a su viejo amigo.

Un hombre de negocios de Oregón entra en un hotel de Boston. Allí ve a su antiguo compañero de los años universitarios. Los dos están muy con-
20  tentos con la inesperada reunión. Se estrechan la mano.

**C.**  Una madre norteamericana está en un parque público con su hijo de tres años y una nena recién nacida.[2] La nena llora porque desea comer. La madre le dice a su hijo que es necesario regresar a casa porque es hora de amamantar a la nena.

25  Una madre madrileña está en el Retiro[3] con su hija de cuatro años y un nene de pocos meses. Cuando el nene llora, la madre se sienta en un banco y le da el pecho.°

**D.**  Un norteamericano y un hispano hablan en una fiesta. El norteamericano está acostumbrado a mantener una distancia de dos o tres pies entre
30  él y la persona con quien habla. En cambio, el hispano normalmente mantiene una distancia de dieciséis pulgadas.[4] Cada vez que el hispano avanza a la distancia a que él está acostumbrado, el norteamericano retrocede.[5] Más que dos amigos, parecen dos adversarios.

[1]*shout*  [2]recién... *newborn*  [3]parque grande de Madrid  [4]*inches*  [5]*backs up*

°In recent years, breast-feeding has increased considerably in popularity in the United States, whereas it has decreased in Hispanic countries. The attitude toward nursing in public has not changed in the two cultures, however; it is generally accepted in Hispanic societies and generally frowned on in the United States.

**E.** Dos chicas norteamericanas deciden reunirse en la zona comercial de
St. Louis con dos alumnas hispanas que estudian en su escuela. Hay
mucha gente por las calles y las norteamericanas no pueden caminar juntas. A cada dos pasos se encuentran[6] separadas por otras personas que
pasan entre ellas. Las hispanas, en cambio, caminan cogidas del brazo,
hablando de sus clases y de la vida escolar. Cuando ven a sus amigas de
la escuela, deciden cambiar de compañeras y una de las hispanas toma
del brazo a una de las norteamericanas. La de St. Louis está algo incómoda porque no está acostumbrada a caminar así con otra mujer. La
hispana nota que su compañera está incómoda y cree que es una chica
muy fría.

¿Cuál de las dos culturas es más informal y cuál es más formal? No hay una
respuesta categórica. Depende de la situación y, en muchos casos, de la personalidad de cada individuo.

[6]se… *they find themselves*

# ■■■ COMPRENSIÓN

**A** Complete la siguiente tabla con la información necesaria para resumir (*to
summarize*) los contrastes culturales presentados en la **Lectura II.**

| Situación | Los hispanos | Los norteamericanos |
|---|---|---|
| El amigo que se despide en una fiesta | | Dice adiós y se va. |
| Viejos amigos en una reunión inesperada | Se abrazan. | |
| La madre con su nene/nena en el parque público | | |
| Dos personas en una conversación típica | | Hablan a una distancia de más o menos tres pies. |
| Dos amigas que caminan juntas por la calle | | Caminan sin tocarse los brazos o las manos. |

**B** ENTRE TODOS

■ En su opinión, ¿cuáles de estas costumbres justifican la creencia de que los hispanos son más formales que los norteamericanos? ¿Cuáles la contradicen?

■ ¿Es posible que la idea de lo que se considera «formal» sea diferente en cada
cultura? Por ejemplo, ¿cree Ud. que es formal o informal darse la mano al despedirse? ¿Cree que entre los hispanos es algo formal o algo informal? Explique su respuesta.

■ En general, ¿qué conclusión se puede sacar en cuanto al contacto físico en las
dos culturas?

# ■■■ INTERPRETACIÓN

**A** ¿Cuál es el origen de los estereotipos? Cuando observamos las acciones o costumbres de las personas que pertenecen a cierto grupo, podríamos (*we could*) pensar que toda la gente de ese grupo comparte las mismas características o costumbres. ¿Qué imagen falsa de los norteamericanos se puede formar una persona de otro país que observa sólo una de las siguientes costumbres? Haga una generalización para cada costumbre.

**1.** Muchos norteamericanos se bañan todos los días.

**2.** La mayoría de los jóvenes norteamericanos no vives con sus padres después de cumplir los 18 años.

**3.** Muchas de las mujeres norteamericanas que tienen hijos trabajan fuera de casa.

**4.** La familia norteamericana típica tiene dos coches.

**B** También hacemos generalizaciones de los países que visitamos, basándonos en lo que vemos en los lugares específicos que allí conocemos. Si conocemos solamente un lugar, nuestra percepción de ese país va a ser muy limitada —y probablemente falsa. ¿Qué visión estereotipada de los Estados Unidos puede tener un(a) turista que visita solamente uno de los siguientes lugares? Haga una generalización para cada lugar.

**1.** la ciudad de Nueva York

**2.** Abilene, Texas

**3.** Miami Beach

**4.** Hollywood

¿En qué sentido van a ser falsas estas percepciones? ¿En qué sentido van a ser verdaderas? ¿Qué otros lugares debe visitar el/la turista para formarse una imagen más representativa de los Estados Unidos?

# ■■■ APLICACIÓN

**A** ¿Qué estereotipo sobre los estadounidenses presenta el dibujo de la siguiente página?

■ ¿Es verdad que muchos estadounidenses llevan armas? ¿Por qué las llevan? ¿En qué parte(s) del país las llevan especialmente?

■ ¿Qué opina Ud. sobre la costumbre de tener armas?

■ ¿Por qué cree Ud. que existe esta imagen sobre los Estados Unidos en otros países? (Piense en los lugares que visitan los turistas, en el cine, en la televisión, etcétera.)

EL CABALLERO EN U. S. A.
—Hemos hecho° una nueva versión al gusto americano.

**B**  PAPEL Y LÁPIZ  Vuelva a mirar sus apuntes de la actividad **Papel y lápiz** de las páginas 13–14.

■ Después de leer y comentar las lecturas sobre los estereotipos culturales, ¿qué otra información puede Ud. incluir en sus apuntes sobre el porqué de las creencias que otros tienen de su grupo?

■ En su opinión, ¿es posible cambiar la opinión que otros tienen de su grupo? ¿Qué se puede hacer para contrarrestar (*counteract*) o corregir las opiniones falsas? Apunte algunas ideas al respecto.

■ ¿Es importante cambiar las opiniones falsas o cree Ud. que es más sano (*healthy*) no hacerles caso (*to ignore them*)? ¿Por qué? Apunte algunas ideas al respecto.

---

°Hemos… We've made

## CAPÍTULO 2

# La comunidad humana

1. Salamanca, España
2. La Habana, Cuba
3. El País Vasco, España

# Exploraciones

Una de las imágenes que muchas personas asocian con la comunidad humana de este país es la variedad de grupos étnicos, lenguas y tradiciones. En el mundo de habla española también existe una gran variedad de razas, tipos, lenguas y tradiciones. Sin embargo, como se vio en el **Capítulo 1,** la imagen estereotipada que muchas personas tienen del mundo hispano no refleja la realidad. En este capítulo Ud. va a explorar más a fondo, entre otros aspectos, la gran diversidad racial y étnica de la comunidad humana hispana. ■■■

**A** COMPARAR LAS FOTOS  Mire las fotos de la página anterior y describa a las personas.

- ¿Cómo son, físicamente? ¿En qué aspectos se parecen el uno al otro y en cuáles se diferencian?
- ¿Qué influencias raciales o étnicas puede Ud. distinguir en ellas?
- ¿Cómo se visten? ¿Qué lengua(s) hablan, probablemente? ¿Cuál puede ser su religión?
- ¿Cree Ud. que las personas que aparecen en las fotos son «típicas» de la región de donde provienen (*they are from*)? ¿Y son esas regiones «típicas» del país entero? Explique.

**B** ANÁLISIS CRÍTICO  ¿Asocia Ud. la comunidad humana en el contexto hispano (de España e Hispanoamérica) con la misma diversidad que hay en este país, o le parece más homogénea?

- ¿Cuál de las dos opciones que se dan para cada uno de los siguientes temas describe mejor la imagen mental que Ud. tiene de la gente hispana?

| | | | |
|---|---|---|---|
| **1.** | la diversidad étnica | ❑ una raza | ❑ varias razas |
| **2.** | las diferencias entre generaciones | ❑ pocas | ❑ muchas |
| **3.** | la apariencia física | ❑ poca variedad | ❑ mucha variedad |
| **4.** | el idioma | ❑ uno | ❑ varios |
| **5.** | la religión | ❑ una | ❑ varias |
| **6.** | las diferencias regionales | ❑ pocas | ❑ muchas |

- Ahora, trabajando en parejas, comenten cuáles de los siguientes componentes étnicos opinan Uds. que son parte de la tradición cultural de España o de Hispanoamérica.

| | | | | | |
|---|---|---|---|---|---|
| **1.** | árabe | **3.** | anglosajón | **5.** | judío |
| **2.** | escandinavo | **4.** | germánico | **6.** | mongol |

| | | |
|---|---|---|
| **7.** italiano | **10.** japonés, chino o coreano | **12.** africano |
| **8.** hindú | | **13.** indígena australiano |
| **9.** gitano (*gypsy*) | **11.** indígena americano | |

Después de leer las lecturas de este capítulo, vuelva a esta actividad para comparar sus respuestas con la información que se da en las lecturas.

**C  ESPECULAR**  Según algunos observadores, el creciente (*growing*) contacto entre diversas poblaciones va a hacer que, dentro de varias generaciones, las diferencias culturales, lingüísticas, físicas y raciales dejen de existir y sean superadas por una cultura más bien «universal». ¿Qué cree Ud.? ¿Es esto realmente una posibilidad? ¿Qué aspectos del mundo moderno y de las relaciones entre las personas tienden a avanzar esta idea, y cuáles la ponen en duda? ¿Cómo sería (*would it be like*) una cultura universal? Describa las tradiciones, lenguas, religiones, características físicas, etcétera, que tendría (*would have*) esa cultura. ¿Qué se ganaría (*would be gained*) al convertirse todas las culturas en una sola. ¿Qué se perdería (*would be lost*)? Explique.

# Lectura I

## ■■■ EL PUEBLO ESPAÑOL
## Aproximaciones al texto
### Using what you already know

It is important to keep in mind that, as a reader, you bring a great deal of information to a text. For this reason, it always seems easier to read a passage about a familiar topic rather than one about an unfamiliar topic, although there may in fact be no difference in the level of difficulty of the language found in each text.

On the other hand, you also need to be alert to the possibility that your knowledge of a particular subject—and thus, the context you provide for what you are reading—may differ considerably from the information presented in the text. For example, the visual images that exist in the United States of Native Americans and their lifestyles, although more helpful than no knowledge at all about Native Americans, will not correspond very closely to the image that exists in Latin America of the indigenous peoples there.

Before you begin to read a text, be aware of your expectations of the topic. Then skim the text in order to confirm or revise those expectations. As you read the text more closely, be alert to the need to continue revising your expectations as you gain more information from your reading.

**A  PAPEL Y LÁPIZ**  ¿Qué sabe Ud. de la comunidad humana de España? Escriba algunas ideas al respecto en su cuaderno de apuntes, utilizando el mapa semántico en la siguiente página como punto de partida.

■  Examine su mapa y escriba dos o tres oraciones para resumir las ideas principales. ¿Le parece que es una comunidad muy diversa o poco diversa?

| fiestas | diferencias regionales | lenguas |
| --- | --- | --- |

**EL PUEBLO ESPAÑOL**

| grupos étnicos/razas | religiones | modos de vivir |
| --- | --- | --- |

■ Ahora, mire la **Lectura I,** «El pueblo español», que empieza en la página 24. Lea la oración inicial de cada párrafo y mire las ilustraciones y las glosas y notas al pie de la página. ¿Qué nueva información puede Ud. incluir en su mapa? ¿Es necesario modificar las oraciones del resumen?

**B** Aquí se reproduce en su totalidad el primer párrafo de la lectura «El pueblo español». Léalo rápidamente, usando las notas al pie de la página y adivinando el significado de cualquier palabra que Ud. no sepa. ¿Cuántas de sus expectativas acerca del pueblo español resultaron acertadas?

Lejos de ser una comunidad homogénea y monocromática,[1] el pueblo español abarca[2] numerosos grupos humanos. Romano, árabe, europeo, africano, gitano; creencias judías, musulmanas, cristianas: Esta rica mezcla de gentes y tradiciones ha dado[3] un carácter único a la cultura española. Al mismo tiempo, ha planteado[4] problemas que se resisten a soluciones fáciles o rápidas.

[1]de un solo color   [2]incluye   [3]ha… *has given*   [4]ha… *it has presented*

## ■ ■ ■ PALABRAS Y CONCEPTOS

**mantener**   (*like* **tener**) to maintain
**mejorar**   to improve

**el cruce**   crossroads
**el desempleo**   unemployment
**el/la gitano/a**   gypsy
**la identidad**   identity
**la mezcla**   mixture

**la patria**   homeland
**analfabeto/a**   illiterate
**despreciado/a**   scorned
**marginado/a**   shut out, pushed aside, marginalized
**nómada**   *m., f.* nomadic

**a través de**   across, throughout

**A** ¿Qué palabras de la lista de vocabulario completan mejor las siguientes secuencias? También explique la relación que existe entre las palabras.

MODELO: durante, después de,… → a través de
    Todas son frases preposicionales que indican una relación temporal.

1. la personalidad, el carácter,…
2. la gente, la comunidad,…
3. conservar, preservar,…
4. despreciado, discriminado,…

**B** Explique brevemente en español el significado de estos términos.

**1.** analfabeto    **2.** el desempleo    **3.** nómada    **4.** el cruce

**C** A continuación se reproduce otra vez la introducción de la lectura «El pueblo español». Léala de nuevo.

Lejos de ser una comunidad homogénea y monocromática, el pueblo español abarca numerosos grupos humanos. Romano, árabe, europeo, africano, gitano; creencias judías, musulmanas, cristianas: Esta rica mezcla de gentes y tradiciones ha dado un carácter único a la cultura española. Al mismo tiempo, ha planteado problemas que se resisten a soluciones fáciles o rápidas.

Según esta introducción, hay dos temas principales que posiblemente se van a tratar en el texto. ¿Cuáles de los siguientes son esos temas?

**1.** una descripción cronológica de los varios grupos que han llegado (*have come*) a la tierra española

**2.** una descripción de algunas dificultades que han surgido (*have arisen*) como resultado de la variedad étnica del pueblo español

**3.** una crítica de la contribución de los varios grupos étnicos a la cultura española en general

**ENTRE TODOS** Miren las palabras de la lista de vocabulario. ¿Cuáles se relacionan específicamente con los dos temas ya identificados?

**NOTA** Remember that vocabulary, grammatical structures, and verb tenses that may be unfamiliar to you are glossed at the bottom of the page. The past tenses, the future, and the present participle (*-ing*) are indicated with the following symbols.

future→    past←    present participle ∩

## ■■■ El pueblo español

1   **LEJOS DE SER UNA COMUNIDAD HOMOGÉNEA** y monocromática, el pueblo español abarca numerosos grupos humanos. Romano, árabe, europeo, africano, gitano; creencias judías, musulmanas, cristianas: Esta rica mezcla de gentes y tradiciones ha dado (←) un carácter único a la cultura hispana. Al mismo tiempo,
5   ha planteado (←) problemas que se resisten a soluciones fáciles o rápidas.

Situada en el cruce entre dos continentes y fácilmente accesible desde el mar Mediterráneo, España ha sido (←) habitada por muchos grupos diferentes a través de su historia: íberos, celtas, griegos, romanos, godos, árabes, judíos. Todos estos grupos, especialmente los romanos, que estuvieron
10   (←) en España seis siglos,° y los árabes, que ocuparon (←) la Península Ibérica durante casi ocho siglos,† han dejado (←) su impacto en la civilización y la cultura españolas. España se constituyó (←) como[1] nación en el siglo

[1]se... *was established as*

---

°Los romanos estuvieron en España desde el siglo II a.C. (antes de Jesucristo) hasta principios del siglo V d.C. (después de Jesucristo).

†Los árabes invadieron España en el año 711 y fueron expulsados por los Reyes Católicos (Fernando de Aragón e Isabel I de Castilla) en 1492.

*Los gitanos son el grupo minoritario étnico más grande de España. Su cante y baile forman parte de festivales como la Romería del Rocío en Sevilla.*

XV, cuando se unieron (←) los reinos[2] de Castilla y Aragón para reconquistar el territorio del sur (lo que ahora es Andalucía), que todavía estaba (←) bajo el control de los mahometanos.[3] Así se impusieron (←) la religión católica y el idioma de Castilla como símbolos de la unidad española. La nación española de hoy incluye diecisiete comunidades autónomas,[4] cada una de las cuales conserva sus propias tradiciones y costumbres, formando (∩∩) así una patria chica[5] dentro de la patria nacional. Quizás la más notable entre estas tradiciones es la persistencia de otras lenguas además del español. El catalán, parecido al antiguo provenzal[6] de Francia, se habla en las regiones de Cataluña y Valencia. El gallego, del cual se derivó (←) el portugués moderno, todavía se habla en Galicia. En el País Vasco (Euskadi), se habla vasco (euskera), una lengua antiquísima[7] que no está relacionada con ninguna lengua moderna del mundo.

Por razones históricas y tradicionales, es común que los miembros de estos grupos regionales se consideren muy diferentes los unos de los otros. A pesar de[8] esto, en realidad hay bastante uniformidad racial y étnica por toda la Península Ibérica. Dos excepciones importantes son los inmigrantes de África y los gitanos.

Un buen número de inmigrantes del norte de África (principalmente de Marruecos) ha entrado a España en busca de un mejor nivel de vida[9] y oportunidades de trabajo. Algunos españoles los miran con recelo,[10] especialmente cuando se elevan los índices de desempleo y la economía parece incapaz de absorber la fuerza laboral[11] extranjera.

### Los gitanos en España

Los gitanos, originarios de la India, son un pueblo nómada que hoy se encuentra esparcido[12] por casi todo el mundo. Los europeos del siglo XV

[2]*kingdoms*  [3]*Muslims (followers of Mohammed)*  [4]*autonomous, independent*  [5]*pequeña*
[6]*dialecto del francés*  [7]*muy antigua*  [8]*A… In spite of*  [9]*nivel… standard of living*
[10]*apprehension*  [11]fuerza… *workforce*  [12]*scattered*

pensaban (←) que venían (←) de Egipto y por eso les pusieron (←) el nombre de *egiptanos.* De ahí vino (←) el término *gitano* en español, al igual que
40 *gypsy* en inglés (de *Egyptian*).

Aunque los gitanos eran excelentes artesanos y comerciantes,[13] fueron (←) despreciados por su extraño modo de vivir, y se les atribuía[14] (←) toda clase de vilezas:[15] el robo, el engaño[16] en el comercio, la magia negra.

Durante los siglos XVI y XVII, los gitanos poco a poco empezaron (←) a
45 perder su idioma y a mezclarse (si no exactamente a asimilarse) con el resto de la sociedad. Según algunos, fue (←) esta mezcla de lo gitano con lo español, y especialmente con lo árabe de Andalucía, lo que dio (←) origen al cante y baile flamenco, cuyos[17] ritmos tristes y sensuales han llegado (←) a ser[18] sinónimo de la música más típica de España.

50 Ha habido[19] (←) varios intentos de eliminar la discriminación contra las tradiciones y costumbres gitanas. Sin embargo,[20] todavía hoy son despreciados por muchos y, por lo tanto, siguen sufriendo (↻) discriminación. Analfabetos en su mayoría, viven marginados de la sociedad española y excluidos de muchos de sus beneficios. Aunque los gitanos buscan mejorar su
55 situación con respecto a los *payos* (nombre que les dan a los que no son gitanos), no quieren perder su propia identidad cultural.

El pueblo español no es, pues, una comunidad homogénea y monocromática. Dentro de su identidad nacional, y a veces en contradicción con ella, existen diferentes grupos étnicos y comunidades regionales que insisten en
60 defender su diversidad lingüística y cultural.

[13]*traders*　[14]se… *were attributed to them*　[15]*infamies*　[16]*fraud*　[17]*whose*　[18]*han… have become*　[19]Ha… *There have been*　[20]Sin… *Nevertheless*

■■■ # COMPRENSIÓN

**A** En la lectura, subraye (*underline*) en cada párrafo la oración que mejor resuma la idea principal. Luego, compare las oraciones que Ud. ha indicado (*have indicated*) con las de sus compañeros de clase para llegar a un acuerdo (*agreement*).

**B** Las siguientes palabras aparecen en la **Lectura I.** Después de haberla leído (*having read it*), ¿qué significado tiene cada palabra para Ud.? ¿Qué información asocia con cada una?

1. el cruce
2. la mezcla
3. la lengua
4. la unidad

5. la patria chica
6. nómada
7. el flamenco
8. marginados

**C** Cambie las siguientes oraciones personales por otras impersonales o pasivas usando el pronombre **se.** ¡Cuidado con la concordancia del verbo! Luego, diga si son ciertas (**C**) o falsas (**F**), según la **Lectura I.** Corrija las oraciones falsas.

MODELO: *Encontramos* muchos grupos humanos en el pueblo hispano. →
Se encuentran muchos grupos humanos en el pueblo hispano.
Cierto.

1. _____ En las diversas regiones de España, *la gente conserva* muchas tradiciones y costumbres distintas.

2. _____ En algunas de las comunidades, *la gente habla* una lengua diferente.

3. _____ En el siglo XV, *la gente pensaba* que los gitanos venían de la India.

4. _____ *Muchos atribuían* características muy negativas a los gitanos, porque *muchos creían* que era gente mala.

5. _____ Ya no *vemos* mucha discriminación contra los gitanos en España.

# INTERPRETACIÓN

**A** PAPEL Y LÁPIZ Vuelva a mirar sus respuestas a las preguntas de la actividad **Papel y lápiz** de las páginas 22–23. ¿Qué información puede Ud. añadir (*add*) o modificar después de haber leído (*having read*) la **Lectura I**?

**B** Complete el siguiente mapa conceptual según lo que Ud. aprendió en esta lectura sobre el pueblo español.

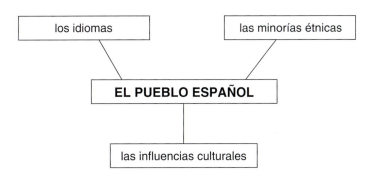

**C** En este país también hay comunidades de gitanos u otros grupos marginados. ¿Es diferente la imagen que se tiene del «gitano norteamericano» de la imagen del «gitano español»? ¿Existen también semejanzas entre las imágenes que se tienen de ambos? Explique.

# El café de comercio justo[1]

**M**ILLONES DE NORTEAMERICANOS empiezan su día con una taza de café, pero pocos consideran cómo su producción afecta a los hispanos que lo cultivan. Sin embargo, recientemente algunos norteamericanos han demostrado[2] más interés en el bienestar[3] económico de los que producen el café y en la situación del medio ambiente[4] en los países hispanos. Como consecuencia, hay ahora en el mecado nuevas marcas[5] de café especialmente para los consumidores que quieren apoyar[6] a los pequeños productores hispanoamericanos y contribuir a la protección de la naturaleza. Estas marcas se venden bajo el nombre «café de comercio justo» porque los que lo cultivan lo venden sin la intervención de las grandes empresas norteamericanas y europeas que se enriquecen,[7] pagando precios muy bajos.

*Recoletando café en Comasagua, El Salvador*

Una de estas marcas especiales de café es «Don Justo», producido en El Salvador. Históricamente, muchos pequeños agricultores salvadoreños han vivido[8] en pobreza porque sólo cultivan pequeñas cantidades de café que rinden ingresos[9] muy bajos. Por eso, los agricultores de «Don Justo» formaron una cooperativa, la cual les permite vender su café a un precio razonable. Los ingresos adicionales los ayudan a vivir mejor y a tener acceso a agua potable[10] y asistencia médica. Los miembros de las cooperativas también usan métodos agrícolas[11] que protegen la tierra contra la erosión, evitan el uso de productos químicos dañinos y, según dicen, producen un café más sabroso del que venden las grandes empresas.

El café de comercio justo se ofrece en muchos cafés y supermercados norteamericanos. También se vende en algunas iglesias y otras organizaciones cuyos miembros quieren ayudar a mejorar la vida de los pequeños agricultores hispanoamericanos. ■

[1]*café… fair-trade coffee*  [2]*han… have shown*  [3]*well-being*  [4]*medio… environment*  [5]*brands*  [6]*support*  [7]*se… get rich*  [8]*han… have lived*  [9]*rinden… yield revenues*  [10]*suitable for drinking*  [11]*agricultural*

**D**  **¡NECESITO COMPAÑERO!**  ¿Hay algunas semejanzas entre los gitanos y otros grupos étnicos? Identifiquen otros grupos étnicos o sociales que comparten las siguientes características:

- la falta de nacionalidad
- la existencia de normas (*rules*) de conducta exclusivas del grupo
- el tener una lengua propia
- la resistencia a incorporarse a la sociedad mayoritaria

¿Creen Uds. que algunas de estas características se deben al hecho de tener una vida (o tradición) nómada? ¿Cuáles? Expliquen.

# Lectura II

■■■ **EL PUEBLO HISPANOAMERICANO**

## Aproximaciones al texto

### Using word function to determine meaning

You have learned to rely on what you already know about a text's general structure and theme to anticipate its overall meaning; this general meaning is then a useful tool for guessing the meaning of individual words within the text. The structural clues provided by sentence context offer another tool for guessing the meanings of unfamiliar words. Try the following example.

> Las chinampas del antiguo México y los magallones cercanos al lago Titicaca son ejemplos del aporte tecnológico indígena para solucionar eficazmente los retos agrícolas de la sociedad moderna.

You know that **chinampas, magallones, aporte, retos,** and **sociedad** are nouns (**sustantivos**), because they are preceded by articles (**el, la, los, las**). The ending **-mente** (equivalent to English *-ly*) signals an adverb. You can conclude that **antiguo, agrícolas,** and **moderna** are adjectives, since they are next to nouns and agree with those nouns in gender (masculine, feminine) and number (singular, plural).° In addition, the endings **-ano** and **-lógico** signal adjectives. After this analysis you know that **chinampas** and **magallones** are technological, indigenous "things" related to the solution of modern society's agricultural **retos.** Can you now guess what **reto** means?

Inferring word functions will help you determine a number of useful pieces of information.

1. *Locating the verb.* Use your knowledge of the Spanish verb system with its characteristic person and number endings. For example, a word ending in **-mos** is most likely a verb whose subject is **nosotros/as.** If a word ends in **-an,** however, it may be either a singular noun (e.g., **pan**) or a third-person plural verb (e.g., **miran**), and you should look for a third-person plural subject to make sure it is a verb.

2. *Locating the subject,* that is, who or what is performing the action or is being described; this will usually be a noun. Articles (**el, la, un, una,** and their plural forms) signal that a noun follows. Endings like **-cia, -dad, -ión,** and **-tad** also signal nouns. Remember that you cannot assume that the first noun in a sentence is the subject, because Spanish word order is variable (not fixed). Instead, try to identify the noun(s) with which the verb agrees in person and

---

°Note that **agrícola** is one of a group of adjectives that ends in **-a** but does not have corresponding **-o/-os** endings (others of this type include **nómada, indígena,** and all adjectives ending in **-ista: realista, pesimista,** etc.). These adjectives therefore do not appear to agree in gender when they describe masculine nouns.

number. Also keep in mind that the subject may not be mentioned at all since in Spanish it is frequently indicated only by the verb ending.

3. *Locating the object,* that is, to whom or to what the action is being done; this will usually be a noun. Remember that direct objects that refer to people are indicated by the marker **a,** which helps you decide who the subject and object of a verb are even when they both agree logically and grammatically with that verb. In the following two questions, for example, both **los hijos** and **sus padres** could perform the action (**escuchar**), and the verb ending could refer to either noun. Only the word **a** indicates that **sus padres** is the object in the first sentence, and the subject in the second.

¿Escuchan los hijos a sus padres?  *Do the children listen to their parents?*
¿Escuchan a los hijos sus padres?  *Do the parents listen to their children?*

4. *Identifying adjectives,* that is, qualities of the subject or the object. You can find the adjectives that agree with each noun in gender and number. The endings **-al, -ano, -ario, -ico, -ísimo, -ivo,** and **-oso** often signal adjectives.

5. *Identifying characteristics of the action* by finding the adverbs or adverbial phrases. Unlike adjectives, adverbs do not change to show gender or number. The ending **-mente** signals an adverb; **-ísimo** signals either an adverb or an adjective, depending on whether it describes a noun (**una persona impor- tantísima**) or a verb (**lo siento muchísimo**). Some common adverbs are **ahora, antes, aquí, ayer, demasiado, después, hoy, mucho, muy,** and **todavía.** Some common adverbial phrases are **a menudo** (*often*), **con fre- cuencia, de manera** + *adjective,* **de modo** + *adjective,* and **en forma** + *adjective.*

**A**  Las oraciones que siguen la tabla aparecen en la **Lectura II,** «El pueblo hispanoamericano». Use la tabla para determinar la función de las palabras en las oraciones. Para ayudarlo/la, algunas de las palabras ya están en la tabla como modelo.

| Verbo | Sujeto | Complemento directo (si lo hay) | Otros sustantivos | Adjetivos | Adverbios |
|---|---|---|---|---|---|
| 1. | comunidad | | | | |
| 2. | | | lugares | | |
| 3. | | | | | históricamente, con frecuencia |
| 4. | | no hay | | | |
| 5. | | | | africanos, social, económica | |
| 6. crece | | | | | |

1. La comunidad humana latinoamericana contiene una rica diversidad, no exenta (*not exempt*) de conflictos económicos y políticos.

2. Erróneamente, en muchos lugares todavía consideran inferiores a los indígenas.

3. Históricamente víctimas de la violencia y el robo, los indígenas con frecuencia mantienen una distancia recelosa de las sociedades «ladinas».°

4. Existen muchos latinoamericanos de procedencia judía, irlandesa, árabe y japonesa.

5. Los descendientes de los esclavos africanos todavía padecen condiciones de inferioridad social y económica.

6. Actualmente crece en Latinoamérica una conciencia general sobre la importancia de las comunidades indígenas.

**B** ¿Puede Ud. expresar estas oraciones en términos más sencillos en español? ¿Qué palabras se pueden omitir? Observe que el establecer la función de las palabras le permite determinar qué palabras son realmente necesarias para entender el significado de cada oración.

**C** Basándose en estas oraciones, ¿cuál podría ser (*might be*) la idea principal de la lectura «El pueblo hispanoamericano»?

## ■■■■ PALABRAS Y CONCEPTOS

**aprovecharse (de)** to take advantage (of)
**desarrollar** to develop
**encerrar (ie)** to enclose, confine
**luchar por** to fight for
**perder (ie)** to lose
**rescatar** to salvage; to rescue
**someter** to subject; to conquer, subdue
**superar** to overcome
**tipificar** to characterize, typify

**el aporte** contribution
**el/la colono/a** colonist
**los derechos (humanos)** (human) rights
**el encierro** confinement
**la esclavitud** slavery

**el/la esclavo/a** slave
**la llegada** arrival
**el lugar** place
**el manejo** handling, management
**el recurso** resource
**el reto** challenge
**la riqueza** richness
**el sabor** flavor

**actual** current, present
**autóctono/a** native, indigenous
**sometido/a** subjected; conquered, subdued

**a causa de** because of

**A** Busque sinónimos en la lista de vocabulario.

1. caracterizar
2. confinar
3. la abundancia
4. de hoy día
5. la contribución
6. recuperar
7. defender

---

°Algunos grupos indígenas usan el término **ladino** para referirse a la sociedad y a los individuos que han adoptado un modo de vivir no indígena. El término se usa con este significado especialmente en la América Central.

**B** Busque antónimos en la lista de vocabulario.

1. liberar   3. encontrar   5. la libertad
2. la salida   4. extranjero

**C** Encuentre la palabra de la columna a la derecha que mejor describe la relación que existe entre cada grupo de palabras de la columna a la izquierda.

1. aprovechar, los recursos, el manejo   \_\_\_\_\_ la esclavitud
2. luchar, los derechos, superar   \_\_\_\_\_ la igualdad (*equality*) social
3. el encierro, el esclavo, someter   \_\_\_\_\_ desarrollar
4. la llegada, el colono, el lugar   \_\_\_\_\_ la colonización

**D** ¡NECESITO COMPAÑERO! La segunda lectura de este capítulo trata de la situación de los indígenas en Latinoamérica. Trabajando en parejas, miren la lista de vocabulario. ¿Qué palabras sugieren similitudes entre la situación de los gitanos españoles y la de los indígenas en la América Latina?

**E** Ahora, mire la lectura «El pueblo hispanoamericano»: las fotos y las glosas y notas al pie de la página. ¿Qué semejanzas y diferencias observa Ud. entre la situación de los indígenas en este país y la de los indígenas en Hispanoamérica?

**F** PAPEL Y LÁPIZ ¿Qué semejanzas y qué diferencias hay entre los gitanos y los grupos indígenas latinoamericanos que Ud. identificó previamente? ¿Y qué semejanzas y diferencias existen entre los indígenas norteamericanos y los indígenas hispanoamericanos? Use la técnica del mapa semántico para explorar *una* de estas preguntas en su cuaderno de apuntes. Después, comente lo siguiente.

■ ¿Hay una idea principal que parezca ser representada por el mapa semántico?

■ Escriba una o dos oraciones para resumir esta observación.

## El pueblo hispanoamericano

1   **A. LA MEZCLA DE RAZAS Y TRADICIONES SE INICIÓ** (←) en la América Latina° con el proceso de colonización. Este proceso continuó (←) hasta el siglo XIX con la inmigración de muchos europeos y asiáticos a los países hispanoamericanos. Por ejemplo, en los países del cono sur (la Argentina, Chile, el Uru-
5   guay y el Paraguay), apellidos como O'Higgins y Pagliere son tan típicos como Álvarez o López. En diversos lugares del continente, se encuentran[1] latinoamericanos de origen italiano, inglés, francés, holandés, irlandés, alemán, eslavo, árabe, judío, chino, coreano y japonés. También abunda la gente

[1]se… *are found*

---

°En español, el término **Hispanoamérica** suele referirse a los países latinoamericanos en los cuales el idioma oficial es el español. En cambio, los términos **Latinoamérica** o **América Latina** señalan el continente entero, exceptuando los Estados Unidos y el Canadá. Las palabras **América** y **el continente americano** se entienden en español por todo el territorio que se extiende desde las regiones árticas, al norte, hasta el Círculo Polar Antártico, al extremo sur de la Argentina.

mestiza —producto de la mezcla de dos o más razas— especialmente en
10 Colombia, Venezuela, Centroamérica y el Caribe, donde hay también un considerable número de personas de ascendencia africana. En algunos países,
como México, Guatemala, el Ecuador, el Perú y Bolivia, la mayoría de la
población es de procedencia[2] indígena.

**B.** Sin embargo, por razones históricas, los nombres indígenas o africanos son
15 mucho menos comunes que los europeos. La colonización del continente americano implicó (←) la exclusión, esclavitud o exterminio de dos grandes grupos
culturales no europeos: las civilizaciones indígenas del continente y los miles
de africanos traídos para trabajar en la agricultura y la minería coloniales.

**C.** La historia de la conquista realizada por los anglosajones es similar, en
20 muchos aspectos, a la realizada por los españoles. Durante los siglos XV y
XVI, los europeos encontraron (←) en América un hermoso y exótico nuevo
mundo, lleno[3] de recursos naturales. También estaba (←) habitado por
numerosas culturas nativas, a las que Colón llamó (←) «indias» porque creyó
(←) haber llegado[4] a la India asiática. El contacto entre los europeos y los
25 indígenas fue (←) violento y, como resultado, los nativos poco a poco perdieron (←) sus tierras y su antiguo modo de vida fue (←) destruido.

**D.** Sin embargo, las estrategias que emplearon (←) los ingleses en cuanto
a la población[5] nativa fueron (←) distintas de las que usaron (←) los españoles. Muchos ingleses estaban (←) interesados en formar sus propias comu-
30 nidades y simplemente eliminaron (←) a los indígenas o los empujaron[6] (←)
por la fuerza hacia el oeste. Por último, los encerraron (←) en los «Territorios
Reservados», donde todavía viven hoy muchos de sus descendientes. La
mayoría de los españoles, en cambio, se aprovechó (←) de los indígenas para
explotar las minas y cultivar la tierra. Además, muchos conquistadores toma-
35 ron (←) mujeres indígenas,° y por eso hay una gran mezcla de sangres en
Hispanoamérica. Legalmente, los indígenas no eran (←) esclavos, pero en el
terreno económico y político estaban (←) sometidos a la clase dominante.

**E.** Para fines del siglo XV, la fuerza laboral indígena se había disminuido[7]
(←) considerablemente a causa de la violencia, el trabajo excesivo y las
40 enfermedades traídas por los europeos. Los colonos iniciaron (←) entonces
la importación de esclavos desde el África central. Como ocurría (←) en las
colonias inglesas y francesas del nuevo mundo, los africanos usados por
españoles y portugueses fueron (←) sometidos a una condición social y económicamente inferior que todavía hoy luchan por superar. Después de la
45 abolición de la esclavitud en el siglo XIX, los descendientes de africanos se
mezclaron (←) con indígenas y europeos, produciendo (ᗡ) la amalgama
social y étnica que hoy prevalece en Latinoamérica, y que da un sabor único
a sus diversas expresiones culturales.

## Los indígenas de hoy

**F.** A causa del sincretismo[8] social y étnico, no es posible basarse en los
50 rasgos físicos para tipificar la población latinoamericana actual. En muchos
lugares, por ejemplo, es muy difícil distinguir a los indígenas de los ladinos
o mestizos solamente por su apariencia física. La diferencia es cultural.

*En la América Latina, como se ve en este grupo de ecuatorianos, no es posible distinguir a los indígenas solamente por su apariencia física. La diferencia es cultural.*

[2]origen   [3]*full*   [4]creyó… *he thought he had arrived*   [5]*population*   [6]*pushed*   [7]se… *had diminished*   [8]*syncretism, a combination of different ways of living*

°Algunos de estos arreglos (*arrangements*) culminaban en matrimonios; otros pasaban de ser encuentros casuales.

*Muchas comunidades autóctonas, como este grupo indígena en México, se organizan para defender sus derechos y para mejorar su situación económica y legal.*

55

Únicamente se considera indígenas a los individuos que llevan ropa distintiva, y que viven en comunidades que continúan desarrollándose (ꡅ) a partir de[9] las costumbres, creencias y a veces también las lenguas de las civilizaciones preexistentes a la llegada de los europeos.

60

**G.** Históricamente víctimas de la violencia y el robo, los indígenas con frecuencia mantienen una distancia recelosa[10] de una sociedad que los ha excluido y despreciado (←). Las sociedades no indígenas adoptan diferentes actitudes con respecto a los nativos. Muchos los consideran inferiores y piensan que son un obstáculo para el progreso. Algunos pretenden[11] educarlos de acuerdo con las normas de la civilización occidental. Otros proponen rescatar y desarrollar los valores indígenas para formar una síntesis de las culturas europeas y las nativas de América.

65

70

75

**H.** Actualmente crece en Latinoamérica una conciencia general sobre la importancia de las comunidades indígenas para la identidad de los países en donde viven. En los círculos académicos, políticos y empresariales[12] se comienza a reconocer la riqueza cultural, social, jurídica[13] e incluso tecnológica de las civilizaciones autóctonas. El abogado y sociólogo Osvaldo Kreimer, miembro de la Comisión Interamericana de Derechos Humanos de la Organización de Estados Americanos (OEA),[14] resume algunos de los elementos indígenas que atraen la atención internacional: «Recordemos, por ejemplo, la organización social de los Otavalos de Ecuador, que les permite producir y comercializar sus textiles en las principales ciudades de América y Europa; las normas penales[15] de muchos pueblos indígenas, que no se basan[16] en el encierro físico sino en sanciones morales; el sistema comunal andino[17] de trabajo, llamado la *minga;* los nutrientes que están entrando (ꡅ) en la cocina universal, como la quinua;[18] los contratos de las grandes compa-

[9]*a… on the basis of*   [10]*suspicious*   [11]*attempt*   [12]*entrepreneurial*   [13]*legal*
[14]*Organización… Organization of American States (OAS)*   [15]*normas… penal codes*
[16]*no… are not based*   [17]*Andean*   [18]*quinoa, a weedy plant of the Andes that has been cultivated for centuries and whose seeds are ground for food*

80 ñías farmacéuticas para aprovechar sus conocimientos de las plantas y hierbas; y su manejo de tierras y regadío,[19] como las chinampas del antiguo México o las terrazas y magallones cercanos al lago Titicaca, que podrían satisfacer un tercio[20] de las necesidades alimenticias[21] del Perú.»°

I. Por su parte, varios líderes indígenas defienden el derecho de sus comunidades a la libre determinación para decidir el presente y el futuro de su
85 pueblo. Aprovechando (ᴖ) las oportunidades que ofrece hoy en día la democracia, muchas comunidades autóctonas se organizan para reclamar su autonomía, mejorar sus condiciones de vida y recuperar sus tierras. La trascendencia[22] internacional de su lucha se evidencia en la «Declaración Interamericana sobre los Derechos de los Pueblos Indígenas». Este documento
90 ha sido (←) producido por la OEA en diálogo con las organizaciones indígenas del continente, para unificar una política respetuosa de los pueblos indígenas en todos los países americanos.

J. La comunidad humana latinoamericana contiene una rica diversidad, no exenta de conflictos económicos y políticos. Su mayor reto consiste en cons-
95 truir modelos sociales para superar la opresión que ha sufrido (←) a través de la historia y para desarrollar su riqueza humana y geográfica, respetando (ᴖ) la diversidad cultural de su pueblo.

[19]*irrigation*   [20]podrían… *could satisfy a third*   [21]*nutritional*   [22]*importance*

## ◼◼◼ COMPRENSIÓN

**A** Al lado de cada párrafo de la **Lectura II** hay una letra. Escriba la letra correspondiente junto a la oración que mejor resuma la información del párrafo respectivo. ¡Cuidado! No todos los párrafos de la lectura están resumidos aquí.

1. _____ Hay muchas semejanzas entre la colonización anglosajona y la española en el continente americano.

2. _____ En la América Latina hay gran variedad de razas y tradiciones mezcladas.

3. _____ Muchas comunidades autóctonas defienden hoy en día sus derechos políticos.

4. _____ Los colonos europeos decidieron traer a miles de africanos para trabajar como esclavos en América.

5. _____ En la América Latina, las relaciones entre las comunidades nativas y las sociedades no indígenas son tensas.

6. _____ Diferentes sectores sociales reconocen hoy la riqueza cultural de los pueblos autóctonos.

**B** PAPEL Y LÁPIZ ¿Qué aspectos de la cultura indígena (de este país o de Hispanoamérica) encuentra Ud. particularmente interesantes o valiosos? ¿Por qué? Explore esto en su cuaderno de apuntes.

◼ Examine de nuevo sus apuntes de las actividades anteriores al igual que las ideas que han surgido durante las conversaciones y discusiones en clase.

°Cita adaptada de la revista *Américas,* mayo/junio de 1996, p. 6.

- ¿Cuáles son los aspectos que más le llaman la atención? Escriba una o dos oraciones para identificarlos.

- ¿Por qué le llaman la atención? Explique esto también en una o dos oraciones.

**C** La siguiente tabla resume la comparación de las experiencias de los indígenas colonizados por los anglosajones y las de los colonizados por los españoles. Complétela con información de la **Lectura II.**

| Puntos de comparación | Colonización anglosajona | Colonización hispana |
| --- | --- | --- |
| Grupo colonizador principal | | |
| Tratamiento que se daba a los indígenas | | |
| Resultado de este tratamiento | | |
| Actitud general hoy en día de los indígenas hacia la cultura no indígena | | |

# INTERPRETACIÓN

**A** ¡NECESITO COMPAÑERO! ¿Cuál es la imagen de los indígenas tradicionalmente presentada en la televisión y el cine norteamericanos? Trabajando en parejas, escojan los cinco adjetivos de la siguiente lista que correspondan mejor a esta imagen. Prepárense para justificar su respuesta.

| | | |
| --- | --- | --- |
| artístico | heroico | natural |
| cobarde | honrado | perezoso |
| corrupto | igual | primitivo |
| cruel | inferior | religioso |
| débil | inocente | romántico |
| estúpido | inteligente | superior |
| feo | justo | trabajador |
| fuerte | materialista | trágico |
| guapo | mentiroso | víctima |

**B** ¡NECESITO COMPAÑERO! Trabajando en parejas, busquen los ejemplos que ofrece la lectura «El pueblo hispanoamericano» sobre la nueva participación de los indígenas en la vida del continente. Después, indiquen qué tipo de impacto tiene cada uno de esos ejemplos: ¿es un impacto económico? ¿político? ¿jurídico? ¿científico?, etcétera. Prepárense para explicar sus respuestas al resto de la clase.

**C** ENTRE TODOS ¿Recuerdan Uds. películas o programas de televisión recientes que presenten de una manera más respetuosa la imagen de los indígenas? (Por ejemplo, *Star Trek Voyager, Pocahontas, Dances with Wolves, Smoke Signals, The Last of the Mohicans*.) Describan las películas o programas que recuerden. ¿Cómo se representa a los indígenas en estos programas y otras películas? ¿Realmente representan la voz de los indígenas o también presentan una visión desde fuera, aunque idealizada? ¿Qué hacen los indígenas para representarse y difundir sus propias tradiciones? ¿Conocen Uds. por experiencia propia algunas de estas formas culturales?

# APLICACIÓN

**A** ¿Cree Ud. que los problemas que tienen los indígenas son diferentes de los problemas que tiene cualquier otro grupo minoritario? ¿Por qué sí o por qué no?

**B** Tanto los gitanos de Andalucía como los indígenas americanos provocan cierto interés turístico. ¿Qué ventajas y desventajas trae esto?

**C** Últimamente, las nociones de «pluralismo cultural» y «diversidad étnica» han recibido mucha atención en las universidades norteamericanas, donde las ven como ideales para la sociedad contemporánea. En la actualidad, en algunas universidades incluso es un requisito académico que todo estudiante tome una clase que trate del racismo o del multiculturalismo. ¿Se han debatido estos asuntos en esta universidad? ¿Cuál ha sido el resultado? ¿Qué opina Ud. de la idea de incluir en los estudios académicos un curso sobre el racismo? ¿y sobre el multiculturalismo? ¿Cuáles podrían (*might*) ser algunas de las razones para justificarla? ¿y algunas para no incluirla?

## CAPÍTULO 3

# Costumbres y tradiciones

1. Buñol, España
2. Los Ángeles, California
3. Ciudad de México

# Exploraciones

Hay ciertas actividades que nos hacen pensar tanto en nuestra cultura, nos causan tanta nostalgia o han llegado a ser tan importantes que reciben el nombre de «costumbre» o «tradición». Algunas costumbres conmemoran algún personaje o evento histórico, político o religioso. Los orígenes de otras costumbres no son tan remotos o conocidos, pero muchas personas siguen practicando estas costumbres para conservarlas, porque siempre se divierten o por otros motivos. También hay costumbres en las que se combina la diversión con tradiciones que tienen significados profundos. ■■■

**A** **TRABAJAR CON LAS IMÁGENES** Mire las fotos de la página anterior para contestar las siguientes preguntas.

■ ¿Qué están haciendo las personas en estas fotos? ¿Dónde están? ¿Con quiénes están? ¿Qué están celebrando o conmemorando? ¿Por qué lo están haciendo?

■ ¿Se están divirtiendo? ¿Están celebrando con un estilo muy tradicional? ¿Cómo lo sabe Ud.?

**B** **ANÁLISIS CRÍTICO**

■ ¿Hay alguna costumbre o tradición semejante o especial propia del lugar de origen de Ud.? ¿Qué se hace ese día?

■ ¿Es el propósito de esa costumbre solamente divertirse o se trata de algo más profundo? ¿Se relaciona con algún evento histórico, político, patriótico, religioso, etcétera? ¿Cuál cree Ud. que es el origen de esa costumbre o tradición?

■ Trabajando en grupos de tres o cuatro estudiantes, comparen sus respuestas a la primera parte de esta actividad. ¿Hay alguna costumbre o tradición que todos los miembros del grupo conozcan (*know*)? ¿La celebran todos de la misma manera? Si no, ¿cuáles son las diferencias y por qué existen tales diferencias?

**C** **ESPECULAR** Con los avances tecnológicos el mundo parece ser más pequeño cada día y las culturas se mezclan (*become mixed*) cada vez más. Con la mezcla de culturas, es obvio pensar que las costumbres y tradiciones van a mezclarse y hasta (*even*) modificarse también.

■ ¿Cuáles son algunos factores que influyen en las costumbres y tradiciones de una cultura?

■ ¿Puede pensar en alguna costumbre de su lugar de origen que haya cambiado a través de los años? ¿Por qué ha cambiado? ¿Qué factores han influenciado más en esa costumbre?

■ ¿Cómo influyen las culturas extranjeras en las costumbres y tradiciones de una cultura?

### ■■■ LA TOMATINA DE BUÑOL

## Aproximaciones al texto

### Using the main idea to anticipate content

In **Capítulos 1** and **2** you practiced techniques that enable you to skim quickly a selection to get a general idea of its meaning. Another important technique is using your knowledge of the main idea to anticipate the rest of the selection's content.

If you know, for example, that the main topic is religious and secular holiday traditions throughout the world, then you can predict that you will find information in the text from a variety of countries (not just one), that the information will probably be organized by country, and that there is likely to be a fair amount of comparative detail about the religious or secular significance of the holiday. On the other hand, if the topic appears to be Jewish holiday traditions, then you would expect the text to limit itself to the religious holidays of that faith and to describe some of the traditions in detail.

**A** Empareje los tipos de información de la columna B que Ud. esperaría (*would expect*) encontrar en los temas de la columna A.

| **A** | **B** |
|---|---|
| 1. _____ comparación y contraste de las costumbres de varios países | **a.** información anecdótica (la descripción de casos determinados) |
| 2. _____ el descubrimiento de algunos textos bíblicos en una cueva cerca del Mar Muerto | **b.** información sobre varios países |
| | **c.** datos biográficos |
| | **d.** datos históricos |
| 3. _____ un informe sobre los mejores elementos de una fiesta | **e.** descripciones geográficas |
| | **f.** detalles técnicos |
| 4. _____ personas famosas que cambiaron el mundo | **g.** información biológica |
| | **h.** reflexiones filosóficas |

Si Ud. encontró que algún tipo de información de la columna B se podía aplicar a más de un tema de la columna A, ¿en qué se diferenciaría (*would differ*) la información específica según cada tema? Es decir, si esperaba encontrar datos históricos en dos textos distintos, ¿qué tipo de datos en particular buscaría (*would you look for*) en cada texto?

**B** A continuación encontrará la primera oración de cada párrafo de la primera lectura para este capítulo. Léalas rápidamente, tratando de adivinar por el contexto el significado de las palabras que no conozca. Después, conteste las preguntas.

■ Todos los años, el último miércoles de agosto, miles de personas se juntan para realizar una de las costumbres más divertidas del mundo: la Tomatina de Buñol.

■ La Tomatina, como toda costumbre, tuvo que tener algún comienzo.

- Después de esa primera batalla, algunas personas siempre la repetían cada año, dándole más popularidad y atrayendo a más participantes.

- Por ejemplo, en 1950, la policía arrestó a tantos participantes que llenaron no solamente la cárcel sino también toda la estación de policía.

- En 1957, el alcalde decidió que por fin ese año el evento no iba a tener lugar.

- Sin embargo, Garcés y sus colegas tenían tanta determinación como el alcalde y, en 1959, tuvo lugar la última ronda en la lucha para legalizar el espectáculo.

- Desde ese año, la Tomatina, que obviamente no tiene nada que ver con la religión, ha sido la culminación de una semana de celebraciones que coincide con la fiesta del santo patrón de Buñol.

- El día del gran espectáculo, los dueños de los bares y restaurantes pasan la mañana cubriendo los balcones, puertas y ventanas de su establecimiento con plástico y tablas de madera en preparación para la sangrienta batalla.

- El reloj de la iglesia toca el mediodía, alguien lanza un cohete que explota sobre la plaza y los instigadores empiezan a aplastar y tirar los primeros tomates desde los camiones.

- Exactamente 60 minutos después del primer cohete, otro explota sobre la plaza, declarando la paz.

1. Según lo que acaba de leer, ¿cuál parece ser el tema principal del texto?
   a. una celebración religiosa
   b. una batalla y un soldado importante
   c. un pequeño pueblo
   d. una costumbre divertida

2. ¿Cómo se organiza la información de la lectura? (Es posible que haya más de una respuesta correcta.)
   a. comparación/contraste
   b. descripción
   c. narración cronológica
   d. clasificación (agrupar varios elementos según sus semejanzas)

3. ¿Cuál(es) de estos tipos de información espera encontrar en este texto?
   a. datos biográficos de algunas personas
   b. descripción de alguna celebración
   c. datos históricos sobre el origen de alguna costumbre
   d. comentario sobre cómo se combinan los varios elementos de un festival específico
   e. informes generales de varias fiestas del mundo hispano

## ■■■ PALABRAS Y CONCEPTOS

**acercarse a**  to move near to
**agacharse**  to duck (down)
**aplastar**  to squash, smash
**botar**  to dump, tip over
**cargar**  to carry; to load

**ensuciar**  to dirty, make messy
**estar a salvo**  to be safe
**impedir (i, i)**  to impede, prevent
**lanzar**  to launch; to throw
**rendirse (i, i)**  to give up, surrender

*(continúa)*

| | |
|---|---|
| **tener lugar**  to take place | **la muchedumbre**  crowd |
| **tener que ver con**  to have to do with | **el objetivo**  target |
| **tirar**  to throw | **la risa**  laugh, laughter |
| | **la sangre**  blood |
| **la batalla**  battle | |
| **el caos**  chaos | **alimenticio/a**  (pertaining to) food |
| **el cohete**  rocket | **insoportable**  unbearable |
| **el/la contendiente**  combatant | **sangriento/a**  bloody |
| **el desfile**  parade | |

**A**  Apunte las palabras de la lista de vocabulario que Ud. asocia con lo siguiente.

1. una guerra (*war*)  **2.** un festival

¿Hay algunas palabras que se relacionen con ambas? Explique.

**B**  ¿Qué palabras de la segunda columna asocia Ud. con las de la primera? Explique la relación o asociación entre ellas.

1. _____ la batalla
2. _____ el contendiente
3. _____ el caos
4. _____ el cohete
5. _____ el desfile
6. _____ la muchedumbre
7. _____ el objetivo
8. _____ la risa
9. _____ la sangre

**a.** lanzar, fuegos artificiales, exploración espacial

**b.** combate, pelea, lucha

**c.** soldado, luchador, militar

**d.** evento, celebración, conmemoración

**e.** bromas, diversión, alegría

**f.** análisis médico, accidente, vendaje (*bandage*)

**g.** desorden incontrolable, confusión, desastre

**h.** concierto, estadio (*stadium*) deportivo, fanáticos

**i.** meta (*goal*), deseo, puntería (*aim*)

**C**  ¡NECESITO COMPAÑERO!  Trabajando en parejas, traten de definir algunos de los siguientes verbos al formular una pregunta. Cada estudiante debe escoger tres de los siguientes verbos y definirlos en español, según el modelo. El estudiante A no debe usar el verbo en su pregunta, y el estudiante B puede ver la lista de verbos como ayuda para tratar de adivinar cada verbo.

MODELO: rendirse →

ESTUDIANTE A:  Si una persona está compitiendo o luchando pero luego abandona la lucha y ya no le importa perder, ¿qué hace esa persona?

ESTUDIANTE B:  Esa persona se rinde.

| | | |
|---|---|---|
| acercarse (a) | aplastar | ensuciar |
| agacharse | botar | tirar |

# La Tomatina de Buñol

1 **TODOS LOS AÑOS, EL ÚLTIMO MIÉRCOLES DE AGOSTO,** miles de personas se juntan para realizar una de las costumbres más divertidas del mundo: la Tomatina de Buñol. Buñol, situado a unas 30 millas al oeste de Valencia, es un pueblo relativamente tranquilo la mayoría del año. Pero por una hora en la Plaza del
5 Pueblo los que participan en esta costumbre se tiran mutuamente alrededor de 150.000 tomates. La Tomatina no conmemora ningún evento histórico, político o religioso: Sirve para divertirse en una de las peleas alimenticias más grandes del mundo.

## El primer tomatazo°

La Tomatina, como toda costumbre, tuvo (←) que tener algún comienzo. Es
10 decir, alguien tuvo (←) que tirar el primer tomate. Pero la pregunta es: ¿cuándo y por qué? En 1944, la gente de Buñol estaba (←) reunida en la plaza para celebrar una de las fiestas religiosas principales del pueblo. Los organizadores de la fiesta habían designado[1] (←) a algunos jóvenes para cargar las imágenes religiosas en una procesión. Pero como los jóvenes no
15 llegaron (←) a tiempo, los organizadores tuvieron (←) que buscar a otros voluntarios. Cuando llegaron (←) por fin los jóvenes designados primero, perdieron (←) su oportunidad y se enojaron (←). Botaron (←) varios puestos de fruta, incluyendo (∩∩) uno donde había (←) tomates y empezaron (←) a tirar la fruta a todos los que vieron (←) a su alrededor. Las víctimas de esa
20 furia frutal contraatacaron (←), lanzando (∩∩) sus propios frutazos. Dentro de poco, nadie recordaba (←) por qué estaba (←) peleando (∩∩), pero todos estaban (←) riéndose (∩∩) y divirtiéndose (∩∩) muchísimo. Uno de los jóvenes de Buñol que participó (←) en esa primera batalla, Francisco Garcés, vio (←) algo más que una simple pelea frutal: el potencial de un nuevo elemento
25 para las celebraciones de cada año.

## Una tradición permanente

Después de esa primera batalla, algunas personas siempre la repetían (←) cada año, dándole (∩∩) más popularidad y atrayendo (∩∩) a más participantes. Pero a las autoridades no les gustaba (←) el evento porque representaba (←) una falta contra la tranquilidad cívica, ensuciaba (←) las calles
30 y además, las mismas autoridades siempre recibían (←) la mayoría de los tomatazos. Por eso, las autoridades siempre trataban (←) de impedirlo, mientras Garcés y sus colegas intentaban (←) legalizarlo.

Por ejemplo, en 1950, la policía arrestó (←) a tantos participantes que llenaron (←) no solamente la cárcel[2] sino también toda la estación de policía.
35 Mucha gente estaba (←) acumulándose (∩∩) fuera de la estación y el alcalde[3] temía (←) que sucediera (←) algo feo.[4] Para evitar un disturbio total,[5] el alcalde

[1]habían... *had designated*   [2]*jail*   [3]*mayor*   [4]temía... *feared something awful might happen*
[5]disturbio... *complete riot*

---

°El sufijo **-azo** se puede añadir a varios sustantivos en español para formar nombres de acción violenta o de golpe. Por ejemplo, un **martillazo** es un golpe con un martillo (*hammer*), un **puñetazo** es un golpe con un puño (*fist*), etcétera.

aceptó (←) los consejos de dejar libres a los encarcelados y comprarles una copa a todos.[6]

En 1957, el alcalde decidió (←) que por fin ese año el evento no iba (←) a
40  tener lugar. Llamó (←) y contrató (←) a casi todos los policías de la región, no
sólo a los de Buñol. Los policías y el alcalde se pusieron (←) en lugares estra-
tégicos alrededor de la plaza para impedir la batalla inminente. Cuando Garcés
y los otros participantes vieron (←) la determinación del alcalde y los policías,
se rindieron (←) y aceptaron (←) que no iban (←) a divertirse así ese año.

45  Sin embargo, Garcés y sus colegas tenían (←) tanta determinación como
el alcalde y, en 1959, tuvo (←) lugar la última ronda[7] en la lucha para legalizar
el espectáculo. Garcés se reunió (←) con el alcalde para darle dos opciones.
Si el alcalde permitía (←) que tuviera (←) lugar el evento,[8] la batalla dura-
ría[9] 60 minutos —ni un minuto más ni un minuto menos— y los mismos par-
50  ticipantes limpiarían[10] (←) las calles después. Pero si no lo permitía (←),
habría[11] un disturbio catastrófico. El alcalde y las autoridades aceptaron (←)
la primera opción y así la Tomatina llegó (←) a ser una tradición permanente
del pueblo de Buñol.

### La Tomatina de hoy

Desde ese año, la Tomatina, que obviamente no tiene nada que ver con la
55  religión, ha sido (←) la culminación de una semana de celebraciones que
coincide con la fiesta del santo patrón de Buñol. Durante toda la semana hay
desfiles, fuegos artificiales, bailes y fiestas en las calles y una gran competencia[12] de paella (*Concurso des Paellas* en el dialecto de Valencia) cerca de
la Plaza del Pueblo la noche antes de la Tomatina.

60  El día del gran espectáculo, los dueños de los bares y restaurantes
pasan la mañana cubriendo (⋂⋂) los balcones, puertas y ventanas de su
establecimiento con plástico y tablas de madera en preparación para la
sangrienta batalla. Un poco antes del mediodía, más de 20.000 participantes se reúnen en la plaza y seis o siete camiones, cargados de más de
65  90.000 libras (40.909 kilogramos) de tomates, comienzan su lenta procesión por las calles empedradas[13] de Buñol hacia el «campo de batalla».
Cuando los camiones se acercan a la plaza, la gente empieza a gritar:
«¡Tomates, tomates, tomates… !», «¡Necesitamos fruta, dadnos los tomates!»
y otras cosas semejantes. Desde los camiones algunos instigadores le lan-
70  zan agua con cubetas[14] a la muchedumbre como anticipo de lo que pronto
vendrá (←). Todos saben que hay que esperar la hora indicada porque así
fue (←) el acuerdo original entre Garcés y el alcalde en 1959, pero la tensión es casi insoportable.

El reloj de la iglesia toca el mediodía, alguien lanza un cohete que
75  explota sobre la plaza y los instigadores empiezan a aplastar° y tirar los primeros tomates desde los camiones. Dentro de pocos segundos se declara
la guerra y la escena se convierte en un caos total. Pero no hay alianzas en
esta guerra porque son todos contra todos: hermano contra hermano, amigo
contra amigo, padre y madre contra hijos, etcétera. Mientras vuelan los

[6]comprarles… *buying every one of them a drink*   [7]*round*   [8]permitía… *permitted the
event to take place*   [9]*would last*   [10]*would clean up*   [11]*there would be*   [12]*competition*
[13]*cobble-stoned*   [14]*buckets*

°Una de las pocas reglas de la Tomatina es que hay que aplastar los tomates entre las
manos antes de tirarlos.

80  tomates, se escuchan risas y gritos por todas partes de la plaza. Supuestamente los objetivos son solamente los participantes, pero en realidad cualquiera[15] que se mueva, se pare, se agache, se esconda, corra, camine u observe pasivamente puede caer víctima de un tomatazo inesperado.[16] Nadie está a salvo, especialmente el turista típico con su cámara y gorra de béisbol.

85  Exactamente 60 minutos después del primer cohete, otro explota sobre la plaza, declarando (∩∩) la paz. Las calles están llenas de pulpa[17] de tomate y la gente está empapada[18] de lo mismo. Los enemigos vuelven a ser amigos, los familiares se reconcilian y todos se marchan para el río donde se quitan la «sangre de batalla» con la ayuda de una serie de duchas temporáneas que el

90  pueblo de Buñol les ofrece a los contendientes. Los dueños de los bares y restaurantes quitan las tablas de madera y el plástico de su negocio y hacen una limpieza general. Otros empiezan a limpiar las calles, y para el atardecer,[19] casi ya no hay ninguna indicación de la sangrienta batalla que tuvo (←) lugar al mediodía. Para terminar el día, todos encuentran donde pasar la última noche

95  de la semana de celebraciones, comiendo (∩∩), tomando (∩∩) copas y contando (∩∩) los detalles de su experiencia en la más reciente Tomatina de Buñol.

[15]*anyone*   [16]*unexpected*   [17]*pulp*   [18]*soaked*   [19]*late afternoon*

## ■■■ COMPRENSIÓN

**A**  Cambie los verbos entre paréntesis en las siguientes oraciones por el pretérito o el imperfecto, según el contexto. Luego, diga si son ciertas (**C**) o falsas (**F**) según la **Lectura I.** Corrija las oraciones falsas.

1.  _____  Nadie sabe con certeza quién (tirar) el primer tomate ni quién (recibir) el primer tomatazo.

2. _____ Cuando los jóvenes designados primero (presentarse), se enojaron porque ya no (poder) participar en la procesión religiosa.

3. _____ Al principio, las autoridades de Buñol (estar) de acuerdo con la idea de la fiesta, pero después ya no les gustó porque las calles siempre (ensuciarse).

4. _____ La policía (encarcelar) a muchos en 1950, pero el alcalde los (dejar) libres y les compró una copa.

5. _____ En 1957, (tener) lugar la Tomatina más divertida y caótica de la historia del evento.

6. _____ En 1959, el alcalde (reunirse) con los dueños de los restaurantes y juntos (decidir) legalizar la Tomatina.

**B** ¡NECESITO COMPAÑERO! Apunten el mayor número posible de datos que aprendieron sobre la Tomatina de hoy en cada categoría del siguiente cuadro. Después, comparen sus respuestas con las de otra pareja. ¿Están todos de acuerdo o hay diferencia de opiniones? Expliquen.

| | |
|---|---|
| Otros eventos que coinciden con la Tomatina | |
| En la mañana, antes del mediodía | |
| Al mediodía y dentro de los primeros segundos | |
| Al final de la «batalla» | |

**C** PAPEL Y LÁPIZ La Tomatina es, sin duda, una de las costumbres más divertidas y raras (*strange*) del mundo, pero en todas partes (*everywhere*) hay pueblos y ciudades que tienen sus propias costumbres curiosas. Piense en una costumbre única (*unique*) de su lugar de origen o de otro lugar que conoce, y explore lo siguiente en su cuaderno de apuntes. Si no puede pensar en ninguna costumbre «divertida y rara», puede inventar una.

■ ¿Dónde y cuándo se celebra la costumbre?

■ ¿Por qué es una costumbre rara, divertida, única, etcétera?

■ Incluya algo chistoso o divertido que le pasó alguna vez a Ud. (o a uno de sus amigos o familiares) durante la celebración de esa costumbre.

Describa la escena, incluyendo algunos detalles específicos sobre dónde estaba, con quién estaba, cómo era la escena. Luego explique qué pasó en medio de la escena.

# Carnaval en Bolivia

A LO MEJOR Ud. ya ha oído[1] hablar de algunas de las celebraciones del Carnaval que tienen lugar en varias partes del mundo. Sin duda la más conocida en los Estados Unidos es la de *Mardi Gras* en Nueva Orleáns, a la que asisten miles de turistas para presenciar los desfiles en los que se tiran joyas de las carrozas[2] y cuyas festividades continúan por varias semanas cada año. Quizás aún más extravagante es el Carnaval de Río de Janeiro, donde la gente baila en las calles toda la noche y viste disfraces[3] exóticos. Pero lo que mucha gente no sabe es que tales fiestas existen en muchas partes del mundo hispano también, aunque sean menos ostentosas de las que conocemos.

Uno de estos espectáculos es el que se celebra en La Paz, Bolivia, durante los días antes de la Cuaresma.[4] Este suceso anual combina las tradiciones católicas con las de las civilizaciones indígenas que dominaban la región antes de la conquista europea. Además de otras diversiones, hay un desfile exclusivamente para los muy jóvenes en el que se dan premios a los niños que llevan los disfraces más originales. También hay una farándula[5] para los adultos en la que éstos lucen[6] sus propios trajes indígenas con la esperanza de ganar premios en dinero. Los eventos continúan por varios días, pero hay una diferencia importante entre las festividades bolivianas y las de nuestro país. Los espectáculos no acaban el martes de Carnaval sino dos días antes, el Domingo de Tentación.[7] Este día se inicia con un concierto que representa la vela[8] de las festividades que están para terminar. Luego, hay un cortejo fúnebre[9] que pasa por las calles de la capital, en el cual se lleva al cementerio general de la ciudad un ataúd[10] que simboliza las fiestas. Al llegar a la zona de sepulturas,[11] el ataúd se entierra[12] tristemente, poniendo fin así a las diversiones hasta el próximo año. ■

*Una «diabla» (bailadora) con su máscara tradicional, Carnaval de Oruro, Bolivia*

[1]ha… *have heard*   [2]*parade floats*   [3]*costumes*   [4]*Lent*   [5]*show*   [6]*display*
[7]Domingo… *Temptation Sunday*   [8]*wake*   [9]cortejo… *funeral procession*   [10]*casket*
[11]*graves*   [12]se… *is buried*

# Lectura II

### ■■■ LAS POSADAS DE MÉXICO Y LA VIRGEN DE GUADALUPE

## Aproximaciones al texto

Además de la Tomatina de Buñol, hay muchas otras costumbres y tradiciones seculares en el mundo hispano. Sin embargo, la influencia de la religión es casi inevitable en las culturas hispanas. Hay muchas costumbres y tradiciones que tienen los dos aspectos: uno religioso y otro secular. En la **Lectura II,** Ud. va a enterarse de una costumbre en que se combinan lo religioso y lo secular: las Posadas de México. También va a leer sobre una de las tradiciones religiosas más fuertes que hay en las culturas hispanas: la Virgen de Guadalupe.

## ■■■ PALABRAS Y CONCEPTOS

**animar** to enliven, motivate

**cargar en andas** to carry in a procession

**desempeñar un papel** to play a role

**encargarse de** to take charge of

**entregar** to give, deliver

**fortalecer** to strengthen

**pedir (i, i) posada** to request lodging

**rechazar** to reject

**reconocer** to recognize

**recordar (ue)** to remember; to recall, bring to mind; to remind

**referirse (ie, i) a** to refer to

**ubicarse** to be located

**el ajuste** adjustment

**el arzobispo** archbishop

**el atrio** churchyard

**la búsqueda** search

**la capilla** chapel

**el cerro** hill

**la cima** top (*of a hill or mountain*)

**la colonia** neighborhood (*Mexico*)

**el culto** devotion

**la curación** cure

**la diosa** goddess

**los dulces** candy

**la época** season, time of year

**el gasto** expense

**el juguete** toy

**el milagro** miracle

**el nicho** small religious shrine

**la oración** prayer

**el papa** pope

**la parada** stop

**el pastor** shepherd

**el pedido** request

**la peregrinación** pilgrimage

**el/la peregrino/a** pilgrim

**el personaje** character

**la pintura** painting

**la posada** inn

**la prueba** test; proof

**el pueblo** town; people

**los Reyes Magos** Three Wise Men, Magi

**la rima** rhyme

**la tilma** *a small blanket-like shawl, similar to a sarape, but made of cactus fibers*

**la vela** candle

**angustiado/a** agonized; agonizing

**estrecho/a** close

**extenso/a** extensive

**grabado/a** imprinted

**guadalupano/a** *pertaining to the Virgin of Guadalupe*

**indígena** *m., f.* indigenous

**navideño/a** *pertaining to Christmas*

**allí mismo** right there

**en aquel entonces** at that time

**por consiguiente** consequently

**A** ¿Cuáles de las palabras de la lista de vocabulario asocia Ud. con lo religioso y cuáles no tienen ninguna relación obvia con la religión? Haga una lista de dos columnas y explique sus respuestas.

**B** Busque antónimos en la lista de vocabulario.

1. aceptar
2. ahora mismo
3. debilitar
4. dejar caer (*to drop*)
5. deprimir (*to depress*)
6. distante
7. el ingreso (*income*)
8. la infección
9. la respuesta
10. no hacer caso
11. olvidar

**C** ¡NECESITO COMPAÑERO! Trabajando en parejas, conversen sobre lo que hacen en su familia durante la época navideña, la época de Janucá o la época de otra celebración importante para Uds. Luego, compartan lo que han aprendido con otra pareja. ¿Qué diferencias o semejanzas hay en sus experiencias?

**D** ¡NECESITO COMPAÑERO! Trabajando en parejas, hagan una lista y conversen sobre algunos símbolos que representan este país. Expliquen cuáles son y por qué creen Uds. que representan este país. Luego, compartan sus ideas con la clase.

**E** ¡NECESITO COMPAÑERO! Entre los símbolos que mencionaron en la **Actividad D,** ¿incluyeron en su lista algunos símbolos religiosos también? Comenten por qué sí o por qué no. Luego, compartan sus ideas con la clase.

## ■■■ Las Posadas de México y la Virgen de Guadalupe

### Las Posadas

1 LAS POSADAS ES EL NOMBRE DE UNA SERIE DE CELEBRACIONES que tienen lugar por nueve noches consecutivas durante la época navideña en México. Todos los años, del 16 al 24 de diciembre, la gente se junta cada noche para celebrar una de estas fiestas tradicionales que conmemoran las nueve
5 noches que María y José anduvieron (←) de Nazaret a Belén,[1] buscando (∩∩) posada antes del nacimiento de Jesús.° Las Posadas tienen una función religiosa, pero como lo indica la palabra «celebración», también tienen una función divertida y social. Hay variaciones en la forma en que se celebran las Posadas de un lugar a otro, pero los pasos básicos son los
10 mismos cada noche: (1) la procesión, (2) el pedir posada y (3) la fiesta al final. En esta lectura, se va a explicar (→) una posada tradicional de una colonia típica que tiene una iglesia central donde toda la gente puede reunirse para la fiesta al final.

Cada noche, una familia determinada organiza y da la posada para toda
15 la colonia. En algunos casos esto significa que la familia se encarga de

---

[1]*Bethlehem*

°Otra de las interpretaciones es que las nueve noches representan los nueve meses de embarazo (*pregnancy*) de María.

pagar los gastos del evento, pero por lo general todas las familias de la colonia cooperan ya que es cada vez más costoso dar una posada hoy en día. De todos modos, cada familia hace lo que puede porque es un honor dar una posada. La noche de la posada, todos los invitados se reúnen para
20 la procesión.

Los dos elementos más importantes de la procesión son María y José. De vez en cuando los jóvenes de la familia anfitriona,[2] u otros jóvenes de la colonia, simplemente cargan en andas las figuras de María y José. Pero por lo general dos niños, una vestida de María y otro vestido de José, desem-
25 peñan los papeles de la Santa Pareja.[3] En este caso, si la familia puede conseguir un burro, la pequeña María se sienta sobre el burro y el pequeño José los guía durante la procesión.

El líder de la procesión es un muchacho vestido de ángel que recuerda al ángel que guió (←) a José y María en su búsqueda original. Después del
30 ángel y los pequeños María y José siguen otros jóvenes que representan a los Reyes Magos, más ángeles y pastores con báculo[4] o farol.[5] Al final, van los adultos y los músicos. Algunos miembros de la procesión llevan velas y todos cantan canciones solemnes sin música o recitan oraciones en conjunto. Así pasa la procesión por las calles de la colonia para hacer una
35 parada y pedir posada en algunas casas previamente designadas.

Al llegar a cada casa, los músicos empiezan a tocar la canción tradicional «Pidiendo (ᴨᴨ) posada». Para esta canción, los peregrinos se juntan frente a la puerta cerrada de la casa y dialogan con los dueños que se quedan adentro. Es decir, los peregrinos piden posada cuando cantan el primer verso
40 y los dueños los rechazan con otro verso. Así van alternando[6] (ᴨᴨ) versos, pidiendo (ᴨᴨ) posada y siendo (ᴨᴨ) rechazados, dos o tres veces antes de que los peregrinos se vayan a pedir posada en otra casa.°

Cuando la procesión llega a la iglesia, es decir, el lugar designado para la celebración, la mitad del grupo entra en el atrio y cierra la reja.[7] La otra
45 mitad, que incluye a María y José y los otros personajes principales de la procesión, se queda afuera. Los de adentro desempeñan el papel de los dueños de la posada y los de afuera piden posada por última vez. Ambos grupos cantan otros versos de la misma manera que antes, pero esta vez los dueños de la posada por fin aceptan a la Santa Pareja. El tono de la canción
50 cambia a uno de alegría, se abre la reja, los dos grupos se reúnen y todos siguen cantando (ᴨᴨ) los otros versos de celebración antes de comenzar la fiesta final.

En una fiesta de posada tradicional, hay varias piñatas, pero hay por lo menos una que tiene la forma de una estrella. Esta piñata recuerda la
55 estrella que apareció (←) sobre Belén para anunciar el nacimiento de Jesús y que guió (←) a los Reyes Magos al mismo pueblo. Las piñatas típicamente contienen fruta, caña de azúcar,[8] cacahuates,[9] dulces, a veces juguetes y aun hasta monedas[10] pequeñas. También hay algunas rimas que todos recitan mientras una persona intenta romper la piñata. Una de
60 esas rimas es

---

[2]host  [3]Santa... Holy Couple  [4]walking staff  [5]paper lantern  [6]van... they go back and forth alternating  [7]wrought-iron gate  [8]caña... sugar cane  [9]peanuts  [10]coins

---

°Muchas veces los peregrinos no hacen estas paradas adicionales para no prolongar el evento: Van directo al lugar donde serán recibidos.

*Dale,[11] dale, dale, no pierdas el tino[12]*
*porque si lo pierdes, pierdes el camino.[13]*
*Ahora sí le das, ahora no le das.*

Otras dos partes indispensables de cualquier fiesta de posada son los
aguinaldos y el ponche. Los aguinaldos son bolsitas llenas de galletitas,[14]
dulces y juguetes que reciben los niños. El ponche es una bebida caliente
hecha de frutas hervidas,[15] (piña, manzana, guayabas, uvas y otras) caña de
azúcar, canela[16] y otros ingredientes. Se sirve solo a los jóvenes y con ron
o brandy a los adultos.

Una fiesta de posada también puede incluir algún tipo de comida ligera,[17]
música y hasta fuegos artificiales. Algunos bailan, muchos conversan, otros
simplemente observan, pero la intención es que todos se diviertan.

Ambos aspectos de las Posadas, lo religioso y lo secular, tienen su función. La procesión y el pedir posada sirven para recordarles a los adultos, y
enseñarles a los niños, la historia de María y José. La fiesta al final sirve
para divertirse y fortalecer las relaciones entre los miembros de la comunidad. Pero, ¿de dónde viene la influencia religiosa de ésta y otras celebraciones del mundo hispano? No hay una sola influencia, pero sin duda, una
de las más importantes en México es la de la Virgen de Guadalupe.

## La Virgen de Guadalupe

La imagen de la Virgen de Guadalupe, o simplemente la Virgen, se encuentra
por todo México. Hay centenares[18] de nichos dedicados a ella. Hay un sinfín[19]
de representaciones de ella en los autobuses, camiones, coches, taxis, etcétera, en las casas e iglesias y en muchos negocios también. Millones de personas, desde los más pobres hasta los más ricos, hacen peregrinaciones para
honrarla o hacerle alguna petición especial. Es un símbolo nacional y un

---

[11]*Hit it*   [12]*aim*   [13]*way*   [14]*little cookies*   [15]*boiled*   [16]*cinnamon*   [17]*light*   [18]*hundreds*
[19]*un… an endless amount*

*Esta tilma original de Juan Diego presenta la imagen de la Virgen de Guadalupe, recurrente en la historia y la cultura de México desde hace casi cinco siglos.*

símbolo de la mezcla racial y cultural que es México. Algunos la han nombrado (←) «Patrona de México», «Reina de México», «Patrona de Latinoamérica» y aun «Madre de las Américas», extendiendo (∩∩) su influencia por todo el continente americano. Los políticos y revolucionarios a través de la historia de México han reconocido (←) la influencia de la Virgen, invocando (∩∩) su nombre para animar a la gente y fomentar la causa de ellos, o respetándola (∩∩) para no suicidarse políticamente ante el pueblo. En fin, la Virgen de Guadalupe ha penetrado (←) tanto en el ser mexicano[20] que algunos dirían[21] que la Virgen *es* México. Pero, ¿de dónde procede esta imagen que se ha reproducido (←) tantos millones de veces? ¿Por qué aceptaron (←) los aztecas con tanta pasión a la Virgen cuando ella era (←) un símbolo de la religión de los españoles? ¿Cómo llegó a ser (←) ella tan importante para México?

La imagen de la Virgen de Guadalupe es el resultado del «Milagro de Tepeyac». El 9 de diciembre de 1531, Juan Diego, un azteca recientemente convertido al catolicismo, pasaba (←) por la cima del Cerro de Tepeyac cuando la Virgen María se le apareció[22] (←). Ella le dijo (←): «Mi hijo, visita al arzobispo y dile que mande construir una capilla en este cerro en mi honor.» Juan Diego fue (←) a la catedral para hablar con el arzobispo, pero el arzobispo pensó (←) que el azteca estaba (←) loco y no lo recibió (←).

[20]ser… *Mexican heart or soul*   [21]*would say*   [22]se… *appeared to him*

105      Al día siguiente, Juan Diego pasaba (←) nuevamente por la cima del cerro cuando la Virgen se le apareció (←) por segunda vez. Juan Diego le dijo (←) que el arzobispo no lo había recibido[23] (←) y la Virgen le contestó (←): «Hijo mío, tienes que volver a la catedral e insistir en hablar con el arzobispo.» Juan Diego se fue (←) y esta vez el arzobispo sí lo recibió (←). Pero el arzobispo le
110  dijo (←): «Está bien, pero tráeme una docena de rosas de Castilla como prueba de la aparición de la Virgen.» Desgraciadamente, las rosas de Castilla no existían (←) en México en aquel entonces y Juan Diego pasó (←) otro día angustiado por la prueba del arzobispo.

      El 12 de diciembre, Juan Diego iba (←) apresurado[24] para la casa de un
115  pariente enfermo. Al llegar al Cerro de Tepeyac no quiso (←) pasar por la cima del cerro porque no quería (←) que la Virgen le preguntara[25] (←) sobre el asunto. Pero cuando Juan Diego intentó (←) pasar alrededor del pie del cerro sin ser visto, la Virgen se le apareció (←) por tercera vez. Mientras Juan Diego le contaba (←) lo de la prueba, milagrosamente aparecieron (←) varios
120  arbustos[26] de rosas de Castilla alrededor de los dos. La Virgen le dijo (←): «Tranquilo, mi hijo. ¿Ves todas esas flores alrededor de nosotros? Recoge varias docenas de ellas y llévaselas al arzobispo.» Juan Diego recogió (←) las rosas, las puso (←) en su tilma para cargarlas y se fue (←) para la catedral para entregarle la prueba al arzobispo. Cuando el arzobispo lo recibió (←),
125  Juan Diego abrió (←) su tilma, dejando (∩∩) caer las rosas, y allí mismo, grabada en su tilma, se veía (←) la imagen de la Virgen de Guadalupe.

      El arzobispo mandó (←) construir la capilla en el Cerro de Tepeyac de acuerdo con el pedido de la Virgen. Durante los ocho años que siguieron (←), más de 8 millones de aztecas se convirtieron (←) al catolicismo. Pero
130  había (←) otros factores que fomentaron (←) el culto a la Virgen.

      El culto guadalupano nació (←), por una parte, de la fusión de lo español con lo indígena. Había (←) algunas coincidencias interesantes entre la Virgen de Guadalupe y Tonantzín, una de las diosas más importantes de los aztecas.

      Una de las posibles traducciones al español del nombre Tonantzín era
135  (←) «Madre Tierra». Los españoles también se referían (←) a la Virgen como madre, de alguna forma u otra.

      La capilla de la Virgen se encontraba (←) donde antes había existido[27] (←) un viejo templo de Tonantzín. Es decir, los aztecas que antiguamente habían ido[28] (←) a Tepeyac para honrar a Tonantzín, ahora iban (←) al mismo
140  lugar para honrar a la nueva «Madre».

      La imagen de la Virgen era (←) morena, o por lo menos parecía (←) ser más indígena que española. Esto les daba (←) a los aztecas una conexión obvia y muy estrecha con la Virgen de Guadalupe.

      La fecha del milagro, el 12 de diciembre, coincidía (←) con el festival
145  azteca de Tonantzín. Este festival se celebraba el 22 de diciembre en el calendario juliano. Pero en 1582, el Papa Gregorio XXIII hizo (←) un ajuste de diez días para cambiar al calendario gregoriano —el que hoy se usa en casi todo el mundo. De esa manera, el día 22 de diciembre se convirtió (←) en el 12 de diciembre.

---

[23]*no… had not received him*   [24]*in a hurry*   [25]*no… he didn't want the Virgin to ask him*
[26]*bushes*   [27]*había… had existed*   [28]*habían… had gone*

150     Ante todas esas coincidencias, los españoles trataron (←) de evitar una asociación entre Tonantzín y la Virgen. Pero esa misma asociación resultó (←) ser un punto clave en la aceptación de la Virgen por los aztecas y, por consiguiente, en la conversión de tantos de ellos al catolicismo y en la extensa difusión del culto a la Virgen. Aún hoy en día, algunos se refieren

155 a la Virgen de Guadalupe con el nombre de «Santa María de Tonantzín».

    Hoy, la misma tilma de Juan Diego se puede apreciar en la moderna Basílica de Nuestra Señora de Guadalupe, que se ubica al pie del mismo Cerro de Tepeyac en la ciudad de México. La imagen no es pintura ni fotografía, simplemente es. Varios científicos han hecho (←) investigaciones

160 y pruebas acerca de la imagen durante los últimos tres siglos, pero nadie ha encontrado (←) ninguna indicación de que sea creación de manos humanas. Miles de devotos le han atribuido (←) milagros personales a la Virgen: la curación de alguna enfermedad grave o condición seria, la protección en algún momento de peligro o hasta éxito en la vida personal y profesional.

165 Es verdad que hay algunos escépticos que no creen, pero lo importante es que millones de mexicanos creen que la imagen es auténtica y que tienen una conexión personal y muy estrecha con su «Virgen Morena». Por eso no es sorprendente que algunos digan: «La Virgen *es* México.»

## ■■■ COMPRENSIÓN

**A**  ¿Cierto o falso? Indique si las siguientes oraciones son ciertas (**C**) o falsas (**F**), según la primera parte de la **Lectura II:** Las Posadas. Luego, corrija las oraciones falsas.

1. _____ Una posada es una celebración estrictamente religiosa.

2. _____ La familia que recibe el honor de dar una posada tiene que pagar todos los gastos.

3. _____ El enfoque (*focus*) principal de la procesión es la Santa Pareja.

4. _____ Una parte importante del pedir posada es tomar ponche y romper piñatas.

5. _____ En la última parada, los dueños de la posada rechazan a María y José, todos entran en el atrio de la iglesia y empieza la celebración.

6. _____ Durante la fiesta al final, los niños reciben aguinaldos que contienen dulces, juguetes y a veces monedas pequeñas.

**B**  Conteste las siguientes preguntas con oraciones completas, según la segunda parte de la **Lectura II:** La Virgen de Guadalupe.

1. ¿Quién era Juan Diego? ¿Cuántas veces se le apareció la Virgen?

2. ¿Qué pasó la primera vez que Juan Diego fue a la catedral?

3. ¿Por qué estaba tan preocupado Juan Diego después de su segunda visita a la catedral?

4. ¿Cuál fue el Milagro de Tepeyac?

5. ¿Cuáles fueron los primeros resultados del milagro?

6. ¿Por qué cree Ud. que la Virgen escogió a Juan Diego para este milagro?

**C** ¡NECESITO COMPAÑERO!  Las siguientes ideas vienen de la **Lectura II.** Trabajando en parejas, busquen dos o tres puntos que apoyen (*support*) o que ejemplifiquen (*are examples of*) cada idea general.

1. Las Posadas tienen una función religiosa.

2. Las Posadas tienen una función social.

3. La influencia de la Virgen de Guadalupe es muy extensa en México.

4. La diosa azteca Tonantzín ayudó en la formación y extensión del culto a la Virgen en México.

# INTERPRETACIÓN

**A** ¿Cree Ud. que está bien que existan costumbres tan excéntricas como la Tomatina de Buñol? ¿Cuáles son algunas de las ventajas y desventajas de costumbres como ésta? Explique. ¿Le gustaría a Ud. (*would you like*) participar en la Tomatina de Buñol algún día? ¿Por qué sí o por qué no? Luego, comparta sus ideas con un compañero / una compañera de clase.

**B** ¡NECESITO COMPAÑERO!  Trabajando en parejas, piensen en los varios aspectos de las costumbres presentadas en este capítulo. Hagan una lista de los aspectos que más les impresionaron o sorprendieron y expliquen por qué les afectaron así. Luego, compartan su lista con la clase para ver cuáles fueron los aspectos más llamativos.

**C** ENTRE TODOS  Divídanse en grupos de tres. Su profesor(a) le asignará a cada grupo la **Lectura I,** la primera parte de la **Lectura II** o la segunda parte de la **Lectura II** para analizar. Primero determinen cuál es la idea principal de la selección. Después, comenten si su conocimiento (*knowledge*) personal de las costumbres de este país, o de su familia, ayudó a Uds. a anticipar el contenido de la selección y de qué forma los/las ayudó. Finalmente, elijan a una persona del grupo para que le explique las opiniones del grupo a la clase.

**D** En la **Lectura II** se presenta la idea de que la religión es una fuerte influencia en las costumbres y tradiciones del mundo hispano. En su opinión, ¿es bueno o malo esto? Explique.

# APLICACIÓN

**A** PAPEL Y LÁPIZ  Volviendo al tema de la **Actividad C** de la sección **Palabras y conceptos** antes de la **Lectura II,** describa en más detalle lo que hacen Ud. y su familia durante la época de una celebración importante para Uds.

■ Explique cuál es la celebración, si es una celebración religiosa o secular y qué hacen en términos generales.

■ Relate una anécdota de algo chistoso que ocurrió alguna vez en una de esas celebraciones mencionadas. Incluya una descripción de la escena (qué año era, quiénes estaban allí, dónde estaban, qué hacían, etcétera), qué pasó (el evento chistoso) y cómo reaccionaron Ud. y sus familiares.

■ Optativo (*Optional*): Si su anécdota tiene una moraleja (*moral*) que le haya beneficiado a Ud. en la vida, explique cuál es y cómo lo/la ha ayudado.

**B** **¡NECESITO COMPAÑERO!** Según las lecturas de este capítulo, la Tomatina de Buñol es una celebración que es pura diversión mientras que las Posadas combinan un aspecto religioso y solemne con un aspecto secular y divertido.

■ Trabajando en parejas, hagan una lista de las celebraciones más comunes en este país, dividiéndolas en tres categorías: (1) celebraciones religiosas, (2) celebraciones seculares y (3) celebraciones que combinan lo religioso con lo secular.

■ Después, miren su lista para ver si hay alguna categoría que contenga más celebraciones o menos. ¿Qué significan los resultados? ¿Qué pueden decir sobre la influencia de la religión en este país? ¿A qué se debe (*To what is due*) la influencia religiosa o la falta de influencia religiosa en este país?

■ Conversen sobre otros ejemplos de la influencia o falta de influencia religiosa en la cultura de este país. ¿Qué opinan de esos ejemplos? ¿Creen que debe haber cambios en la situación o está bien tal como está? Expliquen.

**C** **PRO Y CONTRA** Divídanse en grupos de cuatro o seis estudiantes.

**Primer paso: Identificar**

La mitad de cada grupo va a preparar una lista de todos los argumentos que apoyen las siguientes afirmaciones. La otra mitad va a preparar una lista de los argumentos que las rechacen. Todos tienen 10 minutos para preparar su lista.

1. Debe haber más influencia religiosa en la política de este país.
2. Debe haber más influencia religiosa en las escuelas públicas de este país.
3. Debe haber más influencia religiosa en la sociedad en general de este país.

**Segundo paso: Presentar**

Cada grupo debe elegir dos secretarios: uno para anotar (*jot down*) en la pizarra el lado afirmativo y otro para anotar el lado negativo. Los estudiantes de cada grupo presentarán (*will present*) todas las ideas de su lista alternativamente punto por punto.

**ENTRE TODOS** Examinen las dos listas para cada afirmación.

■ ¿Cuál de las dos, la afirmativa o la negativa, encuentran más convincente?

■ ¿Hay otras ideas que los otros miembros de la clase puedan agregar? ¿Cuáles son?

**D** En la segunda parte de la **Lectura II,** se menciona que varios científicos han hecho investigaciones sobre la imagen de la Virgen de Guadalupe en la tilma de Juan Diego. Busque información en el Internet sobre algunas de estas investigaciones y sus resultados. Apunte los datos de algunas de las pruebas y los resultados sorprendentes que Ud. encuentra. ¿Qué opina Ud. de esa imagen? ¿Cree que es un verdadero milagro? ¿Cree que hay una explicación científica? Explique. Luego, comparta sus apuntes y opiniones con la clase.

**E** Otro factor que se menciona en la segunda parte de la **Lectura II** es la influencia indígena (Tonantzín) en una tradición de la cultura moderna de México (la Virgen de Guadalupe). ¿Hay algunas costumbres o tradiciones de este país que muestran influencias de las culturas que existían aquí antes de la llegada de los europeos? Comente sobre cuáles son y cómo esas influencias se manifiestan en las costumbres modernas de este país.

## CAPÍTULO 4

# La familia

1. *Barcelona, España*
2. *Santo Domingo, República Dominicana*

# Exploraciones

Es posible que la familia sea la unidad social más importante de todas las relaciones humanas. Sin embargo, se sabe por diversos medios de comunicación que cada vez hay *menos* contacto y comunicación entre los miembros de la familia, debido en gran parte a la complejidad y las muchas distracciones de la vida moderna. Para combatir esto, los expertos en relaciones familiares sugieren que toda familia establezca algunas costumbres para que todos sus miembros se reúnan e interactúen con regularidad. La costumbre de cenar todos juntos, por lo menos una vez a la semana, es una de las sugerencias más frecuentes. ¿Puede Ud. pensar en otras costumbres posibles para acercar a la familia? ▪▪▪

**A** TRABAJAR CON LAS IMÁGENES   Mire las fotos de la página anterior para contestar las siguientes preguntas.

▪ ¿En qué actividades están participando los miembros de estas familias? ¿Parecen contentos? ¿Cree Ud. que se reúnen así con frecuencia o sólo en ocasiones especiales? ¿Por qué?

▪ ¿Cuáles pueden ser las relaciones entre los miembros de estas familias? ¿Cuántas generaciones están representadas?

▪ En su opinión, ¿dónde viven: en el campo o en la ciudad? ¿A qué clase social cree Ud. que pertenecen? ¿Cómo se ganan la vida?

▪ Especule de qué hablan cuando están todos juntos. ¿Cómo son sus relaciones interpersonales?

**B** ANÁLISIS CRÍTICO

▪ Ahora piense en su propia familia. ¿Cuántos miembros de su familia viven juntos? ¿Participan Uds. en actividades familiares como las de las fotos o en otras costumbres que hayan establecido? ¿Qué semejanzas y diferencias hay entre las actividades en que participan Uds. y las de las familias fotografiadas?

▪ Trabajando en grupos de tres o cuatro estudiantes, comparen sus respuestas con la primera parte de esta actividad. En la opinión del grupo, ¿existen familias y actividades familiares «típicas» entre los norteamericanos? ¿Qué factores influyen en las costumbres y actividades familiares? Por ejemplo, ¿qué efecto puede producirse si ambos padres trabajan fuera de la casa? ¿si hay niños pequeños en la familia? ¿si la familia tiene muchos o pocos miembros? ¿si se trata de una familia rural o urbana? ¿si es durante el año escolar o durante una temporada de vacaciones?

**C** ESPECULAR   Hay muchos factores que influyen no sólo en la estructura familiar sino también en el funcionamiento de ésta y en las relaciones entre sus miembros. La situación urbana o rural de la familia es sin duda uno de los factores más importantes.

¿Qué tipo de familia cree Ud. que describen las siguientes afirmaciones: una familia urbana (**U**), una familia rural (**R**) o ambos tipos de familia (**A**)?

1. _____ Representa una estructura social y familiar más tradicional.
2. _____ Los hijos con frecuencia ayudan a los padres con los quehaceres domésticos (*chores*).
3. _____ Es cada vez más común que la madre tenga un trabajo extradoméstico por el que recibe un sueldo.
4. _____ Los abuelos desempeñan (tienen) un papel importante en la crianza de sus nietos.
5. _____ Los intereses y las experiencias de los hijos suelen ser muy diferentes de los de sus padres.
6. _____ Tener muchos hijos puede ser una gran ventaja económica o de otro tipo.
7. _____ Las guarderías infantiles y los asilos para ancianos tienen funciones familiares importantes.
8. _____ El padre es una figura autoritaria.
9. _____ Los hijos tienden a quedarse en la escuela después de las clases para participar en actividades no académicas.
10. _____ Varios parientes de la familia viven en vecindarios (*neighborhoods*) cercanos o hasta en el mismo barrio.

Comparta sus clasificaciones con los demás estudiantes. ¿Hay mucha diferencia de opiniones? Las lecturas de este capítulo les darán (*will give*) la oportunidad de verificar sus respuestas o modificarlas.

# Lectura I

## ■■■ LA FAMILIA HISPANA: MODOS DE VIDA

## Aproximaciones al texto

### Scanning for specific information

Up to this point, you have practiced techniques for reading for the general idea (the gist) of a text. Sometimes, though, you will also want to read for very specific information. When you read the index of a book, for example, or an ad in a newspaper, you are interested in locating specific information. For this reason, you let your eye pass over (scan) the text very quickly until you find exactly what you are looking for.

**A** Primero, lea las preguntas que acompañan el siguiente artículo; después, lea el artículo rápidamente para encontrar las respuestas a las preguntas.

1. ¿Cuál es el problema que señala el artículo?
2. ¿Cuántas personas sufren de ello?
3. ¿Cuál es la posible solución?
4. ¿Cuánto cuesta la solución?

# Tribulaciones de los escolares

**DOS DE CADA DIEZ NIÑOS ESPAÑOLES** en edad escolar pueden enfermar de la columna vertebral si la escuela a la que asisten tiene unos viejos e incómodos bancos que les obligan a sentarse en mala posición. Esto, unido a la falta de ejercicios físicos, serán los culpables de la *escoliosis,* que así se llama el mal.

Sin embargo, todo parece que terminará bien, gracias al invento del Sco-litrón, un pequeño aparatito a pilas que actúa por estimulación eléctrica sobre el costado del niño.

La corriente es muy pequeña y no provoca molestias en el peque. Sólo estimula los músculos intercostales y fortalece la columna.

El estimulador, que tiene un precio aproximado a los 420 euros,[1] ha comenzado a ser distribuido en Estados Unidos, donde fue construido por los doctores Jens Axeelgaard y John Brown, del Instituto de Minneapolis.

[1]aproximadamente $520 USD / $620 CAD

**B** Mire las fotos que se encuentran en la **Lectura I** («La familia hispana: Modos de vida») y después lea rápidamente el primer párrafo y los subtítulos de esa lectura. Luego, imagínese que Ud. busca la siguiente información sobre la familia hispana. Según lo que aprendió de las fotos, el primer párrafo y los subtítulos, ¿cree Ud. que sería conveniente (*it would be a good idea*) leer la **Lectura I** para encontrar la información que busca?

|  | SÍ | NO | QUIZÁS |
|---|---|---|---|
| 1. las fiestas familiares | ❏ | ❏ | ❏ |
| 2. la importancia de la religión dentro de la familia | ❏ | ❏ | ❏ |
| 3. el número de hijos en la familia típica | ❏ | ❏ | ❏ |
| 4. diferencias entre la familia rural y la familia urbana | ❏ | ❏ | ❏ |
| 5. factores que afectan la estructura familiar | ❏ | ❏ | ❏ |
| 6. las maneras en que los padres disciplinan a sus hijos | ❏ | ❏ | ❏ |

## ■■■ PALABRAS Y CONCEPTOS

**criar**   to raise, bring up

**desempeñar**   to fulfill (*a function*)

**pertenecer**   to belong

**recoger**   to collect; to pick up; to take in

**repartir**   to share; to divide up

**sobrevivir**   to survive

**tener en común**   to have in common

**el/la ahijado/a**   godson/goddaughter

**el compadrazgo**   godparent status, relationship

**el compadre, la comadre**   godfather/godmother of another's child

**la estructura**   structure

**el lazo**   tie, link

**el padrino, la madrina**   godfather/godmother

**la supervivencia**   survival

**la urbanización**   urbanization, migration toward the cities

**aislado/a**   isolated

**A** ¿Qué palabra o frase de la segunda columna asocia Ud. con una de la primera?

1. _____ el compadrazgo
2. _____ la ahijada
3. _____ aislado
4. _____ criar
5. _____ la urbanización
6. _____ pertenecer
7. _____ recoger
8. _____ el lazo

**a.** el bautismo
**b.** el privilegio
**c.** educar
**d.** las ciudades
**e.** la conexión
**f.** la hija espiritual
**g.** formar parte de
**h.** la separación
**i.** reunir

**B** ¡NECESITO COMPAÑERO! ¿Asocian Uds. los siguientes términos con los padres o con los hijos? ¿Por qué? ¡Cuidado! En varios casos, hay más de una respuesta posible.

1. criar
2. sobrevivir
3. el compadre
4. repartir
5. la madrina
6. desempeñar

**C** ¡NECESITO COMPAÑERO! Trabajando en parejas, completen rápidamente el siguiente mapa semántico usando como idea principal o la vida urbana o la vida rural. (La mitad de las parejas debe trabajar con el tema de la vida urbana y la otra mitad con el tema de la vida rural.)

ENTRE TODOS Todas las parejas que trabajaron con el mismo tema deben reunirse en un grupo para compartir sus ideas y hacer un solo mapa. Luego, un miembro de cada grupo debe escribir los mapas en la pizarra para compararlos. ¿Hay otras ideas que se puedan agregar?

**D** ¡NECESITO COMPAÑERO! Se ha dicho que los siguientes factores desempeñan un papel importante en la estructura de la familia. Trabajando en parejas, pónganlos en orden de importancia (1 = el más importante, 5 = el menos importante) según su propia opinión y experiencia. Luego, compartan sus opiniones con los otros miembros de la clase, justificando el orden en que decidieron poner los factores para llegar a un acuerdo entre sí.

_____ el medio (urbano o rural)

_____ la clase social; el nivel de educación

_____ las tradiciones culturales, étnicas y regionales

_____ las posibilidades para planificar la familia (si son accesibles los anticonceptivos; si es legal o no el aborto)

_____ las posibilidades para terminar el matrimonio

**E** PAPEL Y LÁPIZ   La **Lectura I** sugiere que saber si una familia viene de
un ambiente urbano o rural explica mucho acerca de su estructura y funcionamiento. Cuando Ud. piensa en la familia, ¿es el carácter rural o urbano lo
primero que le viene a la mente? ¿Qué otras características fundamentales
de la familia se le ocurren (*come to mind*)? Explore más esta idea en su
cuaderno de apuntes.

■ Haga un mapa semántico sobre las características que Ud. utilizaría (*would
use*) para clasificar a las familias. Algunas posibilidades (sugerencias
solamente): el número de padres, la clase socioeconómica, la religión, el nivel
de educación...

■ De todas estas posibilidades, ¿cuál le parece la más significativa? Escriba
algunas oraciones para explicar por qué Ud. piensa así.

## La familia hispana: Modos de vida

1   **ANTROPÓLOGOS Y SOCIÓLOGOS ESTÁN DE ACUERDO** en que, en muchos aspectos,
hay más diferencias culturales entre clases sociales dentro de un mismo país
que entre dos países distintos. Esto no quiere decir que no haya ninguna diferencia entre una familia de Bogotá y otra neoyorquina de la misma clase social,
5   sino que estas dos familias suelen tener más en común que dos familias colom-
bianas de dos clases sociales distintas. La clase social a la que pertenece la
familia y también el nivel económico del país influyen mucho en la estructura
familiar. Puesto que en muchos países hispanos coexisten sectores económicos muy industrializados con otros menos desarrollados, es evidente que no
10  se puede hablar de la familia hispana como si se tratara de[1] una institución
homogénea. Hay que hablar de varias familias hispanas: la rural tradicional y
la urbana industrial, para nombrar sólo las clasificaciones principales.

### La familia rural y la economía campesina

La familia rural de las sociedades más tradicionales es típicamente una agrupación aislada y autónoma. En muchas partes del mundo hispano, la pobla-
15  ción rural vive en casas aisladas y dispersas. Por ejemplo, en Hispanoamérica entre el 30 y el 40 por ciento de las familias rurales posee y cultiva un
pequeño terreno; estas familias, casi todas indígenas, participan muy poco
en la vida económica del país. Producen su propia comida y en gran medida
satisfacen sus propias necesidades. Muy frecuentes también son las familias
20  en que el padre trabaja en una de las grandes haciendas y recibe un salario
con el que logra aumentar lo que recoge de una tierra arrendada.[2] En algunas
regiones, por ejemplo en ciertas áreas del Ecuador y en las partes central y

[1]como... *as if it were a question of*   [2]*rented*

La familia hispana de la clase baja, como ésta de Santiago, Chile, es típicamente unida y numerosa. Cuantos más hijos hay, más manos para las labores diarias.

sur de España, es más frecuente que las casas rurales se encuentren agrupadas en pequeños pueblos alejados entre sí.[3] En cada caso, a causa de la
25 distancia que hay entre las zonas rurales y los grandes centros urbanos, la familia constituye la institución más importante y es frecuentemente la única institución con la que los ciudadanos están en contacto.

Por lo general, la familia rural es una familia numerosa. Los padres tienden a pensar que con muchos hijos el trabajo se puede repartir y que,
30 cuando los niños sean un poco mayores y trabajen fuera de la casa, podrán (→) aportar otro ingreso económico a la familia. Además, la Iglesia católica,° tan influyente en los países hispanos, se opone al control de la natalidad con métodos antinaturales como los medios anticonceptivos o el aborto. La supervivencia de una familia numerosa depende en gran parte de su capa-
35 cidad de operar como unidad. En consecuencia, la familia suele organizarse de una manera jerárquica y autoritaria. Es una familia patriarcal, en la que el padre toma todas las decisiones importantes. La madre es responsable de la casa y la crianza de los hijos. Los hijos tienen mayor o menor autoridad, según el orden de nacimiento; así el hijo mayor se encarga de proteger a
40 sus hermanos menores y asume el papel del padre cuando éste no está en casa, y la hija mayor ayuda muchas veces a su madre en las tareas domésticas o la sustituye cuando ella falta.

La familia rural es unida, protectora y estable; generalmente incluye a los abuelos, tíos, primos y otros familiares como miembros de la unidad cen-
45 tral. Después de casarse, es frecuente que el nuevo matrimonio pase a vivir en casa de los padres del marido o, con menos frecuencia, de los padres de la esposa. No es raro que varios matrimonios emparentados[4] vivan en una sola casa, incluso, en algunas ocasiones, en un solo cuarto. Esta familia extendida, que existe comúnmente en todas las sociedades rurales del
50 mundo, representa una adaptación útil a unas condiciones de vida poco

[3]alejados… *at some distance from one another*   [4]que son parientes

°Aunque tradicionalmente la Iglesia católica ha sido (*has been*) la institución religiosa de mayor importancia en el mundo hispano, las religiones protestantes evangélicas tienen cada vez más seguidores. Estas sectas, igual que la Iglesia católica, suelen oponerse al control de la natalidad y apoyan el concepto de la familia numerosa.

favorables, y con índices de mortalidad y morbosidad[5] altos. En otras palabras, la familia rural extendida desempeña muchas de las funciones en la sociedad tradicional que en la sociedad urbana desempeñan las nuevas organizaciones sociales con fines específicos. En lugar de ir al hospicio, un niño huérfano es recogido por una tía o una hermana u otra persona que siempre ha convivido (←) con él. En vez de ir a un asilo de ancianos, los abuelos o los tíos abuelos[6] son acogidos[7] en casa de sus parientes.

En muchos países la familia extendida abarca[8] a más personas que los parientes consanguíneos.[9] Los lazos de mutuo cariño y obligación se extienden también a los compadres. Aunque esto ocurre en todas las familias hispanas, las relaciones de compadrazgo son más fuertes en los ambientes rurales. El compadrazgo tiene su origen en ritos eclesiásticos como el bautismo, la confirmación y el matrimonio. Cuando un individuo recibe uno de estos sacramentos, necesita padrinos o padres espirituales que se encargarán (→) de su cuidado religioso y aún físico, si se le mueren los padres biológicos. Normalmente los padres del niño les piden a unos parientes o buenos amigos que sirvan de padrinos. En muchos países, incluso en éste, el compadrazgo se cumple por razones religiosas, pero no existe ni se espera una estrecha relación entre padrino y ahijado. En realidad, a veces esta relación es más simbólica que real. En los países hispanos, por el contrario, si uno acepta la invitación de ser padrino, entra en una relación muy especial con el ahijado y también con los padres de éste. En algunos sectores de México, en particular, cada ocasión de cierta importancia requiere nuevos padrinos: la cura de una enfermedad, la construcción de una nueva casa, un campeonato[10] de fútbol o de baloncesto, etcétera. Finalmente, en algunos casos el padrino es visto como un protector económico; por eso es popular la frase «tener buenos padrinos».

Muchas de las características de la familia campesina son comunes a todas las sociedades rurales del mundo. Sin embargo, si comparamos la sociedad agrícola tradicional de los Estados Unidos con la de los países hispanos, podemos ver algunas diferencias importantes. Los colonos que poblaron (←) los Estados Unidos llegaron (←) para establecer su independencia

[5]*illness*  [6]tíos… *great-uncles and great-aunts*  [7]*welcomed*  [8]incluye  [9]parientes… *blood relatives*  [10]*championship match*

*Como resultado de los movimientos feministas y las necesidades económicas, los hombres participan más en el cuidado y la educación de sus hijos.*

religiosa, social o económica. Llegaron (←) a una tierra relativamente despoblada y se acostumbraron (←) a no tener grandes barreras que impidieran (←) sus movimientos. Por lo tanto,[11] la idea de espacios abiertos resulta ser muy importante en los Estados Unidos. Muchos colonos abandonaban (←) las casas que habían construido[12] (←) y las tierras que habían desmontado[13] (←) cuando veían (←) que venían (←) nuevos colonos. No querían (←) vivir «encerrados» con tanta gente.

La diferencia de actitud hacia el espacio se ve claramente en la manera en que las dos culturas pueblan el campo. En los Estados Unidos la casa de un agricultor típico se construye en medio de su terreno. La distancia de un vecino a otro varía, pero la casa del vecino está casi siempre lejos. En cambio, en muchas partes de España y Latinoamérica los agricultores que poseen su propia tierra viven en comunidad y salen cada día para trabajar su tierra, reflejo inverso[14] de los *suburbanites* norteamericanos que día y noche hacen el viaje rutinario entre su casa y su oficina.

### La familia urbana y la sociedad industrializada

La industrialización trae cambios importantes en cuanto a la organización familiar. Mientras que en la sociedad tradicional la familia es la unidad de producción, en la sociedad urbana industrial la familia ya no produce lo que consume; depende cada vez más de estructuras no familiares y de un salario. Mientras que los campesinos de la sociedad rural no necesitan estudios formales para aprender su oficio, la industrialización suele traer una creciente especialización en los trabajos y, por lo tanto, puede exigir una mayor preparación de los trabajadores. Los niños ya no son una ventaja sino una carga,[15] puesto que necesitan estudiar durante un tiempo más o menos largo antes de entrar al mundo laboral. Cuestan dinero y no producen beneficios económicos. En consecuencia, hay una tendencia a tener menos hijos en una sociedad industrializada. También han tenido (←) su impacto en esta sociedad la incorporación de la mujer al trabajo, la generalización del uso de anticonceptivos° y la consecuente planificación familiar. En los países hispanos, como en otras partes del mundo, son muchos los católicos que no siguen las prohibiciones de la Iglesia católica en este asunto. Pero la ideología y la situación económica presionan y así es frecuente que los no creyentes tengan menos hijos que los creyentes; que los de la izquierda sean menos fecundos[16] que los de la derecha; y que los de la clase alta o culta sean también menos prolíficos que los de la clase baja y con escasos estudios.

Otra diferencia que se puede señalar está en relación con la importancia de la familia extendida. En general, las instituciones ajenas a[17] la familia, como bancos, seguros, asilos y guarderías infantiles, se encargan de las

---

[11]Por... *For this reason*   [12]habían... *they had built*   [13]*cleared*   [14]reflejo... *mirror image*   [15]*burden*   [16]*fertile*   [17]ajenas... *outside of*

---

°A pesar de que la Iglesia católica se opone a la utilización de anticonceptivos, en los países hispanos su uso es cada vez más frecuente, sobre todo en las zonas urbanas y más aún entre las personas con alguna educación. En las zonas rurales, sin embargo, su uso es todavía limitado o desconocido. La popularización de estos medios se debe no sólo a la perseverancia de quienes creen en la necesidad de la planificación familiar sino también a la lucha contra muchas enfermedades contagiosas como el SIDA (*AIDS*).

tradicionales funciones familiares para que los esposos puedan trabajar. Por todas estas razones, en el medio urbano la gran familia extendida es reemplazada por la familia nuclear, es decir, la unidad compuesta por los padres y los hijos.°

En los países hispanos, igual que en este país, la familia nuclear ha sufrido (←) graves trastornos[18] como producto de la creciente industrialización y urbanización. En la sociedad industrializada, la familia generalmente no trabaja junta; el padre, y cada vez más la madre, sale de la casa y se queda fuera durante gran parte del día. Aunque esto también puede pasar en una sociedad rural, los hijos siempre pueden acompañar al padre al campo, donde llegan a tener un conocimiento directo del trabajo que hace. En cambio, es posible que los hijos de un abogado o fundidor[19] nunca observen a su padre en su lugar de trabajo. De este modo, se crea una distancia entre padres e hijos.

En las últimas décadas se ha visto (←) en Hispanoamérica una migración masiva hacia las ciudades. En 1936 el 65 por ciento de la población venezolana vivía (←) en el campo; en 1970 el 75 por ciento de la población estaba (←) concentrada en las ciudades. Ya para finales del siglo XX, el porcentaje de la población urbana superó (←) al 84 por ciento. Este fenómeno se repite en todos los países de Hispanoamérica. Para la familia, la emigración a la ciudad significa una ruptura drástica, cuyas repercusiones son particularmente fuertes en las relaciones entre padres e hijos. Los hijos se adaptan rápidamente a los nuevos sistemas mientras que muchas veces los padres los desaprueban o rechazan. En estas circunstancias, las diferencias generacionales pueden fácilmente ahondarse[20] y a menudo la familia se desintegra aun más.

[18]*efectos negativos*  [19]*welder*  [20]*grow deeper*

# ■■■ COMPRENSIÓN

**A** Complete las siguientes oraciones con la respuesta correcta.

1. La familia rural generalmente *no* es una familia _____.
   a. de numerosos hijos
   b. en que los hijos ayudan con el trabajo de la casa
   c. patriarcal
   d. que tiene mucho impacto en la economía de su país
   e. unida

2. Los campesinos de los países hispanos _____.
   a. viven lejos de los grandes centros urbanos
   b. prefieren tener muy pocos hijos
   c. están más conscientes de los asuntos nacionales que los campesinos de este país

---

°En España se ha visto (*has been seen*) últimamente un aumento en el número de familias en que hay un solo padre. La mayoría de estas familias está encabezada por mujeres, muchas de las cuales han quedado (*have been left*) como jefas de familia como resultado de un divorcio. Además, es normal, especialmente en las zonas urbanas, que una mujer que se encuentra en «estado de espera» opte por criar a su hijo sin casarse. Esto era muy mal visto en el pasado, pero es bastante más aceptado ahora.

3. El compadrazgo _____.
   a. sólo ocurre en los países hispanos
   b. se considera de gran importancia en los países hispanos
   c. se limita a los ritos eclesiásticos

4. En la familia urbana hispana _____.
   a. los padres tienen más autoridad que en la familia rural
   b. las instituciones sociales se encargan de ciertas funciones familiares
   c. las mujeres no trabajan

5. La familia hispana rural se parece mucho a (*greatly resembles*) _____.
   a. cualquier otra familia hispana
   b. cualquier otra familia rural, no importa de qué país

**B** Imagínese que un amigo / una amiga tiene las siguientes ideas sobre la familia hispana. ¿Qué información de la **Lectura I** necesita tomar en cuenta (*to take into account*)?

1. La familia hispana típica es una familia extendida.

2. Las características de la familia campesina hispana son exclusivamente hispanas.

3. La vida de los campesinos pobres sería (*would be*) mucho mejor si no tuvieran (*they did not have*) tantos hijos.

4. La familia en los países hispanos parece ser diferente de la familia en este país.

**C** Complete la siguiente tabla con la información necesaria para resumir los efectos del contexto social y económico en la estructura de la familia.

| Factor | Efecto en la familia |
|---|---|
| **1.** La familia está demasiado lejos de un centro urbano para poder depender de las instituciones sociales si un pariente se enferma o se muere. | |
| **2.** Los trabajos requieren cada vez más entrenamiento y educación. | |
| **3.** La urbanización es rápida y masiva. | |

# INTERPRETACIÓN

**A** Vuelva a mirar la **Actividad C** de las páginas 59–60. ¿Qué tal acertaron Uds. (*How well did you do*) en sus opiniones con respecto a las familias hispanas?

**B** ¿Cuáles son las ventajas de la familia nuclear? ¿de la familia extendida? ¿Cuáles son las desventajas de cada una? Explique. ¿Hay ciertos grupos en este país que suelen tener familias extendidas? ¿Cuáles son? ¿Por qué cree Ud. que la familia extendida es típica de estos grupos y no de otros?

**C** Haga una lista de las relaciones personales más importantes que un individuo contrae a lo largo de su vida. ¿Hay alguna que sea la más importante de todas? ¿Cuál es, en su opinión? Si Ud. o un miembro de su familia necesita ayuda económica o emocional, ¿a quién se dirige (*turn*)? ¿Por qué?

# Dos chicos cantantes que están para hacerse famosos

L A HISTORIA DE LOS HERMANOS Luis Enrique y Gilberto Gutiérrez Reyna, de 12 y 13 años respectivamente, es algo increíble. Vienen de un pueblo mexicano del estado de Guerrero, uno de los estados más pobres de México.

Luis y Gilberto vivían con su mamá y sus cuatro hermanos cuando decidieron irse de su pueblo para perseguir una carrera como cantantes. Se marcharon[1] sin decirle nada a la mamá. Aunque, en aquel entonces[2] no tenían dinero ni conocían a nadie que los apoyara,[3] cinco meses después estaban para grabar[4] su primer disco.

Los hermanos se estrenaron[5] como cantantes en un concierto de Los Tigres del Norte, un grupo muy conocido, en Acapulco. Nadie sabía quiénes eran, pero lograron acercarse a los músicos porque eran niños. Nadie se fijó en ellos hasta que ya estaban en el escenario con los intérpretes famosos. Los hermanos convencieron al grupo de que les permitiera cantar, y después de su primera canción Los Tigres los dejaron cantar otra, reconociendo su talento. Luego, aparecieron en un festival, también en Acapulco, esta vez delante de las cámaras de televisión.

Después, fueron a la Ciudad de México, donde cantaron por dinero en el metro y en los autobuses para ganarse la vida. Pero sufrieron varios robos hasta que una instalación gubernamental[6] tomó custodia de ellos por ser menores de edad. Una vez más los hermanos dijeron que querían ser cantantes y se pusieron[7] a cantar para los funcionarios. Días después, un representante de un canal de televisión fue a filmarlos… , y así pasaron a la historia.

Ahora, acaban de firmar un contrato con uno de los sellos[8] más grandes del mundo musical para cantar música norteña.[9] Su aventura acaba de empezar. ■

*Luis Enrique y Gilberto Gutiérrez Reyna*

[1]Se… *They left*   [2]en… *at that time*   [3]que… *who would support them*   [4]estaban… *they were about to*   [5]se… *debuted*   [6]instalación… *government agency*   [7]se… *began*   [8]*record labels*   [9]música… *type of music popular in northern Mexico, known for its use of accordians and polka-type rhythms*

**D**   ¿Es distinta la familia rural norteamericana de la urbana? ¿Cuáles son las diferencias entre ambas? ¿En cuál de los dos ambientes prefiere Ud. vivir? ¿Por qué?

**E**   PAPEL Y LÁPIZ   ¿Es urbana su familia o es rural? ¿Cree Ud. que la lectura que acaba de leer acierta en describir a su familia? Explore esto en su cuaderno de apuntes.

■ Haga una tabla con dos columnas: una con el título «La familia rural» y otra con el título «La familia urbana».

■ Resuma brevemente las características de los distintos tipos de familia mencionadas en la **Lectura I.**

- ¿Cuáles de estas características describen a su familia? ¿Cuáles *no* la describen? ¿Hay características importantes de su familia que la lectura no mencione? ¿Cuáles son?

- Resuma sus pensamientos al respecto, completando el siguiente párrafo.

    Mi familia es (rural/urbana). Muestra (algunas/muchas/pocas) de las características que la lectura relaciona con este tipo de familia. Por ejemplo,... También,... Pero la lectura dice que este tipo de familia... , y eso no describe a mi propia familia. Por otro lado, algo que no se menciona en la lectura pero que sí es importante con respecto a mi familia es...

# Lectura II

## LA FAMILIA HISPANA: DEL PRESENTE AL FUTURO

## Aproximaciones al texto

### Simplifying sentence structure

In **Capítulo 2** you saw how identifying the subject, the main verb, and the object in a sentence can help you understand its meaning even if you do not know the meaning of all the words. Another useful technique is to use the structural markers in a sentence to simplify the structure and clarify the main ideas. One group of important structural markers in Spanish introduces subordinate clauses. The most common of these markers is **que** (or expressions containing **que,** such as **aunque, porque,** and **para que**); others are **como, cuando, donde, quien, si,** and forms of **cual (el/la cual, los/las cuales).**

Me gusta leer el periódico
- que tiene una extensa sección deportiva.
- porque así aprendo mucho sobre los acontecimientos (*events*) del día.
- cuando tengo tiempo.

It is useful to skip over prepositional phrases and subordinate clauses as a strategy for simplifying reading. When you need to understand the information contained in the subordinate clause, however, it can be helpful to break the whole sentence into its components (or clauses). Each of the following sentences, for example, contains a main (independent) clause and a subordinate (dependent) clause and can be broken down into two smaller sentences.

| SENTENCE WITH SUBORDINATE CLAUSE | SIMPLER SENTENCES |
| --- | --- |
| Los estudiantes que viven aquí son muy inteligentes. | Los estudiantes son muy inteligentes. Esos estudiantes viven aquí. |
| Las personas que trabajan en el rancho no ganan mucho dinero. | Las personas no ganan mucho dinero. Esas personas trabajan en el rancho. |

**A** Las siguientes oraciones se basan en la **Lectura II** de este capítulo. Lea cada una y después divídalas en oraciones más sencillas. Recuerde usar las palabras que señalan una cláusula subordinada (**que,** etcétera) para ayudarlo/la a encontrar las cláusulas. ¿Serían (*Would be*) verdaderas algunas de estas oraciones para una familia «típica» norteamericana? ¿Cuáles?

1. Cuando las amistades visitan a una mujer hispana que acaba de dar a luz, la mayor parte de su atención e interés no recae sobre ella sino sobre el bebé.

2. Muchas familias rurales, que gastan toda su energía en sobrevivir, no muestran su cariño con palabras ni con abrazos ni besos.

3. Un hijo ya mayor puede vivir con sus padres y, con tal que esté trabajando y ganando algún dinero, tendrá tanta independencia como el joven que vive solo.

4. La familia hispana, que ha sido afectada negativamente por los procesos de modernización, ha conservado algunas características de la familia tradicional que la diferencian de la estructura familiar típica de este país.

**B** Cuando Ud. busca información específica en una lectura, recuerde mirarla rápida pero sistemáticamente hasta encontrar la información deseada. Imagínese que alguien le dijo que la Iglesia católica no permite el divorcio y que, puesto que casi todos los hispanos son católicos, el divorcio es ilegal en los países del mundo hispano. Ud. quiere averiguar esto. Mire la **Lectura II** de este capítulo y lea el título y los subtítulos hasta encontrar una sección que pudiera (*might*) contener información sobre este tema. Después, mire esa sección rápidamente para encontrar las respuestas a las siguientes preguntas.

1. ¿Es legal el divorcio en todos los países hispanos?

2. ¿Cuándo se legalizó el divorcio en España? ¿Cuál fue el efecto después de la legalización: Hubo muchos divorcios o relativamente pocos?

3. Aparte del divorcio legal, ¿qué opciones tienen los católicos practicantes para terminar el matrimonio?

## ■■■ PALABRAS Y CONCEPTOS

**castigar** to punish

**competir (i, i)** to compete

**cooperar** to cooperate

**dar a luz** to give birth

**divorciarse** to get divorced

**educar** to rear, bring up; to teach (*rules of good behavior*)

**gozar (de)** to enjoy

**independizarse** to become independent

**el cariño** affection

**el castigo** punishment

**la cohabitación** cohabitation, living together

**la competencia** competition

**la disciplina** discipline

**el divorcio** divorce

**la educación** upbringing; education

**la separación matrimonial** separation

**la unión consensual** common-law marriage

**cotidiano/a** daily

**A** **¡NECESITO COMPAÑERO!** ¿Quién? ¿Cuándo? ¿Por qué? Trabajando en parejas, indiquen qué miembro(s) de la familia Uds. asocian con cada una de las siguientes acciones. Luego, digan las circunstancias en que las hace(n).

1. castigar
2. independizarse
3. cooperar
4. dar a luz
5. educar
6. la separación matrimonial

**B** Explique la relación que la primera palabra tiene con las otras palabras del grupo. ¡Cuidado! A veces hay más de una posibilidad.

1. educar
   a. criar
   b. castigar
   c. independizarse
   d. el cariño

2. el matrimonio
   a. la cohabitación
   b. la unión consensual
   c. el divorcio
   d. dar a luz

**C** Defina brevemente en español.

1. el divorcio
2. cotidiano
3. la disciplina
4. gozar

**D** **¡NECESITO COMPAÑERO!** ¿Cierto o falso? Según lo que Uds. ya saben acerca de la cultura y la familia hispanas, ¿creen que las siguientes afirmaciones son ciertas (**C**) o falsas (**F**)?

1. _____ Los padres hispanos suelen mimar (*to spoil*) a sus hijos más que los padres norteamericanos.

2. _____ Los jóvenes hispanos se independizan de sus padres más tarde que los jóvenes norteamericanos.

3. _____ El divorcio todavía no es legal en ningún país hispano.

4. _____ La unión consensual es una frecuente alternativa al matrimonio entre las clases más humildes hispanoamericanas.

5. _____ Ahora que las familias son más pequeñas, hay un reparto más o menos equitativo de las tareas domésticas entre los esposos.

**ENTRE TODOS** Compartan entre sí sus reacciones. ¿Hay mucha diferencia de opiniones? Al leer la **Lectura II**, busquen las respuestas correctas. ¡A ver qué tal acertaron!

## ■■■ La familia hispana: Del presente al futuro

### La educación de los hijos

1 **«ES CURIOSO», OBSERVÓ (←) RECIENTEMENTE UN CHILENO** que ha pasado (←) mucho tiempo en este país, «pero he notado (←) que cuando las amistades visitan a una mujer norteamericana que acaba de dar a luz, la mayoría de su atención e interés recae sobre ella: ¿Cómo está? Y ¿cómo estuvo?[1] Y
5 ¿cuándo puede volver al trabajo? En cambio, cuando da a luz una mujer hispana, se encuentra más o menos desatendida mientras sus visitantes se

[1]¿cómo… *how did it go?*

reúnen en torno al[2] recién nacido, pasándolo (∿) de uno a otro entre excla-
maciones de admiración y afecto.» En los países hispanos, los niños son el
centro de atención, la «razón de ser» del matrimonio. Con frecuencia se les
incluye en las actividades de los miembros adultos y suelen ser tratados con
más indulgencia y tolerancia que los niños en este país. Pero esto no quiere
decir que no reciban ninguna disciplina.

Muchas familias rurales, que gastan toda su energía en sobrevivir, no
muestran su cariño con palabras ni abrazos ni besos. Si toda la familia vive
en un solo cuarto, la proximidad física se compensa con una distancia
emocional. En otros contextos el contacto físico entre padres e hijos —de
tipo cariñoso al igual que castigante— suele ser más visible. Los norteamericanos a veces se muestran confusos por el comportamiento de los padres
hispanos. Por un lado pueden parecer «besucones»[3] y demasiado indul-
gentes; por otro se muestran más autoritarios, gritan a los niños y emplean
el castigo físico —sea un tirón del pelo o un bofetón[4]— con más frecuencia que muchos padres norteamericanos. Pero esto se debe a que en general los hispanos son más demostrativos y abiertos con sus emociones que
los norteamericanos. En este país se recurre más al castigo «sicológico»,
por ejemplo, se les manda a los niños a su cuarto sin comer o se les quita
algún privilegio. El castigo físico se reserva para cuando ya no hay otro
remedio y, por lo tanto, se asocia con la ira[5] y la pérdida de control. Dentro de la cultura hispana no tiene ese impacto, ni para los padres ni para
los niños.

A pesar de que, tradicionalmente, el castigo físico no ha sido (←) mal
visto en el mundo hispano, los tiempos están cambiando (∿) y ya no se
aplica tan frecuentemente como en el pasado. A esto hay que añadir que
cada vez hay más conciencia de la necesidad de proteger a los menores
contra todo tipo de abuso de las personas que están a su alrededor, incluyendo (∿) a los mismos padres. No es nada extraño que las autoridades
intervengan cuando un niño ha sido (←) víctima de la violencia física por
parte de cualquier familiar. La disciplina que antes utilizaban (←) los maestros hispanos, siguiendo (∿) la frase popular «la letra con sangre entra»,
ha pasado (←) a la historia. Pero todavía quedan maestros muy tradicionales y también padres, tanto en la cultura hispana como en la de este
país, que ven el castigo físico como una buena forma de educar a los
niños.

Hay otras esferas en que es importante reconocer diferencias culturales
para no llegar a conclusiones inexactas. Por ejemplo, los hijos hispanos
suelen vivir en casa de sus padres por más tiempo que los hijos norteamericanos. Sin embargo, sería[6] un error concluir que por lo tanto los hijos hispanos se independizan más tarde que los norteamericanos. En este país la
independencia de los hijos casi se define por la separación; los que todavía
viven en casa de sus padres, por definición, carecen de libertad personal. En
la cultura hispana no es así. Un hijo ya mayor puede vivir con sus padres y,
con tal que esté trabajando (∿) y ganando (∿) algún dinero, tendrá (→)
tanta independencia como un norteamericano que viva solo. Sin embargo,
esta libertad es menos probable en el caso de una hija que se quede viviendo
(∿) en casa de sus padres.

En la cultura hispana, la independencia en el sentido de «poder hacerlo
solo» no tiene la importancia que tiene en la norteamericana. Sea en la

[2]se... *cluster around the*    [3]que besan y abrazan mucho    [4]*slap*    [5]*anger*    [6]*it would be*

*En toda sociedad moderna, gran parte de lo que aprenden los niños de cómo vivir en la sociedad sale de sus experiencas en la escuela. Pronto el ejemplo de sus compañeros de clase llega a tener más influencia que el de sus parientes.*

sociedad rural o en la urbana, los padres hispanos fomentan la cooperación antes que el espíritu competitivo y agresivo. Hace poco, dos sociólogos hicieron (←) un estudio sobre este fenómeno. Diseñaron (←) un juego en que la
60 cooperación era (←) necesaria para ganar y expusieron (←) a este juego a un grupo de niños mexicanos y a otro de norteamericanos. Les sorprendió (←) descubrir que a pesar de la presencia de un premio para los que ganaban (←), los niños norteamericanos no pudieron (←) renunciar a la competencia para adoptar una conducta cooperativa. Los niños mexicanos, en cam-
65 bio, por no tener una gran tendencia competitiva, asumieron (←) una conducta cooperativa con mucha facilidad.

### El matrimonio y el divorcio

En toda sociedad la estructura familiar está determinada en gran medida por la formación, el funcionamiento y las posibilidades de disolver el matrimonio. En casi todos los países hispanos el catolicismo es la religión oficial; por
70 lo tanto existen grandes trabas[7] culturales que se oponen al divorcio. Antes de que España legalizara (←) el divorcio en 1981, había (←) una fuerte campaña adversa de la derecha y de la Iglesia, que advertía (←) que el divorcio significaba (←) la disolución de la familia.° En realidad, muchas menos parejas de lo que se pensaba (←) se aprovecharon (←) de la nueva ley. Esto se
75 explica en parte porque es menor el número de parejas y porque se ha visto (←) una extensión de la cohabitación sin matrimonio, especialmente entre la población entre los 25 y 35 años de edad. En general en España desde hace más de veinte años se observa una tendencia hacia la pérdida de valor del matrimonio como institución y un aumento de las relaciones
80 informales.

[7]obstáculos

°La Iglesia católica no admite el divorcio eclesiástico. En los países donde el divorcio es legal, se trata del divorcio civil. Por lo tanto, las personas que deciden disolver su matrimonio por este método no pueden volver a casarse por la Iglesia católica.

Aunque no tan acusada[8] como en este país, se ve en España también una inclinación a posponer el matrimonio. Según una encuesta[9] actualizada, la edad ideal para casarse es de 26,3 años para el hombre y 23,7 años para la mujer. Al mismo tiempo, los encuestados parecen oponerse a la tradición española de tener el primer hijo en seguida: La mayoría de ellos cree que es mejor dejar pasar un tiempo después de casarse antes de tener el primer hijo.

En algunos países hispanos la ley no admite divorcio de ningún tipo. En otros se permite el divorcio en casos limitados, mientras que en unos pocos países se consigue por petición de los casados. Para la gente adinerada[10] el divorcio es siempre posible: Se arregla un viaje a un país donde el divorcio es legal o se invierte una fuerte cantidad de dinero para anular el matrimonio. Para la clase pobre no hay posibilidad de divorcio en muchos de los países hispanos. En consecuencia, no es raro que los individuos pobres prefieran la unión consensual. Con frecuencia, la mujer pobre teme el matrimonio porque quiere conservar la posibilidad de abandonar a su compañero si él abusa de ella.

También influye el factor económico, ya que muchos pobres no tienen bastante dinero para una boda. Además, puesto que los pobres tienen poco que dejar a sus hijos, pueden creer que no es necesario protegerlos como herederos legítimos.

Las relaciones consensuales son muy frecuentes en Hispanoamérica y muchas veces constituyen relaciones estables. No obstante, la posibilidad de abandono de la familia por el padre es más posible que en una pareja formalmente unida, lo cual deja a la mujer en una situación muy difícil para sostener a la familia. Por fuerza tiene que dejar a los hijos en casa, a veces solos, mientras ella sale a ganar una miseria.[11]

## Nuevos papeles, nuevas posibilidades

Vivir en el moderno ambiente urbano ha afectado (←) profundamente a la familia hispana, así como a la familia en todas partes del mundo. Aunque algunos de los efectos parecen muy negativos, otros han sido (←) beneficiosos. Dos grupos en particular que están viendo (ꓵ) cambiar su mundo son los abuelos y los hombres.

En el pasado, era (←) frecuente que los abuelos pasaran (←) a vivir con uno de sus hijos al llegar a cierta edad. Allí ayudaban (←) con las labores de la casa y con el cuidado de sus nietos; allí eran (←) atendidos por su hija o su nuera[12] cuando se enfermaban (←). Hoy día, en el medio urbano, la familia nuclear es cada vez más el tipo de familia que predomina. Y la nueva generación de abuelos parece muy distinta a las anteriores: Son más jóvenes, más vitales, más independientes. Lejos de retirarse de la vida activa y esperar resignados la vejez, los abuelos modernos aprovechan su libertad de jubilados[13] para dedicarse a sus pasatiempos, viajar y, claro, pasar tiempo con sus nietos. Esta generación de la llamada «tercera edad», a diferencia de las anteriores generaciones de abuelos, goza de mejor salud y vitalidad física, practica deportes, anda en bicicleta y muchas veces comparte con sus nietos el interés por la música *rock* y hasta tiene las mismas convicciones políticas. Es que hoy en día un abuelo

[8]notable   [9]*survey*   [10]que tiene dinero   [11]salario muy bajo   [12]*daughter-in-law*   [13]*retired persons*

de 60 años no parece tan viejo como un abuelo de esa edad hace unas pocas décadas.

El papel que desempeñan los hombres en la familia moderna también
130  ha cambiado (←) bastante. En los medios urbanos del mundo hispano, como en el resto del mundo occidental, la entrada de gran número de mujeres al mundo laboral ha tenido (←) un enorme impacto tanto en los hijos como en las relaciones de la pareja. A pesar de estos cambios, sin embargo, la vida cotidiana de muchas mujeres de hoy sigue siendo (ᴖᴖ)
135  determinada por su situación familiar. Trabajen o no[14] fuera de la casa, la jornada[15] de las mujeres depende de las necesidades y actividades de los demás miembros de su familia. Las mujeres todavía asumen la mayor parte de las tareas domésticas y se responsabilizan de la educación de los niños de manera casi exclusiva. Eso no obstante, en la nueva «pareja democrá-
140  tica», especialmente en las más jóvenes (de 24 a 35 años), los hombres participan más en las labores de la casa y colaboran más activamente en el cuidado de los niños. Y se supone que ayudarán (→) a dar a los hijos varones[16] una educación muy diferente de la que se les daba (←) antiguamente.
145  Como se ha visto (←), no se puede hablar de una sola familia hispana. Es necesario tener en cuenta muchos otros factores, especialmente la clase social y el contraste entre el medio rural y el urbano. Como en todas partes del mundo, la familia hispana ha sido (←) afectada negativamente por los procesos de modernización. A pesar de estos cambios, ha conservado
150  (←) algunas características de la familia tradicional —la solidaridad, la autoridad paternal, la cooperación— que la diferencian de la estructura familiar típica de este país. Se espera que la fuerza de estos valores logre contrarrestar los efectos de la urbanización y ayude a la familia a defenderse y a persistir como una institución de suma importancia cultural y humana.

[14]Trabajen… *Whether or not they work*   [15]*workday*   [16]*masculinos*

## ■■■ COMPRENSIÓN

**A** ¿Cierto o falso? Vuelva a mirar la lista de afirmaciones de la **Actividad D** de **Palabras y conceptos.** ¿Qué tal acertaron Uds.? Use lo que Ud. sabe ahora de la familia hispana para corregir las oraciones falsas.

**B** Imagínese que un amigo / una amiga tiene las siguientes ideas sobre la familia hispana. ¿Qué información de la **Lectura II** necesita tomar en cuenta?

1. Los jóvenes hispanos son mucho menos independientes que los jóvenes norteamericanos porque siguen viviendo en la casa de sus padres aun hasta los 30 años.

2. La mayoría de las parejas hispanas se casa por la Iglesia, aunque muchas de ellas se divorcian.

3. Casi todos los abuelos viven con sus hijos.

4. Los hombres no ayudan ni con el cuidado de la casa ni con la educación de los niños.

**C** Complete la siguiente tabla con la información necesaria para resumir los efectos del contexto social y económico en la estructura de la familia.

| Factor | Efecto en la familia |
|---|---|
| **1.** La salud y la situación económica de los abuelos actuales son mejores que las de las generaciones anteriores de abuelos. | |
| **2.** Cada vez más mujeres trabajan fuera de la casa. | |
| **3.** El matrimonio no es el único modelo para la cohabitación. | |

# ■■■ INTERPRETACIÓN

**A** En la familia rural hispana, hay poco contacto físico entre los parientes. ¿Pasa lo mismo en la familia norteamericana? En este país, ¿se considera normal el contacto físico entre dos miembros de la familia en público? Explique.

**B** En su opinión, ¿es bueno o malo que los hijos norteamericanos dejen la casa de sus padres muy temprano? Explique. ¿Cuáles son algunos de los efectos de una separación temprana?

**C** Suele decirse que la familia hispana es más unida que la norteamericana. ¿Qué entiende Ud. por una familia «unida»? ¿Qué importancia tiene la disciplina o la falta de ella para la unidad familiar?

**D** PAPEL Y LÁPIZ Generalmente cuando se habla de la familia, se piensa en los individuos relacionados por la sangre (los padres, hijos, hermanos, abuelos, tíos, etcétera), mediante ciertas formalidades legales o sociales (los esposos, hijos adoptivos, compadres, etcétera) o por afinidad (parentesco con los parientes de un cónyuge [*spouse*]: cuñados, hermanastros [*stepsiblings*], padres políticos [*in-laws*], etcétera). En su opinión, ¿hay otras personas o seres que también puedan formar parte de la familia de uno? Por ejemplo, los amigos íntimos (*close*) o los animales domésticos? Para Ud., ¿qué significa el concepto de «familia»? Explore esto en su cuaderno de apuntes.

■ Haga una redacción libre° por 5 minutos sobre la definición de una familia.

■ ¿Cuál parece ser la idea principal de todo lo que acaba de escribir? Exprésela en una sola oración en la página después de su redacción libre.

---

°La redacción libre (*free writing*) es un buen ejercicio para desarrollar ideas y también para aumentar la facilidad de expresión. Para hacerla, busque un lugar en donde pueda escribir sin interrupciones y escriba en español sobre el tema asignado por 5 minutos *sin parar*. No busque palabras desconocidas en el diccionario ni trate de organizar lo que escribe. Si no sabe qué decir, escriba «no sé qué decir, no sé qué decir, no sé qué decir» hasta que se le ocurran algunas ideas. En todo caso, debe de seguir escribiendo hasta que hayan pasado los 5 minutos.

# APLICACIÓN

**A** ¡NECESITO COMPAÑERO! Según la **Lectura II,** la familia hispana y la norteamericana se diferencian en cuanto al respeto hacia los padres. ¿Están Uds. de acuerdo? En una familia norteamericana típica, ¿cuánta importancia se les daría (*would be given*) a las siguientes acciones?

1 = poca importancia    2 = bastante importancia    3 = mucha importancia

_____ responder (*to talk back*) a los padres

_____ no respetar al padre

_____ mentir o engañar

_____ discutir (*to argue*) con los padres

_____ salir de casa sin decir adónde se va

_____ desobedecer a la madre

_____ insultar a los padres

_____ hablar mal de los padres

_____ no pedir permiso para salir o hacer algo

_____ llegar tarde a casa sin avisar

_____ no llegar a cenar sin aviso previo

¿Qué indican sus respuestas sobre el respeto hacia los padres en la familia norteamericana? ¿Hay otras acciones que deban agregarse a la lista? ¿Cuáles son?

**B** En su opinión, ¿cuál es el peor de los castigos: el físico o el sicológico? ¿Por qué?

**C** ¿Cree Ud. que ha sido una ventaja para las mujeres entrar en grandes números al mundo laboral? ¿Cuáles son algunas de las ventajas y desventajas?

**D** ¿Existen soluciones a los problemas familiares? En algunos países de Europa, e incluso en este país, se ha discutido la posibilidad de elaborar

leyes que permitan que los jóvenes «se divorcien» de sus padres en caso de existir graves problemas o conflictos insuperables (*insurmountable*) entre ellos. ¿Qué piensa Ud. de esto? ¿Cree que los hijos deben tener el derecho de separarse legalmente de sus padres? ¿Por qué sí o por qué no? ¿Cuáles serían (*might be*) las circunstancias que justificarían (*would justify*) tal separación? ¿Qué consecuencias podría tener (*could have*) esto?

**E**   Hoy en día, además de hablar de la familia nuclear y de la familia extendida, se habla de la familia «binuclear», es decir, de los niños que pertenecen a dos familias distintas. ¿Cómo puede ocurrir esta situación? ¿Qué problemas o posibles ventajas les trae a los niños? ¿y a los padres?

**F**   ¡NECESITO COMPAÑERO!   A continuación se presenta el resumen de un estudio que se hizo en España sobre los hombres españoles contemporáneos. En este estudio se examinaron las actitudes de los hombres frente a las mujeres con respecto al trabajo de la casa y el trabajo fuera de la casa. Los resultados indican con (+) los trabajos en que los hombres participan más, y con (−) los trabajos en que participan menos.

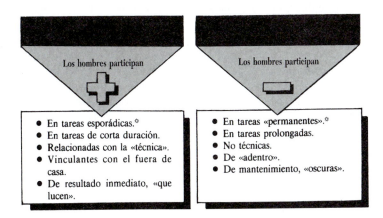

| Los hombres participan (+) | Los hombres participan (−) |
|---|---|
| • En tareas esporádicas.* | • En tareas «permanentes».* |
| • En tareas de corta duración. | • En tareas prolongadas. |
| • Relacionadas con la «técnica». | • No técnicas. |
| • Vinculantes con el fuera de casa. | • De «adentro». |
| • De resultado inmediato, «que lucen». | • De mantenimiento, «oscuras». |

Imagínense que Ud. y su compañero/a tienen una amiga que piensa casarse con un español. Ella ha decidido preparar un acuerdo prematrimonial. ¿Qué tipos de tarea sugiere el estudio que ella debe incluir en el acuerdo para asegurarse de la ayuda de su esposo? Primero, clasifiquen las siguientes tareas domésticas en tres grupos, según los resultados presentados en la tabla.

---

*Las tareas esporádicas son las que tienen una duración breve y que no se realizan diariamente. Las tareas permanentes, por otro lado, son las que tienen una duración más prolongada y que se hacen más o menos habitualmente.

1. un hombre español «típico» no lo haría nunca
2. lo haría de vez en cuando
3. lo haría con frecuencia

**Tareas domésticas**

| | | |
|---|---|---|
| cocinar | ir de compras | limpiar el polvo |
| cuidar a los niños | lavar el coche | planchar |
| fregar el suelo | lavar la ropa | recoger la casa |
| fregar los platos | limpiar cristales | regar las plantas |
| hacer las camas | y ventanas | reparar una lámpara |
| hacer chapuzas | limpiar el cuarto | sacar la basura |
| (*odd jobs*) | de baño | tender (*to hang*) la ropa |

Ahora, compartan sus resultados con las demás parejas de la clase. Según las conclusiones del estudio, ¿creen Uds. que sería (*would be*) grande el contraste entre las actitudes de los españoles y las de los norteamericanos «típicos»? Si quieren, hagan un sondeo entre los hombres de la clase para averiguarlo.

 **G** ENTRE TODOS   Durante los últimos años se ha comentado mucho en los medios informativos el tema de los «valores familiares». Se habla en particular de la influencia de la comunicación masiva (las películas, la televisión, la radio) y de la forma de vida del mundo moderno en la pérdida o disminución de esos valores. En su opinión, ¿Qué significan realmente los «valores familiares»?

A continuación se nombran varios programas de televisión que de alguna forma presentan la vida en familia. Trabajando en pequeños grupos, analicen la lista y agreguen por lo menos dos más (pueden ser de la televisión o del cine).

1. «The Real World»
2. «Friends»
3. «The Simpsons»
4. «General Hospital»
5. «The West Wing»
6. «Desperate Housewives»
7. «Everybody Loves Raymond»
8. ¿ ?
9. ¿ ?

En la opinión del grupo, ¿hasta qué punto representa cada programa la familia «típica» norteamericana? ¿Qué importancia da cada uno a los valores familiares? Coloque los programas en la siguiente tabla para resumir su análisis.

| Importancia que se da a los valores familiares | Este programa es un buen ejemplo de la familia «típica» | Este programa representa la familia «típica» a medias | Este programa no representa para nada la familia «típica» |
|---|---|---|---|
| mucha | | | |
| alguna | | | |
| poca | | | |

Ahora, compartan su análisis con los demás grupos. ¿Hay mucha diferencia de opiniones? ¿Ha cambiado su definición de los «valores familiares»? Expliquen.

**H** **IMPROVISACIONES** Divídanse en grupos para improvisar una de las siguientes dramatizaciones.

1. El caso de un niño que pide divorciarse de sus padres

   **Actores necesarios:** el demandante (de 10 años); los padres; un amigo o pariente de cada uno de los padres para que los defienda; un amigo del demandante que ofrece adoptarlo; un amigo del demandante que sirve de testigo; el juez (o la jueza)

   **Fondo** (*Background*): Lean rápidamente la **Actividad D** de la sección **Aplicación.**

2. El caso del acuerdo prematrimonial

   **Actores necesarios:** el novio, su madre y un amigo de él; la novia, su madre y un amigo de la novia; el juez (o la jueza)

   **Fondo:** Lean rápidamente la **Actividad F** de la sección **Aplicación.**

## CAPÍTULO 5

# Geografía, demografía, tecnología

1. Arequipa, Perú
2. Santiago, Chile

# Exploraciones

Algunas personas opinan que toda nuestra vida, manera de ser, ideas, incluso nuestro comportamiento están determinados en gran medida por todo lo que nos rodea: desde las características de la región donde vivimos hasta los recursos tecnológicos con que contamos. ¿Qué cree Ud.? ■■■

**A** TRABAJAR CON LAS IMÁGENES Trabajando en grupos de tres o cuatro estudiantes, usen las fotos de la página anterior como punto de partida para contestar las siguientes preguntas.

■ Imagínense que Uds. viven en un área como la que se ve en la primera foto. Describan el área y su vida allí con todos los detalles que puedan. Usen palabras de la lista y agreguen otras necesarias para describir no sólo cómo es el lugar sino también cómo *no* es.

| | | |
|---|---|---|
| aburrida | húmeda | seca |
| agrícola | industrializada | sobrepoblada |
| aislada | interesante | tradicional |
| árida | lluviosa | tropical |
| calurosa | moderna | uniforme |
| despoblada (*uninhabited*) | multicultural | urbana |
| fascinante | natural | variada |
| fértil (*fertile*) | rural | verde |
| fría | salvaje | |

También incluyan si tiene o no tiene: costa(s), lago(s), montaña(s), playa(s), río(s), selva(s) (*jungle[s]*), valle(s), etcétera.

■ Ahora imagínense que se han mudado (*have moved*) a una área como la que se ve en la segunda foto. ¿Cómo es su vida ahora? ¿Qué semejanzas y diferencias hay entre el nuevo lugar, su nuevo modo de vida y los de antes? Hagan oraciones según el modelo.

MODELO: Antes casi nunca veíamos teléfonos celulares, pero ahora los vemos por todas partes.

**B** ANÁLISIS CRÍTICO Trabajando en los mismos grupos, describan el área donde Uds. actualmente viven. Escojan otra vez rasgos (*features*) de la lista de la **Actividad A** y añadan otros si les parece necesario. ¿En qué sentido pueden afectar los rasgos que escogieron cada uno de los siguientes aspectos de la vida en el lugar donde viven?

| | | |
|---|---|---|
| el comercio | la manera de vivir | el progreso |
| la educación | la personalidad | la salud |

**C** ASOCIAR Hispanoamérica, al igual que este país, cuenta con una diversidad geográfica muy grande. ¿Qué palabras de la lista de la **Actividad A** asocia Ud. con Hispanoamérica? ¿Qué otras palabras añadiría (*would you add*) a la lista para completar su caracterización de ese continente? ¿Corresponden a su imagen de Hispanoamérica las fotos de la página anterior? ¿Por qué sí o por qué no?

### ■■■ LA HISPANOAMÉRICA ACTUAL

## Aproximaciones al texto

### Discriminating between facts and opinions (Part 1)

An important skill to develop as a reader is the ability to tell the difference between facts and opinions. Uncritical readers accept anything in print as factual simply because it has been published. Being a *critical* reader means making decisions. You will want to accept immediately what you view as factual. In contrast, however, you will want to think about opinions and decide whether or not there is enough information available to justify accepting them.

Indique si Ud. cree que las siguientes oraciones representan un **hecho** (*fact*) (**H**) o una **opinión** (**O**).

1. _____ En Hispanoamérica hay una gran diversidad geográfica: montañas, playas, bosques y campos áridos.

2. _____ La cordillera de los Andes se extiende sin interrupción desde Venezuela al extremo sur de Chile.

3. _____ La cordillera de los Andes es muy hermosa.

4. _____ En Hispanoamérica los habitantes de una región miran a los ciudadanos de las comunidades vecinas con hostilidad.

5. _____ El índice de analfabetismo en Hispanoamérica disminuye todos los años, al igual que el de la mortalidad infantil.

6. _____ Para resolver sus problemas, Hispanoamérica tiene que explotar más sus recursos naturales.

7. _____ Al mismo tiempo, será (*it may be*) beneficioso que se haga en Hispanoamérica una propaganda intensa a favor del control de la natalidad.

8. _____ En la Argentina uno de cada tres habitantes vive en Buenos Aires.

¿En qué basó Ud. su decisión en cada caso?

### ■■■ PALABRAS Y CONCEPTOS

| | |
|---|---|
| **atravesar (ie)** to cross | **disminuir** to decrease, diminish |
| **aumentar** to increase | **poblar (ue)** to populate, settle |
| **crear** to create | **subir** to go up; to climb |
| **crecer** to grow, become larger | |
| **cultivar** to grow, cultivate | **el aislamiento** isolation |
| **dificultar** to make difficult | **la barrera** barrier |

| | |
|---|---|
| **el camino** road | **el/la poblador(a)** settler |
| **el/la ciudadano/a** citizen | **la pobreza** poverty |
| **el control de la natalidad** birth control | **el regionalismo** regionalism |
| **la convivencia** living together with others | **la selva** jungle; forest |
| **la cordillera** mountain range | |
| **la cosecha** harvest | **despoblado/a** uninhabited |
| **el crecimiento** growth | **fértil** fertile |
| **la escasez** scarcity | **lleno/a** full |
| **la esperanza de vida** life expectancy | **paradójico/a** paradoxical |
| **el índice (la tasa) de mortalidad** death rate | |
| **el índice (la tasa) de natalidad** birth rate | **a pesar de** in spite of, notwithstanding |
| **la periferia** periphery | |

**A** Busque antónimos en la lista de vocabulario.

1. poblado
2. bajar
3. facilitar
4. el centro
5. aumentar
6. destruir
7. la riqueza
8. vacío
9. a causa de
10. el nacionalismo
11. estéril
12. la abundancia

**B** ¡NECESITO COMPAÑERO! Trabajando en parejas, organicen todas las palabras que puedan, según las siguientes categorías.

| Oportunidad | Problema | Síntoma | Solución |
|---|---|---|---|
| fértil | el aislamiento | la escasez | la diversidad |

ENTRE TODOS Compartan las listas que hicieron para cada categoría. ¿Hay mucha diferencia de opiniones?

**C** ¡NECESITO COMPAÑERO! Hay muchas maneras de clasificar palabras. Inventen las categorías que Uds. crean necesarias para poder agrupar las palabras de la lista de vocabulario. En cada categoría deben incluir por lo menos dos palabras o frases de la lista. Luego, compartan sus categorías con los otros estudiantes.

**D** Mire el título y los subtítulos de la **Lectura I.** ¿Cuál parece ser el tema central? ¿Qué información se va a presentar?

## La Hispanoamérica actual

1   CUANDO SE HABLA DE HISPANOAMÉRICA, se suelen señalar dos aspectos contradictorios: la inmensa riqueza natural de la zona y la pobreza extrema de buena parte de la población. Entre sus muchos recursos naturales, Hispanoamérica

cuenta con la selva tropical más grande del mundo e importantes yaci-
mientos de cobre,[1] estaño,[2] plata[3] y petróleo. El cultivo de sus tierras produce fruta, café y trigo y en los llanos del sur se cría ganado.[4] Su enorme
costa rinde una rica variedad de comestibles y otros productos marinos. A
pesar de la gran riqueza de Hispanoamérica, sigue habiendo[5] (∿) una gran
pobreza. Para entender la coexistencia de estas dos realidades paradójicas,
hay que considerar los factores geográficos y demográficos que influyen en
el desarrollo de los países hispanoamericanos.

### La geografía de Hispanoamérica

Geográficamente, Hispanoamérica es una de las zonas más variadas de todo
el mundo. Gran parte de su extensión está en la zona tropical. Pero el continente sur tiene 4.500 millas° de largo y, si incluimos la zona de Centroamérica, la longitud es de 6.000 millas. A modo de comparación, la distancia
entre Londres y Pekín es también de 6.000 millas. Así que desde México
hasta la Argentina se pasa de la zona templada a la tropical hasta llegar a
la isla de la Tierra del Fuego, con sus vientos glaciales y temperaturas frígi-
das (apenas 50 grados Fahrenheit en verano).

Pero aun más impresionante es la presencia de los Andes. La cordillera
andina se extiende sin interrupción desde Venezuela hasta el extremo sur de
Chile; es decir, 4.500 millas. En comparación con las cordilleras de Europa,
los Estados Unidos y África, los Andes son las montañas de mayor altura y
de mayor extensión. En muchas partes de Hispanoamérica, las montañas
están cubiertas de nieve durante todo el año, aun en zonas tropicales que
están en la misma latitud que el Congo o Tanzania en África. En consecuencia, en muchos países hispanoamericanos el clima está determinado
más por la altitud que por la latitud. En Colombia, sólo unas 30 millas separan una selva tropical de la nieve perpetua.

Se ve el dramatismo de los Andes muy claramente en el Ecuador. Dos
cordilleras atraviesan el país de norte a sur, creando (∿) una meseta en el
centro. Pero otras cordilleras cruzan la meseta por el medio y la dividen en
una gran cantidad de secciones que se llaman «hoyas». Para atravesar el
Ecuador de norte a sur o de oeste a este, hay que soportar un continuo subir
y bajar con cambios constantes de temperatura y de presión.

En comparación con las Montañas Rocosas y la Sierra Nevada de los
Estados Unidos, los Andes forman una barrera mucho más infranqueable.
Hay pocos puertos de montaña[6] y a menudo los coches que se atreven a[7]
cruzar tienen que compartir el camino con los muleros.[8] Los caminos que
atraviesan los Andes no son, por supuesto, rutas comerciales. Los Andes, en
el oeste, y la selva amazónica, en el este, han impedido (←) la comunicación y el comercio entre la periferia del continente y el interior.

Aun cuando se han vencido (←) los obstáculos para construir una vía
férrea, la comunicación no es ni rápida ni económica. Hay una línea de ferrocarril que une la ciudad de Lima con Cerro de Pasco. La distancia directa
entre los dos lugares es de 115 millas. Pero con las curvas y los rodeos que

[1]*copper*  [2]*tin*  [3]*silver*  [4]*cattle*  [5]*sigue… there continues to be*  [6]*puertos… mountain passes*  [7]*se… dare to*  [8]*mule drivers*

---

°En la enumeración española, generalmente se utiliza un punto (.) donde la enumeración
inglesa utiliza una coma (,) y viceversa: español = $3.000,00; inglés = $3,000.00.

la vía tiene que seguir, el tren viaja a lo largo de 220
millas, es decir, casi el doble. Además, se necesita más
combustible para el viaje, la velocidad es menor que en
un viaje a través de terrenos más uniformes y también
es menor la cantidad de mercancía[9] permisible. Un viaje
que se puede hacer en dos o tres horas en terreno llano
se hace en diez en los Andes.

Como consecuencia de esta situación geográfica, la
población hispanoamericana está concentrada en la
periferia, y la comunicación entre los diversos centros
de población se efectúa por avión o por barco. Hasta
hace poco todas las ciudades de Hispanoamérica estaban (←) a 300 millas o menos de la costa. Sólo se apre-
cia cierta dispersión de la población en México, donde
el terreno fértil y el clima templado atrajeron (←) a la
gente. En el resto del continente sur, el interior queda prácticamente despoblado. Como ha dicho (←) un estudioso de geografía hispanoamericana,
la situación sería[10] igual en los Estados Unidos si sus pobladores nunca
hubieran atravesado[11] (←) los Apalaches.

Limitados a un área relativamente pequeña, algunos hispanoamericanos
tienen por fuerza que vivir en los Andes. El 20 por ciento de la población
vive en una altitud tan considerable como para padecer[12] ciertos efectos
especiales. El cambio de altura influye en el tipo de agricultura, en la fisiología animal y humana y también en el funcionamiento de los motores de
vapor[13] y de gasolina. La gente acostumbrada a vivir en esas alturas sufre
problemas respiratorios si se traslada a zonas de baja altitud. Por otra parte,
quien se traslada a vivir en zonas de gran altura puede sufrir de esterilidad
durante temporadas más o menos largas.

Los Andes atraviesan casi
todos los países de
Sudamérica. Forman una
barrera que dificulta la
comunicación, el transporte
y especialmente la
agricultura. Hoy, en varios
países andinos, la vuelta al
cultivo de productos de los
antiguos incas —y a los
métodos de cultivo
practicados por estos— está
transformando la
agricultura.

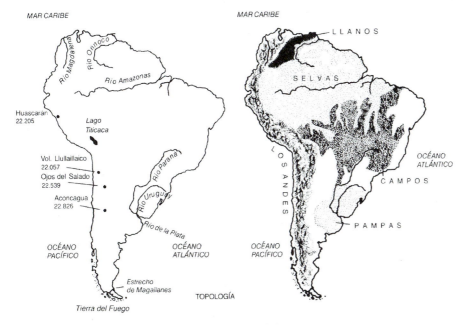

En Hispanoamérica, como en muchas otras partes del mundo, se hacen grandes esfuerzos por orientar a las nuevas generaciones hacia la protección del medio ambiente y los recursos naturales. Se fomentan numerosos programas a favor del reciclaje y contra la destrucción de las selvas tropicales.

75 Las grandes diferencias que existen entre la tierra alta y la baja contribuyen a diferenciar las culturas de la gente que puebla las dos regiones. Del mismo modo, la presencia de los Andes y de otras barreras para la comunicación tiende a crear un fuerte regionalismo que puede tener graves consecuencias 80 económicas y políticas. En miles de comunidades de un mismo país, los ciudadanos se identifican más con las tradiciones locales que con las nacionales. A veces ven a los ciudadanos de las comunidades vecinas con cierta hostilidad, y en muchas ocasiones ni siquiera hablan el mismo idioma. 85 Todavía se hablan más de 90 lenguas en México y, aunque el número no es tan alto en otros países, grandes sectores de la población hispanoamericana no hablan español. El aislamiento de las diversas comunidades también contribuye al analfabetismo, a un elevado índice de mortalidad infantil y a 90 toda clase de problemas relacionados con la falta de servicios pedagógicos y médicos adecuados.

## La tecnología y la explosión demográfica

Poco a poco, el desarrollo del transporte aéreo y la necesidad de ampliar la extensión de las tierras cultivables van estableciendo (ⁿⁿ) medios de comunicación entre zonas que antes no los tenían (←). El índice de analfabetismo disminuye todos los años, al igual que el de la mortalidad infantil. Es precisamente el mejoramiento del servicio médico lo que ha dado (←) origen a la explosión demográfica de Hispanoamérica. Tradicionalmente, las familias eran (←) muy grandes porque la alta incidencia de la mortalidad infantil lo requería (←). Ahora que la mortalidad infantil ha disminuido (←), el número de hijos en las clases medias y altas es cada vez menor, pero en las clases bajas no ha experimentado (←) una reducción considerable.

El control de la natalidad no se acepta en las clases bajas por muchas razones. En primer lugar, se necesita cierta educación para emplear los diversos métodos anticonceptivos. Existe una relación directa entre el nivel cultural de la población femenina de un país y la tasa de fertilidad. Por ejemplo, aproximadamente el 46,7 por ciento de las mujeres guatemaltecas son analfabetas y la tasa de fertilidad de ese país es una de las más altas de Hispanoamérica: 4,53 hijos por mujer. En segundo lugar, la Iglesia católica lo pro-
110 híbe. Y por último, durante años se dio (←) una gran importancia al número de hijos que una mujer tenía (←). La madre de una familia grande era (←) una buena madre y, por lo tanto, una mujer estimable. No era (←) sorprendente que estas mujeres rechazaran (←) el control de la natalidad, ya que medían (←) su propio valor dentro de la sociedad según el número de hijos
115 que tuvieron (←).

La poca aceptación del control de la natalidad, en combinación con la reducción espectacular de la tasa de mortalidad, hace que el crecimiento demográfico de Hispanoamérica sea entre los más altos del mundo.° Igualmente

°Para el año 2000, el crecimiento medio (*average*) de los países hispanoamericanos fue del 2,0 por ciento, igual que el del continente africano. Durante el mismo período, el crecimiento demográfico medio de los Estados Unidos fue del 1,0 por ciento, en España del 0 por ciento y en toda Europa del −0 por ciento.

grave, ahora el 33 por ciento de la población hispanoamericana tiene menos
120 de 15 años, frente al 18 por ciento que se da en Europa.

Las consecuencias de un crecimiento demográfico desenfrenado[14] son
numerosas. Mientras el sector pasivo[15] de la sociedad aumenta rápidamente,
el sector activo permanece más o menos estable. La mano de obra[16] es
constante, pero tiene que sostener a un número cada vez mayor de niños
125 que piden comida, educación, atención médica, etcétera.

El rápido crecimiento de la población es todavía más problemático si se
recuerda que esa población está concentrada en ciertos lugares de la costa.
En la Argentina, por ejemplo, el 38,1 por ciento de la población vive en Buenos Aires. En el Uruguay, más del 40 por ciento de la población vive en la
130 ciudad de Montevideo. En muchos países, hay una capital sobrepoblada y
un gran número de comunidades pequeñas que permanecen alejadas[17] de
la vida, la cultura y la economía de su país. Para los hispanoamericanos que
quieren participar en la vida económica nacional, la única solución es la emigración a la capital. En consecuencia, las ciudades están creciendo (ꟹ) con-
135 tinuamente mientras que las posibilidades de sostener a esos recién llegados disminuyen constantemente.

Es por ello que los gobiernos de los países hispanoamericanos se enfren-
tan con un reto de difícil solución: la mejora de la explotación de los recursos naturales y el aumento de la producción agrícola, pese a[18] las barreras
140 geográficas y climatológicas que los dificultan. Sin esta mejora, la situación
en las ciudades se agravará (→) hasta alcanzar unas condiciones de vida que
amenacen la convivencia diaria; la metamorfosis que han experimentado (←)
las ciudades de Hispanoamérica en las últimas décadas se ha convertido (←)
ya en una pesadilla de incalculables proporciones.

[14]sin control   [15]*nonworking*   [16]mano... *workforce*   [17]distanciadas   [18]pese... a pesar de

---

## ▪▪▪ COMPRENSIÓN

**A** Explique la importancia que tienen las siguientes ideas dentro del contexto de la **Lectura I.** ¿Con qué asocia Ud. cada una?

**1.** paradójico **3.** la barrera **5.** el regionalismo

**2.** la diversidad **4.** el aislamiento **6.** el control de la natalidad

Escoja otras dos palabras o frases de la lista de vocabulario (o de la lectura
misma) que le parezcan muy importantes y explique su importancia.

**B** Use una de estas palabras o frases para comentar las siguientes afirmaciones,
según la información de la **Lectura I.** ¡Cuidado con el uso del subjuntivo!

Dudo... (No) Creo... (No) Es cierto...

**1.** Hay mucha diversidad geográfica en Hispanoamérica.

**2.** La cordillera de los Andes se extiende desde el país más norteño (*northern*)
hasta el punto más al sur de Hispanoamérica.

**3.** El transporte de mercancías se hace rápida y fácilmente dentro de los países
hispanoamericanos.

**4.** El índice de mortalidad es más bajo hoy que hace diez años.

**5.** Muchas rutas comerciales atraviesan los Andes.

**6.** La mayoría de la población vive en los pequeños pueblos de las zonas rurales.

7. El crecimiento demográfico en Hispanoamérica representa uno de los más altos del mundo.

8. El clima en toda Hispanoamérica es bastante uniforme.

9. La mayoría de la población en Hispanoamérica es muy joven.

10. Los escasos recursos naturales de Hispanoamérica causan la gran pobreza de mucha gente.

**C** Cambie la información de cada afirmación falsa o dudosa de la actividad anterior para hacerla verdadera. Luego, comente cada afirmación, usando **Es bueno/problemático que… porque…**

**D** Vuelva a leer la actividad de **Aproximaciones al texto.** ¿Hay algunas oraciones que Ud. indicó como opiniones que ahora acepta como hechos? ¿En qué casos prefiere tener más información antes de tomar una decisión?

**E** Estudie las siguientes ideas con cuidado y luego explique la causa y el efecto de cada una en la Hispanoamérica actual.

1. La comunicación entre la periferia y el interior es difícil.

2. Hay diferencias culturales muy acusadas (notables) entre la gente que puebla las tierras altas y la que habita las tierras bajas.

3. En las clases bajas no se acepta el control de la natalidad.

4. En muchos países hay una capital sobrepoblada y muchas comunidades pequeñas que están aisladas de la vida, la cultura y la economía del país.

# ■■■ INTERPRETACIÓN

**A** ¿En qué se diferencian la geografía y la demografía de este país de las de Hispanoamérica? En su opinión, ¿qué situaciones geográficas han favorecido (*have favored*) el desarrollo de este país? Explique.

**B** ¡NECESITO COMPAÑERO! A continuación se enumeran algunas de las áreas problemáticas de Hispanoamérica. Trabajando en parejas, hagan una sugerencia para mejorar cada área, indicando un posible beneficio y un problema que puedan resultar de ella.

MODELO: la ganadería (*livestock breeding*) →
Hispanoamérica debe aumentar su producción ganadera.
Beneficio: Produce carne y así ayuda a reducir el hambre.
Problema: Muchas veces se destruye la selva para hacer espacio para el ganado.

1. la agricultura
2. la industrialización
3. el transporte
4. la alfabetización

ENTRE TODOS Comparen sus listas con las del resto de la clase y recopílenlas en una sola lista. En la opinión de la clase, ¿cuál de las sugerencias ofrece el mayor número de beneficios con el menor número de problemas? Encontrarán (*You will find*) más información al respecto en la **Lectura II** de este capítulo.

**C** En su opinión, ¿por qué están relacionados la tasa de fertilidad y el nivel de educación de las mujeres? ¿Hay maneras de combatir esta relación aun en el caso de las mujeres con muy poca o ninguna educación? Explique.

# Las ciberescuelas españolas

LA CIBERESCUELA es hoy una realidad en las instituciones educativas de España. Las escuelas españolas incorporan muchas herramientas[1] tecnológicas que afectan cómo los profesores enseñan y cómo los alumnos aprenden. De esta manera la cara de la educación está cambiando, de un modelo en que se usan libros de texto, papeles y lápices a uno en que las computadoras alcanzan[2] propósitos pedagógicos, comunicativos e informativos.

En particular, prevalece[3] el uso de la tecnología en las escuelas rurales. Aquí las computadoras ayudan a los profesores y alumnos a superar[4] el aislamiento geográfico que antes impedía el aprendizaje.[5] Usan máquinas que tienen forma de un bloc de papel[6] para hacer sus tareas escritas, y al mismo tiempo para buscar información en el Internet.

El uso de las computadoras ayuda a los alumnos a encontrar información rápidamente y a usar recursos[7] además de los textos para informarse. También los alumnos desarrollan[8] algunas habilidades que les serán[9] muy útiles al entrar en el mundo laboral.[10] Y para los alumnos que viven lejos de la escuela, hay experimentos que esperan eliminar los salones de clase completamente, reemplazándolos con una «escuela virtual» y un «profesor virtual». Es decir, los alumnos asisten a la escuela por medio del Internet.

No obstante, no sólo los alumnos sino también los profesores se benefician de esta iniciativa. Un grupo de la Universidad Autónoma de Barcelona está recopilando[11] materiales del Internet para uso pedagógico. Otro proyecto en Galicia se dedica a la preparación de los futuros profesores, además de ayudar a los profesores actuales a estar al corriente[12] pedagógicamente. ■

*En una escuela de Badajoz, Extremadura, España*

[1]*tools*   [2]*meet*   [3]*thrives*   [4]*overcome*   [5]*learning*   [6]*bloc… notepad*   [7]*resources*   [8]*develop*
[9]*will be*   [10]*working*   [11]*collecting*   [12]*al… up to date*

# Lectura II

## ▪▪▪ EL AMBIENTE URBANO: PROBLEMAS Y SOLUCIONES

NOTA   La **Lectura II** de este capítulo consta de dos partes: la primera parte, que toda la clase va a leer, y la segunda parte, que contiene dos textos (A y B). Su profesor(a) le asignará a cada uno de Uds. uno de esos dos textos, que leerán cuando lleguen a ese punto del capítulo.

# Aproximaciones al texto (Parte 1)
## Discriminating between facts and opinions (Part 2)

We often think of facts as "objective" and opinions as "subjective." Facts involve real data—numbers, figures—whereas opinions are, well, opinions. This is certainly true, but remember that numbers, no less than personal perspectives, can sometimes be manipulated: in that case, information that looks factual may be neither objective nor accurate. As a reader you need to be critical of what information is presented, as well as what information may have been left out. What is the source of the information? And perhaps even more important, what is the purpose of the text: to inform you or to convince you?

**A**  Las siguientes afirmaciones provienen de un artículo sobre las ciudades más grandes del mundo. Indique si Ud. cree que se presenta la información como un hecho (**H**) o como una opinión (**O**). ¿Qué le da esa impresión en cada caso?

1. _____ En 1960 la Ciudad de México tenía 5,2 millones de habitantes; cuarenta años más tarde su población se había multiplicado por cuatro (21,7 millones); para el año 2010, podría haber (*there could be*) más de 30,0 millones de habitantes.

2. _____ Se sabe que las enormes ciudades se caracterizan por una montaña de problemas como la polución y la delincuencia; nadie puede vivir en estas tristes megalópolis.

3. _____ Es difícil hacer comparaciones entre las grandes ciudades ya que los censos no se han hecho todos al mismo tiempo; además los límites de las grandes ciudades son un poco vagos: ¿dónde termina la ciudad y dónde empieza el campo?

4. _____ Aunque por el mundo entero el índice de natalidad sigue bajando, el número de habitantes del planeta sigue creciendo.

5. _____ Los países en vías de desarrollo no deben mirar hacia los países desarrollados para la solución de sus problemas.

**B**  ¡NECESITO COMPAÑERO!  El título del texto de la primera parte es «Megaciudades: Las jaurías urbanas». Basándose en ese título y en las palabras del **Vocabulario útil** que acompaña el texto, trabajen en parejas para definir lo que creen que es una «megaciudad». ¿Qué ciudades del mundo podrían (*could*) ser clasificadas como megaciudades? Nombren por lo menos una ciudad de cada continente. Después, identifiquen las posibles causas del inmenso desarrollo de estas megalópolis. ¿Por qué existen? Organicen sus ideas en un mapa semántico como el siguiente.

| ejemplos | **LA MEGACIUDAD (definición)** | causas |

Luego, compartan sus conclusiones con el resto de la clase. ¿Hay mucha diferencia de opiniones?

**C**  ENTRE TODOS  ¿Cuáles son las ventajas y las desventajas de una ciudad muy grande? Por ejemplo, ¿ofrece más oportunidades culturales, de educarse, de divertirse, etcétera? ¿Hay más tráfico y contaminación del aire? Hagan una lluvia de ideas sobre el tema y agreguen los puntos a su mapa semántico.

**D** Lea rápidamente los subtítulos del texto «Megaciudades: Las jaurías urbanas». ¿Qué temas específicos cree Ud. que se van a tratar en ese texto? ¿Cree que se van a mostrar las megaciudades de manera positiva o negativa? Justifique su respuesta.

**E** PAPEL Y LÁPIZ  Vuelva a examinar su mapa semántico sobre el tema de la megaciudad. De todas las ideas, ¿cuál(es) le interesa(n) más? ¿Por qué? ¿Hay alguna(s) que le preocupe(n)? ¿Por qué? ¿Qué implicaciones para el futuro tienen las megaciudades? Explore esto en su cuaderno de apuntes.

# Megaciudades: Las jaurías urbanas

**Por Félix Ortega**

| Vocabulario útil | | |
|---|---|---|
| **la jauría** (*fig.*) pack; crowd<br>**la aglomeración** agglomeration, mass<br>**el extrarradio** (*s.*) outskirts<br>**sobrepasar** to surpass<br>**los moradores** inhabitants<br>**el hacinamiento** overcrowding | **el paracaidista** squatter (*lit.,* parachutist)<br>**el tugurio** hovel, shack<br>**paupérrimo/a** extremely poor<br>**bombear** to pump out (*liquids*)<br>**los desperdicios** garbage<br>**gobernar (ie)** to govern | **los impuestos** taxes<br>**amortizar** to amortize, pay off (*a loan*)<br>**una pescadilla que se muerde la cola** vicious circle |

LA EXPLOSIÓN DEMOGRÁFICA y la incontrolable inmigración hacia los núcleos urbanos han convertido a muchas ciudades en una aterradora aglomeración de personas. Son las llamadas grandes ciudades, megalópolis, superciudades o megaciudades.

A principios del siglo anterior, sólo una docena de villas en todo el mundo sobrepasaba el millón de habitantes. Hoy, sin embargo, existen 34 superurbes con más de 5 millones de habitantes, y 21 con más de diez. De estas últimas, 18 se encuentran en el Tercer Mundo. Pero esto no es nada. Según Naciones Unidas para el año 2025 habrá (→) 93 localidades con más de 5 millones de moradores, de las que el 86 por ciento estará (→) ubicado en países subdesarrollados. En éstos, la demografía urbana asciende a algo más de mil millones de almas, cifra que se cuadruplicará (→) para el 2025.

La mitad de la población mundial de entonces será (→) no sólo desesperadamente pobre, sino que también vivirá (→) en gigantescas aglomeraciones. Contando (ᒐᒐ) ciudades menores, el siglo XXI verá (→) un dominio total de la sociedad urbana sobre la rural. Pero si las megalópolis actuales, como Nueva York, Tokio, Shanghai y Ciudad de México son sinónimo de problemas sociales, económicos, políticos y ambientales, ¿cómo será (→) la futura convivencia en esos monstruos de asfalto? (...)

## Las máquinas de vapor sentenciaron el mundo rural

(...) Las primeras máquinas de vapor sellan el fin del mundo rural. Se inicia el éxodo masivo del hombre hacia la ciudad industrial donde se concentran los centros de transporte, los mercados, el comercio y la investigación científica. Las nuevas técnicas agrícolas hacen posible que sólo un 3 por ciento de la población sea más que suficiente para alimentar al resto. Más tarde, el vapor deja paso a la electricidad. Con ella, los

*Pocos inventos han afectado la vida del hombre tan profundamente como el coche. En muchos lugares es ahora casi imposible vivir sin auto, pero al mismo tiempo es cada vez más difícil vivir* con *él. Esta cola serpentina puede encontrarse en cualquier gran ciudad del mundo. ¿Puede un invento ofrecer una solución en el futuro?*

tranvías empiezan a ampliar las localidades hacia unos suburbios que todavía son independientes de la urbe. Pero la aparición del automóvil de serie en la Primera Guerra Mundial —el primer conflicto mecánico— amplía todavía más los extrarradios y modifica su estructura social. El acceso de las clases medias al coche convierte la periferia en zonas llenas de viviendas unifamiliares.

Tras la Segunda Guerra Mundial, el disparo tecnológico causado por el conflicto y el tránsito de la industria de guerra a la industria de paz coloca al automóvil a niveles populares. En Estados Unidos, la construcción masiva de carreteras y autopistas, así como el acceso del ciudadano a una más o menos fácil financiación para la edificación de viviendas, crea una dispersión caótica de las grandes urbes. Desde la Europa arrasada por el enfrentamiento se mira con ojos de admiración lo que se llamaba *nivel de vida americano*. Pero tal fascinación pronto da paso a la sospecha de que las urbes supermodernas se van convirtiendo (∩∩) en monstruos, por lo que los europeos deciden controlar el crecimiento urbano. (...)

## La urbe es el último recurso para los más pobres

(...) Fenómenos como el racismo y la inseguridad ciudadana son sólo algunas de las muchas asignaturas pendientes de las megaurbes industriales. En ellas cabe destacar la carencia de cinturones verdes. La ciudad condiciona la ecología a su alrededor y la producción agraria, lo que provoca un efecto de vampirismo, no sólo sobre las pequeñas localidades sino sobre el presupuesto nacional. En los países industrializados, la contaminación atmosférica afecta al 50 por ciento de los ciudadanos y ha hecho (←) de los alergólogos los nuevos príncipes de la medicina. La polución acústica no se queda atrás. El 15 por ciento de los habitantes de la OCDE europea, así como el 30 por ciento de los japoneses, sufren las nefastas consecuencias del infernal ruido urbano.

En las megalópolis tercermundistas, los problemas no son significativos para una migración del interior que busca un trabajo más fácil que el que le ofrece la atrasada agricultura rural, y las posibilidades de educación y sanidad, aun viviendo en condiciones de hacinamiento. Por eso, la ciudad de México, por ejemplo, recibe medio millón de emigrantes al año y, por eso, ocho de sus casi 20 millones de habitantes son menores de edad. El gigantismo ha concentrado (←) en la ciudad a la mayor parte de la burocracia estatal y al 30 por ciento de todos los empleos privados del país. En la capital mexicana se levantan más de 35.000 fábricas que, junto con el parque móvil, emiten 15.000 toneladas de gases tóxicos cada día. La tercera parte de los moradores, agrupada en familias de cinco

## LAS MÁS POBLADAS DEL PLANETA

| | 1992 | 2000 |
|---|---|---|
| Tokio | 25,8 | 28,0 |
| Sao Paulo, Brasil | 19,2 | 22,6 |
| Nueva York | 16,2 | 16,6 |
| Ciudad de México | 15,3 | 16,2 |
| Shanghai | 14,1 | 17,4 |
| Bombay | 13,3 | 18,1 |
| Los Ángeles | 11,9 | 13,2 |
| Buenos Aires | 11,8 | 12,8 |
| Seúl | 11,6 | 13,0 |
| Pekín | 11,4 | 14,4 |
| Río de Janeiro | 11,3 | 12,2 |
| Calcuta | 11,1 | 12,7 |
| Yakarta, Indonesia | 10,0 | 13,4 |
| Tianjin, China | 9,8 | 12,5 |
| Manila | 9,6 | 12,6 |
| El Cairo | 9,0 | 10,8 |
| Nueva Delhi | 8,8 | 11,7 |
| Lagos, Nigeria | 8,7 | 13,5 |
| Karachi, Pakistán | 8,6 | 11,9 |
| Bangkok, Tailandia | 7,6 | 9,9 |
| Dacca, Bangla Desh | 7,4 | 11,5 |

Las cifras corresponden a millones de habitantes.

**METROPOLIS MILLONARIAS.** *A principios del siglo anterior sólo una docena de ciudades sobrepasaba el millón de habitantes. Hoy, la cifra asciende a 226. En el recuadro de arriba aparecen reflejadas de menor a mayor las poblaciones más habitadas, en 1992 y el año 2000.*

miembros, vive en casas de una sola habitación, generalmente construidas de forma irregular en terreno municipal por los llamados *paracaidistas*. Estos levantan el tugurio nada más llegar del campo y en una sola noche, aprovechando una laguna legal que dice que esa vivienda no podrá ser destruida una vez terminada su construcción.

La capital es una curiosa mezcolanza de zonas que incluso superan en calidad de vida a la de los países más desarrollados, y de áreas paupérrimas con calles sin nombre, embarradas, llenas de animales domésticos y habitadas por gentes subempleadas que, aun así, ganan diez veces más que trabajando (◠◠) en el campo. Ricos y pobres comparten un vasto casco urbano que se hunde físicamente varios centímetros al año en un suelo compuesto por cinco partes de agua por cada una de tierra, y que tiene que bombear fuera la que procede de la lluvia. Esto tiene su gracia, porque el abastecimiento de agua es uno de los problemas de la ciudad. (...)

Las superpoblaciones del Primer Mundo están mostrando (◠◠) a las del Tercero lo que les espera. No es cuestión de falta de sitio para los desperdicios, como ocurre en Tokio, sino algo en teoría mucho más simple: su gobernabilidad. Al prosperar, se convierten en varias ciudades juntas que cruzan límites y fronteras, haciendo cada vez más compleja la gestión de sus servicios. Ya no se sabe muy bien quién debe dar y pagar las distintas prestaciones.

Nueva York es un claro ejemplo. Su área metropolitana abarca nueve condados del estado de Nueva Jersey, doce del de Nueva York y uno de Connecticut. De ellos, cinco componen el casco urbano de la ciudad. La zona metropolitana incorpora en total unas 1.500 unidades políticas distintas con poderes recaudadores y presupuestarios que van desde alcaldes hasta colegios, bomberos, servicios de abastecimiento de agua, entes públicos portuarios... Los niños van a una escuela, pero sus padres pagan impuestos a otra. Y ninguna de esas subciudades es lo suficientemente rica como para resolver por sí misma sus problemas. (...)

Por su propia definición, la gran ciudad está condenada a seguir creciendo (◠◠). Es cierto que mucha gente opta por irse a vivir a la periferia. Sin embargo, esto no es solución, ya que tienen que acudir al núcleo urbano para trabajar, y por lo tanto necesitan de sus servicios. Además, al residir en los alrededores, allí también deben contar con la infraestructura necesaria. Mientras tanto, como dice Wolf von Eckhardt en su obra *El reto de la megalópolis,* el gobierno de la ciudad «intenta atraer a gentes e industrias para que se establezcan allí —en el extrarradio— y poder obtener más ingresos fiscales a través de ellos, pero el gobierno debe primero encontrar dinero para crear unas infraestructuras con las que poder atraerlos, con la esperanza de que el coste de las infraestructuras se amortizará (→) mucho más tarde con los impuestos de los recién llegados». Una pescadilla que se muerde la cola. (...)

### En el Tercer Mundo no funcionan las megaciudades

(...) La urbanización de las gigantescas capitales del Tercer Mundo va mal. La experiencia señala que la megaciudad sólo tiene éxito cuando existe un plan económico y otro de urbanización territorial simultáneos. Hasta el día de hoy sólo en Japón, Francia, en la antigua URSS y en algunos otros puntos escasos del mapa europeo, se ha dado (←) esa duplicidad en la planificación.

No cabe duda de que un desarrollo incontrolado de esas metrópolis estaría todos los días a punto de estallar. Porque si la caída del muro de Berlín no ha solucionado (←) nada, el urbanista Wilfred Owen advierte que «las megaciudades pueden convertirse en el escenario mundial de la revolución de los miserables contra los ricos».

Si, como afirman algunos expertos, la tecnología en cierta medida inició el fenómeno de la megaciudad, quizás la tecnología represente una salida. «La electrónica creará (→) más zonas rurales», asegura Eberhard. En Norteamérica, la informática, el fax y los servicios de mensajería están cambiando (ꓵ) el paisaje y permitiendo (ꓵ) a la gente vivir donde quiera, en medios rurales o ciudades pequeñas... Jack Lessinger, de la Universidad de Washington, asegura que en el año 2010 la mitad de la clase media norteamericana vivirá (→) fuera de las grandes ciudades.

*Muy Interesante,* Madrid

### ■■■ COMPRENSIÓN

**A**  Vuelva a mirar el mapa semántico sobre la megaciudad que Ud. creó para las **Actividades B** y **C** de la página 92. ¿Acertó en alguna(s) de sus conjeturas? ¿En cuál(es) acertó? ¿Y en cuál(es) no acertó? ¿Se plantearon en el texto de la primera parte algunos problemas que Ud. no había considerado? ¿Anticipó Ud. alguno(s) que no fue(ron) tratado(s) en ese texto? Explique.

**B**  Use una de estas palabras o frases para comentar las siguientes afirmaciones, según la información del texto de la primera parte. ¡Cuidado con el uso del subjuntivo!

Dudo...              (No) Creo...              (No) Es cierto...

1. En el futuro (es decir, para el año 2025), va a haber menos megaciudades que hoy.

2. La mayoría de las megaciudades se encuentra en los países industrializados.

3. La tecnología —las máquinas de vapor, las nuevas técnicas agrícolas, el coche— causa el éxodo de los habitantes del campo hacia la ciudad.

4. La tecnología —el fax, los servicios de mensajería, la informática— ofrece una alternativa a la vida en la gran urbe.

**5.** En el futuro, las megaciudades pueden llevar a una revolución de los pobres contra los ricos.

**6.** Muchas personas viven en las megaciudades porque les gustan.

**7.** Es más fácil gobernar en una megaciudad que en una ciudad más pequeña.

**C** Cambie la información de cada afirmación falsa o dudosa de la actividad anterior para hacerla verdadera. Luego, comente cada afirmación, usando **Es bueno/problemático que... porque...**

# INTERPRETACIÓN

**A** **¡NECESITO COMPAÑERO!** Trabajando en parejas, escriban una lista de los avances tecnológicos que, según el texto de la primera parte, han influido en el desarrollo de las megaciudades. ¿Pueden añadir algún otro adelanto tecnológico que no aparezca en el texto pero que en su opinión también haya influido en el desarrollo de las superurbes? Compartan su lista y sus ideas con las demás parejas para ver en qué se parecen y en qué hay diferencia de opiniones.

**B** Según el texto, ¿por qué es posible que la tecnología ofrezca algún día una alternativa a la vida en una megaciudad? ¿Está Ud. de acuerdo con este análisis? ¿Por qué sí o por qué no? ¿Puede crear otros problemas esta tecnología?

**C** **¡NECESITO COMPAÑERO!** Trabajando en parejas, vuelvan al texto para buscar la expresión «una pescadilla que se muerde la cola». ¿A qué circunstancia(s) se refiere? Resuman el problema brevemente, usando sus propias palabras. ¿Qué otros problemas (actuales o futuros) de la vida urbana se pueden describir como «una pescadilla que se muerde la cola»? Compartan su análisis con los demás compañeros de clase. ¿Cuántos ejemplos diferentes pudieron identificar?

**D** **¡NECESITO COMPAÑERO!** Trabajando en parejas, vuelvan a mirar rápidamente el texto e identifiquen una afirmación que les parece un hecho y otra que les parece una opinión. Presenten sus afirmaciones a los demás compañeros de clase. ¿Están ellos de acuerdo con su análisis?

**E** **PAPEL Y LÁPIZ** Vuelva a mirar sus apuntes de la actividad **Papel y lápiz** de la página 93. ¿Tiene otras impresiones o preocupaciones ahora? En su opinión, ¿cuál será (*might be*) el futuro de estas grandes urbes? Explore esto en su cuaderno de apuntes.

■ ¿Qué nuevos problemas puede suscitar (*provoke*) el crecimiento incontrolado de las ciudades?

■ ¿Qué avances de la ciencia podrán (*might be able*) solucionar o agravar algunos de esos problemas?

■ ¿Quiénes vivirán (*will live*) en esas grandes ciudades? ¿Cómo será (*will be*) la vida en ellas? ¿Cómo será la convivencia?

# Aproximaciones al texto (Parte 2)

*Graves problemas económicos, políticos y sociales —como el paro (unemployment) y el racismo— son el denominador común de las grandes urbes, que debido a la fuerte inmigración crecen sin control. La situación es peor en el Tercer Mundo, aunque también se encuentran soluciones brillantes.*

—Félix Ortega

 **¡NECESITO COMPAÑERO!** Imagínense que Uds. tienen que hacer un trabajo por escrito sobre los problemas que surgen en las megaciudades y las soluciones a ellos. El texto que acaban de leer incluía información sobre los problemas; ahora buscarán información sobre las posibles soluciones para ellos. Antes de leer los textos de la segunda parte, resuman lo que ya saben acerca de los problemas de las grandes ciudades, identificándolas en la siguiente tabla.

| Problemas de las megaciudades | |
|---|---|
| | |
| | |
| | |

¿Qué soluciones puede haber? Su profesor(a) le asignará a una persona de cada pareja el texto A y a la otra el texto B (a continuación). Mientras los lean, busquen la respuesta a la pregunta anterior. Para obtener la información que necesitan, lean por sí solos sus respectivos textos. Luego, júntense para completar la **Actividad A** de la página 101. Ahora, ¡a leer!

## A: Tokio, Nueva York, Curitiba

**Por Félix Ortega**

| Vocabulario útil | | |
|---|---|---|
| **osar** to dare<br>**nipón, nipona** *of or related to Japan*<br>**la estrechez** narrowness<br>**el rompecabezas** riddle, puzzle<br>**apelotonarse** to pile up | **las aguas residuales** waste water<br>**el desagravio** compensation<br>**el declive** decline<br>**desconchado/a** chipped, flaking<br>**derruido/a** torn down, razed; ruined<br>**el solar** lot, plot of land | **los escombros** rubbish, debris<br>**el ocaso** (*fig.*) sunset, decline<br>**vaticinar** to prophesy, predict<br>**malgastar** to waste<br>**a cambio de** in exchange for<br>**sobrante** left over |

### Tokio

1 **DURANTE EL PERÍODO IMPERIAL,** los arquitectos de Tokio construyeron (←) callejones sin salida y curvas inesperadas para desorientar al invasor que osara tomar la ciudad. Aquella estratagema desconcertadora confunde hoy a los taxistas que se mueven por las diminutas y tortuosas calles de esta vasta tecnópolis nipona. 5

La capital de Japón es el claro exponente del triunfo de la tecnología y del progreso urbanístico, en el sentido de que todo funciona a la perfección, como las piezas de un reloj. De los 30 millones de personas que habitan la megalópolis, unos 24 utilizan a diario sus puntuales medios de transporte, donde pierden de dos a tres horas.

La estrechez espacial hace de la capital nipona un colosal rompecabezas. Bloques de edificios monótonos y sucios —Tokio es una de las ciudades más contaminadas de la Tierra— se apelotonan junto a los *scalextrics* superpuestos sobre kilométricas autovías y a laberintos de raíles de tren que se ramifican en todos los sentidos. Los espacios abiertos, como parques, jardines y paseos marítimos son un lujo *inútil* que los tokiotas no pueden permitirse. Allí, lo bello y lo práctico sostienen una lucha sin parangón.

Otro de los grandes inconvenientes de esta metrópolis son las 20.000 toneladas de basura que se generan cada día. Los técnicos de la ciudad han apostado (←) por el reciclaje. Así, la puesta en marcha de un programa, llamado *Sistema de Calor Urbano,* permite extraer calor de las aguas residuales y utilizar esta energía para regular la temperatura de numerosos edificios.

## Nueva York

Con casi 9 millones de habitantes —6,1 millones de blancos (de los que 1,6 son hispanos), 1,9 de negros, 250.000 asiáticos y unos 800.000 entre turcos, iraníes y gentes de otras partes del mundo— Nueva York es la capital de los contrastes, donde se concentra la mayor densidad tanto de *yuppies* como de vagabundos.

Según los urbanistas, cada metrópolis del Primer Mundo es una ciudad tercermundista. En el caso de Nueva York, esto sería un desagravio para las poblaciones del Tercer Mundo. En cualquier capital de un país subdesarrollado se contabilizan menos crímenes y actos delictivos que en la *Gran Manzana.* El verano pasado, una casa del barrio de clase media de Brooklyn fue asaltada (←) en cinco ocasiones distintas sin que la policía pudiera hacer nada por atrapar a los autores.

Un paso por el sur del Bronx ofrece al visitante la imagen del declive urbano: fachadas de edificios desconchadas, ventanas rotas, viviendas abandonadas y semiderruidas, solares llenos de escombros donde los traficantes [de drogas] pasan su mercancía libremente… Sin embargo, la ciudad se resiste a su ocaso, como algunos vaticinan. Con sus 2 millones de pobres, los neoyorquinos tienen una renta *per capita* próxima a los 20.000 dólares. Pueden estudiar en 94 universidades, 1.050 escuelas públicas y 941 privadas; investigar en 5 grandes centros médicos, escuchar 117 emisoras de radio, ver 36 canales de televisión, coger uno de los 30.000 taxis —entre legales y sin licencia— y pedir ayuda a uno de los 27.750 policías.

## Curitiba, Brasil

Ubicada en una meseta próxima al Atlántico, en el estado brasileño de Paraná, y con una población que alcanza los 2,2 millones de habitantes, Curitiba es un ejemplo modélico de ciudad, y no sólo para las urbes del Tercer Mundo sino también para las de los países más ricos.

Mientras que las autoridades de la mayoría de las grandes metrópolis malgastan el tiempo en cuidar su imagen y justificar su impotencia para resolver problemas como la droga, la delincuencia y el deterioro urbanístico, las gentes de Curitiba se han armado (←) de imaginación para con poco dinero construir parques y casas para los pobres, procesar las basuras, mejorar los transportes públicos y mantener limpio todo el casco urbano.

Allí, el reciclaje es una práctica habitual. Por ejemplo, muchos de los jardines de la ciudad están iluminados con farolas hechas con botellas de Fanta y Coca Cola, y parte de las oficinas del Departamento del Medio Ambiente han sido (←) fabricadas con los viejos postes telefónicos. Para evitar que los desperdicios se acumulen en las calles de barrios periféricos y comunidades de granjeros que caen fuera de las rutas de los camiones de recogida, los residentes acuden con su bolsa de basura a puntos establecidos donde reciben a cambio un paquete con alimentos, generalmente frutas y verduras, sobrantes del mercado de la ciudad.

*Muy Interesante,* Madrid

# B: La edad del silicio

**Por Carlos Álvarez**

| Vocabulario útil | | |
|---|---|---|
| **el silicio** silicon | **tupido/a** thick, dense | **marcar la pauta** to set the |
| **el atasco** traffic jam | **la telaraña** web | pace, take the lead |
| **el/la teletrabajador(a)** | **la red** network | **el/la empresario/a** businessman / |
| telecommuter | **el rincón** corner | businesswoman |
| **el ordenador** computer | **el sello** stamp | **la impresora** printer |
| (*Spain*) | **la empresa** business | **imparable** unstoppable |
| **el/la cartero/a** postal carrier | **la rueda** wheel | |

**SALTA, ENFADADO EL DESPERTADOR.** Son las siete y cuarto de una mañana lluviosa: hora de levantarse. Para todos en la familia, excepto para Pablo, el padre. Él no tiene prisa. No le hace falta precipitarse al atasco para llegar con el tiempo justo a la oficina: su despacho está en casa; es un teletrabajador, el último desarrollo humano —por el momento— de la revolución informática provocada por los ordenadores domésticos.

Mujer e hija adolescente han salido (←) ya hace rato hacia el trabajo y el colegio, respectivamente, cuando Pablo emprende su primera tarea casera, encender dos electrodomésticos fundamentales, al menos para él: la tostadora de pan y el PC. Uno, para reponer energías; el otro, para conectarse con el resto del mundo.

Para empezar, revisa el correo; el electrónico, por supuesto. Porque no lo ha traído (←) un cartero; lo recibe por Internet, esa tupida telaraña (autopista de la información para los íntimos) que envuelve el planeta en sus redes. A través de ella, una *carta* desde el rincón más alejado de la tierra le puede alcanzar si las conexiones están en un momento favorable, en sólo unos segundos, y seguramente por un coste inferior al de un sello internacional: el de una llamada de teléfono local. Después, por el mismo medio, inicia un breve diálogo —escrito— con su oficina para ponerse al día y revisar algunos gráficos que necesita para el diseño que está elaborando. (...)

Pablo es arquitecto y tiene un acuerdo con su empresa para llevarse el trabajo a casa. Se ha convertido (←) en uno de los 30.000 pioneros que, según estimaciones optimistas, viajan este año en España hasta su lugar de trabajo no sobre ruedas sino a través del ciberespacio. Y para el emblemático 2000, en toda Europa se pueden alcanzar los 12 millones de teleempleados. La pauta la marca Estados Unidos, país con auténtica tradición en estas labores del hogar tan particulares, donde millones de personas, en todos los niveles productivos, han trasladado (←) a un rincón del hogar su rincón en la empresa. Sustituyen el coche por el módem y ahorran a la sociedad, y al empresario, energía, tiempo y espacio. Sin ir tan lejos, *El País* publicaba (←) que si un 5 por ciento de la población de Madrid trabajase desde su domicilio, se economizaría casi 5.000 millones de pesetas de horas perdidas en el traslado y otros 600 millones en energía, además de evitarle a la atmósfera la carga contaminante de 800 toneladas de gases, y sin contar el estrés y el mal humor provocados por los inevitables atascos de tráfico.

Además del módem, Pablo utiliza un buen PC, un teléfono de tecnología digital, una impresora, un escáner para introducir gráficos y planos y, por si su interlocutor no se ha modernizado (←) tanto como él, un fax. Sólo echa de menos el contacto visual con sus compañeros. Pero es optimista y espera resolverlo muy pronto, en cuanto pueda instalar una terminal de videoconferencia, que están al caer. (...)

¿Aterrador? ¿Fascinante? En todo caso, la revolución digital parece imparable. Entramos de cabeza en la era del silicio.

*El País,* Madrid

# COMPRENSIÓN

**A** ¡NECESITO COMPAÑERO! Trabajando con la misma persona con quien hicieron la actividad de **Aproximaciones al texto** (página 97–98), háganse y contesten preguntas sobre sus respectivos textos para completar la siguiente tabla con información sobre las cuatro ciudades tratadas en ellos.

| Ciudad | Problemas | Solución |
|--------|-----------|----------|
| Curitiba | | |
| | violencia<br>pobreza | |
| Madrid | | |
| | estrechez espacial<br>basura | |

**B** ENTRE TODOS Compartan la información que obtuvieron de los textos de la segunda parte para recopilarla en una sola tabla. ¿Encontraron información sobre algunos problemas nuevos? ¿Cuáles son estos problemas? De todos los problemas tratados, ¿cuál les parece más grave? ¿Cuál de las soluciones ofrecidas les parece más interesante? ¿más original? ¿Cuál sería (*would be*) la más fácil de implementar en otras (mega)ciudades? ¿Y cuál sería la más difícil de implementar? Expliquen.

# INTERPRETACIÓN

¡NECESITO COMPAÑERO! Trabajando ahora con una persona diferente, comparen las listas que ambos hicieron para la actividad de la página 97–98 y también para la **Actividad A** de **Comprensión.** Pongan los problemas que se relacionan con todas las megaciudades del mundo en orden de mayor a menor importancia (1 = el más importante, 4 = el menos importante). Luego, identifiquen las posibles soluciones para cada problema y pónganlas en orden, según ofrezcan esperanza para el futuro. Compartan sus conclusiones con el resto de la clase. De todos los problemas de las megaciudades, ¿cuál es el más grave en todo el mundo? ¿Qué solución parece tener más posibilidades de funcionar en el futuro? ¿Por qué?

# APLICACIÓN

**A** Los siguientes datos demográficos fueron tomados del diario español *El País.*

- El norteamericano medio utiliza su coche 1.500 horas anuales para recorrer 10.000 kilómetros, una hora por cada 6,7 kilómetros.

- La posibilidad de ser asesinado en Los Ángeles es diez veces superior que en París.

- La mortalidad infantil es de 60 por cada mil habitantes en Bogotá, El Cairo, Sao Paulo y Río de Janeiro.

- En México, D.F., Sao Paulo, Manila, Delhi y El Cairo el 40 por ciento de la población tiene menos de 20 años. En Madrid o Londres hay más habitantes de 65 años que menores de 15.

- La previsión para América Latina es que en el año 2020 más de 300 millones de niños vivan en sus ciudades. Una tercera parte lo hará (*will do so*) en condiciones de extrema pobreza.

¿Cuál de estos datos le parece más impresionante? ¿más perturbador? ¿Por qué?

**B** Para muchas personas la tecnología es una de las maravillas de la edad moderna, mientras que otras piensan que puede traer consigo su propio tipo de problemas. ¿Hay problemas en el mundo moderno —no sólo ecológicos sino sicológicos, económicos, sociológicos, etcétera— que en su opinión sean el resultado parcial o total de la tecnología? ¿Cuáles son? ¿Cómo se pueden resolver? ¿Hay soluciones que *no* dependan de un aumento del uso de la tecnología? Explique sus respuestas.

**C** ¿Conoce Ud. a alguien que sea teletrabajador(a)? ¿En qué trabaja esa persona? Después de graduarse, ¿le gustaría a Ud. hacer su trabajo en casa o preferiría (*would you prefer*) viajar al trabajo, como lo hace la mayoría ahora? ¿Por qué?

**D** ENTRE TODOS  Cada uno de los siguientes asuntos es problemático para Hispanoamérica. ¿Cuáles de ellos son problemáticos también en la ciudad donde Ud. vive? ¿Cómo podrían (*could*) resolverse estos problemas? En su opinión, ¿se podrían aplicar esas soluciones —intactas o modificadas— a Hispanoamérica? ¿Por qué sí o por qué no?

- el tráfico
- la destrucción de las selvas tropicales
- el crecimiento demográfico
- la despoblación rural
- la explotación de los recursos naturales
- la discriminación racial
- el analfabetismo

¿Hay otros asuntos que Ud. añadiría (*would add*) a la lista? ¿Cuáles son?

**E** Piense en las soluciones que algunos países han implementado para mitigar el problema de la explosión demográfica: por ejemplo, el límite de un hijo por familia en China o la esterilización compensada en dinero en la India. ¿Considera Ud. que el gobierno tiene derecho a intervenir de modo tan directo en la vida privada de los ciudadanos? ¿Qué aspectos positivos y negativos ve en estos dos intentos de solucionar el problema de la sobrepoblación?

**F** PAPEL Y LÁPIZ  ¿Afectan los problemas de una región del mundo, o de una sola ciudad, a los habitantes del resto del mundo, dondequiera que vivan? Explore esto en su cuaderno de apuntes. Repase sus apuntes de las actividades **Papel y lápiz** anteriores y sus apuntes de clase. Luego, complete la siguiente oración según su opinión. Justifique su respuesta.

Lo que ocurre en Hispanoamérica (afecta / no afecta) (el país / la ciudad) donde yo vivo porque _____.

**G  PRO Y CONTRA**  Divídanse en dos grupos. Un grupo va a preparar una lista de razones para probar que la siguiente afirmación es cierta mientras que el otro va a preparar una lista de razones que la contradigan. Después, los estudiantes de cada grupo deben presentar todas las razones de su lista, alternativamente, para que el grupo opuesto las refute. Al final del debate, gana el grupo que haya presentado el mayor número de razones que el otro grupo no pudo refutar.

El vertiginoso crecimiento de la población del mundo presenta un problema grave para el futuro del planeta Tierra.

Usen las siguientes expresiones para empezar sus razones cuando puedan.

Es verdad que… pero no se puede disputar que…
Es necesario/bueno/importante/peligroso que…
Por una parte / un lado… pero por otra/otro…
No hay duda que… sin embargo, debemos reconocer que…
Hay que recordar que…
Es mejor/peor que…

## CAPÍTULO 6

# El hombre y la mujer en el mundo actual

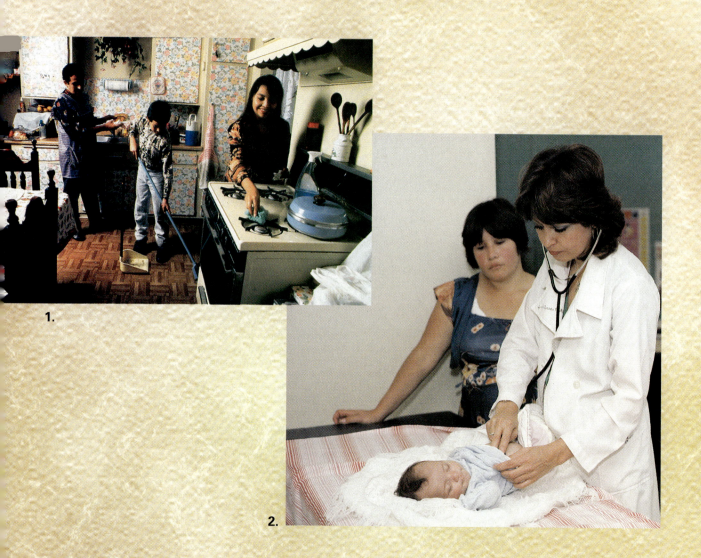

1.

2.

1. San José, Costa Rica
2. Ciudad de México

# Exploraciones

En las últimas décadas, la imagen que se tiene de la mujer, al igual que la que se tiene del hombre, ha cambiado mucho. ¿Qué características o cualidades tiene ahora la mujer? ¿Cuáles debe tener? ¿Cuáles son sus responsabilidades? ¿Y qué oportunidades tiene? En todo caso, ¿cuáles debe tener? Las respuestas a estas preguntas variarán según el país y, dentro de un mismo país, según el sexo, la edad y la clase socioeconómica de la persona a quien se le haga la pregunta. ■■■

**A** TRABAJAR CON LAS IMÁGENES  Mire las fotos de la página anterior para contestar las siguientes preguntas.

■ ¿Quiénes son las personas que se ven? ¿Qué relación hay entre ellas, probablemente?
■ ¿Dónde están? ¿Qué hacen?
■ ¿Falta alguien en las fotos? Explique.
■ ¿Son escenas de este tipo comunes y corrientes en el país o la región donde Ud. vive o no ocurren con mucha frecuencia? ¿Cómo cree que es la situación en el mundo de habla española?

**B** ANÁLISIS CRÍTICO  Trabajando en parejas del mismo sexo, analicen las fotos para identificar lo siguiente:

■ los aspectos «modernos» de las escenas
■ los aspectos «tradicionales» de las escenas
■ los aspectos positivos
■ los aspectos negativos

Después, compartan su análisis con las demás parejas. ¿Han llegado los grupos de mujeres a las mismas conclusiones que los grupos de hombres? En su opinión, ¿representan las escenas de las fotos una realidad actual o son más bien imágenes del pasado? ¿Qué otras escenas pondrían (*would you put*) allí para representar a la mujer en el mundo actual? ¿y para representar al hombre?

**C** ESPECULAR  En el **Capítulo 4,** Ud. aprendió algo sobre los cambios que han ocurrido en años recientes entre las familias hispanas, tanto urbanas como rurales. Dos de estos cambios, en particular —el divorcio y la planificación familiar— han tenido gran impacto en la estructura familiar y en la de la sociedad entera. Trabajando en parejas, comenten los siguientes temas.

■ En su opinión, ¿cuál ha sido la causa principal de estos cambios y otros parecidos? ¿Qué efectos específicos han tenido en la familia y la sociedad?
■ El mundo no para de cambiar. Si las cosas continúan así como en las últimas décadas, ¿qué otros cambios de este tipo prevén Uds. para el futuro?
■ ¿Cuáles serían (*would be*) los efectos de los cambios que Uds. han previsto (*foreseen*) en la vida familiar y la sociedad?

# ◾◾◾ LA MUJER EN EL MUNDO HISPANO: DE LA TRADICIÓN AL CAMBIO

## Aproximaciones al texto

### Recognizing text structure: Main and supporting ideas

You know from your practice with skimming and scanning that in most reading selections the first paragraph contains a great deal of information about the content of the selection. Also, there is often a sentence near the beginning of the paragraph that states the main idea of that paragraph. An awareness of these features of text structure makes skimming a selection possible: you know exactly where to look for a quick hint about the general content.

Many reading selections present the main idea in the first paragraph and develop that main idea with specific information in the rest of the selection. The specific information may be in the form of reasons, examples, or consequences.

**A** Examine el siguiente esquema (*outline*) incompleto de un artículo de la revista española *Padres Hoy*. Luego, lea rápidamente el artículo en la siguiente página y complete el esquema con la información apropiada.

---

**¿Somos sexistas?**

**I.** Introducción: Parece que las diferencias entre los hombres y las mujeres no proceden sólo de la biología.

**II.** Los hombres no lloran.
 Idea principal: _____.
 **A.** Ejemplo: La mayoría de las familias presionan a los hijos para que sigan el modelo tradicional (hombre-proveedor, mujer-madre).
 **B.** Ejemplo: _____.
 **C.** Ejemplo: _____.

**III.** _____.
 Idea principal: Las niñas son en realidad muy capaces, pero en la escuela, pierden la confianza y aprenden a dudar de sus habilidades.
 **A.** Ejemplo: _____.
 **B.** Ejemplo: Los libros de texto incluyen muchos modelos positivos para los chicos, pero no para las chicas.
 **C.** Ejemplo: _____.

**IV.** _____.
 Idea principal: _____.
 **A.** Ejemplo: _____.
 **B.** Ejemplo: _____.
 **C.** Ejemplo: _____.

---

**Entre nosotros, padres y madres, educadores y en la sociedad en general, existe una actitud que tiende a desvalorizar aquellas características, tareas y capacidades consideradas como típicamente femeninas. Estos mensajes discriminatorios hacen mella en las niñas y perjudican igualmente a los niños. Es importante que todos trabajemos para cambiar nuestra actitud en beneficio de nuestras hijas e hijos.**

# ¿Somos sexistas?

Solemos preguntarnos si es la biología o la cultura la que hace que niños y niñas, hombres y mujeres, seamos diferentes. Pues bien, hasta el momento, no se ha encontrado ninguna prueba definitiva que nos obligue a aceptar que los hombres y las mujeres deben comportarse de modo diferente porque son biológicamente distintos. Examinemos, pues, la cultura.

## Los hombres no lloran

**Queremos que nuestros hijos e hijas tengan las mismas oportunidades. Sin embargo, ¿actuamos de una forma consecuente? Todo indica que no.**

La mayoría de las familias presionamos a nuestros hijos, aun sin querer, para que mantengan el modelo tradicional de hombre-proveedor y mujer-madre.

Desde pequeños ya les marcamos las diferencias entre ambos sexos. Nos mostramos más preocupados por el futuro de los niños que de las niñas. Presionamos a los chicos para que elijan carreras importantes; en cambio, no relacionamos la decisión vocacional de nuestras hijas con la necesidad de alcanzar unos ingresos necesarios para mantener a su familia.

## Distintos desde la cuna

Se han realizado numerosos estudios y distintos experimentos que demuestran que los adultos no reaccionamos igual ante un niño o una niña.

Uno de ellos consiste en presentar el mismo bebé como niño o niña a diferentes grupos de personas, siendo las reacciones ante «Carlos o Carlota» totalmente distintas.

Carlota, presentada como Carlos, suscitará comentarios del tipo: robusto, travieso, fuerte... En cambio Carlos con un lazo rosa será calificado de encantadora, preciosa, dulce... Cualquiera que tenga un bebé puede salir a la calle y hacer la prueba.

Así, día a día, vamos creando a nuestro hijo/a según nuestras expectativas. A los niños les enseñamos a exigir atención, comportarse con independencia y ser activos; mientras que las niñas la única lección que pueden extraer es que esperamos que ellas permanezcan quietecitas, aguardando pasivamente y esperando antes de reaccionar.

Otros estudios demuestran que las madres dedican más tiempo a sostener en brazos y a tranquilizar a las niñas que a los niños, pese a que éstos lloran más y durante más tiempo que sus hermanas.

Desde que cumplen el primer año —algunos desde el primer día— les vestimos de forma distinta (no digamos si optamos por agujerear los lóbulos de las orejas a las niñas). También les estimulamos a interesarse por cosas distintas comprándoles juguetes diferentes. Y, en general, los chicos reciben más castigos que las chicas.

## La escuela, una fábrica de segundonas

**Aunque las niñas son más aplicadas y logran mayores calificaciones que sus compañeros, una discriminación latente desde la escuela acaba desanimándolas.**

Las niñas obtienen mejores resultados académicos que los niños. Sin embargo, al elegir una profesión, rechazan los estudios que les permitirían acceder a los mejores puestos de trabajo. Las raíces de esto están en su educación y en la escuela. Tanto la familia, como el sistema educativo y la sociedad entera, acaba por convencerlas de que su papel en la vida es el de las eternas segundonas.

En los libros de texto es donde de forma más clara se ha venido discriminando a las niñas. Mientras los niños y jóvenes pueden identificarse con sabios, guerreros, inventores o artistas, ellas no encuentran modelos.

También los profesores potencian las diferencias. Algunos estudios lo confirman: todos, tanto hombres como mujeres, dedican más atención a los niños varones, les hacen más preguntas, les dan más indicaciones, les critican y les riñen más y les valoran el trabajo en mayor medida que a las niñas.

## Guerreros y muñecas

**Está claro que en el campo de la juguetería existe una clara discriminación sexual y somos los padres los que debemos tomar la iniciativa para superar los convencionalismos.**

En la publicidad de juguetes se palpa de una manera más clara la división de papeles en función del sexo. La mayoría de los juguetes se presentan como «exclusivamente» para niñas o niños, sin considerarlos intercambiables.

Según un reciente estudio realizado por la Unión Cívica Nacional de Consumidores y Amas de Hogar de España, de 40 anuncios estudiados, el 46% se dirige a las niñas, el 32% a los niños y, únicamente, el 21% a ambos. Los anuncios para niños potencian los valores tradicionalmente asignados al hombre: fuerza, valor, agresividad y competitividad, y los destinados a las niñas, una actitud pasiva y maternal.

Los juguetes considerados como «masculinos» suelen ser más caros, complicados y activos porque se piensa que los niños tienen más necesidad de actividad y son más hábiles y capaces. Básicamente consisten en muñecos-monstruos guerreros (superhéroes), juegos de competición, vehículos, videojuegos o juegos para ordenador. Suelen ser abiertos a la imaginación y a la iniciativa. La aventura, el riesgo y la competitividad son los valores que presentan.

En cambio, los juguetes «femeninos» son pasivos y solitarios. Los hay de tres tipos: muñecas o bebés animalitos —para jugar a ser mamá—, muñecas-mujer con todo tipo de accesorios —para fomentar fantasías adultas de mujer relacionadas con la belleza, la sensualidad, la riqueza, etc.—, juguetes para jugar a ser mayor —ama de casa o para identificarse con un mundo pseudoprofesional—.

Los llamados «juguetes neutros» suelen regalarse más a niños que a niñas. Como consecuencia de esta discriminación es la niña la que resulta perjudicada. Los niños reciben más variedad y cantidad de juguetes que ellas, que frecuentemente reciben ropa, adornos y otros objetos inútiles para jugar.

**B** ¿Hay algunos puntos identificados en el artículo que también son representativos de la cultura norteamericana? ¿Cuáles son?

**C** Mire el título y los subtítulos de la **Lectura I.** ¿Cuál parece ser el tema central? ¿Qué información se va a presentar? Indique si Ud. cree que la lectura va a contener información sobre los temas de la siguiente lista (**MP** = muy posiblemente, **Q** = quizás, **D** = lo dudo mucho).

1. _____ las mujeres hispanas en el pasado
2. _____ la igualdad o desigualdad de las mujeres en el trabajo
3. _____ las mujeres que han recibido el Premio Nobel
4. _____ las mujeres y el adulterio
5. _____ el papel de las mujeres en la sociedad hispana
6. _____ las diferencias y semejanzas entre las mujeres en los países hispanos y las mujeres en este país
7. _____ el número de mujeres que juegan al fútbol

## ■■■ PALABRAS Y CONCEPTOS

**contar (ue) con**   to count on
**llevar a cabo**   to complete, carry out
**oponerse** (*like* **poner**) **a**   to oppose, be opposed to
**perjudicar**   to damage, harm

**la abnegación**   self-denial, self-sacrifice
**el acoso sexual**   sexual harassment
**el comportamiento**   behavior
**el descanso**   (period of) rest
**la (des)igualdad**   (in)equality
**la discriminación**   discrimination
**el embarazo**   pregnancy
**la empresa**   company, firm
**la fábrica**   factory
**la mano de obra**   workforce
**el marido**   husband
**el mito**   myth

**la mujer**   wife
**el/la obrero/a**   worker
**el parto**   (act of giving) birth
**la pauta**   pattern; model
**el puesto**   job, post
**el/la viudo/a**   widower/widow

**abnegado/a**   self-denying, self-sacrificing
**agresivo/a**   aggressive
**reducido/a**   lessened, reduced
**sumiso/a**   submissive

**a menudo**   frequently
**con todo**   still, nevertheless
**de hecho**   in fact
**sin embargo**   nevertheless

**A** ¿Qué palabra no pertenece al grupo? Explique por qué.

1. el embarazo, el parto, el mito, el marido
2. la fábrica, la mano de obra, la abnegación, la empresa
3. sumiso, agresivo, abnegado, humilde

**B** ¡NECESITO COMPAÑERO! Trabajando en parejas, completen el siguiente mapa conceptual con todas las palabras o frases que asocien con cada categoría. Traten de incluir tantas palabras como puedan de la lista de vocabulario. Luego, compartan su mapa con las otras parejas para recopilar los resultados en un mapa más completo. En general, ¿hicieron todos más o menos las mismas asociaciones o hay mucha diferencia de opiniones?

**C** ¡NECESITO COMPAÑERO! Trabajando en parejas, definan las siguientes palabras. Traten de incorporar ejemplos específicos en cada definición. Después, compartan sus definiciones con los demás miembros de la clase para que entre todos hagan una sola definición.

1. el acoso sexual      2. la viuda      3. la discriminación

**D** ¿Qué frase de la columna a la derecha completa lógicamente cada una de las frases de la columna a la izquierda?

1. Ha habido mucho progreso en el mundo hispano con respecto a la educación de las mujeres. Sin embargo,_____.

2. En muchos países hispanos el movimiento feminista ha conseguido la igualdad formal entre los dos sexos. De hecho, _____.

3. Las leyes prohíben la discriminación sexual en el trabajo. Con todo, _____.

4. La imagen tradicional de las mujeres hispanas es que son virginales y que no les interesa el sexo aunque _____.

5. Las mujeres siguen decidiéndose por las carreras estereotípicamente femeninas a pesar de que _____.

a. hay más niños ilegítimos que legítimos en Hispanoamérica

b. algunas mujeres se ven obligadas a elegir entre el desarrollo profesional y la maternidad

c. en España hay más mujeres que hombres en las universidades

d. tienen cada vez más educación y acceso a la preparación profesional

e. las mujeres hispanas tienen más derechos que las norteamericanas

f. las preferencias académicas de los dos sexos siguen pautas muy tradicionales

En su opinión, ¿cuáles de las afirmaciones anteriores son ciertas? Ud. puede encontrar la respuesta en la **Lectura I** de este capítulo.

**E** PAPEL Y LÁPIZ   Se ha hecho mención de las mujeres en el **Capítulo 4** («La familia») y también en el **Capítulo 5** («Geografía, demografía, tecnología»). ¿Qué información tiene Ud. ya respecto a la situación social y económica de las mujeres en el mundo hispano? Utilizando la técnica del mapa semántico, apunte algunas ideas al respecto en su cuaderno de apuntes.

NOTA   *Beginning in this chapter, symbols for verb tenses will no longer be used. New vocabulary, grammatical structures, and all other unreviewed verb forms will continue to be defined at the bottom of the page.*

## La mujer en el mundo hispano: De la tradición al cambio

En muchas partes del mundo, la división del trabajo entre los sexos todavía sigue pautas tradicionales. Estas españolas están en un lavadero público cerca de Ávila.

1   **COMO EN TODAS PARTES,** el papel de las mujeres en la sociedad hispana ha cambiado mucho en los últimos años. Actualmente hay una tendencia hacia una mayor igualdad entre los sexos y por lo general las mujeres intervienen mucho más que antes en la vida económica y política de su comunidad. Ni

5   que decir tiene[1] que la situación de las mujeres es diferente en cada país de acuerdo con su historia y su nivel socioeconómico.

Históricamente, la sociedad hispana consideraba a los dos sexos de manera distinta y a menudo contradictoria. Se exaltaba la figura del don Juan como prototipo masculino y, al mismo tiempo, se proponía a la Virgen María

10   como modelo de la conducta femenina. La mujer había de ser[2] pasiva, pura, virginal, sumisa, abnegada: en fin, todo lo contrario al hombre fuerte, independiente, dominante. Todavía hoy entre muchas mujeres la abnegación persiste como el valor femenino más admirado. Así cuando le preguntaron a la editora de una revista chilena de buen tono[3] si había alguna mujer chilena a

15   la que ella admiraba, la editora mencionó a una mujer pobre que venía a su casa a lavar la ropa. Esta mujer «modelo» tenía diez hijos, un esposo alcohólico y se pasaba la vida trabajando para sostener a la familia, sin quejarse.[4]

Aunque las mujeres de la clase alta admiran la abnegación, de hecho ellas están bastante más liberadas que sus hermanas de la clase baja. La

20   existencia de una gran mano de obra doméstica en los países hispanos libera a las mujeres de la clase alta de muchos quehaceres[5] hogareños.[6] Especialmente en las casas que tienen criadas que viven en la casa, siempre hay alguien en casa para vigilar a los niños y la madre puede salir a trabajar con

[1]Ni… *Needless to say*   [2]había… debía ser   [3]de… elegante   [4]*complaining*   [5]tareas
[6]de la casa

mucha más facilidad que una mujer norteamericana. Las mujeres de las
clases privilegiadas, al contar con tiempo libre y no tener necesidades económicas, han podido empezar a dedicarse a diversas actividades: obras de
caridad[7] y actividades artísticas e intelectuales. Incluso han llegado a intervenir en el mundo científico y político. Muchas mujeres norteamericanas han
comentado con sorpresa que, en los niveles más altos de la cultura hispana,
hay menos obstáculos para las mujeres que en la sociedad norteamericana.

Con todo, hay que reconocer que este nivel de libertad femenina sólo
se obtiene entre las clases sociales más altas, es decir, todavía afecta a una
pequeña minoría de la población total. La realidad para muchas mujeres de
las clases media y baja suele ser muy distinta.[°]

## La educación de las mujeres hispanas

En el campo de la educación, la situación de las mujeres hispanas ha mejorado mucho en los últimos años. Tradicionalmente los padres hispanos no
daban mucha importancia a la educación de sus hijas ya que éstas iban a
casarse y tener hijos y dedicarse a las labores domésticas. En consecuencia,
los índices de analfabetismo eran mucho más altos entre las mujeres.

Hoy los movimientos feministas y los cambios sociales y políticos han
conseguido la igualdad formal entre los dos sexos. Actualmente, tanto en
España como en Hispanoamérica, el número de niños y niñas en la escuela
primaria corresponde a su proporción dentro de la sociedad en general. De
hecho, en España el 58 por ciento de los licenciados[8] son mujeres. Sin
embargo, por muchos años las estudiantes universitarias han seguido pautas de comportamiento totalmente tradicionales: Han estudiado carreras universitarias relacionadas con las letras, sobre todo Derecho y Filosofía y
Letras.[†] Pero los tiempos están cambiando y la aparición de otras carreras
universitarias y especialidades nuevas han hecho que las mujeres opten por
otras profesiones según sus preferencias y según un mercado de trabajo
cada vez más diverso. Ahora aun los campos tradicionales ofrecen nuevas
posibilidades. Por ejemplo, hasta 1967 las licenciadas en Derecho tenían
vetado[9] el acceso a oposiciones[10] de juez o a fiscal.[11] Casi 40 años después
la situación es muy distinta: En las últimas oposiciones a fiscales aprobaron
más mujeres que hombres, y las siete primeras plazas las ganaron ellas.

La participación de las mujeres en el mundo laboral ha subido mucho
en los últimos años en todos los países del mundo hispano (del 20 por ciento
en los años ochenta hasta el 40 por ciento en Hispanoamérica y más del
45,8 por ciento en España), aunque estas cifras siguen siendo bajas en

[7]*charity*   [8]*college graduates*   [9]prohibido   [10]*qualifying exams for
government-sponsored positions*   [11]*prosecutor*

---

[°]Tradicionalmente en la familia hispana de la clase media la madre o algún otro miembro
de la familia, como por ejemplo la abuela, cuidaba a los hijos pequeños. Ahora, impulsadas
por las necesidades económicas familiares o por otras razones, muchas madres trabajan
fuera de casa, y puesto que cada vez más los abuelos viven solos o van a residencias de
ancianos, resulta un problema encontrar quién atienda a los hijos. Las guarderías infantiles
y las chicas canguro (*babysitters*) son las opciones más frecuentes.

[†]Los estudios de Filosofía y Letras abarcan más o menos los de *Humanities* en una
universidad norteamericana.

*Algunas mujeres hispanas, como Mireya Moscoso de Arias (de Panamá), han llegado a ocupar altos cargos políticos en los gobiernos de sus países.*

60　comparación con las de otros países.° Además, entre las mujeres laboralmente activas todavía se encuentran en la mayoría las profesiones consideradas tradicionalmente femeninas (peluqueras, costureras,[12] enfermeras, dependientas, personal de limpieza, empleadas domésticas) que conducen a menor prestigio, menos éxito,[13] con peores salarios y menor demanda laboral.

65　En otras palabras, aunque hoy más mujeres trabajan que nunca, el número de mujeres que tienen un trabajo equiparable a su nivel de educación es todavía muy reducido.

### Las mujeres y el mundo laboral

Para comprender la participación limitada de las mujeres hispanas en el mundo laboral, hay que considerar varios factores. En primer lugar, la mujer

70　modelo de la cultura hispana ha sido ante todo[14] el ama de casa y la madre de varios hijos. Con la excepción de algunos grupos de las clases alta y media, generalmente pertenecientes[15] a núcleos urbanos, en España y en el resto del mundo hispano todavía se cree que las mujeres casadas y con familia sólo deben trabajar si hay una necesidad económica. Y aun en el caso

[12]*seamstresses*　[13]*success*　[14]ante… *first and foremost*　[15]*belonging*

---

°Por ejemplo, las mujeres representan el 51 por ciento de la fuerza laboral activa en Suecia, el 47 por ciento en Francia y el 57 por ciento en los Estados Unidos.

75 de necesidad económica, muchos hombres no quieren que su esposa trabaje. En un estudio hecho hace varios años en España, la gran mayoría de los hombres admitió que el trabajo asalariado era importante para las mujeres. Al mismo tiempo no aceptó que el trabajo pudiera tener para las mujeres la *misma* importancia que tenía para los hombres, considerando
80 negativo para la pareja que ambos trabajaran fuera de casa.

Si una mujer quiere trabajar y si su marido no se opone, todavía existe el problema de la desigualdad salarial. También hay una tendencia de muchas empresas a no emplear a mujeres. La legislación de los países hispanos siempre ha tratado de proteger a las mujeres, en particular a las que
85 trabajan. Ya en 1900 la ley en España establecía un descanso obligatorio y pagado a las obreras que daban a luz, y si ellas volvían al trabajo, su jefe tenía que permitirles una hora libre para amamantar a su nene, sin descontar esa hora de la jornada.[16] Actualmente en España la ley impone un descanso de dieciséis semanas por parto.° En Hispanoamérica los gobiernos de
90 varios países han impuesto leyes semejantes. En la Argentina actual, la ley prohíbe que las mujeres sean despedidas[17] a causa del embarazo y establece que pueden volver al trabajo en cualquier momento durante el primer año después del parto. Tienen un descanso de doce semanas, con por lo menos seis semanas después del parto y una hora libre para amamantar a su hijo
95 durante 240 días después de su nacimiento.

En comparación con las leyes de los Estados Unidos, que permiten hasta doce semanas de descanso por maternidad pero sin pago alguno, las de los países hispanos manifiestan un mayor interés y comprensión de los problemas que afrontan las madres que trabajan fuera de casa. Desgraciadamente, los
100 gobiernos hispanos imponen todas estas condiciones sin ayudar mucho financieramente a las empresas que las obedecen. En consecuencia, algunas empresas optan por la solución más lucrativa y procuran[18] no emplear a mujeres.

Las mujeres que tienen alguna educación y consiguen un trabajo a veces no reciben un sueldo justo y comparable al de los hombres aunque desem-
105 peñen[19] la misma profesión. En efecto, las mujeres han conseguido igualdad legal pero no real; tienen los derechos, pero no siempre las mismas oportunidades. Y las mujeres de las zonas rurales tienen aún mayor dificultad de encontrar un trabajo que les proporcione un sueldo adecuado para ganarse la vida. En consecuencia, muchas de ellas emigran a las ciudades,
110 donde se encuentran desorientadas y vulnerables a toda clase de explotación. La IV Conferencia Mundial sobre la Mujer celebrada hace algunos años en Pekín dedicó atención especial a los problemas del empleo de las mujeres. En todos los debates se llegó a la conclusión de que para suprimir las discriminaciones existentes no basta una igualación entre hombres y mujeres
115 en cuanto a los derechos, sino que también es necesario favorecer la igualdad de oportunidades mediante medidas de acción positiva a favor de las mujeres, para igualarlas con los hombres.

[16]*workday*  [17]*fired*  [18]tratan de  [19]ejerzan

°En España, en los casos en que el padre y la madre trabajen, ambos pueden acogerse (*have recourse*) a los derechos por maternidad: una hora de permiso para alimentar al niño menor de nueve meses, reducción de la jornada por guardia legal (*child care*) y excedencia (*leave*) de hasta un año sin perder el puesto de trabajo. Al padre, además, le corresponden dos días libres por el nacimiento de su hijo. Estos derechos también se pueden aplicar cuando el hijo es adoptado.

# ■■■ COMPRENSIÓN

**A** Vuelva a la **Actividad C** de la sección **Aproximaciones al texto,** en la página 109. ¿Cuáles de los temas se encontraron en la **Lectura I**? ¿Se sorprendió Ud. de algunos? Explique.

**B** Complete cada oración de la primera columna con la información apropiada de la segunda. Cambie los verbos entre paréntesis por la forma correcta del indicativo o del subjuntivo, según el contexto.

1. En la sociedad hispana tradicional se insiste en que _____.

2. La gran mano de obra doméstica permite que _____.

3. A los padres tradicionales no les importa que _____.

4. Muchos maridos hispanos se oponen a que _____.

5. Los hombres hispanos tradicionales prefieren que _____.

a. las mujeres (tener) pocos niños

b. las mujeres (ser) pasivas y abnegadas

c. las mujeres (quedarse) en casa y (cuidar) a los hijos

d. las mujeres de la clase alta (tener) más oportunidades profesionales

e. las mujeres (trabajar) fuera de casa

f. sus hijas (educarse)

**C** Seleccione la respuesta correcta, cambiando por la forma apropiada del subjuntivo los verbos que aparecen en infinitivo.

En algunos países hispanos, las leyes laborales _____.

a. (permiten/prohíben) que las compañías (despedir) a las mujeres a causa del embarazo

b. (permiten/prohíben) que las mujeres (amamantar) a sus hijos durante el día laboral

c. (permiten/prohíben) que las mujeres (tener) derecho a un descanso pagado después del parto

d. (permiten/prohíben) que las compañías (pagar) más a los hombres que a las mujeres por el mismo trabajo

**D** ¿Qué le sugieren las siguientes palabras? ¿Qué importancia tiene cada una dentro del contexto de la **Lectura I**?

1. don Juan / la Virgen María
2. la conducta tradicional
3. el analfabetismo
4. la empleada doméstica

**E** Explique brevemente la causa y el efecto de las siguientes afirmaciones.

1. Las mujeres de la clase alta tienen mucho más tiempo libre que las de las clases bajas.

2. A muchas compañías, les cuesta más emplear a mujeres que a hombres.

3. Para las mujeres rurales, muchas veces es necesario emigrar a la ciudad para encontrar trabajo.

4. En todos los países del mundo hispano el porcentaje de mujeres en la fuerza laboral activa ha aumentado mucho en las últimas décadas.

# Marc Anthony y Jennifer López

En el mundo hispano, igual que en el mundo angloparlante,[1] al público le fascina saber de las estrellas de cine y de música —sobre todo cuando las más destacadas[2] comparten una vida íntima. Y si además están entre las más conocidas de los dos mundos, la atención que se les da puede ser muy intensa. Una de tales parejas ha sido[3] la del cantante Marc Anthony y su esposa, Jennifer López.

Por supuesto, los dos son famosos por las relaciones que tuvieron en el pasado, las cuales han contribuido[4] a su fama. El divorcio de Marc Anthony de su primera esposa, la reina de belleza puertorriqueña Dayanara Torres, fue algo controvertible[5] ya que Anthony viajó a la República Dominicana para conseguir un divorcio rápido. Se casó con López a la semana siguiente. Y muchos han oído[6] de los numerosos ex esposos y ex novios de su esposa, los cuales incluyen a Chris Judd, P. Diddy y Ben Affleck.

Pero ahora Anthony y López están dedicados a su obra artística. No hablan con la prensa sobre sus relaciones personales y están muy involucrados[7] en varios proyectos. En 2005 Anthony ganó un Grammy por su disco *Amar sin mentiras* y tiene planes para grabar más discos en español y en inglés. Además, va a colaborar con su esposa en su primer disco en español, el cual debe asegurar la posición de López como una verdadera diva latina. Ella piensa continuar su carrera como actriz y productora de cine también. Va a estrenar[8] varias películas con estrellas como Jane Fonda, Morgan Freeman, Nicole Kidman y Robert Redford, y su propia compañía va a producir una película sobre el fallecido[9] cantante puertorriqueño Héctor Lavoe, con Anthony en el papel principal. Y aún más, López espera crear varias series para la televisión, incluso una telenovela basada en su crianza[10] en Nueva York. ■

*Jennifer López y Marc Anthony durante los Premios Grammy de 2005*

[1]*English-speaking*  [2]*noteworthy*  [3]*ha... has been*  [4]*han... have contributed*
[5]*controversial*  [6]*han... have heard*  [7]*involved*  [8]*release*  [9]*deceased*  [10]*upbringing*

---

**F** PAPEL Y LÁPIZ

■ Primero, vuelva al mapa semántico que Ud. hizo en la actividad **Papel y lápiz** de la página 109.

■ Luego, añada nueva información según lo que ha aprendido en la **Lectura I** de este capítulo.

■ Después, identifique en el mapa tres puntos en que hay diferencias entre las mujeres en este país y las en los países hispanos.

■ Finalmente, escriba dos o tres oraciones que señalen algunas ideas para resumir estas diferencias.

## ■■■ LA MUJER EN EL MUNDO HISPANO: EL CAMINO HACIA EL FUTURO

# Aproximaciones al texto

## Simplifying sentence structure

It is much easier to identify the main parts of a sentence (subject, verb, object) if you can first identify the nonessential parts. Prepositional phrases and verbal phrases are two constructions that can complicate the basic structure of a sentence. Fortunately, both are easy to recognize.

## Recognizing prepositional phrases

Prepositional phrases are always introduced by prepositions such as **por, para, contra, de,** and so on. The preposition is always followed by a noun, pronoun, or infinitive that serves as the object of the preposition: **por él, para Juan, contra mis deseos, de plástico, sin comer.** The preposition and object together form a prepositional phrase.

Just as you learned with subordinate clauses in **Capítulo 4,** it is also helpful to identify and omit prepositional phrases when you are trying to locate the main subject and verb of a sentence. **¡Cuidado!** Remember that subjects may be the impersonal *one* or *it.*

**A** Lea cada una de las siguientes oraciones, adaptadas de la **Lectura II** de este capítulo, e identifique todas las frases preposicionales y cláusulas subordinadas. Después, identifique las partes principales de lo que queda de cada oración (**S** = sujeto, **V** = verbo, **C** = complemento).

1. Y aunque estas observaciones generales pueden variar en mayor o menor medida dependiendo del lugar o de las clases sociales, todavía es cierto que no está mal visto que un hombre presuma de tener relaciones con muchas mujeres.

2. La verdad es que a muchas mujeres todavía les cuesta aceptar su propia capacidad para las carreras tradicionalmente masculinas, temiendo que para alcanzar el éxito profesional tendrán que dejar de ser femeninas.

3. En el campo de la educación, la situación de las mujeres hispanas ha mejorado mucho en los últimos años.

## Recognizing verbal phrases

A verbal phrase, in contrast to a clause, does not contain a conjugated verb. It consists instead of either a past participle (**-do: hablado, comido**) or a present participle (**-ndo: hablando, comiendo**). The past participle functions as an adjective, and the present participle as an adverb.

| Cualquier discurso **pronunciado por él** tiene que ser interesante. | *Any speech given by him has to be interesting.* |
| Queremos resolver el problema **hablando con ellos.** | *We want to solve the problem by talking with them.* |

These verbal phrases can be ignored while you locate the main verb and the rest of the main sentence. For instance, the main idea of the second example is that *We want to solve the problem.* Once you understand that, you can figure out how it is to be done (*by talking with them*).

Although eliminating verbal phrases may omit important information from the sentence, it is a good strategy for simplifying passages with which you are having difficulty. Using this technique helps you understand the basic message of the sentence, which in turn allows you to make intelligent guesses about the meaning of the remainder of it.

NOTA   When these verb forms are accompanied by auxiliary verbs, they function as verbs and should be considered carefully when you analyze the sentence. Auxiliary verbs used with the past participle include **haber** (**he preparado** = *I have prepared*), **ser** (**es preparado** = *it is prepared*), and **estar** (**está preparado** = *it is prepared*). Auxiliary verbs used with the present participle include **estar** (**estoy preparando** = *I am preparing*), **venir** (**viene preparando** = *he's coming along preparing*), and **seguir** (**siguen preparando** = *they keep on preparing*).

**B**   Lea cada una de las siguientes oraciones e identifique todas las frases preposicionales, frases verbales y cláusulas subordinadas. Después, identifique las partes principales de lo que queda de cada oración (**S** = sujeto, **V** = verbo, **C** = complemento).

1. Sin embargo, aun teniendo mayor acceso a la educación, la mayoría de las mujeres opta por carreras menos ambiciosas.

2. El estudio español antes citado señaló que los hombres aceptaban la igualdad de las mujeres.

3. Es importante reconocer que en muchos países la presión de los grupos feministas ha cambiado estas leyes.

**C**   Ahora, vuelva a mirar las oraciones de las **Actividades A** y **B**. Basándose en ellas, en el título y en los subtítulos de la **Lectura II** de este capítulo, determine cuáles de los siguientes temas se tratarán en esa lectura (**MP** = muy posiblemente, **Q** = quizás, **D** = lo dudo mucho).

1. _____ lo que dictan las leyes sobre el adulterio

2. _____ qué opinan las mujeres hispanas sobre el amor

3. _____ las carreras que prefieren las mujeres hispanas

4. _____ qué tipo de trabajos ejercen ahora las mujeres hispanas

5. _____ el sexismo en el trabajo

# La mujer en el mundo hispano: El camino hacia el futuro

### La mujer, la ley y el sexo

1   COMO OCURRE EN TODOS LOS PAÍSES, los códigos penales de los países hispanos suelen reflejar y perpetuar algunos valores de su cultura. En España el

*Aunque hayan mejorado las posibilidades para la igualdad entre los sexos, la educación a veces sigue reforzando las pautas tradicionales.*

código civil que regía hasta 1979 disponía que las hijas menores de 25 años no podían establecer un hogar propio[1] sin el permiso del padre a menos que
5   fuera[2] para casarse o entrar en un convento. Ya que los códigos civiles de todos los países hispanos se basaban en el Código de Napoleón y otros textos legales antiguos, se estipulaba que las mujeres habían de[3] vivir donde su marido decidiera y no podían viajar al extranjero, abrir una cuenta bancaria, ni trabajar ni recibir una herencia sin la autorización del marido. Es
10   decir, se encontraban en un limbo legal, entre niña y adulta.

Se puede ver uno de los ejemplos más claros de la desigualdad legal entre los dos sexos en las leyes sobre el adulterio. Según reza[4] la ley en varios países, la mujer comete adulterio si tiene relaciones sexuales con un hombre que no es su marido; en cambio, el marido sólo comete adulterio
15   si tiene relaciones con su amante[5] *dentro* de la casa conyugal o si sus relaciones adúlteras llegan a ser escandalosas.° La cuestión tiene mucha importancia, ya que en varios países hispanos el matrimonio no puede disolverse sin una prueba de adulterio. Es importante reconocer que en muchos países la presión de los grupos feministas ha cambiado, o está cambiando, estas
20   leyes. En España por mucho tiempo las leyes han protegido el matrimonio; el adulterio y amancebamiento[6] han sido considerados como delitos. El actual Código Penal español también establece el delito del abandono de la familia, castiga la discriminación por razón de raza, sexo u orientación sexual y penaliza el acoso y abuso sexuales. Pero es evidente que, a pesar de estos

[1]hogar… *residence of their own*   [2]a… *unless it was*   [3]habían… debían   [4]*reads, states*
[5]*lover*   [6]*cohabitation*

°En la historia y tradición literaria hispanas, no se consideraba un delito que el marido engañado (*cheated-on*) matara a su esposa y al amante de ella. No obstante, lo más frecuente era que el marido matara (*killed*) sólo al amante y perdonara (*pardoned*) a su esposa o la enviara (*sent*) a un convento.

25 cambios, las convicciones sociales retrógradas seguirán[7] manteniéndose. Y
lo que es más, el mito de la mujer sumisa, virginal, entre niña y adulta, sigue
en pie[8] a pesar de la existencia de una realidad social muy distinta.

En realidad las mujeres hispanas en los distintos países hispanos son
sexualmente activas fuera del matrimonio —en particular las de la clase baja.
30 En algunos países, la unión libre[9] es mucho más frecuente que el matrimonio y no es raro que una mujer viva con varios hombres a lo largo de su
vida sin casarse con ninguno de ellos. ¡En nueve países de Hispanoamérica
hay más niños ilegítimos que legítimos! A pesar de la indiscutible actividad
sexual de gran número de mujeres hispanas, persiste la visión tradicional de
35 la sexualidad: Los hombres son seres de un fuerte instinto sexual mientras
que las mujeres normales no tienen ningún interés en el sexo, ni antes ni
después de casarse. Los hombres a menudo exhiben sus conquistas, su
dominio y su autoridad dentro o fuera del matrimonio. Y aunque estas observaciones generales pueden variar en mayor o menor medida dependiendo
40 del lugar o de las clases sociales, todavía es cierto que no está mal visto
que un hombre presuma de tener relaciones con muchas mujeres, mientras
que si una mujer hace lo mismo, tendrá[10] muy mala fama.

### El porvenir de la mujer hispana

A pesar de que la tradición de dominación masculina es más fuerte en los
países hispanos que en las culturas anglosajonas, en muchos sentidos las
45 mujeres hispanas están frecuentemente tan liberadas como las de este país
y, en algunos casos, han logrado derechos que provocan la envidia de sus
hermanas norteamericanas.

En muchos países hispanos hay mujeres en puestos importantes:
En 1979, se nombró a una mujer presidenta de Bolivia y hubo otra en la
50 Argentina, Isabel Perón. Entre 1990 y 1996, Violeta Barrios de Chamorro
sirvió como presidenta de Nicaragua. Aunque es cierto que Perón y Barrios
de Chamorro llegaron al poder
siendo viudas de importantes
figuras públicas, el hecho de
55 que[11] sus países las acogieran[12]
revela una aceptación de las
mujeres como líderes. En España
ha habido ministras en el
gobierno desde hace muchos
60 años; pero ahora, por primera
vez en la historia española, una
mujer es ministra de la presidencia, es decir, vicepresidenta
del país. En otras instituciones
65 gubernamentales españolas también se ha visto la feminización:
En el Congreso, el 36 por ciento
de sus miembros son mujeres
mientras que en el Senado repre-
70 sentan un 23,2 por ciento. En
los parlamentos de las distintas

| MUJERES EN PARLAMENTOS EUROPEOS (%) | |
|---|---|
| Alemania | 31,3 |
| Austria | 32,2 |
| Bélgica | 35,7 |
| Dinamarca | 36,9 |
| España | 30,5 |
| Finlandia | 37,5 |
| Francia | 13,9 |
| Grecia | 14,0 |
| Irlanda | 14,1 |
| Italia | 10,3 |
| Luxemburgo | 23,3 |
| Países Bajos | 34,2 |
| Portugal | 19,5 |
| Reino Unido | 17,9 |
| Suecia | 45,3 |

---

[7]van a seguir  [8]en... existiendo  [9]unión... unión consensual  [10]*she will have*  [11]el... *the fact that*  [12]*accepted*

regiones autónomas° el porcentaje de mujeres llega al 30,4 por ciento. En los Estados Unidos las mujeres ya han accedido a prácticamente todos los puestos de trabajo importantes, menos dos: Todavía no ha habido ninguna
75 presidenta ni vicepresidenta del país.

Sin embargo, aun teniendo un mayor acceso a la educación y preparación profesional, a la hora de decidirse, la mayoría de las mujeres hispanas sigue optando por carreras menos ambiciosas y más estereotípicamente femeninas. Resulta que algunas de las barreras para la incorporación de
80 las mujeres a todas las esferas de la vida social y profesional no son tanto legales ni económicas como de actitud. La verdad es que a muchas mujeres todavía les cuesta aceptar su propia capacidad para las carreras tradicionalmente «masculinas», temiendo que para alcanzar el éxito profesional tendrán que[13] dejar de ser femeninas. Los hombres también se sienten incómodos
85 en aceptar todas las consecuencias que implica el eliminar la desigualdad sexual. El estudio español antes referido señaló que, aunque los hombres aceptaban en términos generales y abstractos la igualdad de las mujeres, en realidad no aceptaban que ellas tuvieran que trabajar fuera de casa, ni mucho menos que ellos mismos debieran compartir con ellas el trabajo de la casa.
90 Desde muy jóvenes, todas las imágenes y asociaciones culturales llegan a convencer a las niñas de que su misión más importante se va a realizar en el hogar,[14] como esposas, amas de casa o madres de familia, mientras que para los niños, esta misión se va a realizar en el campo laboral. Algunos estudios que se han hecho en España e Hispanoamérica de los libros de
95 texto utilizados en las escuelas primarias y secundarias revelan cierta discriminación implícita: Son pocas las mujeres que se presentan ocupando puestos importantes y los hombres rara vez aparecen expresando sensibilidad.[15] Y en el caso de los libros de literatura, se suele olvidar a las escritoras. Cuando se ponen ejemplos de profesiones o de aspiraciones para el
100 futuro, con frecuencia se representa a los hombres como abogados, policías, médicos y bomberos mientras que las mujeres aparecen como amas de casa, secretarias, enfermeras, etcétera. La lengua castellana también ha contribuido a crear la percepción de que el género masculino es más importante que el femenino: Cuando se habla de un grupo mixto o de una per-
105 sona cuyo sexo se desconoce, se utiliza la forma masculina. Algunas definiciones de los diccionarios son un buen ejemplo de la necesidad de modificar el uso de algunas palabras para lograr una equiparación más justa entre los sexos.† No hay duda que estas prácticas limitan a los niños como personas, pero el efecto en las niñas es aún más grave, ya que les pone en
110 una situación de dependencia e inferioridad.

[13]tendrán… *they will have to*    [14]casa    [15]*sensitivity*

---

°Como se vio en el **Capítulo 2,** España está dividida en diecisiete comunidades o regiones autónomas.

†En las definiciones de los diccionarios se puede ver claramente una carga sexista. Es frecuente encontrar tras la definición frases como «dícese más comúnmente de las mujeres», «se usa especialmente refiriéndose a la mujer», etcétera. En el *Diccionario de la Real Academia de la Lengua Española* leemos, bajo **fácil:** Aplicado a la mujer, frágil, liviana; bajo **burlar:** Seducir con engaño a una mujer; **hacer la calle:** Buscar la prostituta a sus clientes en la calle; **comer pavo:** En un baile, quedarse sin bailar una mujer, por no haber sido invitada a ello.

Hoy en día se reconoce —y se combate— cada vez más la presencia de este sexismo implícito, y es de esperar que los grandes cambios obtenidos en las esferas legales y políticas pronto se verán en lo actitudinal también.

# COMPRENSIÓN

**A** Vuelva a la **Actividad C** de la sección **Aproximaciones al texto,** en la página 117. ¿Cuáles de los temas se encontraron en la **Lectura II?** ¿Se sorprendió Ud. de algunos? Explique.

**B** Seleccione la respuesta correcta, cambiando por la forma apropiada del subjuntivo los verbos que aparecen en infinitivo.

1. Las leyes de ciertos países _____.
   a. (permiten/prohíben) que una pareja (divorciarse) por razones de adulterio
   b. (permiten/prohíben) que las mujeres (asistir) a la universidad
   c. (permiten/prohíben) que las mujeres (ser) elegidas para cargos políticos

2. Según las creencias tradicionales, _____.
   a. la gente (se opone a / espera) que los hombres (tener) mucha experiencia sexual antes de casarse
   b. la gente (se opone a / espera) que las mujeres (tener) mucha experiencia sexual antes de casarse
   c. (se cree / se duda) que las mujeres (deber) estar en casa

**C** Complete el siguiente esquema según la información que se presentó en las dos lecturas.

---

**I.** Introducción
   **A.** Idea principal: _____.
   **B.** Los valores tradicionalmente «femeninos» (dé dos ejemplos): _____.
   **C.** Los valores tradicionalmente «masculinos» (dé dos ejemplos): _____.

**II.** La educación de la mujer hispana
   **A.** Tradicionalmente los padres no daban mucha importancia a la educación de sus hijas (dé una consecuencia): _____.
   **B.** Con respecto a la educación, hay igualdad formal entre los sexos pero cierto comportamiento sexista continúa (dé dos ejemplos): _____.
   **C.** La educación no parece cambiar radicalmente la situación laboral de las mujeres (dé dos razones): _____.

**III.** La mujer y el mundo laboral
   **A.** Varios factores explican por qué no trabajan fuera de casa muchas mujeres hispanas (dé dos ejemplos): _____.
   **B.** Las leyes ayudan y al mismo tiempo perjudican a las mujeres que trabajan (explique brevemente): _____.

**IV.** La mujer, la ley y el sexo
   **A.** Hasta recientemente en España, la ley consideraba a las mujeres como inferiores a los hombres (dé dos ejemplos): _____.
   **B.** Con respecto a su vida sexual, la realidad de muchas mujeres es muy diferente del mito (dé dos ejemplos): _____.

**V.** El porvenir de la mujer hispana (dé un breve resumen de la idea básica): _____.

---

# ■■■ INTERPRETACIÓN

**A** **ENTRE TODOS** ¿Cómo se compara la situación de las mujeres hispanas con la de las norteamericanas? Divídanse en grupos de dos o tres. El profesor / La profesora asignará a cada grupo uno de los siguientes temas. Expliquen las semejanzas y/o las diferencias entre la situación de las mujeres en las dos culturas. Utilicen la información del texto, la que encuentren en la biblioteca o la que obtengan hablando con amigos y parientes (especialmente los de otras generaciones). Luego, compartan los resultados con los demás grupos.

1. el ideal de la feminidad
2. la situación de las mujeres en cuanto a la educación
3. la participación en el mundo laboral
4. la actitud hacia el acto sexual, la virginidad, las madres solteras (*single*)
5. los problemas que afrontan las madres que trabajan
6. el código penal o civil: leyes sobre el divorcio, los derechos, la vida familiar
7. la discriminación implícita en la representación de los sexos en los libros y en la publicidad
8. el sexismo en el lenguaje

**B** En la sección de la **Lectura II** que se titula «La mujer y el mundo laboral», se describe la manera en que la ley, al tratar de proteger a las mujeres, acaba por perjudicarlas. ¿Conoce Ud. otros ejemplos semejantes de una protección o ayuda «dañina» (*harmful*)? ¿Tienen el mismo problema los hombres?

# ■■■ APLICACIÓN

**A** **ENTRE TODOS** Trabajen en grupos de dos o tres estudiantes del mismo sexo para indicar el sexo con el que se asociaba cada profesión de la siguiente lista en el pasado y con el que se asocia hoy en día. Identifiquen dónde ha habido algún cambio. Luego, comparen sus notas con las de los otros grupos de la clase. ¿Hay diferencias en los resultados de los grupos? ¿Han llegado los grupos de mujeres a las mismas conclusiones? ¿y los grupos de hombres?

| | En el pasado | | Hoy en día | | | En el pasado | | Hoy en día | |
|---|---|---|---|---|---|---|---|---|---|
| | H | M | H | M | | H | M | H | M |
| 1. enfermero (*nurse*) | ❑ | ❑ | ❑ | ❑ | 12. ama de casa | ❑ | ❑ | ❑ | ❑ |
| 2. profesor | ❑ | ❑ | ❑ | ❑ | 13. juez (*judge*) | ❑ | ❑ | ❑ | ❑ |
| 3. bombero (*firefighter*) | ❑ | ❑ | ❑ | ❑ | 14. gimnasta | ❑ | ❑ | ❑ | ❑ |
| 4. médico | ❑ | ❑ | ❑ | ❑ | 15. comerciante | ❑ | ❑ | ❑ | ❑ |
| 5. camionero (*truck driver*) | ❑ | ❑ | ❑ | ❑ | 16. programador (*computer programmer*) | ❑ | ❑ | ❑ | ❑ |
| 6. carpintero | ❑ | ❑ | ❑ | ❑ | | ❑ | ❑ | ❑ | ❑ |
| 7. basurero | ❑ | ❑ | ❑ | ❑ | 17. comentarista de televisión (*TV anchor*) | ❑ | ❑ | ❑ | ❑ |
| 8. soldado | ❑ | ❑ | ❑ | ❑ | | ❑ | ❑ | ❑ | ❑ |
| 9. peluquero (*hairdresser*) | ❑ | ❑ | ❑ | ❑ | 18. piloto | ❑ | ❑ | ❑ | ❑ |
| 10. bailarín | ❑ | ❑ | ❑ | ❑ | 19. secretario | ❑ | ❑ | ❑ | ❑ |
| 11. dependiente (*clerk*) | ❑ | ❑ | ❑ | ❑ | 20. taxista | ❑ | ❑ | ❑ | ❑ |

**B** **¡NECESITO COMPAÑERO!** Los medios de comunicación presentan imágenes diferentes y a veces estereotipadas del hombre y la mujer ideales. Trabajando en parejas, hagan una lista de los hombres y las mujeres ideales de la televisión o del cine para cada edad indicada en la siguiente tabla, y mencionen tres de las características que hacen que sean ideales. Después, comparen su lista con la de las demás parejas para ver en qué están de acuerdo.

|  | De 20 a 30 años | De 30 a 40 años | De 40 a 50 años | De más de 50 años |
|---|---|---|---|---|
| **el hombre ideal** | _____ | _____ | _____ | _____ |
|  | 1.<br>2.<br>3. | 1.<br>2.<br>3. | 1.<br>2.<br>3. | 1.<br>2.<br>3. |
| **la mujer ideal** | _____ | _____ | _____ | _____ |
|  | 1.<br>2.<br>3. | 1.<br>2.<br>3. | 1.<br>2.<br>3. | 1.<br>2.<br>3. |

**C** **ENTRE TODOS** La película *Fatal Attraction* con Michael Douglas, Glenn Close y Anne Archer presenta una aventura amorosa entre un hombre casado y una mujer soltera. Trabajando en grupos de tres o cuatro personas, narren la historia de esta película (u otra parecida que conozcan), teniendo en cuenta las siguientes preguntas: ¿Quién fue el responsable del desenlace de la película? ¿Tuvo alguna responsabilidad el marido o fue víctima al dejarse seducir por una mujer obsesionada? ¿Enseña algo la película? ¿Cuál es la moraleja?

Lo que comenzó como una _____ _____ entre un hombre y una mujer tuvo un final completamente sorprendente.

La vida de un hombre de negocios felizmente casado y padre de familia es interrumpida por su encuentro con una bella mujer profesional cuyas exageradas reacciones sicológicas

ectrizante.

Un triángulo pasional, en el que el amor y la acción obsesiva sin límites, combinados con el ror y el suspenso, hacen de esta película una las mejores de los últimos tiempos.

Ahora piensen en la película *Disclosure*, también con Michael Douglas, esta vez trabajando con Demi Moore. ¿De qué es representativa esta película? Sigan trabajando en los mismos grupos para analizar la historia y comentar si representa una realidad frecuente en el mundo laboral o si se trata de un caso aislado. ¿Pueden pensar en alguna otra película o caso parecido?

**D** **ENTRE TODOS** El texto y las fotos de la página siguiente son parte de un artículo que apareció en una revista española. Trabajando en grupos de dos o tres estudiantes, analicen el texto y las fotos que lo acompañan.

■ ¿Cómo se representa a los individuos que aparecen en este artículo? ¿En qué cualidades se pone énfasis? ¿Es sexista alguna parte del artículo? Expliquen.

# belleza para tu chico

## bálsamos para pieles sensibles

*El afeitado supone una agresión extra para las pieles delicadas. Aconséjale espumas de afeitar para pieles delicadas (por ejemplo, Rasage Précis Peau Sensible de Biotherm Homme) y el uso de after shaves balsámicos, que además suavizan e hidratan, como los de Nivea For Men Sensitive Line, Basic Homme de Vichy o Klorane Homme*

## pies: un extra de atención

*Aunque no sufran por llevar tacones, sus pies también necesitan cuidados. Puedes darle un masaje haciendo especial hincapié en la planta, y aplicándole luego una crema especial para pies (ayuda a evitar durezas) y un spray refrescante, que además ejercerá un efecto desodorante (Neutrogena, Pedi-Relax de Ducray)*

## perfumados y morenos

● Son muchas las fragancias de hombre que desde su creación fueron adoptadas también por las mujeres, como Eau Savage de *Dior* o Habit Rouge de *Guerlain*. Y ahora se imponen los perfumes unisex, aún más apetecibles en verano por ser ligeros y frescos. Los más cítricos son ideales para gente joven, como CK One de *Calvin Klein*, o Paco, de *Paco Rabanne*. Pero no pueden faltar las aguas frescas, como Eau de *Bulgari*, Eau de *Hermès*, Eau de Campagne de *Sisley* y Eau Vielle de *Roger & Gallet*.
● Si quiere tener un poco de buen color, puede recurrir al autobronceador: hay fórmulas específicas para hombre, como Self Tanning Cream Gel de *Boss Daily Care* (también tiene un gel bronceador) o los autobronceadores de *Armani* y *Gerard Danfré*

## manos a la obra: ¡siempre perfectas!

*Esconde su cortauñas: son mucho mejores las limas de cartón. Como sus uñas son más fuertes, busca limas extragruesas, más rápidas para ellos (y son estupendas para las uñas de los pies). Una vez a la semana, convéncele para que use una crema quitacutículas e hidratante de manos para evitar pellejitos y la aparición de padrastros*

- Si Uds. fueran (*If you were*) los editores de esta revista, ¿cómo justificarían (*would you justify*) la inclusión de este artículo? Y si hubieran decidido (*if you had decided*) no publicarlo, ¿qué razones darían (*would you give*)?

- Compartan sus opiniones con los demás grupos de la clase. ¿Hay diversidad de opiniones? ¿En qué puntos están de acuerdo? ¿Se puede encontrar artículos como éstos en revistas norteamericanas? Si dicen que no, ¿por qué creen que es así?

- Busquen algún otro texto o artículo con las mismas características. Tráiganlo a la clase y comenten la imagen que se presenta de la mujer, del hombre o de ambos.

**E**  En la actualidad se habla mucho del concepto del acoso sexual. ¿En qué consiste?

- ¿Pueden los hombres ser objeto del acoso sexual? ¿Cree Ud. que el acoso sexual que sufren los hombres es igual al que sufren las mujeres?

- ¿Cree que el acoso sexual ocurre porque hoy en día hay más mujeres que trabajan fuera de casa que en el pasado? ¿Se podría evitar este tipo de incidente? ¿Cómo?

**F  PAPEL Y LÁPIZ**  ¿De dónde vienen nuestras ideas sobre los conceptos de la masculinidad y la feminidad? ¿Cuáles son los factores que tienen un impacto positivo y cuáles tienen un impacto negativo en la formación de esos conceptos? Explore estas ideas en su cuaderno de apuntes.

- Considerando las lecturas de este capítulo, las actividades y las conversaciones en clase, ¿en qué orden de importancia pondría (*would you put*) las siguientes fuentes (*sources*) en cuanto a su capacidad de influir en nuestros conceptos de la masculinidad y la feminidad? Agregue otras a la lista si le parece necesario.

  ❏ las revistas                            ❏ los amigos
  ❏ la televisión                          ❏ los padres
  ❏ la literatura popular                   ❏ los anuncios comerciales
  ❏ las canciones populares                 ❏ los cuentos infantiles
  ❏ las películas                           ❏ los libros de texto
  ❏ el ejemplo de las personas famosas      ❏ la religión
  ❏ la lógica                               ❏ la biología

- De los factores anteriores, ¿cuáles suelen tener un impacto positivo y cuáles un impacto negativo? ¿Qué cambios se han notado durante los últimos años en la manera en que estos factores influyen en la conducta de los individuos de ambos sexos? Resuma brevemente sus conclusiones al respecto.

## CAPÍTULO 7

# El mundo de los negocios

1. Ciudad de México
2. Guatemala, Guatemala

# Exploraciones

En donde quiera que estemos (*Wherever we are*), nos encontramos rodeados
por propaganda de todo tipo: invitaciones a fumar los cigarrillos con el sabor más
americano, a comprar el coche japonés de mayor venta en el mundo, a beber la
cerveza alemana más espumosa (*foamy*) y el vino italiano más exquisito. Gracias al
enorme desarrollo de los medios de transporte, de comunicación y otros avances
tecnológicos, tenemos al alcance de la mano productos e influencias de partes muy
distintas del mundo. Nos guste o no, la globalización económica se está haciendo
realidad. ■■■

### A  COMPARAR LAS FOTOS

■ Describa lo que se ve en las fotos de la página anterior. ¿Qué productos se venden?
¿Qué tipo de negocio aparece en cada foto? En su opinión, ¿cuál de ellos es el más
moderno? ¿Y cuál es el más tradicional? ¿Cuáles de estos tipos de negocio son más
comunes en el área donde vive Ud.?

■ ¿Cuál de estos negocios tiene mayores oportunidades de vender sus productos?
¿Por qué opina Ud. así? ¿Cuál es el mercado principal de cada negocio? Es decir,
¿a quiénes y a qué grupos de personas quiere atraer como clientela? ¿Dónde viven
estas personas?

■ ¿Opina Ud. que en el mundo de hoy los negocios pequeños y los grandes pueden seguir
coexistiendo? ¿Cree que algún día uno de los dos será reemplazado por el otro tipo?
Explique.

### B  ANÁLISIS CRÍTICO  En la mayoría de los países del mundo, el emblema de la
bebida Coca-Cola ha llegado a ser símbolo de la cultura estadounidense. Conteste
las siguientes preguntas al respecto.

■ ¿Cómo es que ha ocurrido esto? ¿Cuál es la imagen de la cultura estadounidense
que ha llegado a proyectar esta bebida? ¿Y cuáles son algunos de los aspectos
específicos de la cultura estadounidense que simboliza? ¿De qué manera se ve esta
cultura, positiva o negativamente? ¿Por qué?

■ ¿Qué otros productos o empresas cree Ud. que son asociados con la cultura o el
modo de vivir de los estadounidenses? ¿Qué productos o empresas asocia Ud. con
las culturas hispanoamericanas?

■ Imagínese que Ud. va a diseñar un producto que represente la cultura
estadounidense en el extranjero: ¿Cómo va a ser su producto? ¿En qué aspectos
del modo de vivir estadounidense se va a basar Ud.? ¿Cómo los va a proyectar
su producto?

**C** DEBATE  La globalización implica muchas cosas, pero en años recientes ha llegado a ser un concepto negativo para muchas personas. Algunos críticos han dicho que es sólo otra manifestación del histórico ímpetu imperialista de los países poderosos, que no va a aliviar la miseria de la gente de los países más pobres y que sólo puede resultar en una mayor explotación de los obreros y de los recursos naturales. ¿Qué opina Ud.? Trabajando en grupos de tres o cuatro estudiantes, debatan este tema. Traten de apoyar sus opiniones con todos los hechos y detalles que puedan.

# Lectura I

## ■■■ LOS ESTADOS UNIDOS EN LATINOAMÉRICA: UNA PERSPECTIVA HISTÓRICA

## Aproximaciones al texto

### Understanding the function of a text: Tone

An important preparatory skill for reading comprehension is to grasp the function or purpose of the text. Informing, convincing, entertaining, and criticizing are all functions a text may have. Understanding the author's purpose for communicating helps prepare you to comprehend new information.

**A**  Ciertos textos normalmente se asocian con funciones específicas. Usando las sugerencias indicadas en la tabla en la página siguiente, conteste las preguntas relacionadas con cada uno de los textos de la lista. ¡Cuidado! Un texto puede tener más de un solo propósito. El mensaje del texto también puede estar dirigido a distintos grupos, dependiendo del contenido.

- ¿Quién escribió el texto?
- ¿Cuál es el propósito del texto?
- ¿A quién se dirige el mensaje?

**Textos**

1. un anuncio comercial
2. un pasaje de un texto de ciencias
3. una reseña (*review*) de una película
4. una carta al director (*editor*)
5. un artículo de la revista *Time*
6. un pasaje de un cuento de ciencia ficción
7. un artículo de *The New England Journal of Medicine*
8. un panegírico (*eulogy*)
9. Mencione otra publicación.

| Autor | Propósito | Público objeto (*Target Audience*) |
|---|---|---|
| • un experto o especialista<br>• un periodista<br>• una persona común y corriente<br>• una compañía o empresa | • convencer<br>• criticar<br>• informar<br>• evaluar<br>• alabar (*to praise*)<br>• entretener<br>• quejarse | • al público en general<br>• a especialistas<br>• a personas de una edad determinada (por ejemplo: niños, adolescentes, mayores)<br>• a consumidores<br>• a personas de un sexo determinado (por ejemplo: mujeres) |

¿En qué sentido le afecta a Ud. el saber quién escribió el artículo y con qué propósito lo escribió?

Writers not only have specific purposes for writing, but they also have attitudes about their topic. The attitude—or tone—of the writer can be determined from the particular language used, as well as from the way the information is presented to the reader.

**B** Indique cuál es el tono de las siguientes oraciones. Escriba la letra que mejor caracterice cada oración y trate de identificar qué elementos lingüísticos lo ayudaron a decidirse en cada caso.

**a.** práctico (*matter-of-fact*)      **d.** admirador

**b.** humorístico      **e.** compasivo (*sympathetic*)

**c.** crítico      **f.** irónico

**1.** _____ La historia de las relaciones interamericanas es una serie de maniobras egoístas (*selfish maneuvers*) de parte de los Estados Unidos.

**2.** _____ La Doctrina Monroe ha influido profundamente en la política exterior (*foreign policy*) de los Estados Unidos.

**3.** _____ Ese programa simbolizó un nuevo comienzo, ya que inició toda una nueva era en sus relaciones.

**4.** _____ Los liberales quedan tan deslumbrados (*dazzled*) por su propia retórica que ni siquiera notan lo vacío (*the emptiness*) de sus ideas.

**5.** _____ ¿Es difícil imaginar la política de un presidente con relación a Centroamérica cuando él se refería con frecuencia a sus habitantes como «Dagos»?

**6.** _____ La Alianza para el Progreso fue un fracaso casi total.

**7.** _____ La Alianza para el Progreso logró muy pocas de sus grandes y generosas metas.

## ▪▪▪ PALABRAS Y CONCEPTOS

**culpar** to blame      **invertir (ie, i)** to invest

**fortalecer** to strengthen      **odiar** to hate

**intervenir** (*like* **venir**) to intervene      **proporcionar** to give, yield

(*continúa*)

**proteger** to protect
**respaldar** to back, support

**el aliado** ally
**el bien** (*philosophical*) good
**los bienes** (*material*) goods
**la culpa** blame, guilt
**el derrumbamiento** toppling, tearing down
**la deuda (externa)** (foreign) debt
**el dictador** dictator
**la dictadura** dictatorship
**la disponibilidad** availability
**la exportación** export(s)
**los impuestos** taxes
**la inversión** investment
**el lema** slogan
**el libre comercio** free trade

**la libre empresa** free enterprise
**las materias primas** raw materials
**la medida** measure, means
**la meta** goal
**la política (exterior)** (foreign) policy
**el préstamo** loan
**el presupuesto** budget
**el respaldo** backing
**la subvención** grant (*of money*)

**(des)agradecido/a** (un)grateful
**culpable** guilty
**derechista** rightist, right-wing
**izquierdista** leftist, left-wing

**al alcance (de la mano)** within (arm's) reach

**A** Apunte las palabras de la lista de vocabulario que Ud. asocia con lo siguiente.

1. las actividades económicas
2. las actividades políticas o militares

¿Hay algunas palabras que se relacionen con ambas? Explique.

**B** ¿Qué palabras de la segunda columna asocia Ud. con las de la primera? Explique la relación o asociación entre ellas.

1. _____ el derrumbamiento
2. _____ el dictador
3. _____ la inversión
4. _____ el aliado
5. _____ agradecido
6. _____ la subvención
7. _____ respaldar
8. _____ las materias primas
9. _____ la libre empresa
10. _____ la política exterior

a. competencia, ganancias, capitalismo
b. apoyar, aprobar, ayudar
c. destruir, hacer caer, derrocar
d. presidente, primer ministro, diplomáticos, tratados (*treaties*)
e. comestibles, petróleo crudo, minerales en bruto
f. Shearson, Lehman; Merrill Lynch; Wall Street
g. amigo, defensor, partidario
h. Stalin, Somoza, Milosevic
i. préstamo, ayuda económica, crédito
j. contento, atento, dar las gracias

**C** Imagínese que Ud. es economista. ¿En qué circunstancias hace cada una de las siguientes acciones?

**1.** culpar
**2.** invertir
**3.** proteger
**4.** respaldar
**5.** intervenir

Si quiere, puede considerar algunos de los siguientes factores para explicar sus acciones.

- el déficit
- la inflación
- la Bolsa (*stock market*)
- el deterioro / la mejora de la economía

MODELO: culpar → Cuando no hay mucha actividad en la Bolsa, culpo al enorme déficit federal.

**D** ¿Qué sabe Ud. ya de la historia de los Estados Unidos con relación a Latinoamérica? ¿Qué expresiones de la segunda columna asocia Ud. con los nombres de la primera? ¡Cuidado! A veces una expresión puede corresponder a más de un nombre. Explique la asociación en cada caso.

**1.** _____ Theodore Roosevelt
**2.** _____ Franklin Roosevelt
**3.** _____ John F. Kennedy
**4.** _____ Jimmy Carter
**5.** _____ Ronald Reagan
**6.** _____ George Bush (padre)
**7.** _____ Bill Clinton

**a.** los derechos humanos
**b.** el Tratado de Libre Comercio (*NAFTA*)
**c.** los luchadores por la libertad (*freedom fighters*)
**d.** Operación «Causa Justa»
**e.** «*Speak softly and carry a big stick.*»
**f.** la Alianza para el Progreso
**g.** el canal de Panamá
**h.** la Política de Buena Voluntad (*Good Neighbor Policy*)
**i.** la Bahía de Cochinos (*Bay of Pigs*)

**E** Imagínese que Ud. es un político / una mujer político en plena campaña electoral. Estudie las acciones y los factores económicos enumerados en la **Actividad C** y escríbales cinco promesas a sus posibles votantes. También puede agregar otras palabras de la lista de vocabulario.

**F** En su opinión, ¿cuáles de las siguientes palabras y expresiones se asocian con las relaciones entre los Estados Unidos y la América Latina? ¿Puede Ud. explicar el porqué de estas impresiones? ¿Qué otras expresiones se pueden agregar?

positivas
negativas
una larga tradición
el ejército
la cultura
frías
violentas
amables
la diplomacia
el éxito
la ayuda mutua

fuertes
no importantes
la economía
el fracaso
agresivas
confusas
no interesantes
los derechos humanos
incomprensibles
las acciones secretas (*covert*)
la frustración

## ◼◼◼ Los Estados Unidos en Latinoamérica: Una perspectiva histórica

1 **LAS RELACIONES ENTRE LOS ESTADOS UNIDOS** y los países latinoamericanos tienen una larga historia, muchas veces violenta y paradójica. Por un lado, en toda Latinoamérica existe una enorme admiración por el grado de avance económico y social que han logrado los Estados Unidos. Casi todos los latinoame-

5 ricanos están de acuerdo en que la lucha por la independencia estadounidense fue un modelo que ellos quisieron imitar al separarse de su pasado colonial, e incluso en los sectores más izquierdistas se admira a hombres como Abraham Lincoln. Por otro lado, los Estados Unidos actualmente inspiran un recelo y un resentimiento —hasta un odio— entre muchos latinoamericanos que ni

10 programas ambiciosos, como la Alianza para el Progreso, ni una creciente cantidad de ayuda económica y militar han conseguido cambiar.

Esta crítica y ataque a los Estados Unidos —que últimamente se ve no sólo en Latinoamérica sino en muchas otras partes del mundo— es una actitud que a veces sorprende al estadounidense medio y lo deja perplejo,

15 cuando no irritado. «¿Por qué nos odian, si todo lo hemos hecho por su bien? Son unos desagradecidos.» «¿Para qué mandarles nuestros dólares si después nos llaman imperialistas y nos gritan lemas antiyanquis?» Que se hagan tales preguntas muestra la frustración que a menudo caracteriza las relaciones entre los Estados Unidos y Latinoamérica, especialmente en los

20 últimos años.

Para comprender la imagen bastante negativa que muchos latinoamericanos tienen de los Estados Unidos, es preciso examinar las relaciones interamericanas dentro de una perspectiva histórica. En su mayor parte, al relacionarse con los países latinoamericanos, los Estados Unidos han sido

25 motivados por el doble deseo de desarrollar sus intereses económicos y asegurar su seguridad nacional estableciendo su control político en el hemisferio. Desafortunadamente, muchas acciones de los Estados Unidos han tenido como resultado una serie de experiencias dañinas y humillantes para los países latinoamericanos.

### La Doctrina Monroe

30 Desde principios del siglo XIX, cuando las colonias latinoamericanas empezaron a independizarse de Europa, los Estados Unidos han considerado sus relaciones con los países del sur como algo muy especial. En 1823, después de reconocer la independencia de las nuevas naciones latinoamericanas, y en parte para evitar cualquier esfuerzo por parte de España o de sus aliados

35 para reconquistarlas, el presidente estadounidense James Monroe pronunció los principios de lo que más tarde se llamaría[1] «la Doctrina Monroe».° Este documento, que desde entonces ha influido profundamente en la política exterior de los Estados Unidos, anunciaba el fin de la colonización europea en el Nuevo Mundo y establecía una política de no intervención de los

[1]se... *would be called*

_____

°El mensaje de la Doctrina Monroe fue dirigido también a Rusia, que en aquel entonces (*back then*) tenía la ambición de explorar el territorio que ahora forma parte de Alaska.

40 gobiernos de los países europeos en los países americanos. Al mismo tiempo, inauguraba el propio intervencionismo estadounidense.

### La época de la intervención: Roosevelt, Taft y Wilson

El estadounidense que más se asocia con la expansión de los Estados Unidos a costa de Latinoamérica es el presidente Theodore Roosevelt. Bajo Roosevelt, el gobierno de los Estados Unidos empezó a considerar que tenía derecho
45 absoluto a controlar la región del Caribe y Centroamérica, por medio de inversiones económicas o presiones políticas o militares. En 1904 Roosevelt expuso su propia versión de la Doctrina Monroe, en la cual declaró que era el «deber» de los Estados Unidos intervenir en los países latinoamericanos (a los cuales se refería con frecuencia como *wretched republics*») para ase-
50 gurar las inversiones e intereses económicos de «las naciones civilizadas». Esta política se conoció como «el Corolario Roosevelt» a la Doctrina Monroe y marcó el comienzo de un período de frecuentes y violentas intervenciones que se ha llamado la Época del Palo Grande.[2]

Después de Roosevelt, los presidentes William Howard Taft y Woodrow
55 Wilson continuaron la política de intervención. Taft se interesó mucho en la expansión de los intereses económicos de los Estados Unidos. Su interpretación del «Corolario Roosevelt», que vio la conversión de la economía centroamericana en un verdadero monopolio de unas cuantas[3] empresas estadounidenses, llegó a denominarse «La Diplomacia del Dólar». A diferencia
60 de Roosevelt, quien se interesó en el poder, y de Taft, quien se preocupó de la promoción comercial, Woodrow Wilson llegó a la presidencia con opiniones idealistas sobre cómo debían de ser los gobiernos de los países latinoamericanos. Aunque quería que todos fueran libres y democráticos, en realidad este ideal muy pocas veces guió su política exterior, ya que intervino
65 violentamente en Nicaragua (1912), México (1914, 1918), la República Dominicana (1916) y Cuba (1917).

[2]Palo... *Big Stick*   [3]unas... *a few*

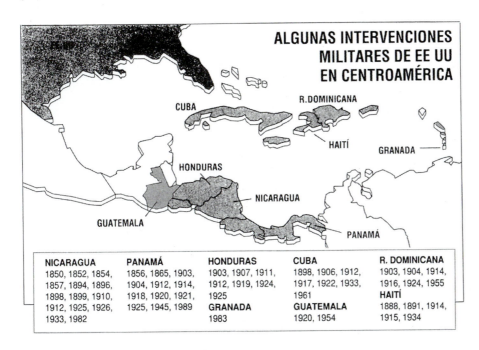

**ALGUNAS INTERVENCIONES MILITARES DE EE UU EN CENTROAMÉRICA**

| NICARAGUA | PANAMÁ | HONDURAS | CUBA | R. DOMINICANA |
|---|---|---|---|---|
| 1850, 1852, 1854, 1857, 1894, 1896, 1898, 1899, 1910, 1912, 1925, 1926, 1933, 1982 | 1856, 1865, 1903, 1904, 1912, 1914, 1918, 1920, 1921, 1925, 1945, 1989 | 1903, 1907, 1911, 1912, 1919, 1924, 1925 | 1898, 1906, 1912, 1917, 1922, 1933, 1961 | 1903, 1904, 1914, 1916, 1924, 1955 |
| | | **GRANADA** 1983 | **GUATEMALA** 1920, 1954 | **HAITÍ** 1888, 1891, 1914, 1915, 1934 |

Algunos estadounidenses reconocen ahora que el período entre 1895 y 1933 fue uno de los más vergonzosos[4] de la historia diplomática de los Estados Unidos. La política intervencionista de Roosevelt, Taft y Wilson (y, con menos
70 energía, la de Harding, Coolidge y Hoover) engendró, como se puede comprender, una imagen muy negativa de los Estados Unidos en la mente de muchos latinoamericanos y una profunda desconfianza en cuanto a los motivos de los líderes de los Estados Unidos. Para el año 1933 la «protección» estadounidense de Latinoamérica les había proporcionado a los Estados
75 Unidos una base naval permanente en Cuba y el control completo de su política interior, la posesión de Puerto Rico, derechos permanentes a un canal a través de Panamá y derechos a construir otro canal en Nicaragua. Se había usado la fuerza militar en siete de los países de la región y en cuatro de éstos se había sancionado una larga ocupación militar. En fin, para finales de las
80 tres primeras décadas del siglo XX, los Estados Unidos habían conseguido la dominación de gran parte de la economía sudamericana y el control casi total de la centroamericana. Al mismo tiempo que estas acciones protegían los intereses económicos de los Estados Unidos, establecieron un patrón de dependencia política en el Caribe y Centroamérica cuyos impactos han tenido
85 aun peores consecuencias para las relaciones interamericanas. Los países de la región empezaron a mirar cada vez más hacia Washington para la solución de sus problemas interiores. Esta dependencia colocó a los Estados Unidos en el centro de la estructura del poder en Centroamérica. Mantener allí la estabilidad de gobiernos conservadores y hasta autoritarios sirvió a los
90 intereses comerciales de los Estados Unidos en aquel entonces, pero ha sido una fuente de enormes problemas en el pasado y en la época actual.

### La Política de Buena Voluntad

En 1933 el presidente Franklin D. Roosevelt, primo de Theodore, anunció su Política de Buena Voluntad y sus intenciones de mejorar las relaciones entre los continentes americanos. Se repudió la intervención directa en los asuntos

[4]*shameful*

*matters*

*Fundado por el presidente estadounidense John F. Kennedy, el Cuerpo de Paz manda voluntarios a todas partes del mundo, donde ayudan a implementar programas educativos, sociales y comerciales.*

95 interiores de otros países. Aunque Roosevelt sugirió y apoyó fuertes inversiones económicas en Latinoamérica, declaró que la Diplomacia del Dólar ya
no imperaba. Sus acciones generalmente confirmaron sus promesas: No
hubo ninguna represalia cuando el gobierno de Lázaro Cárdenas nacionalizó
las compañías petroleras de México en 1938.

100     Roosevelt buscaba establecer un nuevo espíritu de cooperación y solidaridad entre las naciones del hemisferio. Aunque la expansión económica
de los Estados Unidos en Latinoamérica aumentó, los esfuerzos de Roosevelt
sí lograron disminuir la sospecha y desconfianza que se había creado
durante los años anteriores. El estallar de la Segunda Guerra Mundial esti-
105 muló la cooperación entre los Estados Unidos y Latinoamérica. Sin embargo,
después de la guerra la expansión del comunismo y el desarrollo de un
fuerte nacionalismo latinoamericano provocaron nuevas tensiones.

## ■■■ COMPRENSIÓN

**A** Cambie los verbos entre paréntesis en las siguientes oraciones por el
pretérito de indicativo o el imperfecto de subjuntivo, según el contexto.
Luego diga si son ciertas (**C**) o falsas (**F**), según la **Lectura I.** Corrija las
oraciones falsas.

1. _____ La Doctrina Monroe prohibió que ninguna nación europea (intervenir)
   en los gobiernos americanos.

2. _____ Antes de 1930, los Estados Unidos (seguir) una verdadera política de
   no intervención en los países centroamericanos.

3. _____ Theodore Roosevelt (hacer) mucho para que se (limitar) la expansión
   de los Estados Unidos en la América Latina.

4. _____ El «Corolario Roosevelt» a la Doctrina Monroe (defender) la integridad territorial de los países centroamericanos.

5. _____ Franklin Roosevelt quería que (haber) más cooperación y solidaridad
   entre los países del hemisferio.

**B** ¡NECESITO COMPAÑERO! Trabajando en parejas, completen el siguiente
cuadro con información que aprendieron en la **Lectura I.** Después, comparen
sus repuestas con las de algunas otras parejas. ¿Están todos de acuerdo o hay
diferencia de opiniones? Expliquen.

| Presidente | Programa | Meta(s) | Resultado(s) |
|---|---|---|---|
| | la «Diplomacia del Dólar» | | |
| | | la no intervención europea en América | |
| Theodore Roosevelt | | | |
| | | | Se mejoraron las relaciones de los Estados Unidos con Latinoamérica. |

**C** PAPEL Y LÁPIZ   A lo largo de la historia, la política de los Estados Unidos se ha caracterizado por su intervencionismo en gobiernos y economías extranjeros. Explore esto en su cuaderno de apuntes.

- ¿Recuerda Ud. algunas de estas intervenciones? ¿Qué opina de ellas, en general?

- ¿Qué motivó la intervención estadounidense en esos casos?

- ¿Qué pretendía (*was trying to accomplish*) el gobierno estadounidense? ¿Tuvo éxito o fracasó en sus intenciones?

- En su opinión, ¿fueron necesarias esas intervenciones? ¿Por qué sí o por qué no? ¿Qué otras alternativas existían?

## Lectura II

# ■■■ LOS ESTADOS UNIDOS EN LATINOAMÉRICA: METAS Y MOTIVOS

### El factor económico

1   **UNA ECONOMÍA COLONIAL SE CARACTERIZA** por la producción de materias primas, como los bienes agrarios y los minerales no refinados; una economía industrializada, en cambio, es la que produce bienes manufacturados. El problema es que las materias primas siempre cuestan mucho menos
5   que los productos refinados. Por lo tanto, las economías coloniales suelen funcionar con un déficit: lo que se vende no proporciona lo suficiente para amortizar lo que se compra o se necesita comprar. Además, como los precios de las materias primas fluctúan con frecuencia, las economías coloniales suelen ser menos estables que las industrializadas. La
10   inestabilidad se acentúa cuando la economía se basa en sólo uno o dos productos.

Históricamente, todos los países de la América Latina han mantenido economías de tipo colonial. En años recientes se han hecho esfuerzos para diversificar las economías y desarrollar la industria manufacturera. Con todo,
15   durante el período entre 1992 y 1994, en nueve de los diecinueve países°

---

°Se excluye aquí al Brasil.

más del 40 por ciento de la exportación nacional todavía se basaba en sólo uno o dos productos no refinados. Aunque esta cifra indica un cambio positivo —en el período entre 1987 y 1989 esta situación existía en trece de los diecinueve países— todavía se nota claramente la dependencia en sólo una o dos exportaciones.

Los grandes recursos naturales de Latinoamérica —es una de las fuentes más grandes del mundo de cobre[1] y de estaño,[2] y también tiene importantes reservas de petróleo— complementan y fortalecen las industrias estadounidenses que dependen en mayor o menor grado de la disponibilidad de materias primas. Por esta razón el gobierno estadounidense estimuló mucho la inversión económica en Latinoamérica, especialmente después de la Segunda Guerra Mundial.

El estímulo económico también fue motivado por el deseo de combatir el comunismo. La profunda impresión causada por la revolución cubana de 1959 hizo creer a muchos estadounidenses que el comunismo se extendería[3] por toda Latinoamérica si no se tomaran medidas extraordinarias e inmediatas. En agosto de 1961 el presidente John F. Kennedy anunció la Alianza para el Progreso. Aunque el temor a la amenaza comunista fue la razón principal de la Alianza, en muchos aspectos era sumamente idealista. Se esperaba que, con la ayuda económica y el apoyo político de los Estados Unidos, los países latinoamericanos pusieran en marcha diversos proyectos para el progreso económico y la reforma social. Las resultantes mejoras en el nivel de vida fortalecerían[4] a la vez el papel de un gobierno democrático. Desafortunadamente, la Alianza logró muy pocas de sus metas y despertó, durante los diez años que existió, tantas controversias como esperanzas. En algunos países latinoamericanos, había resistencia hacia ciertas reformas por parte del gobierno y de la élite económica; en otros, aunque se iniciaron cambios, la presión de los Estados Unidos provocó el resentimiento de grupos que consideraron la Alianza como otro tipo de intervención estadounidense.

El continuo estímulo a la inversión económica en Latinoamérica, sumado a la falta de industrias nacionales que compitieran con las estadounidenses, y la existencia de leyes que favorecían el comercio con los Estados Unidos sobre el comercio con otros países acabaron por producir un monopolio estadounidense en la América Latina. En Cuba, por ejemplo, antes de la época de Castro, empresas estadounidenses controlaban el 90 por ciento de la energía eléctrica y del servicio telefónico, el 37 por ciento de la producción de azúcar, el 30 por ciento de la banca comercial,[5] el 50 por ciento de los ferrocarriles, el 66 por ciento de las refinerías de petróleo y el 100 por ciento de la explotación del níquel. En Centroamérica la United Brands (que incluye la United Fruit Company, conocida localmente como «el pulpo»°) todavía monopoliza las exportaciones de bananas. En Chile, antes de 1970, dos empresas estadounidenses —Anaconda y Kennecott— dominaban totalmente la producción de cobre, la cual equivalía a un 12 por ciento

[1]copper  [2]tin  [3]se... *would spread*  [4]*would strengthen*  [5]banca... *commercial banking*

°La imagen del pulpo (en inglés, *octopus*), con sus muchos e implacables tentáculos, hace que esta palabra se use en muchas partes de Latinoamérica para referirse a una persona o una compañía que explota a los demás.

60    de la producción mundial y a más del 70 por ciento del producto nacional bruto[6] de Chile.°

### El factor político

Para comprender algunos de los problemas que caracterizan las relaciones interamericanas actuales, es importante recordar que desde después de la Segunda Guerra Mundial hasta el comienzo de la década de los noventa, 65   el enfoque principal de la política exterior de los Estados Unidos fue la lucha contra el comunismo. Limitar la expansión del comunismo en el hemisferio occidental se consideraba especialmente importante por las dos razones anteriormente mencionadas: primero, porque las naciones latino-americanas proporcionan materias primas para la industria; y segundo, 70   porque la proximidad del continente sudamericano a los Estados Unidos daría[7] a un poder comunista diversas ventajas estratégicas en caso de guerra.

    El problema se produjo cuando este intento de controlar la expansión del comunismo hizo que los Estados Unidos tuvieran que escoger entre el 75   orden y la estabilidad por un lado y el cambio y la posibilidad de un régi-men hostil por otro. La historia diplomática de las relaciones interamericanas indica claramente que, enfrentados a estas dos alternativas, los Estados Uni-dos siempre optaron por el *status quo,* aun cuando esto significara apoyar a un gobierno autoritario. Se observa, por ejemplo, que los gobiernos que 80   recibieron más ayuda de la Alianza para el Progreso durante la década de los sesenta no eran los países más democráticos como México y el Uruguay, sino los más anticomunistas como las dictaduras de Duvalier en Haití, Somoza en Nicaragua y Stroessner en el Paraguay.[†] Se notan, además, repe-tidos casos de intervención directa (por ejemplo, en la República Dominicana 85   en 1965) e indirecta (por ejemplo, en Nicaragua durante 1985–1989) que se justificaron principalmente por el temor al comunismo.

## Mirando hacia el futuro

Como se ha visto, en el pasado muchos de los conflictos entre los Estados Unidos y los países latinoamericanos se debían en el fondo a la confronta-ción Este-Oeste de las dos superpotencias. Esta confrontación llevó a los 90   Estados Unidos a representar ideales democráticos pero al mismo tiempo valerse de métodos —cuando no de gobiernos— de reputación dudosa para

[6]producto… *Gross National Product*   [7]*would give*

---

°Es posible a veces perder el significado de tales cifras. Se pueden comprender mejor los sentimientos alarmados de los chilenos si se imagina una situación equivalente en los Estados Unidos, es decir, si General Motors, General Foods, General Electric, Ford, IBM y todos los bancos, minas, aviación y construcción (entre otras compañías) estuvieran bajo el control de dos empresas extranjeras.

[†]Con respecto a Nicaragua, aquí se ve uno de los casos en que las acciones del presidente Franklin D. Roosevelt *no* estuvieron de acuerdo con sus promesas en cuanto a la América Latina. Si por un lado decidió no tomar ninguna represalia cuando el gobierno de Lázaro Cárdenas nacionalizó las compañías petroleras de México en 1938, por otro apoyó sin reservas la dictadura de Anastasio Somoza en Nicaragua. De tal dictador, Roosevelt dijo una vez: «He is an S.O.B. but, at least, he is **our** S.O.B.»

contener la propagación del comunismo. Esta paradoja dividió a las administraciones estadounidenses, al Congreso y al mismo pueblo estadounidense.

Por un lado están los «reformistas», quienes abogan por los principios democráticos como manera de decidir la conducta que se ha de observar con respecto a otros gobiernos. Para ellos, la alianza entre los Estados Unidos y cualquier gobierno autoritario daña la credibilidad de los Estados Unidos como protector de la libertad y la dignidad humana. Por otro lado están los «realistas», quienes se muestran igualmente convencidos de que las decisiones de los Estados Unidos tienen que basarse principalmente en la defensa de sus intereses y de la seguridad nacional. Según los realistas, un gobierno autoritario es siempre preferible a un gobierno totalitario ya que el primero rara vez es permanente y no elimina toda oposición. La lucha entre estas dos filosofías ha creado situaciones en las que una administración de los Estados Unidos podía hacer presión por elecciones libres y un gobierno constitucional en El Salvador y al mismo tiempo participar en acciones subversivas y claramente ilegales en Nicaragua.

Ahora que ya no existen dictaduras en Latinoamérica° (con la excepción de Cuba) y que los cambios en la antigua Unión Soviética hacen que la propagación del comunismo tampoco amenace, ¿qué se puede esperar de las relaciones interamericanas? La respuesta todavía no parece ser muy optimista.

Desde un principio, hay que reconocer los serios problemas económicos que todavía confrontan casi todos los países latinoamericanos. Es importante recordar que estos países dependen del dinero que obtienen de la venta de sus materias primas para comprarles a otros países productos manufacturados que ellos mismos no pueden producir por falta de la infraestructura y la tecnología necesarias. Cuando el valor de las materias primas cae en precio, como ocurrió durante la década de los ochenta, esto puede provocar un grave desequilibrio en la balanza de pagos: Sale del país más dinero del que entra. Cuando sucede esto, la inflación puede llegar a niveles desastrosos. A finales de 1989, por ejemplo, la inflación en el Perú llegó al 3.000 por ciento y en la Argentina alcanzó casi un 5.000 por ciento. Los gobiernos típicamente responden a estas crisis imponiendo un plan de austeridad. Estas y otras medidas controlan la inflación (en 1995, había bajado a un 12 por ciento en el Perú y a menos del 4 por ciento en la Argentina) pero al mismo tiempo crean sufrimiento y cierto descontento político entre el pueblo, lo cual puede socavar[8] los gobiernos.

austerity

[8]*undermine*

*La elección de Vicente Fox como presidente de México en diciembre del año 2000 inauguró una nueva etapa en las relaciones entre México y los Estados Unidos. Fox, quien antes fue ejecutivo de la compañía Coca-Cola, trajo consigo un estilo de gobierno formado más en el mundo de los negocios que en el de la política. Entre sus objetivos estaban la mejora de las relaciones comerciales y políticas con los Estados Unidos, la expansión de la Zona de Libre Comercio y el mejoramiento en el trato de los mexicanos que van, legal o ilegalmente, a los Estados Unidos en busca de trabajo. En la photo conversa con el presidente estadounidense George W. Bush.*

°En febrero de 1989 el general Andrés Rodríguez acabó con casi 35 años de dictadura en el Paraguay, echando a Alfredo Stroessner por medio de un golpe de estado. Tres meses después, Rodríguez fue elegido presidente del país. En diciembre del mismo año, Patricio Alwyn ganó la presidencia de Chile, acabando con la dictadura militar de Augusto Pinochet, quien había gobernado el país desde 1973.

135　En noviembre de 1993 el Congreso de los Estados Unidos aprobó por un estrecho margen de votos la resolución que ponía en funcionamiento el Tratado de Libre Comercio (*North American Free Trade Agreement* o *NAFTA*) entre México, el Canadá y los Estados Unidos. Sin embargo, tres años después de la resolución, la polémica que acompañó desde sus comienzos esta
140　iniciativa política estadounidense no se había extinguido sino que había aumentado (en parte por el hecho de ser 1996 año de elecciones presidenciales en los Estados Unidos y cada uno de los tres partidos políticos que más entraban en juego —el Democrático, el Republicano y el Reformista— intentó usar este asunto como factor clave de su propia campaña). En opi-
145　nión de los especialistas, el establecimiento de la Zona de Libre Comercio beneficia a ambos países por igual. Según ellos, la creación de puestos de trabajo en México —donde la mano de obra es más barata— con la consecuente pérdida de estos empleos en el mercado de trabajo estadounidense, se compensa con el aumento espectacular de exportaciones e inversiones a
150　favor de los Estados Unidos. Hay otros, sin embargo, que opinan que el establecer en México operaciones comerciales de las grandes empresas estadounidenses y usar esta mano de obra barata es simplemente otro intento de intervención por parte de los Estados Unidos y por lo tanto no se debe permitir, sean cuales sean los beneficios económicos.

# ■■■ COMPRENSIÓN

**A** ¿Qué asocia Ud. con cada una de las siguientes palabras o frases? ¿Qué importancia tiene cada una en el contexto de la **Lectura II** de este capítulo?

1. la balanza de pagos
2. la Alianza para el Progreso
3. el comunismo
4. las materias primas
5. realista
6. reformista
7. el Tratado de Libre Comercio

**B** Cambie los verbos entre paréntesis en las siguientes oraciones por la forma apropiada del pasado de indicativo o de subjuntivo, según el contexto. Luego, diga si las oraciones son ciertas (**C**) o falsas (**F**). Corrija las oraciones falsas.

1. ＿＿＿ El presidente Kennedy dudaba que el desarrollo económico (estimular) la reforma social.
2. ＿＿＿ Durante las décadas de los cincuenta y los sesenta, la intervención estadounidense (ser) menos directa que hoy en día.
3. ＿＿＿ Los Estados Unidos (respaldar) a varios dictadores en la América Latina con tal de que (ser) anticomunistas.
4. ＿＿＿ A principios de los años noventa, el Congreso (aprobar) el Tratado del Libre Comercio entre los países norteamericanos.
5. ＿＿＿ La economía latinoamericana (mejorar) durante la última década del siglo XX.

# Vacas que producen electricidad además de leche

OSTA RICA TIENE FAMA de ser uno de los países más pendientes de la ecología porque su industria turística se basa en la atracción de sus selvas, montañas, volcanes y otros atractivos naturales. Algo menos conocido es que también tienen fama la leche y los otros productos lácteos[1] muy sabrosos que se producen en el país. ¿Pero cómo es posible producir leche tan buena en un clima tropical como el de Costa Rica? Una hacienda costarricense muestra su ingeniosidad en crear un ambiente cómodo para las vacas, usando recursos muy creativos.

La Hacienda Pozo Azul se encuentra en Sarapiquí, un pueblo tropical donde las temperaturas pueden llegar a los 100 grados Fahrenheit en verano. Las 180 vacas de la hacienda producen hasta 2.000 litros de leche al día, pero para que produzcan tanta leche, hay que reducir el calor ambiental. Por eso, los dueños de la hacienda decidieron instalar grandes abanicos[2] en el corral donde se guardan las vacas. ¿Pero de dónde viene la electricidad para impulsarlos? A los dueños se les ocurrió una solución brillante.

Usan el estiércol[3] de las vacas para producir la electricidad que hace funcionar los grandes abanicos. El producto natural se transporta a un tanque donde empieza su procesamiento, y después de pasar por varias etapas se extrae del estiércol un gas que se convierte en electricidad. Lo que queda se mezcla con lombrices[4] para crear un abono[5] orgánico que enriquece la tierra en la que cultivan plátanos en otra parte de la hacienda. Además, la hacienda se ha convertido en un lugar de atracción para la gente que se interesa en la conservación del medio ambiente y en el cultivo más eficaz de la tierra. ■

*En una hacienda lechera, Zarcero, Costa Rica*

[1]productos… *dairy products*  [2]*fans*  [3]*manure*  [4]*worms*  [5]*fertilizer*

# Lectura III

## ■■■ LOS ESTADOS UNIDOS EN LATINOAMÉRICA: MEMORIA DEL FUEGO

### Aproximaciones al texto

El escritor y periodista uruguayo Eduardo Galeano (1940– ) publicó entre los años 1982 y 1986 una personalísima visión de la historia del continente americano.

Esta obra, *Memoria del fuego*, consta de tres volúmenes que se titulan respectivamente *Los nacimientos* (que comprende desde la conquista española hasta el año 1700), *Las caras y las máscaras* (que abarca los siglos XVIII y XIX) y, finalmente, *El siglo de viento* (que se dedica al siglo XX). La originalidad de la obra reside en gran parte en la técnica narrativa empleada, la cual consiste en el uso exclusivo de «viñetas»: breves episodios narrados en su mayoría en tiempo presente y encabezados por la fecha en que sucedió el episodio recreado, el nombre del lugar donde ocurrió y, por último, un título que nombra al protagonista del episodio o que alude al tema tratado.

Se trata, sin lugar a dudas, de textos que expresan un punto de vista muy crítico sobre el intervencionismo de los Estados Unidos en la política y la economía latinoamericanas. Estas intervenciones se consideran la causa principal de la animadversión y recelo de los países de habla española respecto a los Estados Unidos. Galeano no presenta, por consiguiente, una imagen positiva de las relaciones interamericanas. En su opinión, la política exterior estadounidense estuvo motivada en los últimos cien años tanto por la defensa de los intereses económicos de las grandes empresas como por la amenaza de la propagación de la ideología comunista en el hemisferio, y que este doble propósito es lo que condicionó en gran medida la naturaleza de esas relaciones. Como se ha visto en las **Lecturas I** y **II** de este capítulo, esta perspectiva suele ser compartida por muchos especialistas sobre el tema.

La **Lectura III** consiste en una selección de siete viñetas correspondientes al volumen dedicado a la historia americana del siglo XX.

## ■■■■ PALABRAS Y CONCEPTOS

**amenazar**   to threaten

**asesinar**   to murder

**defraudar**   to cheat

**desamar**   to stop loving; to dislike; to hate

**poner el grito en el cielo**   to raise a great fuss; to "scream bloody murder"

**pretender**   to try, intend to (*do something*)

**sublevarse**   to revolt, rise up

**el asesinato**   assassination; murder

**el atropello**   outrage

**el/la contador(a)**   accountant

**la enmienda**   amendment

**el galán**   leading man

**la ira**   rage

**el muelle**   wharf

**los sublevados**   people (groups, nations, etc.) in rebellion

**debido/a**   due; owed

**A**   Cuáles de las palabras de la lista de vocabulario tienen para Ud. un significado o connotación negativos? ¿Por qué? ¿Qué asocia con ellas?

**B**   Mire los títulos de las siete viñetas de Galeano y explique las connotaciones que le sugieren. ¿Son connotaciones positivas o negativas? ¿Cuál cree Ud. que será el contenido de cada selección, basándose en su título? ¿Y cuál será el tono de cada selección? Explique sus respuestas.

**C** ¡NECESITO COMPAÑERO! Trabajando en parejas, conversen sobre lo que les sugieren los siguientes nombres y hagan conjeturas sobre lo que se dirá (*might be said*) de estas personas o entidades en las selecciones de *El siglo de viento* que Uds. van a leer.

el Pato Donald                    José Carioca              Henry Kissinger
la United Fruit Co.               la CIA                   El Dorado
el senador Platt                  los US Marines

Luego, compartan sus conjeturas con los otros estudiantes. ¿Hay mucha diferencia de opiniones?

# Los Estados Unidos en Latinoamérica: *Memoria del fuego*

## 1901
## Nueva York
## Ésta es América, y al sur nada

1 **ANDREW CARNEGIE VENDE,** en 250 millones de dólares, el monopolio del acero. Lo compra el banquero John Pierpont Morgan, dueño de la General Electric, y así funda la United States 
5 Steel Corporation. Fiebre del consumo, vértigo del dinero cayendo en cascadas desde lo alto de los rascacielos: los Estados Unidos pertenece a los monopolios, y los monopolios a un puñado de hombres, pero multitudes de obreros acuden 
10 desde Europa, año tras año, llamados por las sirenas de las fábricas, y durmiendo en cubierta sueñan que se harán millonarios no bien salten sobre los muelles de Nueva York. En la edad industrial, El Dorado está en los Estados Unidos, y los Estados Unidos es América. 15

Al sur, la otra América no atina ya ni a balbucear su propio nombre. Un informe recién publicado revela que *todos* los países de esta sub-América tienen tratados comerciales con los Estados Unidos, Inglaterra, Francia y Alemania, pero *ninguno* los tiene con sus vecinos. 20 América Latina es un archipiélago de patrias bobas, organizadas para el desvínculo y entrenadas para desamarse.

## 1909
## Managua
## Las relaciones interamericanas y sus métodos más habituales

1 **PHILANDER KNOX FUE ABOGADO** y es accionista de la empresa The Rosario and Light Mines. Además, es Secretario de Estado del gobierno de los Estados Unidos. El presidente de Nicaragua, José 
5 Santos Zelaya, no trata con el debido respeto a la empresa The Rosario and Light Mines. Zelaya pretende que la empresa pague los impuestos que jamás pagó. El presidente tampoco trata con el debido respeto a la Iglesia. La Santa Madre se la tiene jurada desde que Zelaya le expropió tierras y le suprimió los diezmos y las primicias y le 10 profanó el sacramento del matrimonio con una ley de divorcio. De modo que la Iglesia aplaude cuando los Estados Unidos rompen relaciones con Nicaragua y el secretario de estado Philander 15 Knox envía unos cuantos *marines* que tumban al presidente Zelaya y ponen en su lugar al contador de la empresa The Rosario and Light Mines.

## 1912
## Daiquirí
## Vida cotidiana en el Mar Caribe: Una invasión

LA ENMIENDA PLATT, obra del senador Platt, de Connecticut, es la llave que los Estados Unidos usan para entrar en Cuba a la hora que quieren. La enmienda, que forma parte de la Constitución cubana, autoriza a los Estados Unidos a invadir y a quedarse y les atribuye el poder de decidir cuál es el presidente adecuado para Cuba.

El presidente adecuado para Cuba, Mario García Menocal, que también preside la Cuban American Sugar Company, aplica la enmienda Platt convocando a los *marines* para que desalboroten el alboroto: Hay muchos negros sublevados, y ninguno de ellos tiene una gran opinión sobre la propiedad privada. De modo que dos barcos de guerra acuden y los *marines* desembarcan en la playa de Daiquirí y corren a proteger las minas de hierro y cobre de las empresas Spanish American y Cuban Copper, amenazadas por la ira negra, y los molinos de azúcar a lo largo de las vías de la Guantánamo y Western Railroad.

## 1942
## Hollywood
## Los buenos vecinos del sur

ACOMPAÑAN A LOS ESTADOS UNIDOS en la guerra mundial. Es el tiempo de los *precios democráticos:* Los países latinoamericanos aportan materias primas baratas, baratos alimentos y algún soldado que otro.

El cine exalta la causa común. En las películas rara vez falta el número sudamericano, cantado y bailado en español o portugués. El Pato Donald estrena un amigo brasileño, el lorito José Carioca. En islas del Pacífico o campos de Europa, los galanes de Hollywood liquidan japoneses y alemanes por montones: cada galán tiene al lado un latino simpático, indolente, más bien tonto que admira al rubio hermano del norte y le sirve de eco y sombra, fiel escudero, alegre musiquero, mensajero y cocinero.

## 1953
## Ciudad de Guatemala
## Arbenz

EL PRESIDENTE TRUMAN PUSO el grito en el cielo cuando los obreros empezaron a ser personas en las plantaciones bananeras de Guatemala. Y ahora el presidente Eisenhower escupe relámpagos ante la expropiación de la United Fruit.

El gobierno de los Estados Unidos considera un atropello que el gobierno de Guatemala se tome en serio los libros de contabilidad de la United Fruit. Arbenz pretende pagar, como indemnización, el valor que la propia empresa había atribuido a sus tierras para defraudar impuestos. John Foster Dulles, Secretario de Estado, exige veinticinco veces más.

Jacobo Arbenz, acusado de conspiración comunista no se inspira en Lenin sino en Abraham Lincoln. Su reforma agraria, que se propone modernizar el capitalismo en Guatemala, es más moderada que las leyes rurales estadounidenses de hace casi un siglo.

## 1970
## Santiago de Chile
## Paisaje después de las elecciones

EN UN ACTO DE IMPERDONABLE mala conducta, el pueblo chileno elige presidente a Salvador Allende. Otro presidente, el presidente de la empresa ITT, International Telephone and Telegraph Corporation, ofrece un millón de dólares a quien acabe con tanta desgracia. Y el presidente de los Estados Unidos dedica al asunto diez millones: Richard Nixon encarga a la CIA que impida que Allende se siente en el sillón presidencial y que lo tumbe si se sienta.

El general Rene Schneider, cabeza del ejército, se niega al golpe de Estado y cae fulminado en emboscada: —*Esas balas eran para mí* —dice Allende.

Quedan suspendidos los préstamos del Banco Mundial y de toda la banquería oficial y privada, salvo los préstamos para gastos militares. Se desploma el precio internacional del cobre.

Desde Washington, el canciller Henry Kissinger explica: —*No veo por qué tendríamos que quedarnos de brazos cruzados, contemplando cómo un país se hace comunista debido a la irresponsabilidad de su pueblo.*

## 1984
## Washington
## «1984»

EL DEPARTAMENTO DE ESTADO de los Estados Unidos decide suprimir la palabra *asesinato* en sus informes sobre violación de derechos humanos en América Latina y otras regiones. En lugar de *asesinato,* ha de decirse: *ilegal o arbitraria privación de vida.*

Hace ya tiempo que la CIA evita la palabra *asesinar* en sus manuales de terrorismo práctico.

Cuando la CIA mata o manda matar a un enemigo, no lo asesina: lo *neutraliza.*

El Departamento de Estado llama *fuerzas de paz* a las fuerzas de guerra que los Estados Unidos suelen desembarcar al sur de sus fronteras; y llama *luchadores de la libertad* a quienes luchan por la restauración de sus negocios en Nicaragua.

En 1990 el presidente estadounidense George Bush (padre) anunció su Iniciativa para las Américas, la cual incluía un plan para establecer una Zona de Libre Comercio entre Latinoamérica, el Caribe, los Estados Unidos y el Canadá. El acuerdo, que llegó a llamarse «NAFTA» (North American Free Trade Agreement), *es y sigue siendo motivo de gran controversia tanto en los Estados Unidos como en México.*

1 **DADA LA DIFÍCIL HISTORIA** de las relaciones interamericanas, es probable que el porvenir sea problemático también.
5 Si por un lado la desaparición de la mayoría de los países comunistas —con la excepción del vecino cubano, que sigue siendo
10 problemático para las administraciones estadounidenses— ha eliminado un obstáculo importante para la mejora de esas relaciones,
15 por otro, la enorme desigualdad económica dificulta una relación igualitaria entre socios y vecinos. Los Estados Unidos ha colaborado
20 con gobiernos latinoamericanos para crear programas de beneficio mutuo. En 1993 el presidente Bill Clinton firmó el tratado que estable-
25 cía una Zona de Libre Comercio entre los tres países norteamericanos y también se han aprobado acuerdos especiales que facilitan el comercio mutuo entre los Estados Unidos, el Caribe y otros países latinoamericanos. Sin embargo, es necesario señalar que en los últimos años se han intensificado las diferencias entre los ricos y los pobres. Para estos últimos, la Coca-Cola
30 es un símbolo doble, puesto que representa por igual el bienestar estadounidense y el enorme contraste de riqueza que separa el norte del sur.

Está claro que todavía queda mucho por hacer para que los americanos tanto del norte como del sur puedan reemplazar la amenaza y el recelo por el respeto y la amistad. No obstante, es de esperar que en el futuro esté al
35 alcance de los Estados Unidos llegar a combinar la protección de sus intereses económicos e ideológicos con la defensa de sus principios, los cuales incluyen la justicia social y la mejora de la calidad de vida de todos los habitantes del hemisferio.

## ■■■ COMPRENSIÓN

**A** Indique si las siguientes oraciones son ciertas (**C**) o falsas (**F**), según la **Lectura III.** Corrija las oraciones falsas.

**1.** _____ Durante la Segunda Guerra Mundial, los hispanos fueron estereotipados por muchas de las películas de Hollywood.

**2.** _____ Los países latinoamericanos tienen más tratados entre sí que con Europa y Norteamérica.

**3.** _____ La CIA utiliza un vocabulario que a veces esconde la realidad de sus acciones.

**4.** _____ El presidente Nixon respetó la decisión del pueblo chileno en las elecciones democráticas de 1970.

**5.** _____ La enmienda Platt protegía y respetaba la independencia de Cuba.

**6.** _____ El presidente de Nicaragua, Santos Zelaya, intentó que las compañías extranjeras pagaran los impuestos debidos.

**B** Complete el siguiente cuadro con la información necesaria.

| Fecha | País | Estímulo | Respuesta |
|-------|------|----------|-----------|
| 1909 | | | intervención militar estadounidense |
| | Cuba | sublevación de los campesinos | |
| 1953 | | expropiación de la United Fruit Company por el gobierno guatemalteco | |
| | Chile | | intervención de la CIA |

# INTERPRETACIÓN

**A** ¿Cree Ud. que un país o gobierno tiene el derecho a intervenir en otro? ¿En qué situaciones? ¿Cree Ud. que la ayuda económica es una forma de intervención? ¿Lo es el Cuerpo de Paz? ¿la oferta de medicinas o comida después de una catástrofe? ¿la ayuda militar? Justifique su punto de vista.

**B** ¡NECESITO COMPAÑERO! Trabajando en parejas, piensen en los datos o selecciones de la **Lectura III** que más les llamaron la atención, los que más les sorprendieron y los que más les molestaron. Hagan una lista de por lo menos dos cosas en cada una de esas categorías. Después, compartan sus listas con los otros estudiantes y explíquenles el porqué de sus selecciones. Finalmente, trabajen todos juntos para recopilar una sola lista en cada categoría de las tres cosas que más le llamaron la atención, más le sorprendieron y más le molestaron a la mayoría de la clase.

**C** ENTRE TODOS Divídanse en tres grupos. El profesor / La profesora le asignará a cada grupo una de las lecturas de este capítulo para analizar. Primero determinen cuál es el tono de la lectura asignada y luego cuál es el propósito. Después, decidan si la lectura logra su propósito o si no lo logra y expliquen el porqué de su opinión. Finalmente, elijan a un(a) portavoz para que esta persona explique las opiniones del grupo al resto de la clase. Escuchen las explicaciones de los otros grupos y prepárense para añadir información o refutar la explicación presentada.

**D** En las lecturas de este capítulo se ha insistido en las razones económicas y políticas como motivo de la ayuda que los Estados Unidos ofrecen a los países latinoamericanos. En su opinión, ¿qué otros motivos pueden explicar las relaciones interamericanas? ¿Cuál es el motivo más importante? ¿el menos importante? Explique sus respuestas.

# ■■■ APLICACIÓN

**A** ¿Qué es el Cuerpo de Paz? ¿Conoce Ud. a alguien que haya pasado algún tiempo en un país extranjero como voluntario/a del Cuerpo de Paz? ¿Qué efectos positivos puede tener esta experiencia, tanto para el individuo como para el país? ¿Puede tener efectos negativos también? Explique.

**B** ¿Cree Ud. que los países industrializados tienen la responsabilidad de ayudar a los países menos desarrollados? ¿Por qué sí o por qué no?

**C** Cuál es la política de la administración actual en cuanto a Latinoamérica? ¿Cree Ud. que es «realista» o «reformista» en su orientación? Explique. ¿Está Ud. de acuerdo con esta política? ¿Por qué sí o por qué no?

**D** ¿Está Ud. de acuerdo con que un gobierno autoritario generalmente es mejor que un gobierno totalitario? ¿Por qué sí o por qué no? En su opinión, ¿es verdad que los gobiernos revolucionarios izquierdistas generalmente se convierten en gobiernos totalitarios? ¿Con qué tipo de gobierno (autoritario, totalitario o democrático) asocia Ud. las siguientes características? ¡Cuidado! Algunas de ellas se pueden asociar con más de un tipo de gobierno.

- el control absoluto de la economía
- el control parcial de la economía
- un esfuerzo por fomentar la alfabetización
- la participación popular en el proceso político
- los abusos de los derechos humanos
- el crecimiento económico
- la disminución de la violencia doméstica y callejera
- la estratificación de las clases sociales
- la libertad de prensa
- la separación del poder militar del poder político
- la corrupción entre los líderes
- un solo partido político

**E** ENTRE TODOS  La cuarta viñeta de Galeano hace referencia al importante papel que la industria del cine asumió durante la Segunda Guerra Mundial, en cuanto a su capacidad de influir en la opinión pública. Tanto el cine como las otras artes pueden contribuir en gran medida a crear y fomentar algunas imágenes determinadas de otras gentes y países. Comente algunos de los estereotipos de superioridad e inferioridad que se ven presentados en las actuales películas y series de televisión de este país.

- ¿A quién(es) o a qué grupo(s) de gente se le(s) atribuyen los estereotipos de superioridad? ¿y los de inferioridad?

- ¿De qué manera(s) hacen patentes estos estereotipos las películas y series de televisión? En su opinión, ¿son más sutiles hoy que antes o más obvias? ¿Qué indica esto sobre el estado de las relaciones humanas en este país y en esta época?

**F** ¡NECESITO COMPAÑERO!  En una de sus viñetas Galeano menciona la importancia que adquiere el lenguaje para esconder aquellas realidades que se consideran desagradables u ofensivas. Esto es lo que se llama en la sociedad estadounidense un lenguaje «políticamente correcto». Trabajando en parejas, hagan una lista de algunas de las expresiones políticamente correctas que Uds. conocen. En cada caso, expliquen lo siguiente.

- el problema o la realidad a que se refieren
- las consecuencias positivas y/o negativas del uso de tal expresión

El uso del lenguaje políticamente correcto se justifica por varias razones.

- para ayudar a corregir algunas realidades desagradables
- para ayudar a resolver problemas interpersonales
- para llamar la atención sobre los problemas para poder encontrarles solución
- para permitir que se hable de ciertos temas difíciles sin ofender inadvertidamente
- para permitir que uno esconda la cabeza en la arena y así no enfrentarse con una realidad difícil

Vuelvan a mirar las expresiones que acaban de identificar. ¿Cuál(es) de las razones anteriores explica(n) el uso del lenguaje políticamente correcto en cada caso? Compartan con los demás compañeros de clase los problemas y las expresiones que Uds. han identificado así como su análisis de la justificación para cada uso del lenguaje políticamente correcto. ¿Hay mucha diferencia de opiniones? En cada caso, ¿creen que el uso del lenguaje políticamente correcto es realmente necesario? ¿Por qué sí o por qué no?

**G** En muchos países latinoamericanos, la dominación económica de los Estados Unidos ha provocado recelo y un fuerte sentimiento antiestadounidense. ¿Existe en este país una situación parecida con respecto a la presencia o influencia de inversionistas extranjeros? Indique cuáles son algunos de estos grupos. ¿Cuál es la reacción del pueblo de este país hacia ellos? En su opinión, ¿en qué es semejante y en qué es diferente esta reacción de la reacción de los latinoamericanos hacia los Estados Unidos?

**H** ¡NECESITO COMPAÑERO! Cuatro de las siete viñetas de Eduardo Galeano aluden directamente a la intervención política y/o militar de los Estados Unidos en países hispanoamericanos durante el siglo XX. Trabajando en parejas, vayan a la biblioteca para ampliar la información a la que hacen referencia estos cuatro textos. Prepárense para presentar esta información en la clase siguiente. Después, comenten entre todos la información averiguada. Por lo general, ¿apoya ésta la posición de Galeano o la contradice? ¿En qué están de acuerdo la información que Uds. descubrieron y la que describe Galeano? ¿En qué difieren? ¿Qué indican las diferencias?

**I** PAPEL Y LÁPIZ Basándose en su propia experiencia, en lo que ha leído en este capítulo y en las conversaciones en clase, explore en su cuaderno de apuntes algunos argumentos que apoyan y otros que rechazan las siguientes declaraciones.

1. Los Estados Unidos deben relacionarse solamente con gobiernos democráticos.

2. La intervención militar de un país en otro no se puede justificar bajo ninguna circunstancia.

3. A veces, para alcanzar los fines deseados, es necesario y justificable ir más allá de lo estrictamente permitido por la ley.

## CAPÍTULO 8

# Creencias e ideologías

1.

2.

1. *Ciudad de México*
2. *Sevilla, España*

# Exploraciones

Desde principios de la humanidad, los seres humanos hemos querido entender el mundo que nos rodea y explicar los misterios de la vida. ¿Cuál es la causa de los fenómenos meteorológicos? ¿Cómo se creó el mundo? ¿De dónde venimos y hacia dónde vamos? ¿Estamos solos en el universo? ¿Existe otra vida después de la muerte? A lo largo de la historia se han propuesto infinitas respuestas a preguntas de este tipo, respuestas que a veces tienen muchas semejanzas entre sí y que otras veces son completamente diferentes. Y aún quedan muchas preguntas por contestar. Las lecturas de este capítulo tratan algunas de las creencias que han nacido en torno a estos temas… y tal vez le dejen con más preguntas todavía. ■■■

### A   COMPARAR LAS FOTOS

■ Describa las fotos de la página anterior con todos los detalles que Ud. pueda. En términos generales, ¿qué tipo de creencias representa cada foto? ¿Son populares ambos tipos de creencias en el área donde vive? ¿Es popular sólo uno de ellos o ninguno de los dos? ¿Por qué?

### B   ANÁLISIS CRÍTICO

■ ¿Qué saben Uds. de estos dos tipos de creencias? ¿Cuáles son algunas de las características fundamentales de cada uno? ¿Qué características tienen en común? ¿Cuáles son algunas de sus diferencias?

■ ¿Hay ciertas regiones de este país que se asocian con estos tipos de creencias? ¿Cuáles son y dónde están? Además de estos dos, ¿qué otros tipos de creencias existen en el área donde Ud. vive? ¿en este país? ¿en el mundo?

■ Expliquen brevemente lo que Uds. opinan personalmente de los dos tipos de creencias que se representan en las fotos. Si no desean hablar de sus opiniones personales, describan cuál y cómo es la opinión general en el área donde viven.

### C   ESPECULAR

■ ¿Creen Uds. que uno de estos dos tipos de creencias va a ser más popular en el futuro de lo que es actualmente? ¿Por qué sí o por qué no?

■ ¿Creen que uno de ellos va a ser más popular que el otro? Expliquen su respuesta.

# ▪▪▪ TRADICIONES, MISTERIOS Y CURIOSIDADES: LAS TRADICIONES RELIGIOSAS

## Aproximaciones al texto

### Reading magazine and newspaper articles

The language of newspaper and magazine articles is often sophisticated and colorful. Nevertheless, if you apply the reading techniques that you have learned thus far to journalistic prose, you will find these articles easier to understand.

▪ First, most newspaper and magazine articles have the easily recognizable purpose of either informing or entertaining the reader. Some articles—editorials and exposés, for example—are written in a more argumentative style and attempt to convince the reader of something. It is not necessary for an article to have only a single purpose: It may aim both to entertain and inform, for example.

The majority of newspaper articles are informative; they report basic information on newsworthy people and events. Such articles must be structured so as to make the information easy to find: the titles are concise and to the point; the answers to *who? what? where? when?* and *why?* usually appear in the first paragraphs. Like newspaper articles, magazine articles may be informative, but many aim to entertain or to convince the reader of something—the existence of a problem, for example, or the need to take some kind of action. To accomplish either purpose, both the title and the introductory paragraphs are designed to attract attention and to draw the reader into the article. You will greatly simplify your reading task if you make a preliminary decision about the article's purpose (to inform? to entertain? to convince? a possible combination?) before you begin reading. This first evaluation will give you an important hint about what kind of information to expect in the first paragraphs.

▪ Second, newspaper and magazine articles must be relatively brief. This means that the information is presented more compactly, with fewer descriptive digressions than in literature. You might have to read several pages of a book, sometimes even an entire chapter, to get a clear idea of what it is about, but you only have to read the title and skim the first paragraph or two of an article to have a basic idea of the content. Skimming for a general impression of content before you begin to read more closely will usually give you enough context to make the entire article comprehensible, even if the first paragraphs contain unfamiliar vocabulary.

▪ Third, the organization of newspapers and magazines is designed to help the reader find specific kinds of information. For example, there are sports sections and lifestyle sections, as well as the editorial page. When you pick up a newspaper or magazine, you will find the articles much easier to read if you learn to take advantage of the publication's structure.

■ Fourth, although the language of newspaper and magazine articles will certainly contain many unfamiliar words and constructions, avoid the temptation to give up or (perhaps worse) to look up every word in the dictionary. Using the skills you have practiced so far, skim the article first to get a basic idea of its content, then read it all the way through *more than once*. It will actually take you less time to read the article twice without looking up words than it would to read it just once but stopping to consult the dictionary at every unfamiliar turn—and you'll understand it better! Don't look up any words until after you've read the article at least twice, and then choose your words carefully. Decide which areas in the text are the most important to understand and look for words that will help you with those passages.

Mire los siguientes titulares (*headlines*) e indique cuál podría ser (*could be*) el propósito (informar, entretener, convencer o alguna combinación) del artículo que encabeza cada uno.

1. Explosión en una escuela peruana: Once personas resultan heridas

2. Se prohíbe la publicidad de tabaco y alcohol en las competiciones deportivas

3. El Salvador: La guerra invisible que no cesa

4. La moda del nuevo milenio: Presos del Internet

5. Tres nuevos trasplantes: Dos de corazón y uno de hígado

6. Productos biológicos: Alimentos sanos y naturales para toda la familia

7. El robot: El mejor amigo del ser humano en el año 2015

8. España es el sexto país de Europa Occidental por número de accidentes y fallecidos de tráfico

9. Una conversación con un visitante del planeta rojo

## ■■■ Tradiciones, misterios y curiosidades: Las tradiciones religiosas

Los textos que se reproducen en este capítulo aparecieron originalmente en diferentes publicaciones del mundo hispano. Probablemente contienen palabras y estructuras que Ud. no conoce. ¡No se preocupe! La sección de **Palabras y conceptos,** como también las estrategias para leer que ha aprendido y empleado, lo/la ayudarán a captar las ideas esenciales en cada caso.

Las creencias religiosas y espirituales proporcionan al ser humano los fundamentos de gran parte de sus valores y aspiraciones. Estas creencias han existido en todas las culturas humanas no sólo para establecer las normas de conducta, lo que se acepta y lo que se rechaza, sino también para ofrecer una explicación de los misterios de la existencia.

La gran mayoría de los hispanos son católicos, aunque muchos de ellos no practican activamente su religión. Además, los hispanos siempre han estado en contacto con otras religiones importantes. En España, los judíos y los musulmanes convivieron durante casi ocho siglos con los cristianos hasta que fueron expulsados en 1492 por los Reyes Católicos. Aunque en España no se permitió la práctica legal del judaísmo sino hasta 1869, los judíos sí practicaban su fe en Hispanoamérica desde los primeros años de la Conquista. En Hispanoamérica la Conquista impuso la religión católica a los pueblos indígenas, quienes mezclaron ritos católicos con varias prácticas de sus propias creencias y tradiciones indígenas. Últimamente, el protestantismo evangélico ha ganado terreno en Hispanoamérica, mientras que una versión radicalmente activista del catolicismo, la teología de la liberación, atrae a otros.

## ■■■■ PALABRAS Y CONCEPTOS

**A** Lea brevemente el título y los subtítulos del artículo de las páginas 154–156. ¿Qué información le dan acerca de las siguientes preguntas periodísticas?

¿cuándo?      ¿por qué?      ¿quiénes?
¿dónde?      ¿qué?

**B** ENTRE TODOS El siguiente artículo tiene que ver con la primera comunión. En algunas culturas católicas, y especialmente dentro de la cultura hispana, esta ceremonia tiene mucha importancia, tanto simbólica como social. Lea el título del artículo. ¿Qué asocia Ud. con la primera comunión? Entre todos, hagan un mapa semántico de este concepto, utilizando las siguientes ideas para sugerir categorías relacionadas: la ropa, las actividades, los sentimientos / las emociones, las personas, los motivos.

**C** El primer subtítulo del texto sugiere otro tema: los padres «progres» y su actitud hacia este acto religioso de sus hijos. ¿Qué actitud tendrán (*might they have*)? ¿positiva? ¿negativa? ¿indiferente?

**D** Lea brevemente el primer párrafo del texto. ¿Qué descubrió? ¿Tenía Ud. razón con respecto a sus respuestas a la **Actividad C**? ¿Le sorprende la actitud de estos padres? ¿Por qué sí o por qué no?

**E** Lea rápidamente las preguntas de la actividad de **Comprensión** que sigue el artículo. Después, lea el artículo buscando la información necesaria para completar esas preguntas.

## Papá, quiero hacer la comunión.

*Hijos de padres «progres» que no fueron bautizados se someten al rito católico-social cada año*

**Por Milagros Pérez Oliva**

| Vocabulario útil | |
|---|---|
| **progre** *coll.* progressive, "with it" <br> **hacer la primera comunión** to take one's first communion <br> **el bautizo** baptism <br> **bautizarse** to be baptized | **comulgar** to take communion <br> **el boato** pomp and circumstance <br> **la catequesis** catechism classes <br> **eludir** to avoid, elude |

ES UN FENÓMENO RELATIVAMENTE RECIENTE, pero significativo y, según algunos catequistas, creciente. Son las *conversiones* escolares. Niños que quieren hacer la primera comunión, pero que primero tienen que pasar por la pila del bautismo, porque sus padres no lo hicieron de pequeños. Hijos de agnósticos o de creyentes no practicantes, algunos de ateos, estos niños conversos han descubierto de repente una inagotable fuente de inspiración y de magia en la retórica de la religión y, muy especialmente, de la historia sagrada. Y la han descubierto en la escuela, muchos de ellos en el patio de recreo.

Sus padres reaccionan como pueden ante estas conversiones inesperadas y, en el fondo, inconscientes. Unos tratan de quitarles importancia, otros intentan encauzarlas por derroteros no dogmáticos y otros, en fin, rechazan de plano lo que consideran un dogma.

La mayoría de los padres anteponen el respeto hacia el sentimiento del niño a sus propias convicciones. «No creo que a esta edad sea una decisión demasiado consciente. Pero es una decisión, y como tal hay que respetarla», afirma César, un padre de treinta y pocos años cuyo hijo, Marc, acaba de bautizarse y comulgar. «Nuestro planteamiento es que la religión es una cuestión muy personal, que no debe ser inducida. No quisimos bautizar a Marc para que fuera él quien eligiera. La verdad es que ahora elige más por razones sociales que otra cosa, pero si en su día adoptamos aquella decisión para preservar su libertad, ahora tenemos que respetarla.» Los padres de Marc se han volcado en el bautizo y comunión de sus hijos. Pero le han puesto una condición: nada de boato. «Te daremos el dinero que costaría una fiesta, y lo dedicas a una obra que creas que merece la pena», le dijeron. Y Marc está encantado. Lo va a dar a niños necesitados.

Sandra también ha tenido que bautizarse antes de hacer la comunión. «Un amigo de la escuela iba a catequesis y me decía que viniera, que era muy bonito y vine, y me gustó.» Sandra

*En España, la primera comunión es un acontecimiento de gran importancia en la vida de los jóvenes. Se celebra con ropa especial y fiestas familiares. Las niñas llevan vestidos blancos largos o a veces se visten de monjitas; los niños se visten de militares o de monjes.*

dejó la cerámica por el catecismo y se inició en la fe con tanto ahínco que convenció a sus padres para que bautizaran también a su hermana Elisabeth, de tres años.

### La abuela, factor clave

No son muchos los que se bautizan, pero el fenómeno es significativo. En el centro de catequesis de Sarrià, en Barcelona, de 650 niños que se han preparado para la comunión este año, 10 no estaban bautizados. Los niños que acuden a los capuchinos de Sarrià pertenecen a capas medias y a altas y a sectores creyentes progresistas. «Son hijos de una generación que valora mucho la libertad personal. Estos niños no fueron bautizados deliberadamente por respeto a su libertad individual», afirma Josep Massana, responsable de la catequesis.

La mayoría de los padres, sin embargo, no esperaba una conversión tan temprana. Y siempre les queda la duda de si la elección está o no condicionada por factores no estrictamente religiosos. Resulta muy difícil para ellos eludir al montaje comercial que rodea las comuniones. «Ésta es una batalla perdida de la Iglesia y también de las familias», afirma Massana. Al niño le hace ilusión el vestido, el rito, el banquete. Por una vez él es el protagonista absoluto. Los padres lo saben, y les cuesta negarle este deseo, pero les desagrada. Los grandes almacenes bombardean con publicidad, y aunque durante algunos años se logró casi erradicar el pomposo vestido de princesa o el marcial traje de mariscal, la presión comercial ha provocado el retorno de los tules y las gasas.

Finalmente, todos los padres ceden algo. «A veces has de cerrar los ojos un poco, porque tampoco los niños están preparados para asumir una presión excesivamente fuerte contra sus deseos», afirma la madre de otro pequeño comulgante.

Los niños tienen importantes aliados que alimentan su fantasía. La abuela, por ejemplo. La abuela es un factor de conversión esencial. Y también una excelente maestra de ceremonias a la hora de decidir ritual. «Nuestros niños tienen bastante asimilado que ha de ser un acto austero. Pero las madres no tanto», afirma la hermana Nicol, de las siervas de la Pasión.

*El País,* Madrid

## ■■■ COMPRENSIÓN

¿Cierto o falso? Complete las siguientes oraciones con la forma correcta del indicativo o del subjuntivo de los verbos entre paréntesis. Luego, diga si las oraciones son ciertas (**C**) o falsas (**F**), según el artículo. Corrija las oraciones falsas.

1. _____ Los padres «progres» opinan que es mejor que los niños (decidir) por sí solos si quieren bautizarse.

2. _____ Hoy en día muchos niños españoles tienen que bautizarse antes de que (poder: ellos) hacer la primera comunión.

3. _____ A todos los padres les gusta mucho que sus hijos (desear) bautizarse y hacer la primera comunión.

4. _____ Algunos padres creen que sus hijos (elegir) la religión por razones no espirituales.

5. _____ Algunos padres aceptan la decisión de sus hijos para que éstos (tener) la experiencia de ser protagonistas de una ceremonia muy linda.

6. _____ En España, las fiestas para celebrar la primera comunión suelen ser muy sencillas (no comercializadas) a menos que uno (ser) de la clase alta.

**A** ¿Asocia Ud. el concepto de «renacer» o ser «renacido» con el catolicismo, con el protestantismo o con otra tradición religiosa y/o espiritual? ¿Cómo interpreta Ud. el título del siguiente artículo? ¿De qué se tratará? Indique las posibilidades que le parezcan muy probables (**MP**), probables (**P**) o improbables (**I**).

1. _____ Las diferencias entre el catolicismo y el protestantismo están desapareciendo en la América Latina.

2. _____ Cada vez más católicos latinoamericanos se están convirtiendo al protestantismo.

3. _____ Cada vez más protestantes latinoamericanos se están convirtiendo al catolicismo.

4. _____ Muchos latinoamericanos profesan las dos religiones, tanto el catolicismo como el protestantismo.

5. _____ Los católicos latinoamericanos se están volviendo más católicos que nunca, practicando cada vez más las antiguas tradiciones de su fe.

6. _____ Cada vez más católicos latinoamericanos creen en la reencarnación.

**B** ¡NECESITO COMPAÑERO! ¿Qué opinan Uds. de cada una de las posibilidades mencionadas en la actividad anterior? Trabajando en parejas, indiquen si cada una de ellas representaría (*would represent*), en general, algo positivo o negativo para la América Latina. ¿Por qué? Luego, compartan sus opiniones con los demás compañeros de clase. ¿Hay mucha diferencia de opiniones?

**C** ENTRE TODOS Comenten lo que podría (*could*) ser la causa o los motivos de este «renacer» que se va a describir en el artículo.

## La América Latina Católica, «Renace»

**Por Richard Rodríguez°**

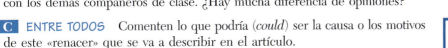

| Vocabulario útil | | |
|---|---|---|
| **la rama** branch | **los altibajos** ups and downs | **la fila** row |
| **el sacerdote** priest | **de recorrido largo** for the long haul | **atónito/a** amazed, thunderstruck |
| **célibe** celibate | **la inmediatez** suddenness | **el tatuaje** tattoo |
| **dar por sentado** to take for granted | **sagrado/a** sacred | **la pandilla** gang |
| **el/la pecador(a)** sinner | **predicar** to preach | **la cursilería** cheapness, tawdriness |

1 **DESPUÉS DE CUATRO SIGLOS** de catolicismo, una nueva rama de la cristiandad se está extendiendo rápidamente en la América Latina. La América Latina, el hemisferio católico de América, se está volviendo protestante, y no sólo protestante, sino evangélico. 5

°Véase la lectura sobre Richard Rodríguez en el **Capítulo 9.**

*Evangélico:* el que evangeliza; el cristiano que predica el evangelio. Y uso el término con cierta libertad, como lo usa la prensa norteamericana, para trasmitir la idea de un movimiento amplio, más que una religión o un grupo determinado de iglesias.

Los evangélicos son los más protestantes de los protestantes. La conversión evangélica se basa en la experiencia directa de Cristo, aceptando que Cristo es el redentor personal de cada uno. Los evangélicos son fundamentalistas. Leen las Escrituras literalmente. Dicen sí cuando quieren decir sí, y no cuando quieren decir no.

A principios del siglo XX había menos de 200.000 protestantes en toda la América Latina. Hoy, uno de cada ocho latinoamericanos es protestante; hay más de 50 millones de protestantes en la América Latina. Los índices de conversión (un cálculo: 400 por hora) llevan a los demógrafos a predecir que la América Latina se habrá vuelto evangélica antes del fin del siglo XXI.

Un sacerdote católico que conozco rechaza la urgencia con que describo el fenómeno. «En América Latina —dice— eres católico con sólo respirar el aire. La fe católica ha penetrado tanto en la vida del pueblo, en el tribunal de justicia, la cocina, la plaza, el paisaje urbano, que se necesitarían siglos para sacársela.»

Éste es el modo católico de ver las cosas. Es mi modo. Soy católico porque soy de México, y es tan difícil para mí imaginarme una América Latina protestante como lo sería imaginarme el Océano Pacífico sin sal.

¿Cómo entender la América Latina moderna? Cuando los periodistas norteamericanos viajan a la América Latina recogen noticias de los contra o de la última brigada de marxistas en la jungla; tratan desesperadamente de seguir los pasos de los comandantes guerrilleros que aparecen y desaparecen en las ventanas de los palacios de gobierno. Pero no enfocan en lo esencial. Los generales no son el punto esencial de la América Latina. Las drogas no son el punto esencial de la América Latina. El catolicismo es el punto esencial de la América Latina. Pregúntele a cualquier protestante. Pregúntele a Eleanor Roosevelt. Pregúntele a Gloria Steinem. Pregúnteles a los organismos de *Planned Parenthood.* La América Latina sufre porque es católica. Bebés. Culpa. Fatalismo.

El catolicismo asume que los seres humanos son impotentes, seres incapaces. El catolicismo siempre ha sido administrado por hombres célibes, pero su intuición es completamente femenina.

La Iglesia es nuestra madre. La Iglesia es la «esposa» de Cristo. (Los católicos son sus niños.) Los católicos necesitan de la intercesión de los santos y la Virgen María. Los católicos dependen de la guía de la Iglesia, siglos de tradición, siglos de ejemplo. Los católicos viven en comunión con todas las generaciones de fieles, vivos y muertos.

El problema del catolicismo, el gran pecho maternal y consolador del catolicismo, es que lo abarca y lo comprende todo. El catolicismo es tan abarcador que en él se define una nación entera o un hemisferio. Pero cuando la religión llega a ser tan omnicomprensiva, es fácil darla por sentada. ¿Qué importa que Brasil reclame ser el país católico más grande del mundo, si en Brasil nadie va a misa?

Los bohemios y los poetas de los climas protestantes siempre se han sentido atraídos hacia el romance de las ciudades católicas o los barrios católicos de las ciudades. Todo el mundo sabe que los restaurantes y cafés católicos son mejores que los protestantes. Los católicos tienen una arquitectura mejor, hace más sol en sus plazas, tienen una virtud más fácil y una piel más calurosa. El catolicismo es tolerante, pero es cínico. La policía y las cortes protestantes son más honestas. Los trenes protestantes están más limpios que los trenes católicos y además llegan a tiempo.

La Iglesia católica asume que errar es humano. Uno puede ser pecador y sin por ello dejar de ser católico. El catolicismo espera que la fe tenga altibajos en el curso de una vida. La liturgia católica es compatible con las estaciones de la vida humana, que va del dolor a la alegría a través de los desiertos del Tiempo Ordinario. «El catolicismo es una religión de recorrido largo», dice triunfalmente mi sacerdote.

Nosotros los católicos sospechamos de los cambios repentinos y de la gente que confiesa ese tipo de cambio. Las resoluciones de cambiar la vida personal como las que se hacen para el Año Nuevo son típicas nociones protestantes. Los misioneros católicos militan tan fervientemente como los evangélicos, pero un acto de conversión no define al catolicismo. El catolicismo es un modo de vida que no necesita nunca de una catarsis, ni depende de una sola decisión.

Según la fe evangélica la inmediatez es sagrada. El cambio es un imperativo religioso. Puedes, y debes, renacer. La conversión define la fe. Los obispos latinoamericanos critican a los misioneros evangélicos por promover la desintegración de la familia, oponiendo hermano contra hermana. A los ojos de los obispos, la Iglesia evangélica introduce la idea perniciosa del autocambio. Pero, por supuesto, en esto reside la innegable atracción del protestantismo evangélico.

Para los jóvenes que no tienen tiempo que perder, el atractivo teatral y televisivo del protestantismo evangélico, emparentado con una imagen maquillada, es la promesa de un cambio rápido. Tres adolescentes en América Central me comentaron que se convirtieron en evangélicos porque el predicador gringo siempre usaba traje y corbata. En este caso, el visible signo de gracia y fe es de pronto signo de éxito.

Por cuatro siglos en la América Latina la Iglesia ha predicado lo opuesto, el sentido trágico de la vida. En toda iglesia católica en la América Latina se puede ver la trágica efigie del *Ecce Homo* (las palabras de Poncio Pilato: Mirad al hombre), el Cristo humillado. «Cristo no triunfó», me dice frecuentemente mi sacerdote. «Los evangélicos predican acerca de la victoria y el éxito y lo alcanzan. ¿No se dan cuenta que Cristo nunca triunfó en este mundo?»

Me he sentado en las filas de atrás de iglesias evangélicas y me he quedado atónito de lo que veía. He visto chicos con tatuajes, chicos rudos, chicos que han pasado su infancia entre drogas, pandillas y violencia, chicos ahora en traje y corbata, cantando himnos a Cristo. Estos hombres no se han convertido de pronto en «niñitos santos». Estos son hombres agresivos que han descubierto el poder de la autoafirmación espiritual. Si el catolicismo es femenino, luego el genio del protestantismo me parece masculino. ¡Transfórmate en un hombre! ¡Toma responsabilidad de tu propia vida!

La parte católica que hay en mí, ancestral, cínica, femenina es espantada por la cursilería, la vulgaridad, la falta de sentido del humor y de sofisticación, y aun por la dulzura de los relatos de las conversiones evangélicas. ¿Puede una vida transformarse así de la noche a la mañana? ¿Cuánto durará esta conversión? Pero, otra parte en mí no negará que estos hombres y mujeres han encontrado lo que necesitaban.

Y admito que ellos no han sido alimentados por un catolicismo cultural, que les parecería tan intangible como el aire que respiran. «¡Volverán!», mi sacerdote dice. «En veinte años los evangélicos hispanos se estarán muriendo, literalmente muriendo por regresar a la Iglesia.» El católico está inclinado a negar la probabilidad de que se requiere una generación para transformar el curso de la historia. La importancia del cristianismo evangélico es que 400 años de catolicismo autoritario pueden ser transformados en una generación. La América Latina nunca volverá a ser la misma.

*Los Angeles Times*

## ▪▪▪ COMPRENSIÓN

**A** ¿Cómo respondería Ud. (*would you respond*) ahora a las tres actividades de la sección de **Palabras y conceptos** que contestó antes de leer este artículo? ¿Quedó sorprendido/a de lo que dice el artículo? ¿En qué sentido?

**B** ¿Cómo interpretaría Ud. (*would you interpret*) las siguientes afirmaciones después de leer el artículo? ¿Qué importancia tienen con respecto al tema?

1. Los periodistas norteamericanos, al hacer informes sobre los acontecimientos políticos y militares latinoamericanos, no captan lo esencial de la América Latina.

2. El catolicismo siempre ha sido administrado por hombres célibes, pero su intuición es completamente femenina.

3. Tres adolescentes en América Central me comentaron que se convirtieron en evangélicos porque el predicador gringo siempre usaba traje y corbata.

4. La América Latina nunca volverá a ser la misma.

### ■■■ PALABRAS Y CONCEPTOS

En la España del siglo XV convivieron tres comunidades —la musulmana, la judía y la cristiana. Esa convivencia terminó abruptamente en 1492 cuando los Reyes Católicos impusieron la religión católica, expulsando del país a quienes no se convirtieron a esa fe. Al ser los judíos expulsados de Sefarad —como ellos llamaban a la península Ibérica— se dispersaron por los países de Europa y el imperio turco. Dejaron su patria, pero se llevaron consigo su lengua, el judeo-español o ladino. Muchas de las características de esa lengua coinciden con las del castellano que se hablaba en la España medieval. El judeo-español se mantiene hoy en algunas comunidades de los distintos países en donde hay judíos sefardíes.

A continuación se presenta una entrevista entre el Sr. Yitzhak Navon, ex presidente de Israel, y miembros de la redacción de la revista hispano-británica *Donaire*. En la entrevista hablan del judeo-español y de la cultura sefardí.

**A** ¿Conoce Ud. ejemplos específicos de grupos que hayan tenido que dejar su patria e ir a establecerse en otros países? Cuando un pueblo tiene que abandonar su patria, ¿le es fácil o difícil mantener su lengua y sus tradiciones? ¿Qué características de su experiencia pueden ayudar a mantener vivos estos aspectos? ¿Qué características pueden dificultar este mantenimiento? Haga una tabla o un mapa semántico para resumir sus ideas.

**B** Piense ahora en la entrevista que va a leer. ¿De qué se tratará? Mire el texto rápidamente y lea solamente las preguntas en letra cursiva que le hicieron al Sr. Navon. ¿Cuáles de los siguientes temas cree Ud. que se van a tratar en la entrevista?

|  | MUY POSIBLE | TAL VEZ | LO DUDO MUCHO |
|---|---|---|---|
| 1. el número de judíos sefardíes que hay en el mundo | ❑ | ❑ | ❑ |
| 2. los lugares donde viven los judíos sefardíes hoy en día | ❑ | ❑ | ❑ |
| 3. la historia de la cultura judía | ❑ | ❑ | ❑ |
| 4. los idiomas de los judíos | ❑ | ❑ | ❑ |
| 5. la paz y la guerra en relación con los judíos | ❑ | ❑ | ❑ |
| 6. el contacto entre los judíos y otros pueblos después de su expulsión de España | ❑ | ❑ | ❑ |
| 7. las relaciones actuales entre España y los judíos | ❑ | ❑ | ❑ |
| 8. los judíos y los deportes | ❑ | ❑ | ❑ |
| 9. el turismo en Israel | ❑ | ❑ | ❑ |
| 10. las características del judeo-español | ❑ | ❑ | ❑ |
| 11. los esfuerzos actuales por mantener el judeo-español entre los sefardíes | ❑ | ❑ | ❑ |
| 12. los judíos en las universidades | ❑ | ❑ | ❑ |

# Entrevistas

*El Sr. D. Yitzhak Navon nació en Jerusalén el 9 de abril de 1921. Su padre Yosef era profesor y copista. Tras la expulsión de España en 1492, sus antepasados se dirigieron primero a Turquía y, finalmente, se establecieron en Jerusalén hace más de 300 años...*

*Yitzhak Navon estudió Literatura Hebrea, Árabe, Cultura Islámica y Pedagogía en la Universidad Hebrea de Jerusalén y habla correctamente hebreo, inglés, árabe y español...*

*Yitzhak Navon ejerció el puesto de Presidente del Estado de Israel de 1978 a 1983. Al concluir su mandato, en septiembre de 1984, fue nombrado Vice-Primer Ministro y Ministro de Educación y Cultura hasta 1990.*

*En 1968 Yitzhak Navon escribió la obra* Romancero Sephardi, *recopilación musical de canciones religiosas y profanas de los sefardíes, y posteriormente* Bustan Sephardi, *escenificación de la cultura y la vida de familias sefardíes de Jerusalén... Su obra* Six Days and Seven Gates, *narración ambientada en Jerusalén e inspirada en la Guerra de los Seis Días, fue publicada en Nueva York por Shikmona, con traducción al inglés de Herzl Press.*

1 ***EL JUDEO-ESPAÑOL O LADINO,*** *la lengua de los judíos sefardíes, que salieron de España en 1492 y épocas posteriores, se mantuvo vivo en países y ámbitos culturales muy diferentes, desa-*
5 *fiando el paso del tiempo durante siglos. ¿Podría indicarnos cuáles han sido a su juicio las causas más importantes de esta pervivencia?*

En primer lugar, querría hacer una observación histórica: Los judíos sefardíes no «salieron de
10 España en 1492 y épocas posteriores», sino que fueron expulsados. Las relaciones entre los estados de Israel y de España hoy, igual que las relaciones entre el pueblo judío y el pueblo español, son muy positivas y maduras, no obstante las
15 páginas negras del pasado. Podemos permitirnos decir la verdad histórica sin ningún miedo.

En lo que atañe a la pregunta acerca del ladino, me parece que son varias las razones de su mantenimiento durante siglos: Por un lado, los
20 judíos vivieron en España cientos de años, antes de que España fuera cristiana, y el idioma español fue parte integral de su vida, carácter, pensamiento y creación literaria; tenían, por tanto, derecho —digamos— sobre este idioma igual que los

demás españoles. Al ser dispersados en distintas 25
partes del mundo, era natural que se llevaran consigo este legado que formaba parte indivisible de su ser. Conceptos como *mamá, papá, amor, corazón, luna, flor, alegría, tristeza,* y tantos más, quedaron grabados en sus corazones de manera 30
indeleble, por no mencionar las canciones maravillosas y el folclore tan rico y gracioso. A pesar de la expulsión, siguieron amando a España, donde nacieron y desarrollaron su labor creadora, y donde se encuentran las tumbas de sus padres. 35

En segundo lugar, creo que el ladino se mantuvo mejor en países donde el nivel cultural general no era muy elevado, como Turquía, Grecia, Bulgaria, Yugoslavia, Rumanía, Hungría, las islas de Rodas y Creta, y otros más; en cam- 40
bio, en otros lugares donde se encontraron con una cultura elevada, los sefardíes adoptaron gradualmente los idiomas de aquellos países, como sucedió por ejemplo en Holanda, Francia, Inglaterra, Estados Unidos, el Medio Oriente y el 45
Norte de África.

*Desde la perspectiva de la época actual, de comunicación prácticamente instantánea por* medio de técnicas cada vez más sofisticadas, y al ser el español un idioma de alcance universal hablado por más de 350 millones de personas, ¿cree que puede conservarse el judeo-español como lengua de la realidad cotidiana?

Para que el ladino se mantenga como idioma vivo, debe haber comunidades compuestas solamente de sefardíes, para que la gente oiga y hable ladino «de la faja a la mortaja», desde la niñez hasta la vejez. Pero cada vez se pueden encontrar menos comunidades de este tipo. Lamentablemente, es un proceso inevitable. Los casamientos de sefardíes con otros que no lo son van creciendo en número, felizmente —diría yo— pues en Israel deseamos una unidad de los inmigrantes que vienen de 120 países hablando unos 85 idiomas. Este fenómeno no tiene nada que ver con la difusión del español en el mundo. A propósito, en Israel viven unas 200.000 personas que hablan español, procedentes de América Latina, Tánger, Melilla y Ceuta. Los que usan el ladino en el mundo serían —calculo yo— casi 500.000, en su mayoría residentes en Israel...

*¿Cuál es la política lingüística actual del Gobierno en relación con las lenguas habladas en Israel? ¿Se han adoptado ahora o en épocas pasadas algunas medidas de mantenimiento o promoción del ladino?*

Hace tres semanas que la Knesset —el Parlamento de Israel— aprobó una ley cuyo fin es la promoción del ladino en distintas formas. Fue un gran logro, aceptado por unanimidad. Lo mismo se hizo con el otro idioma judío, el yiddish, de origen alemán...

*Si tuviera que hacer una selección de autores y obras de [la] valiosa tradición literaria [sefardí], ¿qué recomendaría para su conocimiento por el lector español medio?*

El lector español medio no puede gozar de una mayoría abrumadora de la gran tradición sefardí, ya que ésta está escrita en alfabeto hebreo. Lo que sí puede leer son las publicaciones en alfabeto latino, como, por ejemplo, la revista cultural *Aki Yerushalayim,* que aparece en Jerusalén cada tres o cuatro meses; también podrá leer y cantar con gusto las canciones y romanzas, con notas musicales, *Chants Judeo-Espagnols,* compiladas en cuatro libros por Isaac Leví, o la *Antología de Liturgia Judeo-Española,* en diez tomos, con notas musicales, editados también por Isaac Leví. Es un caudal inagotable de herencia musical sefardí. Existen además los preciosos libros de folclore compilados por la Sra. Matilda Cohen Serrano, así como varios tomos de refranes que atesoran mucha sabiduría en ladino.

*¿Qué tipo de contactos existen hoy en día entre las comunidades sefardíes dentro y fuera de Israel?*

Existe la «Federación Sefardí Mundial», con sede en Tel-Aviv y sucursales en varios países, que desarrolla actividades políticas, sociales y culturales, y últimamente se creó una organización mundial de hablantes de ladino, que está iniciando sus primeros pasos. Hace pocos años comenzó

Buenos Aires, como muchas ciudades hispanas, es una buena representación de diferentes culturas e ideologías.

también su actividad en Jerusalén el Instituto «Sefarad», que tiene como objetivo la divulgación de la lengua y la cultura de los sefardíes. Lamentablemente, los contactos entre los sefardíes, dentro y fuera de Israel, son en general de carácter social, educativo y político, pero muy poco lingüístico.

*Creemos que en España existe en la época presente un planteamiento sentimental en cuanto a lo sefardí, que se plasma en múltiples actividades de promoción cultural al respecto, congresos, recorridos turísticos, música, folclore, publicaciones... ¿Cómo sienten los sefardíes actuales su relación con la moderna Sefarad?*

El Quinto Centenario del descubrimiento de América evocó también la fecha de la expulsión de los judíos de España, es decir, 1492. El año 1992 fue, por tanto, un hito decisivo en la actitud de los judíos, en general, y de los sefardíes, en particular, hacia España. Los congresos, los convenios, la visita del Presidente de Israel a Madrid y Toledo, la visita oficial de Su Majestad el Rey de España a Jerusalén, todo esto borró mucho de lo pasado y abrió una página nueva en la actitud judía hacia España. Menos lágrimas y más sonrisas, menos amargura y más amistad y afecto.

*En su calidad de ex Presidente de Israel, ¿cómo valora la larga marcha hacia la paz de su pueblo y de qué manera específica puede contribuir a la misma la comunidad sefardí?*

No creo que haya una actitud o contribución separada de los sefardíes hacia la paz. Los sefardíes, igual que los otros ciudadanos, pertenecen a distintos partidos políticos. Unidos todos en el deseo de paz, difieren en la manera de conseguirlo. Todos podemos afirmar lo que dijo un poeta español anónimo siglos atrás: «Tengo que morir cantando, ya que llorando nací, que las penas deste mundo non todas son para mí.»

*Donaire*, Londres

# COMPRENSIÓN

**A** Vuelva a la **Actividad B** de la página 160. ¿Qué tal acertó con respecto a la información incluida en la entrevista?

**B** Asocie cada idea de la segunda columna con una de la primera. ¡Cuidado! No todas las ideas de la segunda columna tienen una asociación en la primera.

1. _____ Sefarad
2. _____ las tres culturas de la España del siglo XV
3. _____ el yiddish
4. _____ el judeo-español
5. _____ el sefardí
6. _____ Yitzhak Navon
7. _____ la fecha de la expulsión de los judíos de España
8. _____ el Quinto Centenario

a. el ladino
b. la fecha del descubrimiento del Nuevo Mundo
c. el ex presidente de Israel
d. España
e. otro idioma judío, de origen alemán
f. Israel
g. el judío expulsado de España en el siglo XV y sus descendientes
h. 1992
i. la cristiana, la musulmana y la judía

**C** ¿Cierto o falso? Determine si las siguientes afirmaciones son ciertas (**C**) o falsas (**F**), según la información presentada en la entrevista. Corrija las oraciones falsas.

1. _____ En la actualidad las relaciones entre el pueblo judío y el pueblo español son muy negativas.
2. _____ Los judíos que vivieron en España en el siglo XV hablaban hebreo y por eso nunca aprendieron español.

3. _____ Los judíos llegaron a España poco antes de 1492.

4. _____ Después de su expulsión de España, los judíos no querían mantener el judeo-español.

5. _____ El ladino se mantuvo mejor en aquellos países donde el nivel cultural no era muy elevado.

6. _____ La mayoría de las personas que usan el ladino reside en España.

7. _____ No hay ninguna literatura escrita en ladino.

8. _____ Dentro y fuera de Israel los sefardíes tienen mucho contacto lingüístico entre sí.

9. _____ El año 1992 marca una fecha muy positiva para las relaciones entre Israel y España.

10. _____ El gobierno de Israel quiere que los judíos sefardíes abandonen el ladino.

11. _____ Después de una pervivencia de más de cinco siglos, hoy es posible que el ladino desaparezca.

12. _____ Según el Sr. Navon, los judíos sefardíes tienen una actitud muy particular (es decir, diferente de la de los otros judíos) hacia la guerra y la paz.

# ■■■ INTERPRETACIÓN

**A** ¡NECESITO COMPAÑERO! Trabajando en parejas, comenten la entrevista que acaban de leer. Identifiquen dos aspectos del tema que Uds. ya conocían, dos nuevas que aprendieron y dos que les sorprendieron. Compartan su reacción con las otras parejas. ¿Hay mucha diferencia de opiniones?

**B** ¡NECESITO COMPAÑERO! Trabajando en parejas, apliquen las técnicas que practicaron en el **Capítulo 7** para contestar las siguientes preguntas. Luego, comparen sus respuestas con las de las otras parejas. ¿Son muy parecidas las respuestas de todos o hay mucha diferencia de opiniones?

1. ¿Quién será el autor del primer artículo que leyeron? ¿del segundo? ¿y del tercero? (¿un religioso? ¿un protestante? ¿un católico? ¿ ?)

2. ¿Cuáles serán los propósitos principales de cada uno de esos tres artículos? (¿criticar? ¿convencer? ¿entretener? ¿informar? ¿ ?)

3. ¿Cuál será el público objeto de esos tres artículos? (¿el público en general? ¿los sacerdotes? ¿los católicos? ¿los niños? ¿los adultos? ¿ ?)

# ■■■ APLICACIÓN

**A** ¿Cree Ud. que es buena idea dejar que los niños tomen sus propias decisiones con respecto a la religión? ¿Por qué sí o por qué no? ¿Qué pierden los niños si no tienen una formación religiosa desde pequeños? ¿Hay algún beneficio en no tenerla? Explique.

**B** El artículo sobre la conversión evangélica de Latinoamérica sugiere que la religión tiene un papel importante en la vida aunque uno a veces la dé por sentada. ¿Cree Ud. que estas actitudes son contradictorias? Explique.

**C** Para los sefardíes, España representa un lugar especial. De pequeño/a, ¿tenía Ud. un lugar especial? Descríbalo. ¿Por qué era especial para Ud. ese lugar? ¿Todavía lo es?

# Catalina Sandino Moreno, actriz colombiana

ATALINA SANDINO MORENO se reconoce como la primera actriz colombiana en recibir una nominación para un premio Óscar en 2005, el honor más importante del cine mundial. En la película *María llena eres de gracia,* Sandino desempeña el papel de una joven colombiana muy pobre de un pueblo rural con poca oportunidad para avanzar. El permanecer allí sería[1] condenarse a vivir en la pobreza, trabajando por una miseria[2] en una plantación de rosas donde ella les quita las espinas a las flores. Pronto conoce a un hombre que recluta[3] a mujeres para trabajar de contrabandistas, transportando drogas a los Estados Unidos. Ella ve en el trabajo una oportunidad de escaparse de la atmósfera sofocante en la que vive, pero pronto se encuentra en una situación mucho más peligrosa de la que jamás pudo imaginarse.

Pero Sandino dice que su vida tiene muy poco en común con la de María. Viene de una familia de la clase media en Bogotá. Aunque la actriz dice que estaba consciente de la existencia de mulos de drogas[4] como los de la película, para ella era un asunto que sólo aparecía en los periódicos. Tampoco sabía mucho de los conflictos militares de los que se oye tanto en este país. En cambio, ella estudió teatro en el colegio y en la universidad para alcanzar su meta de hacerse actriz. Y nunca tuvo que trabajar en una fábrica para sobrevivir económicamente. Al contrario, dice que trabajaba sólo porque le gustaba el trabajo que tenía.

Ahora Sandino vive en Nueva York donde ha actuado en el teatro y sigue buscando su próxima película. Dice que no busca ningún papel específico, sino que quiere interpretar varios, tanto dramáticos como cómicos. Pero lo que trata de evitar son los papeles que estereotipan a las hispanas, así como los que sólo requieren que sea bonita, porque quiere que el mundo la respete como actriz.

[1]*would be*  [2]trabajando... *working for peanuts*  [3]*recruits*  [4]mulos... *drug traffickers*

*Catalina Sandino Moreno durante los Premios Óscar de 2005*

**D** ¿Tenía Ud. idea de la relación entre el español y el ladino? Vuelva a mirar los apuntes que hizo para la **Actividad A** de la página 160. ¿Incluyó en su tabla o mapa semántico algunas de las mismas razones que se mencionan en la entrevista relacionadas con la pervivencia del ladino? ¿Identificó algunos de los factores que ahora amenazan el futuro de ese idioma? En su opinión, ¿en qué son semejantes la historia del ladino y la historia de la lengua de los grupos inmigrantes en este país? ¿En qué son diferentes?

**E** De los tres artículos que comprenden la **Lectura I** de este capítulo, ¿le sorprendió alguno? ¿Por qué?

**F** PAPEL Y LÁPIZ  En su cuaderno de apuntes, explore más uno de los temas mencionados en las **Actividades A–E.**

## ■■■ TRADICIONES, MISTERIOS Y CURIOSIDADES: LOS ENIGMAS Y LAS CURIOSIDADES

Además de las creencias religiosas, en todas las culturas han existido a través de los tiempos otros tipos de creencias (leyendas, mitologías, espiritismo, supersticiones) que también escapan a la lógica y a la razón. ¿Les tiene Ud. miedo a los gatos negros? ¿Evita tomar decisiones importantes los viernes trece? Para los incrédulos, éstas son tonterías. Pero, ¿la sensación del *déjà-vu*? ¿la comunicación con los

*Osel nació en un pueblo en las montañas de Granada, España. Los budistas tibetanos lo reconocen como la reencarnación de un lama que murió poco antes de que Osel naciera. Osel vive ahora en la India, educándose para su futura vida de sacerdote. Como se ve en la foto, aun de joven empezó a practicar los ritos de su religión, y sus seguidores lo estimaban mucho.*

muertos? ¿la reencarnación? ¿los OVNIs? ¿las experiencias extracorpóreas? De verdad, ¿cree Ud. que hay explicaciones racionales para todo? ¡A ver qué opina después de leer los siguientes artículos… !

## ■■■■ PALABRAS Y CONCEPTOS

**chupar**  to suck
**estrellarse**  to crash
**fallecer**  to pass away, die
**grabar**  to record
**materializarse**  to appear (out of nowhere)
**perseguir (i, i)**  to pursue
**postular**  to hypothesize, suggest
**retroceder**  to go (pull) back
**trastornar**  to upset

**el adepto**  follower, supporter
**la agudeza**  acuteness
**el/la alienígena**  alien
**el escondite**  hiding place
**el extraterrestre**  extraterrestrial
**el desahogo**  emotional release
**el fallecimiento**  death
**la hazaña**  deed
**el/la payaso/a**  clown, fool

**la percepción extrasensorial**  extrasensory perception
**el platillo volante**  flying saucer
**la ubicación**  placement
**el/la ufólogo/a**  *person who studies UFOs*

**anterior**  earlier, previous
**comprobado/a**  proven
**concluyente**  conclusive
**dotado/a**  gifted
**escocés, escocesa**  Scotch; Scottish
**fidedigno/a**  credible, faithful
**maléfico/a**  evil
**perecedero/a**  perishable
**repentino/a**  sudden

**concienzudamente**  conscientiously
**de ultratumba**  from beyond the grave
**por doquier**  on every side, everywhere

**A** Mire la lista de vocabulario e indique las palabras o frases que Ud. asocia con los siguientes fenómenos: la parasicología, la comunicación con los muertos y la reencarnación.

ENTRE TODOS  ¿Qué otras asociaciones tienen Uds. con estos fenómenos? Trabajando en grupos de tres o cuatro estudiantes, hagan una lluvia de ideas sobre cada uno. Piensen en acciones, cualidades y objetos que no están en la lista de vocabulario. Luego, organicen sus ideas en un mapa semántico para cada tema.

**B** Defina brevemente en español. Sea tan específico/a como pueda.

1. de ultratumba
2. el ufólogo
3. fidedigno
4. la percepción extrasensorial
5. perecedero
6. el escondite

**C** Vuelva a examinar los mapas semánticos que hizo en grupo para la **Actividad A.** En general, ¿cree Ud. que la clase es escéptica o más bien receptiva con respecto a cada tema? Para averiguarlo, haga un rápido sondeo entre algunos miembros de la clase para ver si aceptan o rechazan las siguientes declaraciones.

1. La existencia de visitantes de otros planetas y de espíritus es posible.
2. Es posible la comunicación con los muertos a través de un(a) médium o por medio de objetos como un tablero de ouija.
3. Cuando uno muere es posible que vuelva a nacer, tiempos después, con otra identidad.

 **D** Divídanse en grupos de tres. Cada miembro de cada grupo debe leer uno de los tres siguientes artículos. Después de terminarlos, los tres deben reunirse para compartir su información, completando la siguiente tabla para cada artículo.

| | Título del artículo |
|---|---|
| 1. Defina o dé algunos ejemplos del fenómeno descrito. | |
| 2. Resuma brevemente la idea principal del texto. | |
| 3. Dé por lo menos un punto que sirva de evidencia a favor del fenómeno. | |
| 4. Dé por lo menos un punto que sirva de evidencia en contra del fenómeno. | |
| 5. Explique brevemente su propia opinión al respecto y justifíquela con argumentos basados en el texto o en su propia experiencia. | |
| 6. ¿Qué tiene en común este fenómeno con los otros dos? (Ud. tiene que hablar con los otros miembros de su grupo para formular esta respuesta.) | |

# La invasión de los ultracuentos

*Los poderes ocultos de la mente jamás se han podido probar en laboratorio, el vampirismo es más una parte del folklore que un hecho comprobado y la mayoría de los casos de OVNIs tiene una explicación sicológica, muy alejada de la presencia extraterrestre. Y, sin embargo, el número de adeptos a lo paranormal aumenta día tras día...*

**Por Salvador Hernáez**

PARA MILES DE PERSONAS, los gobiernos del mundo ocultan las pruebas para impedir que sepamos que los extraterrestres ya se encuentran entre nosotros. No es una creencia baladí: Decenas de fotografías e informes pululan por los despachos de los ufólogos, que tratan de poner orden en el enorme caudal de intoxicaciones informativas con que les bombardean. El tan famoso como burdo vídeo de la autopsia de extraterrestres estrellados con su nave en Roswell (Nuevo México) ha sido el colofón de una larga serie de despropósitos.

Según una encuesta publicada en *La Vanguardia* en 1990, casi el 66% de los españoles cree en la existencia de vida extraterrestre. Más recientemente, la revista *Newsweek* afirmaba que un 48% de los estadounidenses cree en los platillos volantes y un 29% piensa que ya han existido contactos con alienígenas. Es más, según una encuesta realizada en 1991 por la organización Roper, el 7% de los estadounidenses asegura haber visto un OVNI y nada menos que el 11% afirma haber visto un fantasma. Según Gallup, uno de cada cuatro norteamericanos cree que el espíritu de los muertos retorna a ciertos lugares y un 18% considera posible la comunicación con los espíritus.

## De Roswell al chupacabras

Si tuviéramos que establecer un *ranking* de los más populares fenómenos paranormales, comenzaríamos por Roswell y sus secuelas y terminaríamos por el chupacabras, en ambos casos temas que llenan revistas especializadas de gran éxito.

Originario de México, el chupacabras es un supuesto ser ultradimensional [sic] que mata ganado y a veces le chupa la sangre. También se han recogido testimonios de ataques a personas a lo largo de toda América...

## Mi marciano favorito

Pero Roswell es otra cosa... Se supone que un OVNI se estrelló en esta población en junio de 1947. Otras investigaciones más serias afirman que se trataba de un globo experimental,... pero para los ufólogos más recalcitrantes era una nave extraterrestre tripulada. A los alienígenas capturados, al parecer ya fallecidos, se les efectuó una autopsia cuyas imágenes ruedan por ahí...

---

## OVNIs

**Fenómeno: Luces y fenómenos en el cielo llamados Objetos Volantes No Identificados (OVNIs) o *Unidentified Flying Objects* (*UFO*s) en inglés...**

**A favor:** Fotos, películas, huellas de aterrizaje y otras pruebas, aunque en su mayoría se trata de imposturas y fraudes demostrados. Aquellas en que no se ha detectado engaño siguen un misterio...

**En contra:** No existe una sola prueba concluyente de que nos visiten seres de otros mundos, lo cual no invalida la existencia del misterio. El astrónomo Donald Howard Menzel lo explica mediante fenómenos como meteoros, caídas de satélites, experimentos militares secretos o efectos atmosféricos...

## Experiencias extracorpóreas (EEC)

**Fenómeno: El espíritu abandona el cuerpo y podemos vernos a nosotros mismos mientras flotamos en el aire, siendo posible a veces atravesar paredes y puertas cerradas.**

**A favor:** Se han recogido cientos de testimonios. Según los especialistas, casi todos hemos sentido alguna vez los preludios de una EEC, cuando durante el sueño sentimos que se paraliza nuestro cuerpo y nos inunda una sensación de inmovilidad.

**En contra:** Wilder Pendfield, especialista canadiense en el cerebro, consiguió reproducir el fenómeno en 1955 con la implantación de un electrodo en el lóbulo temporal de un epiléptico.

## Percepción extrasensorial (PES)

**Fenómeno: Quienes supuestamente tienen estos poderes conocen a distancia sucesos ocurridos —o que están ocurriendo— mediante clarividencia, saben qué piensa otra persona gracias a la telepatía y perciben sucesos futuros a través de la precognición.**

**A favor:** Algunos parapsicólogos creen que todos poseemos mecanismos para la PES, pero que se encuentran atrofiados. Debido a la dificultad para repetir los experimentos en laboratorio, no se excluye su existencia. Hasta el momento, ninguna teoría es concluyente.

## Experiencias cercanas a la muerte (ECM)

**Fenómeno: Muchos de los que han sufrido una muerte clínica y han sido reanimados posteriormente describen cómo salieron de su cuerpo y atravesaron un túnel, al final del cual existía un luminoso lugar, donde encontraron a parientes y amigos fallecidos.**

**A favor:** Numerosos libros recogen cientos de testimonios.

**En contra:** Morir no es estar muerto. En caso de fallecimiento repentino, se disparan mecanismos mentales de protección. Numerosos operados han descrito también situaciones de ECM en sus delirios. Ronald Siegel demostró en 1985 que las alucinaciones de casi todo el mundo son parecidas, ya sean debidas a fatiga, fiebre, epilepsia, privación sensorial o drogas. En definitiva, serían alucinaciones de un cerebro en situación de estrés.

## Psicokinesia (PK)

**Fenómeno: Los supuestos *dotados* serían capaces de desplazar objetos con el pensamiento, sin que intervenga ningún elemento físico conocido. Es «*el poder de la mente sobre la materia*», tal y como lo venden los especialistas.**

**A favor:** Uri Geller o Nina Kalugina son los más famosos privilegiados que se dicen dotados de poderes telequinésicos para mover o transformar objetos, y son apoyados por algunos científicos.

**En contra:** No existe fuerza conocida en el universo que produzca este fenómeno. Por otra parte, ningún experimento positivo ha podido ser corroborado o repetido en los laboratorios, y tanto Geller como Kalugina han sido desenmascarados como impostores en numerosas ocasiones. Se han propuesto dos sencillos experimentos que, de repetirse, podrían dar validez científica a la PK: desplazar una pestaña sobre una superficie lisa en el vacío o hacer girar una aguja diminuta, suspendida por magnetismo para que no exista prácticamente fricción. Nadie lo ha logrado.

## Abducciones

**Fenómeno: Miles de humanos han sido visitados por extraterrestres en sus domicilios durante la noche y algunos otros aseguran que un OVNI les ha secuestrado para implantarles en el organismo algún elemento extraño.**

**A favor:** Budd Hopkins, con su libro *Intrusos*, y Whitley Strieber con *Comunión,* dieron en 1987 el pistoletazo de salida a la fiebre abduccionista. Su teoría es que los *aliens* buscan crear nuevas especies interestelares híbridas.

**En contra:** Los experimentos de Michael Persinger han concluido que todos estos casos de abducción son debidos a una actividad eléctrica anormal en el cerebro, que provoca estas alucinaciones.

## Criptozoología

**Fenómeno: Yetis, monstruos del lago Ness, Bigfoot, gatos alados y chupacabras son algunos de los ejemplares que se exhiben en el singular bestiario que busca y estudia esta nueva disciplina.**

**A favor:** Fotos casi siempre borrosas y testimonios de segunda y tercera mano.

**En contra:** A pesar de su popularidad, ninguno de estos animales deja pruebas inequívocas de su existencia... En más de un siglo de búsqueda del monstruo del lago Ness no se ha podido obtener ninguna foto definitiva.

## Fantasmas

**Fenómeno: Entidades incorpóreas que corresponden al espíritu de los muertos, que vagan por nuestra dimensión a la espera de su ubicación definitiva en el paraíso. Además de dejarse ver, también se les puede grabar en cinta magnetofónica; son las denominadas *psicofonías.* Cuando son juguetones y se dedican a mover y manipular objetos, se les llama *poltergeist.***

**A favor:** Según el psicólogo G. Jahoda, en 1969 un 17 por ciento de los ingleses manifestaba creer en los fantasmas, y un 42 por ciento aseguraba haberlos visto.

**En contra:** ¿Por qué los fantasmas nunca aparecen desnudos? Esta pregunta trivial desconcierta sobremanera a los investigadores... La mayoría de las apariciones fantasmales pueden atribuirse a procesos alucinatorios.

*¿Por qué los científicos no prestan interés a la parapsicología?*

Primero, por razones económicas. Se requiere mucho dinero para demostrar sus hipótesis, y las cantidades disponibles son ridículas. También hay problemas de política, ya que la ciencia no quiere ver perturbados sus trabajos, que en muchos casos tendrían que revisarse a la luz de esos nuevos conocimientos. Y, por último, por un problema de imagen: Los peores enemigos de la parapsicología son los propios parapsicólogos y videntes. Muchos sólo buscan notoriedad cuando aparecen en la televisión y las revistas para hacer el payaso.

*¿Qué fenómeno paranormal interesaría antes a la ciencia?*

Algunos como la hiperestesia, una agudeza inhabitual de los sentidos. Creo que el ser humano no posee sólo cinco sentidos, sino más de 50, como el magnético, el térmico o el eléctrico, como muchos animales.

*¿Existen personas con capacidad paranormal?*

Sí, pero es intermitente, no programable en el tiempo. A veces el fenómeno no se vuelve a repetir en veinte años. Cuando estos individuos hacen de esta facultad una actividad lucrativa acuden al fraude, como Uri Geller, que desde el principio ya era un ilusionista.

*Quo,* Madrid

# ¿Podemos comunicarnos con los muertos?

*Péndulos, ouijas y ectoplasmas son algunos instrumentos de los que se sirven los muertos para charlar con los vivos. Por lo menos así lo aseguran los partidarios del espiritismo...*

### Por Rosa Gómez Oliva

1 EL DESEO DE COMUNICARSE con los difuntos con fines adivinatorios es común a muchos pueblos de la antigüedad y cuenta con numerosos ejemplos documentados.

5 Con la institucionalización del cristianismo se reprimen los intentos de contactar con ultratumba. La Iglesia no tiene interés en lo que puedan decir los difuntos sobre el más allá porque las revelaciones sobre la otra vida ya han sido 10 hechas por Jesucristo y sus apóstoles. Sin embargo, subsiste la necesidad larvada de comunicarse con lo desconocido.

Durante las últimas décadas del siglo XIX la moda espiritista hace furor en Europa. De la 15 noche a la mañana todo el mundo parece interesado en recibir mensajes del más allá y las sesiones espiritistas proliferan por doquier...

Aparte de los naturales y oscuros desahogos de la libido y del genuino interés por contactar 20 con familiares y amigos fallecidos, el espiritismo se impone porque satisface la necesidad de conectar con un mundo mágico en una sociedad que ha cerrado las puertas a todo lo que no sea racional. Y en concordancia con ese espíritu —esta vez en sentido figurado— hubo algunos 25 intelectuales y científicos prestigiosos que se avinieron a analizar concienzudamente el fenómeno antes de condenarlo sin más. Entre aquellos primeros estudiosos del espiritismo destaca Hippolyte Deon Rivail, un profesor lionés de gran 30 preparación intelectual que, bajo el seudónimo de Allan Kardec, publicó varios libros en los que recopila y sistematiza las respuestas dadas por los supuestos espíritus a través de diez médiums que se prestaron a colaborar con él. 35

Mientras Kardec formulaba las bases del espiritismo, la sociedad europea seguía con asombro las hazañas de un médium que parecía desafiar todas las leyes de la física: Daniel Douglas Home, un escocés de ojos dulces y 40 aspecto romántico... En 1857, y con sólo veinticuatro años de edad, fue llamado a las Tullerías por Napoleón III. Apenas llegó al palacio, una mesa de madera maciza salió proyectada contra el techo. Seguidamente se materializó una 45 mano que empezó a firmar como «Napoleón I» con la misma caligrafía que el gran emperador.

Entre 1869 y 1873, Home se prestó a ser reconocido por Sir William Crookes, uno de los mejores físicos de su tiempo, quien tras someterle a diferentes pruebas con aparatos ideados para los experimentos quedó plenamente seguro de la autenticidad de los poderes del médium escocés, al que nunca nadie sorprendió en fraude a lo largo de toda su carrera.

En la década de los ochenta (1880), científicos de la talla de William Barrett, prestigioso médico, Oliver Lodge, físico de fama mundial, y el Premio Nobel Charles Richet... llegaron a la conclusión de que la personalidad continúa existiendo después de la muerte y que es posible comunicar con los fallecidos. Sin embargo, los resultados no convencieron a muchos otros hombres de ciencia...

A partir de los años sesenta, los espiritistas encuentran nuevos argumentos a su favor. En 1964, el ama de casa Rosemary Brown empieza a escribir la música que, según ella, le dictan Liszt, Chopin, Debussy, Brahms, Bach, Beethoven y otros grandes compositores. Lo más asombroso es que las obras conservan el estilo de sus supuestos autores...

Hoy parece claro que muchas de las proezas realizadas por los médiums fueron y son auténticas, pero eso no demuestra que estén causadas por los espíritus. Veamos algunas evidencias.

La mayoría de los médiums asegura contar con uno o varios espíritus-guía que les asisten durante las sesiones, les protegen de peligros y coordinan la intervención de otras entidades astrales. Sin embargo, con frecuencia, los supuestos espíritus-guía cometen graves anacronismos al referirse a su presunta vida y no están a la altura de la personalidad que dicen haber sido. El guía de Leonore Piper afirmaba ser un médico francés, pero en la práctica apenas comprendía este idioma y no sabía mucho de medicina.

Uno de los grandes *milagros* espiritistas, la materialización de objetos surgidos de la nada, parece deberse a la extraordinaria capacidad que tienen algunos médiums para desintegrar y volver a recomponer la materia que conforma los objetos ya existentes. Para ello, el médium utilizaría su propia energía física y, a veces, la de los asistentes. Esto explicaría la pérdida de peso y el descenso de la temperatura registradas en sesiones en las que se producen materializaciones, desplazamientos de objetos o levitaciones.

En definitiva, el espiritismo no consigue demostrar la inmortalidad del alma, pero juega un importante papel al impulsar el estudio sobre los poderes de la mente. La psique obra los milagros, ahora sólo hace falta saber cómo.

*Muy Especial*, Madrid

## Phillip, El inventado

Un curioso experimento realizado en 1972 parece afianzar la tesis del psiquismo, que intenta explicar el fenómeno espiritista atribuyendo las presuntas manifestaciones de seres del más allá a simples proyecciones del inconsciente. La idea consistía en crear un espíritu totalmente ficticio a partir de los datos proporcionados por ocho miembros de la Sociedad de Investigaciones Psíquicas de Toronto (Canadá).

En unos días fueron dotándole de una completísima biografía —incluido un dibujo al carboncillo—, pero repleta de contradicciones históricas para asegurarse de que nunca hubiese existido. El personaje, a quien bautizaron Phillip, sería un aristócrata inglés de mediados del XVII, que habría acabado suicidándose preso de los remordimientos por haber dejado quemar en la hoguera a su amante gitana.

El grupo se estuvo reuniendo durante todo un año, una vez por semana, alrededor de un tablero de *ouija* para invocar a Phillip. Por fin, un día el *espíritu* empezó a responder a las preguntas de los investigadores dando golpes en la mesa. Un golpe significaba *sí*, dos significaban *no*.

Poco a poco el personaje inventado fue cobrando entidad y, aunque se atenía a la biografía inventada, a veces sostenía sus propias ideas. Los experimentadores también descubrieron que cuando todos estaban de acuerdo, Phillip respondía afirmativamente, pero cuando alguien del grupo disentía, el *espíritu* dudaba.

Con el paso del tiempo los miembros del grupo aceptaron a Phillip como a un compañero más —al que incluso gastaban bromas y regañaban cuando se presentaba tarde a las sesiones—, hasta que finalmente, después de recibir una fuerte reprimenda, no volvió a manifestarse nunca más.

# Reencarnación: ¿Hay otras vidas después de la vida?

## Por Joseph Scheppach

1 **LLORANDO, SUSPIRANDO Y CON VOZ AHOGADA** una mujer describe su propio nacimiento. «Más atrás», murmura el psicoterapeuta. Y realmente, Jane Evans, un ama de casa del País de Gales,
5 retrocede todavía más y llega al estado embrional. «Aun más», apremia el psiquiatra, Arnall Bloxham. Después de algunos minutos de «oscuridad y silencio» la paciente hipnotizada hace un esfuerzo y de pronto vuelve a «ver».
10 Ahora se llama Rebecca y vive en York, en el año 1189. Su marido —cuenta— es un rico prestamista judío, de nombre Joseph. Además, tiene dos hijos, un niño y una niña. La niña se llama Rachel.

15 Llena de odio y armargura —siempre en estado de trance hipnótico— la mujer describe su desesperada huida de los fanáticos religiosos de aquellos tiempos. Jadeando y exhausta, con sus perseguidores pisándole los talones, llega a
20 una iglesia «fuera de los muros de la ciudad», donde ella y su familia buscan refugio. El cura intenta vedarles la entrada, pero ellos le atan las manos y logran penetrar en la iglesia, «escondiéndose en la cripta debajo del altar». Pasan las
25 horas, y el hambre y la sed obligan a Joseph y a su hijo a salir de su escondite para intentar buscar agua y comida.

Llegado ese punto de su relato, la voz de *Rebecca* se llena de pánico. Oye el ruido de
30 unos cascos de caballo que se acercan cada vez más. Ahora grita: «Ya están en la iglesia... el cura viene con ellos... ¡Oh no! No, a Rachel, no, no, a Rachel no.» La mujer se agita sobre el diván y lanza un grito estridente: «¡Noooo!
35 ¡Dejadla en paz!» Y de repente, con voz abatida: «Se la han llevado.»

El psiquiatra pregunta ansioso: «¿Y usted? ¿Qué han hecho con usted?» Silencio.

Insiste el psiquiatra: «¿Se encuentra bien?
40 ¿Qué le han hecho?»

«Oscuro... oscuro... », murmura la mujer.

Cuando por fin sale de la hipnosis e intenta levantarse, cae desmayada al suelo.

El «caso Rebecca» es uno de los más impre-
45 sionantes de las 400 anotaciones magnetofónicas que el psiquiatra británico Arnall Bloxham ha venido recopilando durante veinte años. Todas estas grabaciones se refieren a hechos que sus pacientes le contaron, en estado de *regresión
50 hipnótica,* sobre sus supuestas vidas anteriores.

¿Cómo hay que valorar estos aparentes indicios de reencarnación? ¿Son fidedignos? Todos conocemos la experiencia del *déjà-vu* (ya visto, en francés). En algún lugar desconocido o en
55 una situación nueva nos asalta de repente la sensación: «esto ya lo conozco, esto lo he vivido antes». ¿Se trata de meras confusiones de la memoria, disrupciones en el fluido químico-eléctrico de las neuronas? ¿O se esconde en
60 nuestro cuerpo una persona que antes de la vida actual pasó por muchas otras vidas?

Así lo creen uno de cada tres británicos, uno de cada cuatro estadounidenses y uno de cada cinco españoles. Con ello no se encuentran en
65 mala compañía. También lo creyeron Sócrates, Platón, Victor Hugo, Balzac, Goethe... Incluso Jesucristo, según las escrituras gnósticas y algunos pasajes bíblicos, parece aceptar la idea del renacimiento...

70 A partir de ahí, la reencarnación se convierte casi en un juego de sociedad. A lo que los lamas budistas, los sufíes musulmanes o los maestros chinos del tai-chi llegaron sólo tras muchos años de meditación y paciente trabajo espiritual,
75 cuidándolo como un precioso tesoro, hoy lo pretendemos alcanzar a través de cursillos acelera-

dos de un fin de semana. Cualquiera puede apuntarse a un viaje colectivo al fondo de la mente y cada vez hay más *transpersonalistas* que se ofrecen como guía turístico para acompañar a las almas a sus vidas anteriores.

Muchos de estos *gurus* poseen una formación psicoanalítica, lo que no ha de extrañar a nadie, ya que la pretensión de retrotraer a una persona a su existencia anterior y esperar de este hecho un efecto curativo parece enlazar directamente con la teoría de los traumas desarrollada por Sigmund Freud. Según el padre del psicoanálisis, la raíz de todos los problemas psíquicos se encuentra en los conflictos de una época anterior que han sido reprimidos y no elaborados.

Este método terapéutico de retroceder al pasado lo están llevando los psicólogos reencarnistas a sus últimos extremos. En su trabajo recurren a un procedimiento que se remonta a las enseñanzas orientales del *karma*. Con ayuda de la hipnosis trasportan al *viajero del tiempo* a sus vidas anteriores, a fin de desenredar los complicados entramados de su *karma*. «Siempre he tenido miedo al agua —relata un paciente—, pero desde que sé que este temor se debe a que en mi vida anterior morí ahogado, el miedo ha desaparecido.»

Sin embargo, son las mismas razones por las que Freud abandonó finalmente la hipnosis las que dan a la terapia reencarnacionista un cierto toque sospechoso: El estado de *trance* delimita hasta tal punto el campo de la conciencia que al paciente sólo le queda un único contacto con el mundo exterior: el que conduce a través del hipnotizador.

Recientemente, el psicólogo estadounidense Robert A. Baker demostró cuánta fuerza puede tener la sugestión. Repartió a sesenta estudiantes en tres grupos, proporcionando a cada grupo una información distinta sobre el *estatus* científico de la reencarnación, y les retrocedió después en el tiempo. A los primeros les había contado que la regresión hipnótica hasta llegar a las vidas anteriores es un remedio terapéutico científicamente aceptado, por lo cual podían entregarse totalmente y sin ningún temor a las instrucciones del hipnotizador. El segundo grupo recibió una información escueta y neutral, mientras que a los chicos del tercero, Baker les dijo que la idea de la reencarnación no es más que una confusa amalgama de creencias y supersticiones absurdas.

El resultado: en estado hipnótico, casi todos los miembros del primer grupo contaron impresionantes escenas de vidas anteriores. En el segundo grupo, sólo la mitad consiguió hacer retroceder la rueda del *karma*. Y en el tercero, únicamente dos de los estudiantes consiguieron viajar al pasado. Más tarde se reveló que estos dos ya creían en la reencarnación previamente.

Baker concluyó que los viajes fantásticos de los estudiantes crédulos fueron provocados por su propia postura de expectación, así como por la sugestión que les transmitía el terapeuta, mientras que los demás no experimentaron lo mismo por faltar estos componentes. Para Baker, esto era de esperar, ya que otros experimentos anteriores le habían mostrado que la mente humana, bajo determinadas circunstancias, produce imágenes fantásticas y llenas de simbolismos que fácilmente se pueden interpretar como «conocimientos milenarios» pero que en realidad sólo reflejan deseos y anhelos del inconsciente.

Sin embargo, aún quedan muchas interrogantes abiertas. Por ejemplo, ¿cómo es posible que algunos *regresados* dominen antiguas danzas o rituales que no pueden haber aprendido en ningún lugar puesto que desaparecieron muchos siglos atrás? Algunos hablan incluso idiomas que nunca antes oyeron pronunciar.

Una explicación podría ser que todos vemos películas y leemos libros donde se cuenta cómo vivieron antes los distintos pueblos y razas. El psiquiatra finlandés Reima Kampman sostiene que de esta forma nuestro cerebro puede recibir y almacenar información que no recordamos conscientemente. Su método de investigación fue el siguiente: Hipnotizaba por segunda vez a aquellas personas que en el primer *trance* le habían contado hechos de sus vidas anteriores y les preguntaba cuándo habían aparecido por primera vez en su vida actual tales escenas.

Un hombre que en estado hipnótico se expresaba perfectamente en osco, una antigua lengua que se hablaba hace 2.500 años en el oeste de Italia, *confesó* que lo había aprendido en una biblioteca: En cierta ocasión había estado sentado junto a un historiador que leía *La maldición de los Vivia,* un documento osco datado en el siglo V antes de Cristo.

Este fenómeno de recuperar recuerdos olvidados se llama *criptoamnesia,* y parece demostrar —por muy maravilloso que sea el hecho de hablar perfectamente un idioma muerto sólo por haberlo visto de reojo en un libro— que los relatos sobre vidas anteriores no son muy fiables.

Pero el caso sigue sin estar cerrado. La psicóloga Helen S. Wambach, de Chicago, atacó el problema desde el punto de vista estadístico. Desenredando los detalles de 1.088 relatos sobre vidas anteriores, obtuvo los siguientes sorprendentes resultados.

—Las condiciones de vida que describen los *regresados* se corresponden exactamente con el reparto de las distintas clases sociales en las diferentes épocas, según los datos recopilados por los historiadores.

—Lo lógico habría sido que los *regresados* cometieran más errores en las descripciones sobre épocas muy remotas que en otras sobre tiempos más recientes y ampliamente documentados. Pero no fue así. Independientemente de si una *vida anterior* había transcurrido en la China del año 2500 antes de nuestra era o en el Nueva York de 1800, los detalles históricos resultaban igual de exactos en ambos casos.

Por otra parte, no sólo existen relatos realizados en trance hipnótico, sino también otros en que los recuerdos sobre una vida pasada se manifiestan con plena consciencia. El psiquiatra estadounidense Ian Stevenson recopiló e investigó 1.700 de estos casos. La mayoría de las veces se trata de niños pequeños que hablan espontáneamente de sus familiares *anteriores* o de la casa en que vivieron *antes*.

¿Y cómo terminó el caso de Jane Evans, alias *Rebecca,* muerta en el año 1189 en la cripta de una iglesia en las afueras de la ciudad de York? Su terapeuta pasó la grabación del relato a un historiador. A éste no le fue difícil encontrar la iglesia en cuestión: St. Mary, en Castlegate. Pero por mucho que buscó en viejas crónicas no halló ninguna pista de que aquella iglesia hubiera tenido nunca una cripta debajo del altar. Unos años más tarde convirtieron la iglesia en museo. Durante los trabajos de restauración, los obreros encontraron un túnel bajo el altar: la entrada a una cripta.

*Muy Especial,* Madrid

# ■■■ COMPRENSIÓN

Cada grupo de tres estudiantes debe reunirse para compartir su información acerca de los tres artículos; entre todos deben poder completar una tabla como la de la página 168 para cada uno de los artículos. Después, compartan su información con los demás grupos de la clase. ¿Hay mucha diferencia de opiniones?

# ■■■ APLICACIÓN

**A** ¿Sabe Ud. de otros casos, o ha experimentado personalmente alguna vez un fenómeno, como los que se describieron en los artículos de la **Lectura II** de este capítulo? Describa las circunstancias. ¿Qué pasó? ¿Le contó a otra persona lo que le había pasado (*had happened*)? ¿Cómo reaccionó esa persona?

**B** Los fenómenos descritos en los tres artículos son tratados con frecuencia en la literatura, el cine y la televisión. ¿Puede Ud. contar algunos casos recientes o muy conocidos?

**C** En los tres casos, se sugiere que estos fenómenos tienen una larga historia y que se dan en todas las culturas humanas. ¿Cómo interpreta Ud. esto? ¿Es evidencia a favor de la credibilidad de tales fenómenos o es evidencia de otra cosa? En su opinión, ¿hay alguna relación entre esto y la popularidad de estos fenómenos en la literatura y el cine? Explique.

**D** ¡NECESITO COMPAÑERO! ¿Pueden Uds. explicar o definir lo siguiente? Trabajando en parejas, expliquen en qué consisten o para qué sirven. ¿Cuál creen que es más fidedigna? ¡Prepárense para defender su selección!

la numerología        la astrología
la quiromancia (*palm reading*)    la tabla de ouija

**E** Mucha gente rechaza o se burla de la idea de poder saber el futuro, pero lee su horóscopo fielmente cada día. ¿Conoce Ud. a alguien que actúe así? ¿Cómo explica Ud. su comportamiento?

## CAPÍTULO 9

# Los hispanos en los Estados Unidos

1. Chicago, Estados Unidos
2. Nueva York, Estados Unidos
3. Miami, Estados Unidos

# Exploraciones

Por muchos años se dijo que algunos países del continente americano eran como un crisol o «cazuela» (*casserole*) en donde se fundían muchas culturas diferentes para unificarse. Sin embargo, hoy en día se prefiere comparar esta relación entre distintas razas y culturas con una «ensalada», en la cual todos los ingredientes están mezclados pero ninguno pierde ni su identidad ni su propio sabor. ■■■

**A TRABAJAR CON LAS IMÁGENES** Mire las fotos de la página anterior y conteste las siguientes preguntas.

■ ¿Qué semejanzas entre las fotos ve Ud.? ¿Qué diferencias hay? Sin ver los títulos (*captions*), ¿puede decir con seguridad en qué ciudad, región o país están las personas de cada foto? ¿A qué grupo racial o cultural parecen pertenecer? ¿Se ve la influencia de otros grupos raciales o culturales en cada foto?

**B ANÁLISIS CRÍTICO** Conteste brevemente las siguientes preguntas con respecto a su propia experiencia.

1. En el lugar donde Ud. vive, ¿hay personas de diversas razas y culturas? ¿de cuáles?

2. ¿Qué otras lenguas ha tenido la oportunidad de escuchar en el área donde vive?

3. En su opinión, ¿qué imagen se aproxima más a la realidad de este país: la de la «cazuela» o la de la «ensalada»? ¿Por qué?

4. ¿Conoce otros países en donde haya la misma variedad racial y cultural que hay en este país? ¿Cuáles son?

**C ESPECULAR** Los hispanos son uno de los grupos que contribuyen a la variedad racial y cultural de este país. Pero, ¿quiénes son realmente los hispanos? ¿De dónde vienen? ¿Qué buscan? ¿Qué características los unen y cuáles los diferencian?

Piense en aquellas imágenes o estereotipos que se asocian con el concepto de «hispano». Ahora, vuelva a mirar las fotos de la página anterior y conteste las siguientes preguntas.

■ ¿Qué símbolos relacionados con el mundo hispano están representados en cada foto?

■ ¿Qué rasgos físicos caracterizan a las personas de cada foto? ¿Corresponden esos rasgos a la imagen que Ud. tiene de los hispanos? ¿Cree que esa imagen corresponde a la realidad o que es un estereotipo?

■ ¿Qué temas cree Ud. que van a tratarse en este capítulo? ¿Qué le gustaría (*would you like*) aprender sobre la cultura hispana?

# MEXICANOAMERICANOS: SU HISTORIA Y UNA EXPERIENCIA PERSONAL

## Aproximaciones al texto

### More about text structure: Developing and organizing an idea (Part 1)

Many texts are built around a main idea that is developed through examples and supporting ideas. For example, an essay on the contributions of immigrant groups to U.S. culture might include information about food, holidays, and language.

The writer might organize the supporting ideas in a number of ways, including comparison/contrast, cause/effect, and division/classification. Being able to recognize the particular structure of a text's argument helps the reader establish expectations about the types of information in the text. It also provides a basis for evaluating the text: Did the author "follow through" appropriately? Did the author accomplish what he or she set out to do?

*Comparison/Contrast.* An effective technique for describing an object, action, or idea is comparison/contrast: pointing out the similarities and differences between the object and something else with which the reader may be familiar. An essay based on comparison/contrast of two objects (two groups of people, for example) can be developed in two ways.

1. First present the information about group 1 with respect to particular points (food, religion, dress, and so on), followed by all the information about group 2.

2. Compare/contrast the groups with respect to each point before continuing on to the next point.

Here is a schematic representation of these two methods.

| Method One | |
|---|---|
| Group 1 | Group 2 |
| food<br>religion<br>dress | food<br>religion<br>dress |

| Method Two | | |
|---|---|---|
| Food | Religion | Dress |
| group 1<br>group 2 | group 1<br>group 2 | group 1<br>group 2 |

Some chapters in *Pasajes: Cultura* are organized around comparison/contrast because they describe elements of Hispanic culture with respect to related elements of U.S. culture.

**A** Un ejemplo del uso de comparación/contraste se encuentra en el **Capítulo 4.** ¿Cuál de los métodos de organización anteriormente presentados describe mejor la presentación de las ideas en la sección sobre «La educación de los hijos»?

*Cause/Effect.* This method of development is particularly appropriate for exploring the reasons why something is the way it is. Why is the Spanish spoken in the New World different from that spoken in Spain? Why are intellectuals more active politically in the Hispanic world than is customary in the United States? It may examine both immediate and underlying causes of a particular situation. For example, the assassination of Archduke Ferdinand was the immediate cause of World War I, but there were also many underlying social and economic causes. Cause/effect development may also explore the direct and/or long-term consequences of an action.

**B** Hasta este punto, dos capítulos de *Pasajes: Cultura* han utilizado el método de causa/efecto para organizarse.

1. ¿Puede Ud. identificar los dos capítulos cuya idea principal ha tratado de contestar la pregunta «¿por qué?»?
2. En los casos identificados, ¿se ha hablado más de causas inmediatas o de causas remotas? Dé un ejemplo de cada una.

*Division/Classification.* Division/classification is another method of organizing a text. Division involves separating a concept into its component parts. Classification is the reverse process: It sorts individual items into larger categories. For example, to describe a car using the technique of division, you would examine each of its parts. On the other hand, when using the technique of classification, you might categorize cars as Fords, Toyotas, and Volkswagens.

**C** Mire el título de este capítulo y luego los títulos de las tres lecturas que lo componen. ¿Qué tipo de organización caracteriza el capítulo? Dentro de cada una de las lecturas, ¿qué otras técnicas de organización es probable que se utilicen? ¿Qué temas relacionados con estas técnicas cree Ud. que se van a tratar en este capítulo en general? ¿y en cada una de las lecturas?

## ■■■■ PALABRAS Y CONCEPTOS

**acoger** to welcome, receive

**empeñarse (en)** to insist on, be determined to

**hacer caso** to pay attention

**la acogida** welcome, reception

**la aculturación** acculturation (*adapting to a different culture*)

**el adiestramiento** job training

**la alienación** alienation

**la asimilación** assimilation (*taking on the characteristics of a different culture*)

**el becario** person who receives a scholarship

**la concienciación** raising of consciousness

**el crisol** crucible; melting pot

**la desventaja** disadvantage

**el empeño** insistence, determination

**el ferrocarril** railroad

**la formación educativa** academic preparation or background

**la inmigración** immigration

**la ley** law

**la oleada** wave, surge

**la propuesta** proposal

**acogedor(a)** welcoming, warm

**controvertido/a** controversial

**A** ¿A qué palabras de la lista de vocabulario corresponden las siguientes definiciones?

**1.** prestar atención
**2.** un estudiante que recibe ayuda económica para sus estudios
**3.** recibir bien a una persona
**4.** entrenamiento para un trabajo
**5.** algo polémico o problemático

**B** ¡NECESITO COMPAÑERO! Trabajando en parejas, mencionen por lo menos dos películas que se relacionen con cada uno de los siguientes conceptos. Si uno de Uds. no sabe nada de una película, la otra persona debe explicarle brevemente el argumento. Después, compartan sus selecciones con los demás estudiantes. ¿Qué otras películas se mencionaron?

**1.** la inmigración
**2.** la formación educativa

**C** ¿Cierto (**C**) o falso (**F**)? ¿Qué sabe Ud. ya de los grupos hispanos en los Estados Unidos? Tome la siguiente prueba para averiguarlo. (Encontrará las respuestas correctas en el capítulo.)

**1.** _____ Los puertorriqueños son el grupo hispano más numeroso de los Estados Unidos.

**2.** _____ La mayoría de los chicanos son trabajadores migratorios.

**3.** _____ En la ciudad de Miami hay más cubanos que en cualquier otra ciudad del mundo después de La Habana.

**4.** _____ Todos los hispanos están a favor de la educación bilingüe.

**5.** _____ Los puertorriqueños, los chicanos y los cubanos son todos inmigrantes.

**6.** _____ Puerto Rico es una colonia de los Estados Unidos.

**7.** _____ Los hispanos tienen muchas dificultades en asimilarse a la cultura estadounidense.

**8.** _____ Las nuevas oleadas de inmigrantes hispanos provienen de Chile y del Perú.

**9.** _____ El español es el idioma que más se habla en los Estados Unidos después del inglés.

**D** ENTRE TODOS

- ¿Es Ud. de familia de inmigrantes? ¿De dónde es su familia?
- ¿Cuántas generaciones hace que llegaron sus antepasados a este país?
- ¿Se conservan todavía en su familia algunas de las tradiciones de sus antepasados?
- ¿Le gustaría (*would you like*) conservar esas tradiciones para siempre o no le importaría (*wouldn't you mind*) perderlas?

**E** PAPEL Y LÁPIZ Ya que casi todos los habitantes actuales de este país o son inmigrantes o tienen antepasados que lo fueron, es probable que Ud. ya sepa algo de lo que es la experiencia de ser inmigrante. Explore esto en su cuaderno de apuntes.

- ¿Qué imágenes asocia Ud. con la experiencia de ser inmigrante? ¿Dónde suele vivir la mayoría de los inmigrantes recientes, en las ciudades o en las zonas rurales? ¿Por qué?
- ¿Con qué problemas —sociales, económicos, culturales— tienen que enfrentarse? ¿Qué recursos tienen para solucionar estos problemas?

- ¿Qué pueden o deben hacer los ciudadanos de un país para facilitar el proceso de integración de los inmigrantes? ¿Qué deben hacer los inmigrantes para acelerar su asimilación al nuevo país?

## Mexicanoamericanos: Su historia y una experiencia personal

1 ES MUY SABIDO QUE, con excepción de la minoría indígena, los Estados Unidos es una nación de inmigrantes. Antes de 1860, sin embargo, los inmigrantes formaban una población bastante homogénea: De los cinco millones que llegaron entre 1820 y 1860, casi el 90 por ciento venía de Inglaterra, Irlanda o
5 Alemania. Después de 1860, en cambio, llegaron en oleadas cada vez más grandes inmigrantes procedentes de culturas con tradiciones muy variadas. En la llamada «Gran Inmigración» de 1880 a 1930, desembarcaron en los Estados Unidos casi 30 millones de personas: italianos, polacos, rusos y muchos otros procedentes de las distintas naciones del centro y del este de
10 Europa.

Hoy en día «la nueva oleada» de inmigrantes son los hispanos: especialmente los mexicanos, los puertorriqueños y los cubanos. Como se verá,[1] este grupo tiene características que lo distinguen de otros inmigrantes porque muchos no son en realidad «inmigrantes», y porque algunos grupos
15 hispanos han vivido en los Estados Unidos desde hace mucho tiempo.

### Los mexicanoamericanos

La presencia hispana es más palpable en el suroeste de los Estados Unidos, aunque también va en aumento en muchas otras partes del país. La arquitectura del suroeste recuerda los años de la colonización española, y luego mexicana, y la comida tiene un distintivo sabor picante. Los carteles[2] en
20 muchas tiendas anuncian que «se habla español» ya que en Nevada y Colorado, una de cada seis personas es hispana; en Arizona, una de cada cuatro personas; en California y Texas, una de cada tres; y en Nuevo México, ¡casi la mitad de la población es de origen hispano! La mayoría de estas personas son mexicanoamericanos, o chicanos,° descendientes de los primeros
25 pobladores de esa región.

Cuando los colonos ingleses fundaron Jamestown en 1607, los españoles y los mexicanos ya llevaban más de 60 años en el suroeste. Todo el territorio del suroeste pertenecía a España y luego a México; cuando los primeros estadounidenses empezaron a llegar a la región (alrededor de 1800), había unos
30 75 mil mexicanos que ya vivían allí.

El enorme tamaño del territorio permitía que los recién llegados se establecieran y siguieran viviendo de acuerdo con sus costumbres y tradiciones,

[1]va a ver   [2]signs

___

°La historia de la palabra **chicano** no es exacta, pero generalmente se considera una abreviación de **mexicano.** No todos los mexicanoamericanos aceptan el uso de este término. Por lo general, los jóvenes prefieren llamarse **chicanos;** los mayores, **mexicanoamericanos** o **mexicoamericanos.**

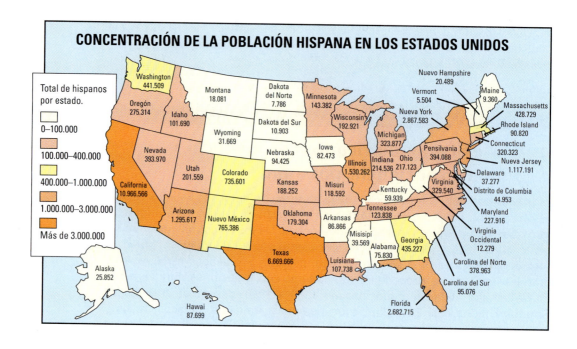

**CONCENTRACIÓN DE LA POBLACIÓN HISPANA EN LOS ESTADOS UNIDOS**

Total de hispanos por estado.

- 0–100.000
- 100.000–400.000
- 400.000–1.000.000
- 1.000.000–3.000.000
- Más de 3.000.000

Washington 441.509
Oregón 275.314
Idaho 101.690
Montana 18.081
Dakota del Norte 7.786
Minnesota 143.382
Wisconsin 192.921
Michigan 323.877
Nueva York 2.867.583
Nuevo Hampshire 20.489
Vermont 5.504
Maine 9.360
Massachusetts 428.729
Rhode Island 90.820
Connecticut 320.323
Nueva Jersey 1.117.191
Delaware 37.277
Distrito de Columbia 44.953
Maryland 227.916
Virginia Occidental 12.279
Pensilvania 394.088
Ohio 217.123
Indiana 214.536
Illinois 1.530.262
Iowa 82.473
Nebraska 94.425
Dakota del Sur 10.903
Wyoming 31.669
Nevada 393.970
Utah 201.559
Colorado 735.601
Kansas 188.252
Misuri 118.592
Kentucky 59.939
Virginia 329.540
Tennessee 123.838
Carolina del Norte 378.963
Carolina del Sur 95.076
California 10.966.566
Arizona 1.295.617
Nuevo México 765.386
Oklahoma 179.304
Arkansas 86.866
Misisipí 39.569
Alabama 75.830
Georgia 435.227
Texas 6.669.666
Luisiana 107.738
Florida 2.682.715
Alaska 25.852
Hawai 87.699

manteniéndose al margen de los mexicanos. Al principio el gobierno mexicano estaba contento de tener 35 pobladores de cualquier tipo, pero al notar la rápida americanización de su territorio, empezó a alarmarse. En 1830, México prohibió la inmigración 40 procedente de los Estados Unidos, pero ya era demasiado tarde. El territorio de Texas se rebeló en 1836 y logró independizarse de México. Pronto Texas votó por formar parte de 45 los Estados Unidos y, para evitar que México recuperara este territorio, en 1846 los Estados Unidos declararon la guerra contra México.

El Tratado de Guadalupe Hidalgo 50 puso fin a la guerra en 1848, dándole a los Estados Unidos la tierra de Texas, Nuevo México y Arizona, y parte de California, Nevada y Colorado. México había perdido[3] la mitad de su territorio total y los Estados Unidos habían ganado un tercio[4] del suyo. A los 75 mil ciudadanos mexicanos que se encontraban en lo que era ahora territorio estadounidense se les ofreció la alter-55 nativa de volver a México o de convertirse en ciudadanos de los Estados Unidos. La gran mayoría decidió quedarse y aceptar la ciudadanía. Fueron éstos los primeros mexicanoamericanos, que llegaron a serlo no por medio de una inmigración deliberada sino por medio de la conquista.

El Tratado de Guadalupe les garantizaba la libertad religiosa y cultural a 60 los mexicanoamericanos y reconocía sus derechos respecto a la propiedad.

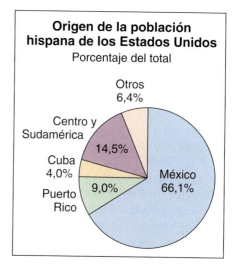

**Origen de la población hispana de los Estados Unidos**
Porcentaje del total

- Otros 6,4%
- Centro y Sudamérica 14,5%
- Cuba 4,0%
- Puerto Rico 9,0%
- México 66,1%

[3]había… *had lost*    [4]habían… *had gained a third*

Sin embargo, con la excepción de la práctica de su religión, no se ha hecho caso de estas garantías. La hostilidad hacia los mexicanoamericanos empezó en 1848 con la firma del Tratado de Guadalupe. Entre 1865 y 1920, hubo más linchamientos de mexicanoamericanos en el suroeste que de afroamericanos en el sureste. La llegada del ferrocarril en la década de 1870 atrajo a más y más pobladores angloamericanos, y hacia 1900 los mexicanoamericanos habían sido[5] reducidos a la condición de minoría subordinada.

Las tradiciones hispanas forman una parte importante de la cultura del suroeste de los Estados Unidos. Estos jóvenes presentan un baile folklórico mexicano en Austin, Texas.

## La subordinación de los mexicanoamericanos

En el suroeste el clima es tan árido que sólo son provechosas la agricultura y la cría de ganado hechas en gran escala. Perdidas sus tierras° y por no tener educación ni formación especializada, los mexicanoamericanos se convirtieron en la mano de obra de sus nuevos dueños: terratenientes[6] ricos, grandes corporaciones, financieros y ferroviarios.[7]

Fue, además, una mano de obra muy barata: La proximidad de la frontera con México aseguraba una fuente casi sin límite de trabajadores. Todos los días llegaban nuevos inmigrantes, muchos ilegales, que buscaban trabajo y estaban dispuestos a trabajar por cualquier salario. La naturaleza cíclica de la agricultura ocasionaba períodos de trabajo seguidos de otros de desempleo. El trabajo en los campos aislaba a los mexicanoamericanos del resto de la sociedad y el hecho de que los obreros se trasladaran de un lugar a otro en busca de cosechas hacía imposible la educación de sus hijos. Así la segunda generación, sin educación ni formación académica, sólo podía seguir a sus padres a trabajar en el campo —el ciclo se repetía una y otra vez.

[5]habían… *had been*   [6]los que tienen mucha tierra   [7]los que construían el ferrocarril

°Los mexicanos poseían tierras según el sistema español tradicional de latifundios (*land grants*); muchos las perdieron debido a la dificultad de probar su posesión.

La Segunda Guerra Mundial (1939–1945) y la rápida mecanización de la agricultura que la siguió ayudaron a romper el ciclo. Muchos mexicano-americanos volvieron de la guerra con una nueva conciencia: Por primera vez empezaron a identificarse como «americanos», los que lo pueden hacer todo. Tenían, además, una nueva formación. Al ver que disminuía el trabajo en los campos, muchos de ellos se fueron a las ciudades. Hoy, más del 80 por ciento de la población mexicanoamericana es urbano. La mayoría se ha establecido en Los Ángeles, cuya población de ascendencia mexicana es la segunda más importante del mundo, superada sólo por la de la Ciudad de México. En las áreas metropolitanas la situación económica de los mexicano-americanos se estabilizó y pudieron beneficiarse de muchos bienes sociales: medicina, educación, vivienda. Con todo, aunque su nivel de vida había mejorado,[8] pronto descubrieron que socialmente seguían subordinados e incluso despreciados.

El estereotipo de inferioridad que con frecuencia se les aplicaba a los mexicanoamericanos se fue arraigando[9] a través de la literatura y, sobre todo, del cine. En ellos el angloamericano siempre era fuerte, valiente y trabajador. En cambio, se retrataba al mexicanoamericano como a un ser vil, sucio y perezoso. El angloamericano progresaba hacia el futuro al lado de la tecnología y la ciencia; el mexicanoamericano era un reaccionario que vivía rodeado de supersticiones e ignorancia. En las escuelas se castigaba a los niños por hablar español y lo mismo les ocurría a sus padres en el trabajo. Los angloamericanos les decían que su cultura no los ayudaba, sino que los perjudicaba: La familia era culpable del fracaso o poco éxito de sus niños porque hacía hincapié[10] en las relaciones personales en vez de fomentar la competencia; que su religión les hacía demasiado fatalistas; incluso que en su comida faltaban proteínas. De alguna manera u otra, siempre se les recordaba a los mexicanoamericanos que eran inferiores y que siempre lo serían[11] mientras conservaran su herencia mexicana.

## La Raza y el chicanismo

El período entre la Segunda Guerra Mundial y los años 60 puede llamarse «la generación de los mexicanoamericanos». Durante este período se vio cierto progreso respecto a la educación y al nivel de vida y se esperaba lograr una mayor aceptación social y una mayor afluencia económica. Pero pronto se experimentó una profunda desilusión ante los numerosos problemas que se iban planteando[12] y, también, surgió una desconfianza casi total respecto al sistema jurídico y político.° La lucha que el movimiento afro-americano realizaba en aquella época a favor de los derechos civiles ofrecía otra alternativa y, siguiendo su ejemplo, nació el chicanismo. En vez de esperar que el sistema se reformara, los chicanos empezaron a organizarse para insistir en esas reformas; en vez de negar su cultura, decidieron fomentar

[8]había… *had improved*   [9]se… *was becoming entrenched*   [10]hacía… daba importancia
[11]lo… *they would be*   [12]se… *kept coming up*

°Las relaciones entre la comunidad chicana y la policía han sido especialmente negativas; de hecho, las dos decisiones de la Corte Suprema que han tenido más efecto sobre los poderes de la policía surgieron como consecuencia de los enfrentamientos entre la policía y los chicanos (*Escobedo* versus *Illinois*; *Miranda* versus *Arizona*).

un orgullo étnico y crear una imagen positiva de ellos mismos. <mark>Empezaron a prefirir el término *chicano* y a referirse a ellos mismos como «la Raza»,</mark>
125 <mark>una gente unida por una historia común, una herencia cultural compartida y un propósito político.</mark> César Chávez tuvo éxito en los campos organizando un sindicato con los trabajadores migratorios; en las universidades, especialmente en las de California, se establecieron programas de estudios chicanos; en 1970 se formó el partido de la Raza Unida que propuso (y sigue
130 proponiendo) candidatos políticos chicanos; en los barrios de East Los Ángeles y de Pilsen, Chicago, se expresó el nuevo orgullo y la nueva esperanza que se sentían a través de grandes murales callejeras que presentan la cultura chicana.

Hoy, sin embargo, más de treinta años después de los logros de Chávez
135 y del nacimiento del movimiento chicano, todavía queda mucho por hacer. Se puede hablar de un progreso entre los chicanos sólo si se les compara con sus propios padres o abuelos. <mark>En comparación con otros grupos, todavía están muy por debajo en cuanto a educación, vivienda e ingresos.[13]</mark> Lo que es más, en la década de los 90 se vio un resurgimiento político y social
140 de la hostilidad hacia los que en este país no hablan bien el inglés, no tienen «tarjeta verde» y no son inmigrantes legales, y se les están cerrando aún más puertas en los campos de la educación, la medicina y las oportunidades de trabajo.

En su autobiografía *Hambre de recuerdos* (1982), Richard Rodríguez des-
145 cribe su propia experiencia como mexicanoamericano plenamente asimilado a la sociedad y la cultura estadounidenses. De ser un niño que apenas conocía unas pocas palabras en inglés, Rodríguez se hizo un distinguido escritor y conferenciante. Como contrapartida[14] a los logros de su trayectoria social y pública, Rodríguez experimentó un doloroso vacío a nivel familiar a medida
150 que su asimilación a unos nuevos patrones culturales lo alejaba de la cultura y la lengua de sus padres. *Hambre de recuerdos,* selecciones del cual aparecen a continuación, sirve como testimonio de uno de los principales problemas con que ha de[15] enfrentarse toda persona que busca integrarse en una nueva cultura.

[13]*earnings*   [14]*contrast*   [15]ha... tiene que

# La formación educativa de Richard Rodríguez

## Por Richard Rodríguez

1 HACE MUCHO TIEMPO YO ERA un niño socialmente desventajado. Un niño feliz. La mía fue una niñez de una gran unión familiar. Y una extrema alienación pública.

5 Treinta años más tarde escribo este libro como un americano de clase media. Asimilado.

\* \* \* \* \* \* \* \*

Rodríguez. Ése es el nombre que aparece en la puerta. El nombre de mi pasaporte. El nombre que me dieron mis padres —que ya no son mis padres culturalmente. Así es como yo lo 10 pronuncio: «Richheard Road-ree-guess». Así es como lo escucho más a menudo.

La voz del micrófono dice, «Señoras y señores, es un placer presentarles al Sr. Richard Rodríguez». Últimamente me invitan a menudo 15 para hablar sobre educación en auditorios universitarios y en salas de baile de Holiday Inn. Voy; todavía siento el impulso de actuar como profesor, pese a no tener la titulación. A veces mi audiencia es una convención de administrativos universitarios; otras veces, maestros de inglés de escuelas secundarias; otras, grupos de antiguas alumnas.

«El Sr. Rodríguez ha escrito mucho sobre el sistema educativo moderno.» Varios ensayos. He criticado especialmente dos programas del gobierno —acción afirmativa y educación bilingüe.

«Es un orador controvertido.»

Me he hecho famoso entre ciertos líderes de la izquierda étnica americana. Soy considerado una víctima, un imbécil, un tonto —Tom Brown, un tío Tom moreno, interpretando la escritura en la pared para un grupo de faraones fumando puros.

En el almuerzo del club de mujeres, una señora elegante se acercó al estrado después de mi discurso para decir que, después de todo, era una pena que yo no hubiera podido «usar» mi español en la escuela. ¡Qué vergüenza! ¿Pero cómo se atreve esa señoritinga a compadecer mi vida?

Hay algunos, en la América de los blancos, a quienes les gustaría que yo representase para ellos un drama de reconciliación ancestral. Quizás porque estoy marcado por un color indeli-ble fácilmente suponen que permanezco inalterable al cambio de status social y que puedo reclamar vínculos indestructibles con mi pasado. ¡Menuda posibilidad! En un tiempo en el que muchos niños y padres de la clase media se distancian, ya no se comunican, las soluciones románticas atraen.

Pero yo rechazo ese papel (Caliban° no transportará un equipo de televisión a su isla para recobrar allí sus raíces).

Las ruinas aztecas no tienen un interés especial para mí. No busco en los cementerios aztecas vínculos con antepasados innombrables. Asumo que retengo algunos rasgos de gesto y carácter que provienen de vidas enterradas. También hablo español ahora y leo a García Lorca† y García Márquez‡ cuando me apetece. Pero qué consuelo puede este hecho darme cuando sé que mi padre y madre nunca oyeron hablar de García Lorca o García Márquez. Lo que me preocupa es el presente inmediato: la separación, en pérdida, que sufro con mis padres. Esto es lo que me importa: la historia del becario que regresa a casa de la universidad un verano para descubrir que entre sus padres y él media un silencio desconcertante. Ésta es mi historia. Una historia americana.

# ■■■ COMPRENSIÓN

**A** Dé la forma correcta del verbo señalado. Luego, decida si la oración es cierta (**C**) o falsa (**F**), según la información presentada en la **Lectura I.** Corrija las oraciones falsas.

1. _____ La región del suroeste de los Estados Unidos (*was settled:* poblar) por los españoles antes que la región de Jamestown.

2. _____ Cuando los primeros colonos estadounidenses llegaron al suroeste, encontraron que el territorio (ser/estar) deshabitado.

3. _____ Los estadounidenses que (establecer/establecerse) en el suroeste no querían (adaptar/adaptarse) a las costumbres mexicanas.

4. _____ Un territorio equivalente al tamaño de Texas y Nuevo México (*was gained:* ganar) por los Estados Unidos en la guerra de 1846.

---

°Personaje de *La tempestad* de Shakespeare

†Federico García Lorca (poeta y dramaturgo español)

‡Gabriel García Márquez (novelista colombiano, Premio Nobel de Literatura)

5. \_\_\_\_\_ Después de la guerra, los mexicanos que (vivían/vivieron) en la región del suroeste (*were expelled:* echar).

6. \_\_\_\_\_ Los derechos de los mexicanoamericanos (*were denied:* negar) en el Tratado de Guadalupe.

7. \_\_\_\_\_ (*Is found:* Encontrar) evidencia del orgullo étnico en los murales mexicanoamericanos de los barrios de East Los Ángeles y de Pilsen, Chicago.

**B** Ponga cada efecto con su causa. ¡Cuidado! No se usan todas las causas.

| CAUSA | EFECTO |
|---|---|
| 1. \_\_\_\_\_ la llegada del ferrocarril al suroeste | **a.** la reducción de los mexicanoamericanos a la condición de minoría étnica |
| 2. \_\_\_\_\_ la participación de los mexicanoamericanos en la Segunda Guerra Mundial | |
| 3. \_\_\_\_\_ la naturaleza cíclica del trabajo agrícola | **b.** un nuevo motivo de orgullo y más posibilidades de trabajo |
| 4. \_\_\_\_\_ la constante inmigración desde México | |
| 5. \_\_\_\_\_ la necesidad de trabajadores baratos | **c.** el chicanismo |
| 6. \_\_\_\_\_ la lucha de los negros en favor de los derechos civiles | |
| 7. \_\_\_\_\_ la condición de «conquistados» | |

¿Puede Ud. dar otros posibles efectos producidos por las causas que identificó? Y ¿cuáles son las resultados provocados por las causas que Ud. no identificó?

# INTERPRETACIÓN

¡NECESITO COMPAÑERO! Trabajando en parejas, comenten las siguientes preguntas sobre las selecciones del libro de Richard Rodríguez.

■ En su opinión, ¿cuáles son los motivos que pudieron provocar el sentimiento de separación total entre Richard Rodríguez y sus padres? ¿Se trata de un problema generacional o tiene otras causas? ¿Conocen Uds. a alguien que también se sienta alienado de su familia por razones similares a las de Rodríguez?

■ Las palabras de Richard Rodríguez parecen indicar que la alienación familiar es el precio que hay que pagar por la asimilación social. ¿Qué opinan Uds. de esta afirmación? ¿Consideran que es exagerada? ¿Por qué sí o por qué no?

■ Richard Rodríguez afirma estar en contra de dos programas del gobierno diseñados teóricamente para ayudar a los grupos minoritarios a asimilarse. ¿Cuáles son estos programas? ¿Pueden Uds. adivinar las razones que apoyan la posición de Rodríguez? ¿Creen que esos programas son necesarios? Identifiquen cinco argumentos a favor y cinco en contra de la existencia de ambos.

■ El autor comenta que miembros de grupos minoritarios le desprecian e insultan. ¿Cuáles son las causas de este problema? ¿Pueden Uds. señalar otros líderes pertenecientes a otras minorías étnicas o culturales que se encuentren en la misma situación? ¿Cuál será (*might be*) una posible solución?

Ahora, compartan sus opiniones con las demás parejas. ¿Qué ideas tienen todos en común? ¿Sobre qué punto(s) *no* están de acuerdo?

# Selena, diez años después de su muerte

EL AÑO 2005 MARCA el décimo aniversario de la muerte de Selena, la famosa cantante tejana que murió trágicamente de un disparo[1] a las manos de la presidenta de su club de admiradores. Pero para mucha gente es como si hubiera muerto[2] ayer. Su imagen se ve por todas partes y su música sigue siendo tan popular como cuando estaba viva. Es improbable que la gente se olvide de ella dentro de poco.

Los admiradores de Selena siguen mostrando su fidelidad a la artista. Cuando murió, tantas personas mandaron dinero que su familia decidió fundar la «Selena Foundation» que ha repartido miles de dólares para apoyar a los niños desafortunados.[3] Muchos hacen peregrinajes[4] a Texas para ver su casa y su tumba, dejando flores allí en memoria de ella. En el suroeste, hay una cadena de restaurantes donde se venden refrescos en vasos que llevan diferentes fotos de la cantante. También aparece en cientos de páginas Web, donde sus aficionados comunican su admiración por la cantante y compran ropa, muñecas y juguetes que llevan su nombre y su imagen.

Cada año se venden millones de sus CDs, y han salido discos especiales para conmemorar el décimo aniversario de su muerte. Las emisoras siguen poniendo sus canciones en la radio, sobre todo en Texas, y sus admiradores siguen enseñando la música a nuevos entusiastas, expandiendo así su memoria. Por eso se pronostica[5] que entre los hispanos en los Estados Unidos, Selena va a convertirse en un ícono semejante a Elvis, destinado a vivir en la memoria para siempre. ■

*Selena, San Antonio, Texas, 1995*

[1]*gunshot*   [2]*como… as if she had died*   [3]*underprivileged*   [4]*pilgrimages*   [5]*se… it is predicted*

# Lectura II

## ■■■ LOS PUERTORRIQUEÑOS
## Aproximaciones al texto
### More about text structure:
### Developing and organizing an idea (Part 2)

Comparison/contrast, cause/effect, and division/classification are three techniques that are frequently used to organize information. Often a writer may find that a combination of approaches is the most effective way to develop his or her ideas. For example, to develop the idea that "the computer is becoming increasingly more important in this day and age," the writer may first want to identify the ways in which the computer is important (division) and then to explain how each of these is more important today than at some established point in the past (comparison/contrast). The writer may even want to conclude by showing some of the reasons for the computer's steady increase in importance (cause/effect).

Most of the readings in *Pasajes: Cultura* are structured according to one of the three patterns mentioned, or a combination of them, but many other patterns of development are also possible.\*

**A** ¿Qué tipo(s) de organización sugieren los siguientes títulos?

1. ¿Qué tipo de coche debe Ud. comprar, un coche de fabricación nacional o un coche importado?
2. La crisis económica de los años 30: ¿Por qué no la predijo (*predicted*) nadie?
3. Los grupos indígenas del Amazonas
4. Los indígenas del Amazonas: Ayer y hoy
5. Las consecuencias de la Guerra de los Cien Años
6. El uso del color rojo en las pinturas de Van Gogh y Gauguin
7. La peste (*bubonic plague*)
8. Las partes de la computadora

**B** En el **Capítulo 6** («El hombre y la mujer en el mundo actual»), se ve una combinación de dos técnicas de organización. ¿Puede Ud. identificarlas?

Note that simply using an *example* of comparison/contrast or several *instances* of cause/effect within a text is not the same as using one of these techniques to structure the entire argument of the text. **Capítulo 2,** for example, includes some cause/effect information, but the texts themselves are not structured around the questions "Why?" or "What are the consequences?" Which of the patterns discussed in this chapter do you think best describes the structure of **Capítulo 2**?

## Los puertorriqueños

1　**LA POBLACIÓN PUERTORRIQUEÑA DE LOS ESTADOS UNIDOS** es urbana y se concentra fundamentalmente en las ciudades del noreste, por ejemplo, en Nueva York, Filadelfia y Chicago. Gran parte de la inmigración puertorriqueña empezó después de la Segunda Guerra Mundial, durante la década de los
5　años 50. En 1940, sólo había 70 mil puertorriqueños en todos los Estados Unidos; en 2000, en cambio, había más de 3,4 millones. De hecho, más puertorriqueños viven en Nueva York que en San Juan, la capital de Puerto Rico. Como los demás inmigrantes, han venido con sus costumbres y sus tradiciones, su comida y sus fiestas; en particular, su música y su danza han introducido
10　nuevo ritmo y colorido en el mundo estadounidense.

　　A diferencia de otros inmigrantes, los puertorriqueños no tienen que pedir permiso para entrar en el país ni preocuparse por cuotas migratorias ni por el proceso de naturalización. No son inmigrantes, sino que ya son ciudadanos estadounidenses.
15　　Los puertorriqueños recibieron la ciudadanía estadounidense en 1917, pero su asociación con los Estados Unidos empezó varios años antes,

---

\*Additional information may be found in the *Cuaderno de práctica.*

durante la Guerra de 1898 entre España y los Estados Unidos. En aquella guerra España perdió las islas Filipinas y sus últimas colonias en el hemisferio occidental: Cuba y Puerto Rico. Cuba consiguió su independencia al terminar la guerra. En las islas Filipinas el proceso de independización fue más lento, pero finalmente consiguieron su independencia de los Estados Unidos en 1946. En Puerto Rico las cosas siguieron otra ruta: La Isla, más o menos del tamaño de Connecticut, se convirtió en territorio de los Estados Unidos.

Durante las primeras tres décadas del siglo XX, la presencia estadounidense en Puerto Rico trajo consigo muchos cambios positivos. La tasa de mortalidad bajó un 50 por ciento, y se elevó la tasa de crecimiento de la población. Pero económicamente los cambios no eran tan favorables. Antes de la llegada de los estadounidenses más del 90 por ciento de las fincas pertenecía a los labradores puertorriqueños. La economía agrícola de la Isla se basaba en tres productos principales: el azúcar, el café y el tabaco. Después de la ocupación estadounidense, varias compañías grandes se establecieron en Puerto Rico y, al cabo de diez años, habían incorporado[1] a sus enormes plantaciones de azúcar la mayoría de las pequeñas fincas. La economía pasó abruptamente de manos jíbaras[2] a manos estadounidenses.

Tanto en los Estados Unidos como en Puerto Rico, había una gran insatisfacción por la situación colonial de la Isla. Los estadounidenses que se oponían a esta situación lograron que el Congreso aprobara el *Jones Act,* por el cual los puertorriqueños recibían la ciudadanía estadounidense y se otorgaban[3] al gobernador de la Isla más poderes sobre los asuntos internos. A pesar de sus buenas intenciones, ese acuerdo ha sido rechazado por un gran número de puertorriqueños. En primer lugar, ellos alegan que nunca habían solicitado[4] la ciudadanía. (En 1914, los puertorriqueños habían mandado[5] una resolución al Congreso en la que expresaban su oposición a la imposición de la ciudadanía estadounidense a menos que fuera refrendada[6] por el voto del pueblo, pero su petición fue desatendida.) En segundo lugar, la Isla seguía siendo una colonia: El Congreso de los Estados Unidos mantenía control sobre las leyes, el sistema monetario, la inmigración, el servicio postal, la defensa de Puerto Rico y sus relaciones con otros países. El sistema educativo se configuró según[7] el sistema estadounidense y se impuso el inglés como lengua de instrucción.

En los años siguientes la dependencia económica de Puerto Rico respecto a los Estados Unidos aumentó considerablemente. Aunque el deseo de independencia no disminuyó, la supervivencia económica de la Isla pedía otra solución. Un acuerdo político realizado en 1948 convirtió a la Isla en Estado Libre Asociado[8] (ELA). Ser ELA proporcionó a los puertorriqueños más control sobre sus propios asuntos —podían elegir a su propio gobernador,— pero al mismo tiempo sus responsabilidades y privilegios seguían siendo diferentes de los de otros ciudadanos estadounidenses. Aunque no pagan impuestos federales, los puertorriqueños se benefician de muchos de los programas federales de educación, medicina y salud pública. Votan en las elecciones presidenciales primarias, pero no pueden participar en las elecciones generales. Pueden servir en el ejército (y antiguamente estaban obligados a hacerlo), pero no pueden votar; mandan representantes al Congreso, pero éstos tampoco tienen voto.

[1]habían… *had incorporated*  [2]campesinos puertorriqueños  [3]daban  [4]nunca… *had never requested*  [5]habían… *had sent*  [6]*authenticated*  [7]se… tomó como modelo  [8]Estado… *Commonwealth*

65     Durante los primeros veinte años después del establecimiento del ELA, se produjeron cambios notables en Puerto Rico. Bajo la dirección de su primer gobernador, Luis Muñoz Marín, se instituyó un programa de mejoramiento económico llamado *Operation Bootstrap,* que estimuló el desarrollo industrial. La renta[9] por familia aumentó un 600 por ciento, llegando a ser la más
70 alta de toda Hispanoamérica; el 85 por ciento de los jóvenes puertorriqueños asistió a las escuelas, donde el español volvió a ser la lengua oficial; Puerto Rico se convirtió en el cuarto país del mundo en cuanto al número de jóvenes que asistían a universidades o a institutos técnicos (el 19 por ciento); y la tasa de mortalidad infantil fue la más baja de toda Hispanoamérica.

75     En comparación con el resto del Caribe o de Hispanoamérica, Puerto Rico progresaba mucho, pero si se comparaba con el mínimo nivel aceptable en los Estados Unidos, la situación no era muy alentadora. El nivel de desempleo era dos veces más alto que el de cualquiera de los Estados Unidos, mientras que la renta *per capita* llegaba solamente a la mitad. Además,
80 el desarrollo económico había traído[10] consecuencias negativas. La Isla iba perdiendo casi por completo su carácter rural y tradicional. La televisión, el cine y los productos de consumo anuncian un nuevo estilo de vida. En consecuencia, la cultura y los valores tradicionales de Puerto Rico se ven amenazados: La unidad familiar, las relaciones personales, la dignidad individual
85 y el respeto son reemplazados cada vez más por una exagerada competencia económica y se da cada vez más importancia al dinero y a los bienes materiales.

### La migración

La migración de los puertorriqueños hacia los Estados Unidos empezó después de la Segunda Guerra Mundial.° La mayoría llegó sin instrucción ni for-
90 mación especializada, sin recursos económicos y sin un buen dominio del inglés. Se enfrentaron con muchos de los problemas que habían padecido[11] los inmigrantes anteriores: discriminación social y explotación económica. Pero en varios sentidos los puertorriqueños son diferentes, y estas diferencias afectan —de manera positiva tanto como negativa— su situación en los
95 Estados Unidos.

    A diferencia de otros inmigrantes, por ejemplo, muchos de los puertorriqueños no piensan quedarse para siempre en los Estados Unidos. Puerto Rico está cerca y el pasaje es barato; así que muchos de ellos son migrantes «cíclicos», que llegan para buscar trabajo cuando la economía de la Isla
100 presenta dificultades y vuelven cuando han podido ahorrar algún dinero. Su sueño es tener una vida mejor no en los Estados Unidos sino en Puerto Rico. Por esto, aunque reconocen la importancia de aprender inglés, no están dispuestos a renunciar a su español. El mantenimiento del español, al igual que las inmigraciones periódicas, dificulta enormemente la educación de sus
105 hijos. En los Estados Unidos éstos no progresan debido a sus problemas con el inglés, pero cuando regresan a Puerto Rico, muchos se dan cuenta de que su español deficiente les plantea graves problemas para salir adelante en sus estudios.

[9]*income*   [10]había... *had brought*   [11]habían... *had endured*

—————

°La Gran Crisis Económica de los años 30, y luego la guerra misma, impidieron una migración más temprana.

## Cambios y nuevas posibilidades

Aunque la situación de los puertorriqueños es muy difícil, en algunos aspectos es mejor de lo que era hace treinta años. Igual que en la comunidad chicana, el movimiento afroamericano a favor de los derechos civiles motivó una concientización de la comunidad puertorriqueña, dándole una nueva conciencia política, un nuevo orgullo cultural y una nueva determinación por mejorar su situación. Las artes, siempre importantes en la cultura puertorriqueña, son muy visibles en Chicago y en Nueva York, donde varios centros culturales latinos ayudan y animan a los jóvenes poetas, artistas y músicos. En 1974 se instituyó la educación bilingüe en algunas escuelas de Nueva York.

*Según algunos, Puerto Rico nunca va a lograr su propia identidad a menos que se independice de los Estados Unidos.*

Lo que todavía queda por resolver son las futuras relaciones de la Isla con los Estados Unidos. Desde el principio Puerto Rico ha mantenido dos posiciones básicas acerca de sus relaciones con los Estados Unidos: O debe ser incorporado como un estado igual que los otros cincuenta o debe recibir su independencia. Hoy, después de más de cincuenta años del compromiso del ELA, la Isla todavía está profundamente dividida con respecto a lo que debe ser su situación legal. En términos filosóficos y sentimentales, la independencia todavía es muy atractiva. Sin embargo, ateniéndose a razones más pragmáticas, la mayoría rechaza la idea de la independencia. La independencia pondría[12] en peligro la estabilidad económica de la Isla, que todavía depende casi totalmente de los Estados Unidos; los puertorriqueños perderían[13] el derecho a entrar libremente en este país, al igual que los otros derechos y beneficios de la ciudadanía. Cualquier decisión que se tome va a incluir penosos y delicados compromisos, pues no sólo están en juego[14] cuestiones puramente económicas y políticas sino la identidad cultural de todo un pueblo.

[12]*would put*    [13]*would lose*    [14]*en… in play*

# COMPRENSIÓN

**A** ¡NECESITO COMPAÑERO! Trabajando en parejas, escojan una de las siguientes preguntas y preparen una respuesta según la información presentada en la **Lectura II.** Luego, den una breve presentación oral de su respuesta y escuchen las presentaciones de las demás parejas.

1. ¿Dónde se encuentra ahora la mayoría de la población puertorriqueña dentro de los Estados Unidos continentales? ¿Cuándo empezaron a llegar allí en grandes números? ¿Es correcto llamar a esta llegada una «inmigración»? ¿Por qué sí o por qué no?

2. ¿Cómo y cuándo pasó Puerto Rico a ser territorio de los Estados Unidos? ¿Qué cambios experimentó la economía de la Isla después de ese suceso?

3. Comenten la importancia o el impacto del *Jones Act* de 1917 en los puertorriqueños. ¿En qué sentido son semejantes o diferentes los derechos de ciudadanía de los puertorriqueños de los de otros ciudadanos estadounidenses?

4. ¿Por qué es significativo que muchos de los puertorriqueños sean migrantes «cíclicos» que piensan algún día regresar a la Isla? ¿Qué problemas lingüísticos y educativos ocasiona esto a sus hijos?

5. ¿Qué semejanza hay entre la influencia que tuvo el movimiento afroamericano de los años 60 en los mexicanoamericanos y la influencia que tuvo en los puertorriqueños? ¿Cuál es la situación socioeconómica actual de la comunidad puertorriqueña en los Estados Unidos?

6. ¿Cuál es la situación política actual de la Isla de Puerto Rico con respecto a los Estados Unidos? ¿Cuál es la actitud de la mayoría de los puertorriqueños hacia la independencia? ¿hacia la conversión en un estado con plenos derechos? Expliquen.

**B** PAPEL Y LÁPIZ A través de las **Lecturas I** y **II,** Ud. ha podido aprender muchas cosas sobre los mexicanoamericanos y los puertorriqueños. Escriba en su cuaderno de apuntes sus ideas sobre las siguientes preguntas.

■ ¿Qué características tienen en común los mexicanoamericanos y los puertorriqueños? ¿Qué experiencias son comunes a ambos grupos?

■ ¿Qué diferencia a los mexicanoamericanos de los puertorriqueños con relación a su asimilación en los Estados Unidos? ¿Cree Ud. que uno de los dos grupos tiene más dificultades en integrarse en la vida estadounidense? Explique.

# Lectura III

# LOS CUBANOAMERICANOS

1 **LOS INMIGRANTES CUBANOS SON RADICALMENTE** diferentes de los grupos anteriormente mencionados, no solamente por las características de las personas que integran el grupo sino también por las razones que motivaron su emigración a los Estados Unidos y la acogida que recibieron al llegar allí.

5      Cuando Fidel Castro tomó posesión del gobierno de Cuba en 1959 y pro-
clamó el triunfo de la revolución, contaba con el apoyo de los obreros, los
campesinos y los universitarios jóvenes e idealistas. El nuevo régimen quiso
establecer un sistema productivo más igualitario a través de profundas reformas en la educación, la agricultura y la estructura social. Evidentemente,
10     estos cambios no se emprendieron sin conflictos ni privaciones que a veces
fueron muy duros. La nacionalización de millones de dólares de capital estadounidense tuvo como consecuencia una reducción notable en la compra
del azúcar que, junto con el posterior bloqueo económico de la isla por parte
de los Estados Unidos y de sus aliados políticos, intensificaron las dificulta-
15     des económicas del país. Poco después de la revolución, los Estados Unidos
rompieron sus relaciones diplomáticas con Cuba y apoyaron un desastroso
intento de invasión llevado a cabo por exiliados cubanos en abril de 1961.
Después de este fracaso en la Bahía de Cochinos, las relaciones entre ambos
gobiernos empeoraron. La alianza entre Cuba y la Unión Soviética provocó
20     una gran desilusión entre muchos cubanos, quienes habían esperado[1] el
establecimiento de un gobierno democrático. Muchos decidieron salir al exilio
y entre 1960 y 1980 más de 750 mil cubanos buscaron refugio en los Estados
Unidos.

### La situación de los cubanos en los Estados Unidos

Muchos de los inmigrantes cubanos se ubicaron en Nueva Jersey y Nueva
25     York, pero la mayoría se estableció en Miami y en otras ciudades del Condado de Miami-Dade en la Florida. Aunque el gobierno de Castro les había
permitido[2] salir, no les permitió llevarse nada, en muchos casos ni
siquiera una maleta. En consecuencia, llegaron a los Estados Unidos con
mucho menos que otros inmigrantes. No obstante, tuvieron dos grandes
30     ventajas. Primero, no entraron como inmigrantes sino como refugiados
políticos. Viendo en esto una oportunidad tanto política como humanita-
ria, el gobierno de los Estados Unidos echó la casa por la ventana[3] para
acoger a las «víctimas» del comunismo. Mientras que otros inmigrantes
necesitan visas y entran según cuotas y otras restricciones, los refugia-
35     dos cubanos entraron libremente. Por medio de un programa federal
especial, a cada individuo se le dio $60 (y a cada familia $100) para ayu-
darlo a establecerse y se puso a su disposición beneficiosos préstamos
comerciales. Segundo, a diferencia de la mayoría de los inmigrantes de
otros grupos, los cubanos eran en gran parte personas con educación.
40     Entre un tercio y un cuarto de la población eran profesionales y muchos
ya sabían inglés.

Como era de esperarse, la gran mayoría de los cubanos exiliados llegaron
a los Estados Unidos convencidos de que algún día el gobierno de Castro
se derrumbaría[4] y ellos podrían[5] volver a su patria. Por lo tanto, se empe-
45     ñaron en mantener su lengua y su cultura. Los cubanos todavía no se han
asimilado a Miami tanto como Miami se ha asimilado a los cubanos. En
1963, se estableció por primera vez en una escuela pública de los Estados
Unidos un programa bilingüe. Lo que es más, este programa tenía como
meta no solamente enseñarles inglés a los niños de los refugiados sino

---

[1]habían… *had expected*   [2]les… *had allowed them*   [3]echó… *rolled out the red carpet*
[4]se… *would collapse*   [5]*would be able*

50 también la lengua y la cultura hispanas.° Se esperaba que los jóvenes llegaran a poder funcionar en su propia comunidad hispanohablante tanto como en la anglohablante. El programa tuvo (y sigue teniendo) mucho éxito. A la vez que Miami ha prosperado económicamente debido a la participación cubana, se ha convertido en una de las ciudades más bilingües de los
55 Estados Unidos. Además de las librerías, restaurantes, bancos y empresas, hay periódicos y revistas hispanos y varias emisoras de radio y de televisión que transmiten programas en español.

### Cuba bajo Castro

En los más de 40 años de gobierno castrista, Cuba ha experimentado profundos cambios. La campaña educativa ha eliminado casi por completo el
60 analfabetismo; el servicio médico es gratis y se ha reducido en gran medida la tasa de mortalidad. Se ha reducido el desempleo y por medio de las leyes de reforma urbana se ha posibilitado el que muchas personas sean propietarias por primera vez de sus casas o apartamentos. La corrupción gubernamental ha sido combatida y ha surgido un nuevo orgullo nacional y una
65 nueva conciencia social. Pero en otros aspectos las condiciones de vida han mejorado poco. El racionamiento de muchos comestibles, medicinas y otros artículos impuesto en 1961 seguía siendo necesario veinte años más tarde debido al embargo económico —iniciado por los Estados Unidos y apoyado por las Naciones Unidas— que sufría el país.[†] Por eso, muchos cubanos se
70 desilusionaron de la revolución y de las promesas de Castro, desilusión que se agudizó[6] durante 1978 a 1980, cuando se permitió que unos 100 mil cubanoamericanos visitaran a sus parientes en Cuba. Su evidente prosperidad bajo el capitalismo instó a muchos a salir del país.

### La segunda oleada

Los emigrantes de esta «segunda oleada» no gozaron de[7] la misma acogida
75 que los de la primera. Como no se les consideraba «refugiados», no recibieron la ayuda económica que se les había dado[8] a los primeros emigrantes.[‡] Los que llegaron en esta segunda oleada eran más jóvenes y tenían menos

[6]se… *heightened*    [7]no… *didn't enjoy*    [8]se… *had been given*

---

°Este tipo de programa bilingüe se llama «mantenimiento» porque tiene la doble meta de mantener el español mientras enseña el inglés. Por eso, aun después de dominar el inglés, los estudiantes siguen recibiendo alguna instrucción en español. En contraste, la gran mayoría de los programas bilingües que se han establecido en otras partes de los Estados Unidos son de tipo «transición»: Los estudiantes sólo reciben instrucción en español hasta que tienen cierto dominio del inglés. La idea es prepararlos a reemplazar el español por el inglés.

[†]Todavía hoy, a pesar de la creciente oposición al embargo manifestada por muchos de los aliados políticos de los Estados Unidos, que no ven a Castro como ninguna amenaza en la nueva época «poscomunista», los gobiernos estadounidenses desde los años 90 se oponen por completo a terminar el embargo ni a reducir la severidad de sus términos. Así que la situación económica, y por lo tanto la situación sociopolítica, de la isla no tiene mucha esperanza inmediata de mejorar.

[‡]En muchos casos la comunidad cubanoamericana reemplazó las subvenciones federales con generosos donativos de dinero, comida y ropa, ayudando también al proceso de adaptación lingüística y cultural.

*Muchos de los programas bilingües son ineficaces; sin embargo, en estudios que se han hecho comparando a los niños que reciben instrucción en una sola lengua con los que la reciben en dos, los niños bilingües se muestran superiores. El modelo canadiense, que se basa en la inmersión «two-way» (es decir, el método por el cual todos los estudiantes aprenden varias materias en dos lenguas), ha sido empleado con éxito en varias ciudades estadounidenses.*

educación, menos adiestramiento y menos experiencia profesional y laboral que los que llegaron en la primera. En el nuevo grupo había un porcentaje significativo de cubanos de ascendencia africana que, al igual que los puertorriqueños y los mexicanos, siguen teniendo que luchar contra el racismo. Como si estos problemas no fueran bastante para los nuevos inmigrantes, también les ha rodeado la sospecha de criminalidad. Castro no sólo dejó salir a los que pedían salida, sino que también permitió la salida de presos comunes de las cárceles cubanas. La presencia de estos «marielitos»[9] ha transformado las antiguas calles tranquilas de Miami en lugares con un alto índice de crimen y violencia y también ha contribuido a hacer más difícil la aceptación de los nuevos inmigrantes.

Quizás el problema más agudo sea la actual situación social de los Estados Unidos. Después de una década de poco crecimiento económico (la década de los 80), las demandas que impone la existencia de inmigrantes en una localidad sobre el sistema educativo, servicios sociales e impuestos representan una carga penosa que ha influido negativamente en la aceptación y en la completa asimilación del grupo. En fin, la actitud de muchos ciudadanos ha cambiado de una de tolerancia y simpatía por los inmigrantes, basada en un sentimiento generalizado de que «hay para todos los que quieran entrar en el país», a una de intolerancia y hostilidad, provocada por la idea de que el país ya no tiene recursos suficientes para todos sus propios ciudadanos, ni mucho menos para las personas que llegan de otros países.

En la década de los 90, el derrumbamiento de los gobiernos comunistas por toda Europa y el rechazo del comunismo en el territorio de la antigua Unión Soviética dañaron aun más la economía del régimen castrista y

[9]los que salieron del puerto de Mariel, Cuba

lo aislaron políticamente. Castro se empeña en declarar su lealtad a los principios de Marx y Lenin, pero muchos piensan que quizás pronto sea posible cerrar la brecha en las relaciones entre Cuba y los Estados Unidos.

■■■ # COMPRENSIÓN

**A** Vuelva a mirar la **Actividad C** de la página 182. ¿Qué tal acertó Ud. con respecto a los grupos hispanos en los Estados Unidos?

**B** Basándose en las **Lecturas I, II** y **III,** indique las causas de los siguientes efectos y los efectos de las siguientes causas.

| Causa | Efecto |
|---|---|
| En las escuelas de los Estados Unidos se prohibía a los niños mexicanos hablar español. | |
| | Los mexicanos se convirtieron en una minoría étnica en el suroeste de los Estados Unidos. |
| Fidel Castro inició un gobierno comunista en Cuba. | |
| | En Cuba, continúa el racionamiento de muchas necesidades impuesto desde hace más de 40 años. |
| Puerto Rico se convirtió en un Estado Libre Asociado en 1948. | |
| | Puerto Rico pasó a ser parte del territorio de los Estados Unidos. |
| El movimiento afroamericano a favor de los derechos civiles empezó en los años 60. | |
| | El nivel de vida de los mexicanoamericanos ha mejorado durante las últimas décadas. |
| Miles de exiliados cubanos se instalaron en Miami. | |
| | La primera oleada de exiliados cubanos tuvo menos dificultades en adaptarse que otros grupos de inmigrantes. |
| La economía de Puerto Rico pasó de manos jíbaras a manos estadounidenses. | |
| | Puerto Rico depende culturalmente de Hispanoamérica y económicamente de los Estados Unidos. |

**C** Dé un resumen de las lecturas, completando esta tabla.

| | Los mexicanos | Los puertorriqueños | Los cubanos |
|---|---|---|---|
| ¿En qué fechas llegaron? | | | |
| ¿Dónde se establecieron? | | | |
| ¿Cuál era su situación migratoria?° | | | |
| ¿Qué dificultades tuvieron en adaptarse? | | | |
| ¿Qué tipo de trabajo ejercieron con más frecuencia? | | | |

# ■■■ INTERPRETACIÓN

**A** Vuelva a mirar la **Actividad C** de la página 179. ¿Ha cambiado su opinión de los hispanos en los Estados Unidos? Explique.

**B** En las lecturas de este capítulo se ha hablado de «exiliados políticos» y «exiliados económicos». ¿A qué cree Ud. que se refiere la expresión «exiliados culturales»? Dé por lo menos dos ejemplos.

**C** ¿Cree Ud. que existen diferencias en la acogida que reciben los inmigrantes a este país según pertenezcan a un grupo racial u otro? En su opinión, ¿qué factor contribuye más a una buena aceptación de los inmigrantes por la sociedad mayoritaria: su raza, su situación social o su formación profesional? ¿Qué factor contribuye más a que se les reciba de manera negativa?

**D** ¿Cuál parece ser la organización de las lecturas de este capítulo?

1. comparación/contraste
2. causa/efecto
3. división/clasificación
4. combinación de _____ y _____

**E** ¿Cuál cree Ud. que es el propósito de de los textos en este capítulo? Explique el porqué de su decisión. (Puede escoger más de un propósito.)

1. divertir
2. informar
3. criticar
4. describir
5. alabar (*to praise*)
6. convencer
7. defender
8. explicar
9. cuestionar

# ■■■ APLICACIÓN

**A** Hoy en día, parece que en muchas partes del mundo la gente está en un estado casi constante de movimiento y emigración, por razones políticas, económicas, religiosas y sociales, entre otras. Aparte de los grupos mencionados en este capítulo, ¿qué otros grupos raciales o culturales conoce Ud. que actualmente estén emigrando a otros países? ¿Cuáles son los motivos de la emigración en cada caso?

°Es decir, ¿qué características especiales tenían como inmigrantes?

**B** Todas las siguientes afirmaciones, hechas por intelectuales y escritores de diferentes partes del mundo, aluden a temas relacionados con las lecturas de este capítulo. ¿A qué problemas hacen referencia cada una de estas oraciones y qué relación tienen con el tema de los hispanos en los Estados Unidos? ¿Cuál de estos problemas le parece más importante a Ud.? ¿Por qué?

1. «El extranjero provoca el mismo miedo que siente.» —Elie Wiesel (Premio Nobel de la Paz, 1991)

2. «El temor al extranjero no se origina por la diferencia, sino por la semejanza.» —Tahar Ben Jalloun (escritor marroquí)

3. «Hay algo en la libertad que hace que uno se acostumbre a ella inmediatamente.» —Salman Rushdie (escritor inglés de ascendencia india)

4. «Queremos pasar de la miseria a una pobreza digna.» —Jean Bertrand Aristide (ex presidente de Haití)

5. «Los derechos humanos no pueden ajustarse a las diferentes culturas.» —Fernando Savater (filósofo español)

**C** ¡NECESITO COMPAÑERO! Trabajando en parejas, preparen un cuestionario con las preguntas que les gustaría (*you would like*) hacerle a una persona hispana. Pueden ser preguntas sobre su origen, cuándo llegó a los Estados Unidos, las dificultades que tuvo en adaptarse, etcétera. Fuera de la clase, háganle estas preguntas a una persona de origen hispano. (Puede ser un compañero / una compañera de clase, un vecino / una vecina, el dependiente / la dependienta de una tienda, etcétera.) En la clase, presenten las respuestas que recibieron y comenten las de los otros compañeros de clase.

**D** Hay varias películas que presentan algunos temas sobre la que Ud. leyó en este capítulo: *El sur, My Family, El norte, Fresa y chocolate,* entre otras. Si tiene ocasión, vea una de ellas y comparta con la clase su opinión sobre esa película y los problemas que en ella se plantean.

**E** Explique brevemente las características de los siguientes métodos diseñados para los estudiantes cuya primera lengua no es la lengua mayoritaria. ¿Cuáles son las ventajas y desventajas que presenta cada sistema?

- la educación bilingüe
- la inmersión

**F** ¿Por qué creen muchas personas que la educación bilingüe puede resolver los problemas educativos de los hispanos? ¿Por qué creen otras que la educación bilingüe perjudica a los hispanos? En su opinión, ¿deben los niños anglohablantes aprender español para ser también bilingües?

**G** En su opinión, ¿qué significa «americanizarse»? ¿Es posible ser un buen «americano» y mantener las tradiciones y los valores de otra cultura? Explique.

## CAPÍTULO 10

# La vida moderna

1.

2.

1. *Vegetales orgánicos*
2. *Barcelona, España*

# Exploraciones

En la vida moderna, hay un gran deseo general por un alto nivel de vida, y por lo general la tecnología moderna nos está ayudando a realizarlo. Algunos aspectos de este deseo incluyen una mayor preocupación por los alimentos que se consumen y una creciente popularidad del ejercicio físico. ■■■

**A** TRABAJAR CON LAS IMÁGENES   Mire las fotos de la página anterior para contestar las siguientes preguntas.

■ Describa las fotos con todos los detalles que Ud. pueda. Incluya en sus descripciones dónde están las personas en las fotos y qué están haciendo.

■ ¿Qué actividad o concepto de la vida moderna representa cada foto? ¿Son populares estos conceptos o actividades en el área donde Ud. vive o en este país en general? ¿Por qué sí o por qué no?

**B** ANÁLISIS CRÍTICO

■ ¿Qué saben Uds. de estos conceptos o actividades? ¿Cuáles practican actualmente o consideran importantes en la vida moderna? ¿Cuáles no se consideraban importantes hace diez o veinte años? Expliquen sus respuestas.

■ ¿Cuáles de estos conceptos o actividades son populares en otras partes del mundo? ¿Eran menos populares hace diez o veinte años? Expliquen sus respuestas.

■ Además de éstos, ¿hay otros conceptos o actividades que se asocian con la vida moderna? ¿Cuáles son y qué popularidad tienen en el área donde Uds. viven, en este país o en el mundo? Expliquen.

**C** ESPECULAR

■ ¿Creen Uds. que las ideas representadas en las fotos de la página anterior y las otras que mencionaron en la **Actividad B** pasarán de moda en un futuro cercano o durarán para siempre? Expliquen por qué.

■ Si tuvieran Uds. la oportunidad, ¿cuál de estos conceptos y actividades les gustaría probar, o de cuál les gustaría beneficiarse más?

# Lectura I

■■■ **CIENCIA A LA CARTA**

## Aproximaciones al texto

### Writing summaries

The ability to write a good summary is an important study skill. The practice you have had thus far in finding the topic sentence and main ideas and in recognizing text structure and patterns of essay development will help you construct accurate and concise summaries.

Lea el siguiente fragmento de un artículo publicado en la revista *Quo* de España y los cuatro resúmenes. Luego, conteste las preguntas que siguen para determinar cuál de los resúmenes es el mejor.

## El buen yantar: La vuelta a nuestra dieta tradicional

LA OBESIDAD AFECTA a un 25% de individuos de todo el mundo. En países como Estados Unidos y Alemania, el porcentaje de población que padece exceso de peso está entre el 40 y el 50%. Además, la incidencia de problemas relacionados con la alimentación, tales como la arteriosclerosis, la diabetes y las caries, aumenta a pasos agigantados.

Si preguntásemos a nuestras abuelas, probablemente nos dirían que el motivo de este fenómeno es que ya no se come como antes. Y tendrían razón… , al menos en parte. Los expertos en salud aseguran que uno de los principales factores implicados en la aparición de estas enfermedades, conocidas como los males de la civilización, es una mala alimentación, cuya característica principal es el elevado consumo de productos ricos en grasas y el olvido de otros que aportan vitaminas y minerales muy importantes para el organismo.

Pero, ¿qué ha pasado con nuestra famosa dieta mediterránea? Muy sencillo: que cada vez tiene menos de mediterránea y más de estadounidense. Hamburguesas, *pizzas,* alimentos preparados… llenan nuestros estómagos sin dejar apenas espacio para la verdura o la fruta.

Las críticas de los nutricionistas no se centran sólo en los alimentos consumidos, sino también en la forma de tomarlos. «Comemos cada vez más rápido. La dieta mediterránea exige una elaboración cuidada y la sociedad actual no permite eso. No tenemos tiempo y nos alimentamos fuera de casa y en sitios donde se sirven platos ricos en grasas animales», explica la endocrinóloga Nieves Uriz.

Lo malo es que este problema, lejos de solucionarse, parece estar agudizándose. «Nuestros hijos comerán peor que nosotros, porque no están educados para alimentarse de forma adecuada y la tendencia de la sociedad nos lleva a que el tiempo para cocinar sea cada vez menor», añade Nieves Uriz. Prueba de esto son los datos publicados por la revista alemana *Stern* según los cuales, en la actualidad, tomamos cinco veces más sopas de sobre que en los años 50, diez veces más conservas de verduras, doce veces más derivados de la patata y una cantidad veinte veces mayor de frutas enlatadas.

Y es que el progreso no parece traducirse en una mayor calidad de vida, sino al contrario. Incluso en los países en desarrollo, la creciente urbanización está produciendo estilos alimentarios nada saludables. «Con el consumo creciente de alimentos de origen animal, de materias grasas y de productos industriales muy elaborados la población urbana estará cada vez más expuesta a las enfermedades de la civilización», asegura Hélène Delisle, profesora de Nutrición en la Universidad de Montreal (Canadá) en un artículo publicado en la revista de la *Food and Agriculture Organization* (FAO).

Ante este problema, los especialistas en nutrición insisten en la importancia de recuperar nuestra dieta tradicional. «Lo que diferencia a esta dieta de otras es el aceite de oliva, que mantiene nuestras arterias protegidas contra el colesterol; una gran ingesta de legumbres, que aportan mucha fibra y proteínas vegetales, y el consumo de pescado, que nos da las proteínas animales que necesitamos y contiene los saludables ácidos Omega 3», comenta Nieves Uriz.

Además, otros elementos que la caracterizan, según comenta el doctor Miguel Bizquert Himénez, del Hospital Arnau de Vilanova de Valencia, «son una mayor cantidad de verduras y frutas y, dentro de las carnes, las blancas como pollo y conejo, en lugar del buey, la vaca... »

Eso sí, tampoco hay que pensar que una buena alimentación es la panacea contra todos los males y que para mantener en forma nuestro organismo lo único que hace falta es comer bien. «La dieta es sólo una parte más dentro de la promoción de la salud y la prevención de las enfermedades. Si seguimos una alimentación más rica en fibra y vitaminas y pobre en grasas saturadas es posible prevenir muchos problemas derivados del colesterol alto y de la hipertensión y conseguir un mejor envejecimiento... , siempre que se abandonen además otros malos hábitos, como el alcohol, el tabaco y el sedentarismo», comenta el doctor Miguel Bizquert.

*Quo,* Madrid

## Resumen 1

La obesidad es un problema en todo el mundo, pero es aún peor en los Estados Unidos y Alemania donde hasta el 50 por ciento de las poblaciones padecen exceso de peso. También los índices de enfermedades como la arteriosclerosis y la diabetes son altos. Parte del problema en España es que ya no se come como se comía antes. Los españoles comen más a la estadounidense y menos a la mediterránea. Es decir, comen más hamburguesas, *pizzas* y alimentos preparados en vez de verduras, frutas, pescado y las carnes blancas como el pollo o el conejo. Otra parte del problema es que los españoles no tienen tanto tiempo para preparar su comida como antes. Van al trabajo, comen algo rápido, vuelven a casa cansados y sin ganas de tomar el tiempo para preparar algo sano y terminan consumiendo algo rico en grasas y pobre en vitaminas y minerales importantes. Según la revista alemana *Stern,* los españoles toman cinco veces más sopas de sobre, diez veces más conservas de verduras, doce veces más derivados de la patata y veinte veces más de frutas enlatadas de lo que comían hace 50 años. Según una profesora de nutrición de la Universidad de Montreal, este problema existe en todo el mundo. Otro especialista asegura que si siguiéramos más a la dieta mediterránea, viviríamos mejor y conseguiríamos un mejor envejecimiento.

## Resumen 2

El problema de la influencia de la comida estadounidense en la típica dieta mediterránea de los españoles.

### Resumen 3

El artículo presenta el tema de la obesidad y algunas enfermedades relacionadas con ella en todo el mundo y explica que una de las causas de tal problema en España es la preferencia general por una dieta más estadounidense y menos mediterránea. Parte del problema es el ritmo de la sociedad moderna. La gente no tiene tiempo para preparar la comida de la dieta mediterránea y termina comiendo comida rápida como hamburguesas, *pizzas*, alimentos preparados, etcétera, que engorda más y es menos sana. Los nutricionistas insisten en que hay que volver a la dieta tradicional, ya que sus elementos como el aceite de oliva, más legumbres, el pescado, etcétera, ayudarán a disminuir el problema de la obesidad y las enfermedades que la acompañan. Pero, además de acostumbrarse a una buena dieta, hay que evitar también las malas costumbres como el alcohol, el tabaco y el sedentarismo.

### Resumen 4

En países como los Estados Unidos y Alemania entre el 40 y el 50 por ciento de la población sufre de exceso de peso, y muchas de estas personas sufren de enfermedades como la arteriosclerosis, la diabetes y las caries. Nuestras abuelas dirían que la causa de este problema es que ya no comemos como antes y que nuestros hijos comerán peor que nosotros porque no están educados para alimentarse bien. Una profesora de nutrición en la Universidad de Montreal en un artículo publicado en la revista de la *Food and Agriculture Organization* dice que el consumo creciente de alimentos de origen animal, de materias grasas y de productos industriales aumentará la frecuencia de las enfermedades relacionadas con la obesidad en la sociedad urbana. Según el doctor Miguel Bizquert del Hospital Arnau de Vilanova de Valencia, las carnes blancas como el pollo y el conejo son mejores que las rojas, como las del buey, la vaca y otras. El doctor Bizquert añade que también hay que evitar el alcohol, el tabaco y el sedentarismo.

En su opinión, ¿cuál es el mejor resumen? Considere los siguientes factores.

1. **La longitud:** ¿Es demasiado extenso? ¿demasiado corto?
2. **Las ideas básicas:** ¿Incluye la idea central? ¿Incluye ideas poco importantes? ¿Incluye ideas equivocadas?
3. **El balance entre la brevedad y suficientes detalles sobre las ideas más importantes:** ¿Se pueden identificar rápidamente las ideas importantes? ¿Se entienden las ideas sin tener delante todo el artículo?

## ■■ ■ PALABRAS Y CONCEPTOS

| | |
|---|---|
| **alabar**  to praise | **repartir**  to distribute |
| **alegar**  to allege | |
| **aprobar (ue)**  to approve | **el alimento**  food |
| **criticar**  to crticize | **la bacteria**  bacteria |
| **etiquetar**  to label, tag | **el/la consumidor(a)**  consumer |
| **fiarse de**  to be faithful, trust | **el cultivo**  cultivation; crop |
| **paliar**  to palliate, alleviate | **la etiqueta**  label, tag |

*(continúa)*

| el etiquetado | label, tag | la transgénesis | genetic alteration |
|---|---|---|---|
| el gen | gene | el transgénico | genetically altered food |
| la mejora | improvement | | |
| la polémica | controversy | reacio/a | obstinate, stubborn |
| la técnica | technique | transgénico/a | genetically altered |

**A** Explique la relación que existe entre cada grupo de palabras.

1. alabar, abierto, aprobar, criticar, reacio
2. el alimento, la bacteria, el cultivo
3. el gen, la técnica, la transgénesis, el transgénico
4. el consumidor, la etiqueta, fiarse de
5. el alimento, el hambre, paliar, repartir

**B** ¡NECESITO COMPAÑERO! Revisen las descripciones de algunos transgénicos que ya existen o pronto existirán. Luego, contesten las siguientes preguntas.

**Superzanahoria.** Es una zanahoria con antioxidantes que podría ayudar a reducir el riesgo de cáncer.

**Euromelón.** Es un melón que sabe mejor y cuya maduración es más lenta que los melones 100% naturales.

**Cerveza que no engorda.** Es una cerveza con menos calorías cuya levadura se ha modificado genéticamente.

**Superarroz.** Este arroz provoca la fabricación de más vitamina A dentro del cuerpo humano. La falta de tal vitamina ha causado la muerte de millones de niños del Tercer Mundo.

**Tomate duradero.** El Flavr Savr, una creación de la compañía californiana Calgene, resiste los efectos del transporte porque madura y luego se ablanda de nuevo.

- ¿Cómo ayudarán al mundo estos transgénicos? ¿Quiénes y cómo se beneficiarán? Expliquen sus respuestas.

- ¿Pueden inventar algunos transgénicos originales? Inventen dos o tres alimentos nuevos y descríbanlos. Incluyan en cada descripción los elementos básicos que los harían diferentes y los beneficios que aportarían al mundo. Luego, compartan sus ideas con el resto de la clase.

**C** PAPEL Y LÁPIZ Anote en su cuaderno de apuntes algunas ideas que Ud. tiene sobre los alimentos transgénicos.

1. ¿Ha probado algunos? ¿Cuáles? ¿Le gustaron o no? Explique con detalles. (Si no ha probado ninguno todavía, explique cuáles le gustaría probar y por qué.)

2. En términos generales, ¿está de acuerdo con la investigación científica que fomenta los transgénicos? ¿Por qué sí o por qué no?

3. ¿Cree que habrá algunos problemas para el mundo si los científicos siguen creando nuevos alimentos transgénicos, o cree que las posibles ventajas justificarán los posibles riesgos? Explique sus opiniones.

Ahora lea el siguiente artículo publicado en España por la revista *Quo*, teniendo en cuenta las ideas y opiniones que acaba de anotar.

### ■■■■ Ciencia a la carta

1 **UNOS DICEN QUE LA INGENIERIA GENÉTICA** aplicada a la alimentación está creando productos más seguros, baratos y que incluso podría ayudar a paliar el hambre en el mundo. Otros la acusan precisamente de suponer un peligro para el consumidor y para los países menos desarrollados.

5 La luz roja de alarma se encendió en 1998. Arpad Pusztai, un investigador británico que trabajaba en un proyecto con patatas transgénicas en el Instituto Rowett de Aberdeen (Escocia), aseguró que era necesario analizar todos los alimentos transgénicos ya que sus estudios sugerían que podían poner en peligro la salud humana. Pusztai fue despedido de la compañía, pero el temor 10 se extendió como la pólvora: ¿Los alimentos transgénicos suponían un avance para la Humanidad o escondían en su interior oscuras amenazas? Desde entonces, estos productos han sido objeto de encendidos debates e, incluso, fueron unos de los protagonistas de la última reunión del G7.°

En nuestro país [España], ecologistas y científicos los critican y alaban, 15 respectivamente. «No necesitamos transgénicos. Según la FAO,[†] el problema no está en que la producción de alimentos sea insuficiente, sino en que no se reparten bien. Además, estos alimentos suponen importantes riesgos para el medio ambiente y para la salud», afirma Isabel Bermejo, de Ecologistas en Acción.

20 Por su parte, los científicos alegan que el conocimiento de este tema es incompleto. «La confusión actual se debe en buena medida a que la información que ha llegado a la población no es equilibrada. La intervención de los científicos, que pueden aportar argumentos neutrales, ha sido escasa y debería haber un compromiso mayor al respecto», asegura Guillermo 25 Reglero, catedrático de Tecnología de los Alimentos de la Universidad Autónoma de Madrid.

Que hace falta más información es algo evidente. Sobre todo, si se tiene en cuenta un dato curioso arrojado por una encuesta realizada en Europa en 1999. Una de las preguntas que incluía el estudio era: «¿Cree usted que un 30 tomate que no ha sido sometido a modificación genética tiene genes?» La sorprendente respuesta de cerca de un 70% de los encuestados fue que no.

### Comer con miedo

En todo caso, la polémica sobre los Organismos Modificados Genéticamente (OMG) ha llegado a la población. En Europa las opiniones de los consumidores están divididas, aunque la balanza se inclina hacia el miedo a estos 35 productos. «En Estados Unidos hay más de 50 alimentos transgénicos autorizados. El problema es que el consumidor europeo se fía poco de las entidades que deben aprobarlos», opina Daniel Ramón Vidal, del CSIC.[‡] «Además, los españoles somos reacios a las innovaciones en este campo, mientras que el consumidor estadounidense tiene una mentalidad más 40 abierta hacia el desarrollo tecnológico», añade.

---

°G7: Se denomina así al grupo de los siete países más industrializados del mundo.

†FAO: *Food and Agriculture Organization*

‡CSIC: Consejo Superior de Investigadores Científicas

**No nos gustan**

Al parecer, los europeos son más reacios que los estadounidenses a aceptar productos transgénicos. Los españoles somos muestra de ello.

| País | POBLACIÓN QUE REHÚSA COMPRAR ALIMENTOS TRANSGÉNICOS (%) |
|------|------|
| Italia | 79 |
| España | 71 |
| Francia | 69 |
| Alemania | 68 |
| Hungría | 22 |
| Países Bajos | 17 |
| Bélgica | 16 |

En 1999, el cultivo de plantas transgénicas aumentó un 44% según el ISAAA,* instituto que se encarga del seguimiento del uso de organismos modificados genéticamente. Datos del libro *Plantas transgénicas: preguntas y respuestas* muestran que los países con mayor superficie dedicada a estos cultivos son Estados Unidos —un 72% de la superficie mundial—, Argentina (17%), Canadá (10%) y China (1%) y que las modificaciones más comunes en estos momentos se dirigen hacia la resistencia a los herbicidas (71%) y a los insectos (22%).

En España, los únicos cultivos transgénicos autorizados son dos variedades de maíz con una toxina de la bacteria *Bacillus thuringiensis,* que las hace más resistentes a la larva del taladro del maíz. Además, otras tres variedades de maíz han sido aprobadas en la Unión Europea y están en espera de serlo aquí, mientras que otros diez cultivos están en proceso de ser autorizados por la U.E. «Nadie va a parar los transgénicos. Podrán retrasar su llegada, pero no detenerlos», dice Francisco García Olmedo, catedrático de Bioquímica y Biología Molecular en la Universidad Politécnica de Madrid.

### Etiqueta obligatoria

A pesar de ello, ecologistas y asociaciones de consumidores ya han ganado una batalla: la del etiquetado. En abril de 2000, la Unión Europea modificó un reglamento de 1998 que contemplaba la necesidad de etiquetar los nuevos alimentos sólo en ciertos casos y fijó la obligatoriedad de un etiquetado especial para todos aquellos cuyos ingredientes, incluso por separado, superen el 1% de modificación genética. Si llevan aromas o aditivos fabricados a partir de OMG también deben indicarlo en la etiqueta.

Pero los ecologistas van más allá. «En el 70% de los casos, la proteína modificada genéticamente no pasa al alimento, pero puede haberse producido en éste una transformación metabólica sustancial que hay que señalar», dice Isabel Bermejo.

---

*International Service for the Acquisition of Agri-biotech Applications

En todo caso, la transgénesis es una nueva técnica genética, pero no la única. La aplicación de la biotecnología a la alimentación es muy antigua.
70 Daniel Ramón Vidal explica que la mejora genética de variedades vegetales o animales se ha realizado tradicionalmente de dos formas:

■ **Cruce sexual.** Se cruzan dos vegetales o dos animales para obtener un tercero que produzca más leche, ponga más huevos, madure mejor…

■ **Mutagénesis.** Se modifica un organismo con tratamientos físicos o químicos que
75 alteran la expresión de sus genes —impidiendo que se exprese uno de ellos, por ejemplo.

*Quo,* Madrid

# ■■■ COMPRENSIÓN

**A** Complete las siguientes oraciones según la **Lectura I.**

1. Arpad Pusztai recomendó que _____

2. En 1999, la mayoría de los europeos _____

3. En España _____

4. En la Unión Europea _____

5. En los Estados Unidos _____

6. La transgénesis _____

7. Los de la FAO creen que _____

a. el problema de dar de comer al mundo se basa en que no se reparten bien los alimentos que hay.

b. hay dos alimentos transgénicos autorizados.

c. hay más de 50 alimentos transgénicos autorizados.

d. no es una técnica reciente.

e. no sabían qué era la modificación genética.

f. se analizaran los alimentos transgénicos para estar seguros de que no eran peligrosos.

g. tres alimentos transgénicos ya son autorizados y otros diez están en proceso de ser autorizados.

**B** Determine si las oraciones son ciertas (**C**) o falsas (**F**), según la lectura. Corrija las oraciones falsas.

1. _____ Algunos creen que los transgénicos podrían ayudar a eliminar el hambre en los países tercermundistas.

2. _____ En el año 2000, la Unión Europea declaró que los alimentos transgénicos que superaran el 1 por ciento de modificación genética se etiquetaran de alguna manera especial.

3. _____ La mutagénesis es la mezcla de dos vegetales o dos animales para crear un tercero que sea mejor de alguna forma u otra.

4. _____ Los españoles son más abiertos que los estadounidenses a las innovaciones de los alimentos modificados genéticamente.

5. _____ Parte del problema de la falta de aceptación general de los transgénicos es que los científicos no han ayudado a educar al público.

**C** PAPEL Y LÁPIZ  Vuelva a mirar sus apuntes sobre los alimentos transgénicos que Ud. escribió antes de leer la **Lectura I** (**Actividad C,** página 207). ¿Qué nueva información puede incluir ahora según lo que aprendió?

# Cómo hablar SMS[1]

Cada día se hace más fácil mantenerse en contacto con los amigos, familiares y compañeros de trabajo gracias al sinfín[2] de innovaciones tecnológicas que se le ponen en venta al público. Debido a los altos precios de las líneas telefónicas fijas[3] y la conveniencia del los celulares, el teléfono móvil es la innovación que más afecta a los españoles — un 90 por ciento de ellos para ser exacto. Algunos sociólogos dicen que la popularidad de los móviles ha contribuido a nuevos hábitos sociales y comunicativos, especialmente entre los jóvenes, incluso a la creación de un nuevo lenguaje utilizado en la comunicación celular.

Los jóvenes suelen usar el móvil más para darse recados sencillos[4] por medio de los mensajes SMS, que para comunicarse en profundidad. De este modo, se ha demostrado que el móvil es un buen instrumento para quedar, para citarse,[5] para verse, y mucho menos para conversar. Para ahorrar tiempo y dinero, se ha creado una jerga[6] propia a los mensajes SMS, la regla básica del cual es suprimir[7] todo lo que no sea necesario sin perder la inteligibilidad del texto.

No se usan letras mayúsculas, se corta la mayoría de las vocales, los acentos y la «h» y se transforma la «ll» en «y». Por ejemplo, en vez de escribir «¿te apetece quedar?», se escribiría «tptcqdr?». También usan números y letras para sustituir sílabas enteras como «sl2» para decir «Saludos».

El uso de estas abreviaturas es tan extenso que una casa editorial[8] española hasta hizo un diccionario con los mensajes más habituales en la comunicación entre móviles. También se encuentran varias páginas Web con listas de abreviaturas comunes. ■

*¿Sabe Ud. hablar SMS?*

---

[1]*Short Message Service (text messaging)*   [2]*infinite number*   [3]*líneas… land lines*
[4]*recados… simple messages*   [5]*make a date*   [6]*slang*   [7]*to delete*   [8]*casa… publishing house*

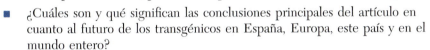

## ■■■ INTERPRETACIÓN

¡NECESITO COMPAÑERO!   Trabajando en parejas, comenten las siguientes preguntas sobre el tema de los transgénicos. Si ya saben algo más sobre este tema, por sus estudios o por las noticias, pueden incorporar su conocimiento en sus respuestas.

■  ¿Cuáles son y qué significan las conclusiones principales del artículo en cuanto al futuro de los transgénicos en España, Europa, este país y en el mundo entero?

■  Si Uds. fueran políticos, bioquímicos o nutricionistas, ¿qué harían para fomentar o impedir el uso y aceptación de los transgénicos en este país y en el mundo? También expliquen por qué harían lo que harían y cuáles serían los resultados de sus acciones.

■■■ ## MÁS INTELIGENTE: BENEFICIOS DEL EJERCICIO CEREBRAL

■■■ ### PALABRAS Y CONCEPTOS

**acudir (a)**   to come (to); to arrive (at)
**afrontar**   to confront
**almacenar**   to store
**borrar**   to erase
**entablar**   to begin
**erigir**   to build
**lavar(se) los dientes**   to brush one's teeth

**el aporte calórico**   caloric intake
**el/la catador(a) de vino**   wine taster
**el/la comensal**   table companion
**la corteza cerebral**   cerebral cortex
**el dentífrico**   toothpaste
**la despensa**   groceries
**la desvelada**   all-nighter; sleeplessness

**la grasa**   fat
**la materia gris**   grey matter
**el olfato**   sense of smell
**la sobrecarga**   overload
**el tacto**   sense of touch
**el tecla**   key (*on a keyboard, musical instrument*)
**la vejez**   old age
**la vigilia**   wakefulness
**la víspera**   eve

**acotado/a**   mapped out
**adyacente**   adjacent
**desvelado/a**   wide awake

**a corto/largo plazo**   in the short/long term

**A**   ¿Qué palabras de la lista de vocabulario asocia Ud. con los siguientes conceptos? Explique el porqué de sus asociaciones.

**1.** la mente
**2.** el sueño
**3.** la memoria
**4.** los sentidos

**B**   ¡NECESITO COMPAÑERO!   Trabajando en parejas, conversen sobre lo que se puede hacer para prepararse para los exámenes. Traten de incluir en la conversación algunos de sus métodos preferidos de estudiar.

**C**   PAPEL Y LÁPIZ   Tome la siguiente prueba y conteste las preguntas que lo siguen.

## ¿Cuánto usas tu cerebro?

Nuestros hábitos pueden aburrir al cerebro o, por el contrario, mantenerlo activo. Para evaluar cuánto utilizas tu materia gris, responde las siguientes preguntas.

| PREGUNTAS | RESPUESTAS | | | |
|---|---|---|---|---|
| | NUNCA | A VECES | MUCHAS VECES | SIEMPRE |
| ¿Al levantarte sigues invariablemente la misma rutina? | 4 | 3 | 2 | 1 |
| ¿Para ir al trabajo todos los días eliges la misma ruta y medio de transporte? | 4 | 3 | 2 | 1 |
| ¿Utilizas siempre la misma entrada del supermercado para recordar dónde has dejado el coche? | 4 | 3 | 2 | 1 |
| ¿Te bañas a la misma hora todos los días? | 4 | 3 | 2 | 1 |
| ¿Diariamente cumples el mismo itinerario? | 4 | 3 | 2 | 1 |
| ¿Prefieres ver la televisión que salir a reuniones o ir a cenar con un amigo? | 4 | 3 | 2 | 1 |
| ¿Crees que los pasatiempos son aburridos? | 4 | 3 | 2 | 1 |
| ¿Procuras comer siempre en el lugar habitual? | 4 | 3 | 2 | 1 |
| Cuando planeas tus vacaciones, ¿por lo general eliges el mismo destino? | 4 | 3 | 2 | 1 |
| ¿Te gusta probar diferentes alimentos y estilos de comida? | 4 | 3 | 2 | 1 |
| ¿Compras tu despensa en el mismo lugar? | 4 | 3 | 2 | 1 |
| TOTAL | | | | |

Puntuación:

33 o más puntos. Estás haciendo lo correcto para mantener tu cerebro sano y activo. Tu nivel de gimnasia cerebral es óptimo.

De 24 a 32 puntos. Debes cambiar algunos de tus hábitos para hacer trabajar más a tu masa encefálica, si no quieres que ésta se vuelva floja.

23 o menos puntos. Tu cerebro ha caído en el sedentarismo mental. Es muy aconsejable que comiences sin demora a ejercitar tu mente.

¿Cuál fue su puntuación en la prueba? ¿Está de acuerdo con esos resultados? ¿Por qué sí o por qué no? Ahora, mientras lee la **Lectura II,** piense en las recomendaciones de la prueba.

## Más inteligente: Beneficios del ejercicio cerebral

**Por Enrique M. Coperías**

*Los científicos han descubierto la forma de estimular las neuronas para potenciar nuestras facultades mentales y retardar el deterioro intelectual. Entre las principales claves que han encontrado destacan la práctica de ejercicio físico y las actividades que promueven el conocimiento.*

**LA MAYORÍA NOS OLVIDAMOS** de ejercitar el cerebro. Y es que la rutina diaria, el desinterés por la lectura, el pasar las horas frente al televisor, la inactividad física, las desveladas, la falta de ánimo por obtener experiencias, el abuso de alcohol y otras drogas, el aislamiento social, la ausencia de distracciones e incluso la apatía sexual, son ejemplos de conductas que literalmente ponen a dormir nuestra materia gris. Sin embargo, las capacidades innatas de nuestro cerebro pueden ser fortalecidas de manera amplia mediante el aprendizaje y la estimulación.

[ ... ]

¿Tienes miedo a reprobar un examen? No hay problema, la «neuróbica» es útil para los estudiantes. Los científicos investigan hasta qué punto la gimnasia cerebral actúa sobre los mecanismos neurológicos del aprendizaje.

■ **Estimula los sentidos.** La corteza cerebral está organizada en varias regiones, como son la motora y la sensorial. Hasta hace poco los científicos creían que cada una de estas áreas ocupaba un espacio acotado —o mapa— para procesar la información proveniente de diferentes partes del cuerpo. Ahora se sabe que tales mapas se modifican con las experiencias personales, así como que las interacciones entre las diferentes áreas se refuerzan a una velocidad sorprendente. Por ejemplo, Marc Bangert, del Instituto de Fisiología de la Música, en Hannover, Alemania, dice en la revista *BMC Neuroscience* que veinte minutos de entrenamiento al piano son suficientes para que el cerebro establezca un refuerzo neuronal entre el área motora que mueve y asocia los dedos con las teclas y la corteza auditiva. Y otro estudio, realizado por la neurobióloga Gisela Hagberg y sus colegas de la Fundación Santa Lucía, en Roma, indica que los catadores de vino profesionales, que poseen un olfato exquisito, muestran una enorme actividad cerebral. El escáner ha revelado que el cerebro de toda la gente responde a la bebida, pero sólo en los *sommeliers* se activa la corteza frontal, involucrada en el lenguaje. Esto se debe a que buscan las palabras precisas para describir las características del vino. Así pues, la estimulación de los cinco sentidos favorece un mayor equilibrio y desarrollo mental.

■ **Cuidado con los desvelos.** Las investigaciones de György Buzsáki, neurólogo de la State University of New Jersey, apuntan que la memoria se consolida o graba después de irnos a la cama. Cuando soñamos, el hipocampo y la corteza cerebral entablan un necesario diálogo. Situado en el sistema límbico, el hipocampo actúa como una pequeña central que retiene los recuerdos a corto plazo. Pero para evitar una sobrecarga, la información memorizada es codificada por la corteza cerebral, el baúl de nuestros recuerdos. Esta reestructuración de la red neuronal ocurre precisamente durante el sueño, según Buzsáki.

■ **Busca distracciones.** Dos días antes del examen, cierra los libros. El cerebro invierte 48 horas en reelaborar la información y elegir qué parte de ésta quedará retenida en la memoria a largo plazo. La investigadora Sidarta Ribeiro y sus colegas de la Universidad de Duke, han descubierto que los procesos memorísticos suceden en dos fases del sueño: la de onda lenta y la REM. «La primera es de mayor duración y produce un recuerdo y una amplificación de los datos vividos. En la REM, que se caracteriza por un movimiento rápido de los ojos, se activan los genes, como el Zif-268, que almacenan en las neuronas todo aquello que aconteció durante el sueño de onda corta», comenta Ribeiro. Para aprender hay que dormir.

■ **Nada de estimulantes.** Las sustancias para permanecer despiertos toda la noche son desaconsejables, ya que alteran el ciclo regular de sueño-vigilia, lo que puede dañar la recuperación de la información estudiada. Algo parecido puede decirse del café: la cafeína estimula la atención cuando se toma una taza por la mañana, pero no diez durante la noche.

■ **Olvidos normales.** La sensación de olvido en la víspera del examen no debe ser motivo de preocupación. Mientras duermes, toda la información adquirida volverá a tu mente.

■ **Estudia de forma frecuente.** «La memoria es un proceso de catalogación y recatalogación», comenta Karen Nader, de la McGill University, en Montreal, Canadá. Si estás preparando un examen, lo mejor es estudiar a diario; fracciona los temas y descansa al menos seis horas después de hacerlo.

■ **Repasa siempre.** La memoria se puede formar y reformar. El psicólogo Matthew P. Walker, de la Escuela Médica de Harvard, ha comprobado que la mera acción de recordar algo aprendido desestabiliza la memoria si el proceso es perturbado por una interferencia. Debido a esta vulnerabilidad, el recuerdo puede ser guardado de nuevo, modificado e incluso sustituido. El repaso de lo aprendido modifica, al fin y al cabo, los datos memorizados: si se hace de mala manera, el resultado puede ser «muy deficiente».

■ **Piensa positivo.** El hecho de afrontar un examen con una actitud positiva estimula la atención y la memoria. No obstante, hay que evitar las emociones fuertes y las desagradables, pues pueden borrar de la memoria los recuerdos recién adquiridos. Bryan Strange, del Colegio Universitario de Londres, ha invitado a un grupo de voluntarios a memorizar secuencias de palabras neutras en las que intercaló otras con connotaciones negativas, como *masacre* y *asesinato.* El resultado: la gente recuerda fácilmente los vocablos con carga emocional, pero muestra dificultad para citar las palabras normales adyacentes. Esto ocurre porque la

hormona del estrés, la norepinefrina, interactúa con la amígdala, estructura del cerebro que controla las emociones.

■ **Actividad constante.** El ejercicio físico tiene un efecto protector sobre las neuronas. Lo ha demostrado Stan Colcombe, de la Universidad de Illinois en Urbana. Él y su equipo han pasado por un escáner de IRM las cabezas de un grupo de personas mayores de 55 años y han descubierto que el cerebro de las sedentarias tiene menos masa gris que el de las que confesaron hacer deporte.

■ **Come bien y con moderación.** El doctor Mark Mattson, jefe del laboratorio de Neurociencias en el Instituto Nacional de la Vejez, de Estados Unidos, sostiene que una reducción del aporte calórico que se acerque al 30% protege al cerebro. Ello es posible si se reduce el consumo de alimentos ricos en grasa, ya que ésta impide la absorción de glucosa, el principal alimento de la materia gris.

105
110
115
120
125
130
135
140

# ■■■ COMPRENSIÓN

■ **A** PAPEL Y LÁPIZ  Identifique las ideas principales de la **Lectura II** y resúmalas en una oración en su cuaderno de apuntes. Luego, identifique y apunte las ideas específicas que el autor menciona para apoyar o explicar cada idea principal. Finalmente, junte sus apuntes y escriba un resumen de la **Lectura II.**

■ **B** ENTRE TODOS  Comparen los resúmenes de la **Lectura II** que cada persona escribió en su cuaderno de apuntes para la actividad anterior. ¿En qué ideas básicas coinciden los resúmenes? ¿En qué ideas difieren? Utilicen las preguntas de la actividad en **Aproximaciones al texto** al principio de este capítulo (página 204) para evaluar los resúmenes. Después, trabajen juntos para escribir un nuevo resumen completo y conciso que reúna los puntos fuertes del resumen de cada persona.

# ■■■ INTERPRETACIÓN

■ **A** ¡NECESITO COMPAÑERO!

**Paso 1**  Trabajando en parejas, contesten las siguientes preguntas sobre la **Lectura II.**

1. ¿Están Uds. de acuerdo con las recomendaciones de esta lectura? ¿Por qué sí o por qué no?

2. ¿Qué recomendaciones de esta lectura le harían Uds. a una persona que se preocupa por un examen que va a tomar? ¿Qué otras recomendaciones le harían a esa persona? Expliquen.

**Paso 2** Ahora, compartan sus ideas con las demás parejas. ¿Qué ideas tienen en común? ¿Sobre qué punto(s) no están de acuerdo?

**B** COMPAÑERO! El ejercicio cerebral no sólo se aplica a los estudios. Revisen las recomendaciones de «Fitness mental». Luego, contesten las preguntas.

## Fitness mental

**Estos sencillos ejercicios te ayudarán a poner tu mente en movimiento. No es necesario que hagas todos a la vez; realiza una selección y sustituye los ejercicios periódicamente para no caer en la rutina.**

### 1 En casa

- Haz una selección de prendas de vestir y objetos de uso cotidiano e intenta reconocerlos con los ojos cerrados. Además del tacto y las manos, utiliza otros sentidos y partes del cuerpo para identificarlos. También procura vestirte con los ojos cerrados.
- Usa la mano menos hábil para abrir el dentífrico, poner la pasta en el cepillo y lavarte los dientes.
- Coloca boca abajo (*upside-down*) las fotografías.

### 2 En la oficina

- De vez en cuando, cambia de sitio todos los objetos del escritorio.
- Ante un conflicto con los compañeros, escribe libremente y sin miedos todas las ideas que te vengan a la mente. Luego confróntalas y haz una selección.

### 3 En la mesa

- Apaga la televisión y la radio, y conversa con los comensales. Alternativamente, intenta comer en silencio —incluso con los ojos cerrados— y concentrado en los alimentos.
- No te sientes siempre en el mismo sitio e incorpora novedades en la mesa (velas, flores, centros de mesa... )

### 4 Mientras manejas

- Opta por realizer diferentes itinerarios para llegar a tu lugar de trabajo.
- Coloca unas monedas en el portaobjetos de tu coche y cuando pares en un semáforo intenta identificar su valor con el tacto. Repítelo después con una selección de objetos pequeños.

### 5 En vacaciones y tiempo libre

- No acudas al mismo lugar de vacaciones. Y en las horas de ocio, mejor evita los sitios típicos: el centro comercial, el parque, la iglesia...
- Sé creativo. Prueba nuevas aficiones y diversifica tus actividades deportivas.

1. ¿Ya siguen Uds. algunas de estas recomendaciones en su rutina diaria? ¿Por qué sí o por qué no?

2. ¿Sería fácil para Uds. incorporar estas recomendaciones en su rutina diara? ¿Por qué sí o por qué no?

3. ¿Cuáles de estas recomendaciones seguirán en el futuro?

# ■■■ APLICACIÓN

**A** En la **Lectura I,** se mencionó en breve la idea de que los alimentos transgénicos podrían ayudar a dar de comer a los pobres del mundo. ¿Cree Ud. que esto sería factible (*feasible*)? ¿Por qué sí o por qué no? ¿Qué otras maneras hay, o cree que habrá en el futuro, para eliminar el problema del hambre en el mundo? Explique su respuesta. ¿Qué desventajas o riesgos presentan o presentarán los alimentos transgénicos para este país o el mundo entero? Explique sus opiniones.

**B** La **Lectura II** habla de algunas maneras de fortalecer la mente. Si Ud. fuera profesor universitario / profesora universitaria, ¿cómo ayudaría a los estudiantes a prepararse para los exámenes parciales y finales? Explique detalladamente lo que haría, incluyendo el porqué de sus acciones.

**C** PRO Y CONTRA   Divídanse en cuatro grupos. El profesor / La profesora le asignará a cada grupo una de las siguientes declaraciones. La mitad de cada grupo debe preparar los argumentos a favor del tema asignado y la otra mitad, los en contra. Después, cada grupo presentará su debate ante la clase para que los demás miembros de la clase determinen cuáles son los argumentos (en pro o en contra) más convincentes.

1. El gobierno de este país debe dedicar grandes sumas de dinero para la investigación de nuevos tipos de alimentos transgénicos.

2. Las universidades de este país deben ofrecer como requisito una clase de preparación para los exámenes.

3. Las organizaciones gubernamentales como la de la OSHA (*Occupational Safety & Health Administration*) en los Estados Unidos deben tener mucha influencia en los negocios de este país. (Consideren las grandes empresas tanto como los pequeños negocios familiares en sus argumentos.)

4. ¿? (Inventen otro tema parecido que tenga que ver con los acontecimientos recientes en el área donde viven o en este país.)

**D** ¡NECESITO COMPAÑERO!   En este capítulo, se ha hablado de algunas ventajas y algunos inconvenientes de la vida moderna. Trabajando en parejas, identifiquen algunas desventajas o aspectos desagradables de la vida moderna especialmente en este país, por ejemplo el tabaco, el alcohol, el crimen, las drogas, la televisión (para algunos), etcétera. Luego, comenten qué opinan de cada desventaja o aspecto desagradable. Expliquen por qué creen que son desventajas o aspectos desagradables, cuál es la actitud general de la sociedad hacia cada uno y cómo afectan a la sociedad en general. Finalmente, especulen cómo será la influencia de cada uno de ellos en el futuro y cuál será la actitud general de la sociedad hacia cada uno.

## CAPÍTULO 11

# La ley y la libertad individual

1. Doradal, Colombia
2. Barcelona, España

# Exploraciones

La necesidad de toda sociedad de establecer un sistema de leyes para mantener el orden interno, protegerse de las amenazas exteriores y establecer un equilibrio entre sus miembros limita inevitablemente la libertad individual. De la lucha constante entre estas necesidades de la sociedad y los derechos y deseos de sus miembros surge a menudo una gama de conflictos que ha acompañado a los seres humanos desde el establecimiento de las primeras comunidades. La violencia criminal, el terrorismo estatal y el de grupos políticos o religiosos y los atentados contra los derechos humanos son, antes que nada, el resultado directo del difícil intento de mantener el equilibrio entre la ley y la libertad individual. ■■■

**A** COMPARAR LAS FOTOS

- Describa lo que se ve en las fotos de la página anterior. ¿Quiénes son las personas? ¿Dónde están? ¿Qué están haciendo? ¿Qué semejanzas y diferencias hay entre las dos fotos?

- ¿Qué conceptos del mundo moderno representa cada foto? ¿En qué le hacen pensar estas imágenes? Explique sus respuestas.

**B** ANÁLISIS CRÍTICO   Trabajando en parejas, pongan en orden, según su gravedad, las siguientes violaciones contra la libertad del individuo (14 = la más grave; 1 = la más leve). Luego, comparen sus opiniones con las de otra pareja. ¿Hay mucha diferencia de opiniones?

el abuso (físico o sicológico)
el acoso sexual (*sexual harassment*)
el asesinato
el chantaje (*blackmail*)
el fraude
la infracción de tráfico
el robo

el secuestro (*kidnapping*)
el soborno (*bribery*)
el terrorismo
el timo (*swindle*)
la tortura
el tráfico de drogas
la violación (*rape*)

**C** ASOCIAR

- ¿Cuáles de los crímenes y delitos de esta lista son más frecuentes en su comunidad? ¿Cuáles asocian Uds. con la imagen que tienen del mundo hispano? ¿Hay otros delitos que no están en la lista que ocurran en su comunidad o en otra que conozcan? ¿Cuáles son?

- En general, cuando Uds. piensan en la violencia, ¿qué asociaciones (personas, lugares, emociones, acciones) se les ocurren? ¿Tienen que ver estas asociaciones más con la violencia criminal que con la violencia política o viceversa? Expliquen.

# ■■■ EL CRIMEN Y LA VIOLENCIA: LA VIOLENCIA CRIMINAL

## Aproximaciones al texto

### Understanding connecting words

Understanding relationships between clauses is extremely important when you are reading in any language. The message of the first sentence below is quite different from that of the second, even though the clauses in each sentence are identical. The change in meaning results from the way the second clause is related to the first, as determined by the italicized word in each sentence.

The wildlife was abundant *because* the river was very low.
The wildlife was abundant *although* the river was very low.

In the first sentence, the information in the second clause *explains* the information in the first clause; in the second sentence, the information in the second clause *contrasts with* the information in the first clause.

There are many connecting words (**palabras de conexión**) like *because* and *although* that indicate how clauses are related. They also perform the same function between sentences or between simple phrases within a paragraph. These words fall into several general categories.

1. Some introduce the *cause* of a situation or condition.

| | | | |
|---|---|---|---|
| a causa de (que) | *because of* | debido a (que) | *because of; due to* |
| como | *since, because* | porque | *because* |

2. Some introduce the *effect* of a situation or condition.

| | | | |
|---|---|---|---|
| así (que) | *thus* | por consiguiente | *therefore* |
| en consecuencia | *as a result* | por lo tanto | |
| | | por eso | *for that reason; therefore* |

3. Some introduce a *contrast*.

| | | | |
|---|---|---|---|
| en cambio | *on the other hand* | a diferencia de | *in contrast to* |
| por otra parte | | en contraste con | |
| no obstante | *nevertheless; however* | a pesar de (que) | *in spite of; despite* |
| sin embargo | | | |
| con todo | *nevertheless; still* | al contrario | *on the contrary* |
| pero | *but* | aunque | *even though; although* |
| sino | | | |

**4.** Some introduce a *similarity.*

$$\left.\begin{array}{l}\text{así como}\\\text{de la misma manera}\\\text{de manera semejante}\\\text{del mismo modo}\end{array}\right\}\begin{array}{l}\textit{similarly;}\\\textit{in the same}\\\textit{way}\end{array}$$

| igual que + | *like +* |
|---|---|
| noun | *noun* |
| tal como | *just like; just as* |
| tanto... | *both . . . and . . . ,* |
| como... | *. . . as well* |
| | *as . . .* |

**5.** Other useful expressions are as follows.

| *Additional information:* | además (de) | *besides; furthermore* |
|---|---|---|
| | en adición (a) | *additionally; in addition (to)* |
| *Restatement:* | es decir ⎫ | *that is to say; in other words* |
| | o sea ⎭ | |
| *General statement:* | en general ⎫ | *in general* |
| | por lo general ⎭ | |
| *Specific statement:* | por ejemplo | *for example* |

**A**  Lea rápidamente las siguientes oraciones e indique si la información que sigue a las palabras *en letra cursiva* es lógica (**L**) o ilógica (**I**), según el resto de la oración. Luego, cambie las palabras en letra cursiva por otras para que las oraciones ilógicas tengan sentido.

**1.** _____ *Debido a* sus crímenes, le redujeron la sentencia.

**2.** _____ No respetan las leyes; *en consecuencia,* irán a la cárcel.

**3.** _____ Lo torturaron durante tres días; *sin embargo,* está muy débil.

**4.** _____ Ernesto «Che» Guevara, *además de* revolucionario, fue médico.

**5.** _____ *A diferencia de* los policías, a los ladrones les gusta robar.

**B**  Lea las siguientes oraciones y escoja la frase que complete lógicamente la idea de cada oración. Luego, sustituya las palabras *en letra cursiva* por otras que estén de acuerdo con la frase alternativa.

**1.** La patrulla de policía no tenía armas de fuego; *por lo tanto,* _____.

  **a.** detuvo a los criminales fácilmente

  **b.** pidió refuerzos

**2.** La bomba fue tremenda; *además,* _____.

  **a.** no causó muchas víctimas

  **b.** explotó a la hora punta (*rush hour*)

**3.** El juez no creyó nada de lo que dijo el acusado, *aunque* _____.

  **a.** éste nunca dijo la verdad

  **b.** éste no tenía antecedentes criminales

**4.** Es una persona muy violenta; *por otra parte,* _____.

  **a.** es muy inteligente

  **b.** siempre comete actos violentos

**5.** Los abogados defensores, *tanto como* los fiscales, _____.

  **a.** han estudiado la carrera de leyes

  **b.** defienden a los acusados

**C**  Complete estas oraciones según su propia opinión.

1. Hoy en día la tasa de delincuencia es mayor *debido a* _____.
2. *A pesar de* los esfuerzos de la policía, _____.
3. Muchas personas son toxicómanas *a causa de* _____.
4. La pena de muerte debe / no debe existir *porque* _____.
5. En España está permitido el consumo del hachís (*hashish*). *En cambio,* _____.

## Understanding text structure

In most of the previous chapters, the structure of the main text followed a common and predictable pattern. The first paragraph introduced the main idea of the selection. Succeeding paragraphs developed this idea with specific information, sometimes using titles and subtitles to make explicit the organization of the information. It is easy to outline this type of organization in order to summarize the main points of a reading and the relationships among them.

**A**  Haga un bosquejo de la lectura del **Capítulo 7** usando las frases de la derecha.

| | |
|---|---|
| I. _____ | El factor económico |
| A. _____ | Los Estados Unidos en Latinoamérica: Metas y motivos |
| B. _____ | La Política de Buena Voluntad |
| C. _____ | Mirando hacia el futuro |
| II. _____ | La época de la intervención: Roosevelt, Taft y Wilson |
| A. _____ | La Doctrina Monroe |
| B. _____ | Los Estados Unidos en Latinoamérica: Una perspectiva histórica |
| C. _____ | El factor político |

Un bosquejo puede ser más detallado si se quiere: Sólo hay que añadir más subdivisiones en cada categoría. Por ejemplo, ¿cómo se pueden subdividir **A, B** y **C** de la primera sección del bosquejo que Ud. acaba de completar? Escriba por lo menos dos subdivisiones para cada sección.

Not all texts follow this type of organization, and texts organized in different ways may lend themselves to different formats for summarization. For example, tables may be more appropriate for summarizing texts that present numerous comparisons and contrasts; diagrams may be more accurate for newspaper texts or texts based on classifications. And since newspaper articles are often structured around answering basic questions (who, what, where, when, why), one can use these questions to identify and summarize major points of information within the article.

**B**  Lea rápidamente el texto que sigue y luego conteste las siguientes preguntas. ¡Cuidado! Puede ser que en el texto no se incluya la respuesta a alguna de estas preguntas.

1. ¿Qué?
2. ¿Quién?
3. ¿Dónde?
4. ¿Por qué?
5. ¿Cuándo?

# Descubierto un alijo de heroína en el avión del presidente colombiano

**Por Pilar Lozano**

BOGOTÁ— Un alijo de más de tres kilos de heroína fue hallado el viernes 20 en el avión oficial dispuesto para el viaje del presidente Ernesto Samper a la Asamblea de las Naciones Unidas en Nueva York, y puso de nuevo en ridículo a Colombia y a su cuestionado mandatario. Unidades antinarcóticos hallaron catorce paquetes de la droga en el portaequipajes delantero del aparato, perteneciente a la Fuerza Aérea, tras una llamada telefónica anónima al servicio de inteligencia del ejército. El embajador de los Estados Unidos negó que su país tenga nada que ver con el asunto.

El avión ya había sido sometido a la minuciosa inspección de rigor y se encontraba en un hangar en el aeropuerto militar de Catam, en Bogotá, cuando una llamada anónima al servicio de información de la Fuerza Aérea obligó a realizar un nuevo registro de última hora. Fue fácil para los expertos antinarcóticos encontrar el alijo, repartido en catorce bolsas y camuflado en la parte delantera del avión. El revuelo fue inmediato. El comandante de la Fuerza Aérea y el director general de la policía iniciaron la investigación. Nadie se explica quiénes y cómo lograron burlar las medidas de seguridad del aeropuerto. El ministro de Justicia, Carlos Medellín, aseguró que tras esta acción criminal están manos oscuras que sólo buscan «enlodar el nombre del presidente».

*El País,* 23 de septiembre de 1996

## ■■ ■ PALABRAS Y CONCEPTOS

**acatar**   to respect, obey (*laws*)
**desaparecer**   to disappear
**estallar**   to explode
**procesar**   to put on trial
**raptar**   to kidnap
**recurrir a**   to resort to, fall back on
**refrenar**   to hold back, curb
**secuestrar**   to kidnap
**tender (ie)**   to have the tendency to; to tend to
**violar**   to break the law; to rape

**la aprobación**   approval
**la delincuencia**   criminality, delinquency
  **el/la delincuente**   criminal, delinquent
**el delito**   crime
**el enfrentamiento**   clash, confrontation
**el escuadrón**   squad
**el freno**   brake; check

**el juicio**   trial; judgment
**la matanza**   killing
**la piratería aérea**   skyjacking
**el/la proscrito/a**   outlaw
**el rapto**   kidnapping
**la represalia**   reprisal, retaliation
**el rescate**   ransom, reward
**el secuestro**   kidnapping
**el tiroteo**   shooting
**la violación**   violation of the law; rape

**adinerado/a**   wealthy
**alentador(a)**   encouraging
**delictivo/a**   criminal
**estremecedor(a)**   terrifying; shocking
**prevenido/a**   prepared, on one's guard
**sangriento/a**   bloody

**A** **¡NECESITO COMPAÑERO!** Trabajando en parejas, emparejen cada una de las siguientes palabras o expresiones con otras dos de la lista de vocabulario, para formar oraciones lógicas.

MODELO: violar: el delincuente, el enfrentamiento →
Cuando un individuo viola la ley, habrá un enfrentamiento entre ese delincuente y la policía.

1. la represalia
2. la aprobación
3. la piratería aérea
4. acatar

**B** ¿Qué circunstancias asocia Ud. con los siguientes estados o acciones?

1. recurrir a la violencia
2. estar prevenido
3. violar la ley
4. desaparecer
5. temer una represalia

**C** **¡NECESITO COMPAÑERO!** ¿Cuántos lugares, personas o sucesos diferentes pueden Uds. asociar con las siguientes palabras? Trabajen en parejas para hacer todas las asociaciones que puedan. ¡Sean específicos y prepárense para explicarle a la clase las asociaciones que hagan!

1. el secuestro
2. procesar
3. el enfrentamiento
4. el tiroteo
5. alentador
6. estremecedor

**D** Defina brevemente en español.

1. el juicio
2. raptar
3. la delincuencia
4. el proscrito
5. adinerado
6. el freno

**E** **¡NECESITO COMPAÑERO!** Trabajando en parejas, vuelvan a mirar la lista de vocabulario y organicen todas las palabras que puedan en las siguientes categorías.

1. la violencia criminal
2. la violencia política

Luego, comparen sus listas con las de los otros compañeros para llegar a un acuerdo.

**F** **PAPEL Y LÁPIZ** Si Ud. escribiera un libro sobre la cultura de este país dirigido a estudiantes hispanos, ¿incluiría en él un capítulo sobre el crimen y la violencia? ¿Por qué sí o por qué no? ¿Cómo afecta el nivel de criminalidad de una cultura la vida diaria de su gente? Explore esto en su cuaderno de apuntes, dando ejemplos para explicar su punto de vista.

## ■■■ El crimen y la violencia:
## La violencia criminal

1 **JUNTO CON EL AMOR Y EL TRABAJO,** el humor y la creatividad, en todas las sociedades humanas se dan en mayor o menor grado la violencia y la criminalidad. Entre todas las imágenes que se asocian con la sociedad estadounidense, no hay que olvidar el proscrito de las películas del oeste, el *gangster* de Chicago
5 y Nueva York, las pandillas callejeras[1] y los disturbios[2] raciales. De modo

[1]pandillas... *street gangs*  [2]*riots*

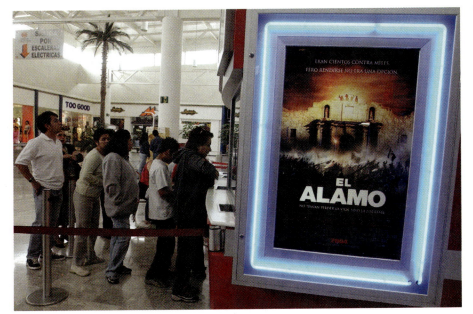

*¿Existe una relación entre la violencia cinematográfica y la violencia real? ¿Contribuyen los medios de comunicación a crear una cultura global de violencia? ¿Qué características tiene?*

semejante, un *collage* de lo hispano tendría que incluir a un hombre armado, apasionado e imprudente, dispuesto a defender su honor de toda mancha[3] imaginaria o real. La visión estereotipada de los gobiernos hispanoamericanos es, para muchos, una sucesión de golpes de estado, militares, guerrilleros y revo-
10  lucionarios. Si alguien de este país piensa en México, suele recordar la figura de Pancho Villa, con su traje negro, su fría mirada y su bandolera al pecho.

     Estos estereotipos, como todos, son exageraciones, pero sin duda el carácter de la violencia se manifiesta de distintas maneras según la sociedad en que se da. Puede expresarse individualmente, es decir, mediante la
15  violencia criminal, o colectivamente, por medio de la violencia política. De todos modos, su presencia es tanto un producto de las varias circunstancias históricosociales de esa sociedad como una reacción contra ellas. No es posible entender las diferentes manifestaciones de la violencia sin primero tener en cuenta esas circunstancias.

## Las comparaciones culturales

20  En cualquier definición de la violencia —ya sea criminal o política— por lo general se mencionan dos factores: el uso de la fuerza y la violación de un derecho. Ya que hay muchas interpretaciones de lo que es o no es un *derecho,* el concepto de la violencia y la identificación de lo criminal varían de acuerdo con los valores socioculturales en determinados momentos históri-
25  cos. Por ejemplo, el homicidio, que en la cultura norteamericana moderna es considerado como un delito grave, causa menos escándalo entre algunas comunidades indígenas de Hispanoamérica que la violación de ciertos tabúes tradicionales. Estas comunidades no castigarían el infanticidio, pero sí castigarían duramente a quien faltara a su deber de castidad. Hoy en día
30  en algunos países el suicidio es un crimen mientras que en otros se ve como un acto privado al que todo ser humano tiene derecho. En muchas culturas

[3]*stain*

se toleran entre familiares niveles de abuso físico que entre desconocidos serían denunciados inmediatamente.

Hay otras razones que hacen difícil cualquier intento de catalogar la clase
35 y el número de delitos que se cometen en diferentes países. En primer lugar está el problema de la denuncia de los delitos que ocurren. Por ejemplo, los que tienen carácter sexual o que implican a miembros de la familia de la víctima no suelen ser declarados. Tampoco los delitos perpetrados por las autoridades gubernamentales son denunciados por miedo de las represalias.
40 Segundo, existen muchas variaciones en cuanto a la manera de recoger y recopilar estadísticas sobre los delitos que sí son declarados.

Por consiguiente, es más válido comparar tendencias acerca de la incidencia de algunos actos violentos que buscar una comparación estrictamente numérica. En este país, la violencia criminal se considera más pro-
45 blemática que la violencia política. En cambio, en la mayor parte del mundo hispano, el ciudadano medio teme la violencia política más que la criminal.

Se ha tratado de explicar la frecuencia de la violencia criminal en los Estados Unidos señalando que desde un principio la violencia ha sido parte íntegra de la formación de la nación. Como ejemplos, se traen al caso la matanza
50 sistemática de los indígenas, la colonización del oeste por medio de las armas, la brutalidad de la esclavitud y los frecuentes conflictos violentos del movimiento laboral. La defensa del derecho a llevar armas ejemplifica claramente este carácter de la violencia estadounidense, como explícitamente lo proclama uno de los letreros adhesivos que puede verse en los parachoques[4]
55 de los coches: «*God, guns, and guts. They made America great. Let's keep it that way.*» Algo que sorprende a casi cualquier extranjero.

Igualmente violenta fue la historia de Hispanoamérica. Por ejemplo, no se puede hablar de la colonización de Hispanoamérica sin hablar primero de su *conquista,* época que se caracterizó por repetidas luchas sangrientas entre
60 indígenas y europeos. En la Argentina y Chile se emprendieron campañas bélicas dedicadas a la exterminación de la población indígena.[°]

## El desarrollo socioeconómico y la delincuencia

La vigencia de valores culturales tradicionales ayuda a refrenar el uso de la violencia como respuesta a circunstancias difíciles. Desafortunadamente, la creciente urbanización de las últimas décadas ha puesto en grave peligro
65 la pervivencia de estos y otros valores. La actual sociedad industrializada y consumista —con su ideología del bienestar, la carrera adquisitiva, la crisis familiar, la soledad, el anonimato— produce condiciones aptas para la violencia.

Por varias razones, los emigrantes en general son más susceptibles de desarrollar una conducta criminal. El traslado a un nuevo ambiente suele ir
70 acompañado de inestabilidad económica y familiar; además, las normas que rigen la conducta en el lugar de origen (sea el campo del mismo país u otro país) suelen ser distintas de los del nuevo lugar. Por eso, en todo el mundo el número de crímenes que se cometen en una ciudad grande es dos veces mayor que el de los cometidos en un pueblo, o en una ciudad mediana, y la
75 incidencia de delitos violentos es cinco veces mayor. En el caso de Hispanoamérica la urbanización se ha llevado a cabo a una velocidad asombrosa,

[4]*bumpers*

---

[°]Las guerras contra los indígenas tuvieron lugar entre los años 1840 y 1900.

generalmente con el crecimiento de una sola gran ciudad en cada país.° Los valores tradicionales se ven reemplazados cada vez más por intereses materiales. La familia, desprovista del apoyo tradicional y afligida por los
80 choques generacionales, se desintegra. Crecen la desilusión y el descontento, y por consiguiente, los delitos y la violencia. El fenómeno de los gamines, jóvenes abandonados que dependen de la vida criminal para sobrevivir, se puede observar ahora en casi todas las grandes ciudades hispanas.

Por otro lado, es importante reconocer que el crimen no resulta de la
85 pobreza en sí, sino del contraste que se percibe entre la pobreza y la riqueza. No hay muchos crímenes en aquellas culturas en las que todo el pueblo tiene más o menos el mismo nivel económico. En la sociedad urbana, los contrastes entre ricos y pobres son cada vez más evidentes. Muchas de las grandes ciudades de Hispanoamérica están rodeadas de tristes «villas de
90 miseria», con casas de cartón,[5] de hojalata[6] o de cualquier material que abrigue[7] un poco de la lluvia y del sol; dentro de estas casuchas viven familias grandes, sin empleo, sin agua y sin comida. Ya hay graves problemas en ciudades como Lima, Bogotá y la Ciudad de México, en las que la gente adinerada vive en casas rodeadas de murallas,[8] incluso a veces custodiadas por
95 guardias privados. Y los ciudadanos están conscientes de que tienen que vivir prevenidos para evitar ser víctimas de un delito.

Con el desarrollo viene también mayor contacto con otras culturas y con ello[9] mayores posibilidades de que el país se vea afectado por las actividades de organizaciones criminales internacionales. El tráfico de drogas entre
100 los Estados Unidos e Hispanoamérica, tanto como el tráfico de armas entre Hispanoamérica y otros países, está ahora en manos de individuos que viajan de un país a otro con pasaportes falsos y amistades poderosas. Con millones de dólares en juego, los traficantes están dispuestos a hacer todo lo que puedan para proteger sus intereses. Los asesinatos y los ajustes de
105 cuentas entre la mafia y los delincuentes no respetan fronteras.

La corrupción asociada con el tráfico de drogas y su principal consecuencia, la violencia, han sido particularmente problemáticas en Bolivia, Colombia y el Perú. No es extraño que periódicamente algún alto funcionario sea acusado de estar implicado en el tráfico de cocaína u otra droga. De
110 hecho, en 1996 se encontró un alijo de heroína en el avión presidencial colombiano. También en los Estados Unidos la droga y sus implicaciones son las causas principales de los actos delictivos y violentos.

Las organizaciones criminales internacionales, además de los negocios relacionados con la droga, participan en el tráfico de objetos de arte, joyas,
115 pieles, coches e incluso de niños y muchachas hispanoamericanas. En consecuencia, no se puede hablar exclusivamente de los delitos dentro de una cultura o país; el problema supera las fronteras para convertirse en un fenómeno de alcance mundial.

## La democracia y la criminalidad

Tras la muerte del dictador español Francisco Franco en 1975, uno de los
120 descubrimientos más tristes de la población española ha sido el de la conexión que existe entre la libertad personal y el crimen. El nivel de violencia criminal en España, mínimo bajo el régimen represivo de Franco, subió

---

[5]*cardboard*   [6]*tin*   [7]proteja   [8]paredes altas   [9]tal contacto

---

°Véase el **Capítulo 5**, «Geografía, demografía, tecnología».

después de establecerse en ese país la democracia. De igual modo, la larga
tradición de gobiernos militares y dictaduras autoritarias en Hispanoamérica
125 ha impedido la incidencia de violencia criminal en aquella región. Ahora que
estos regímenes autoritarios han dado paso a gobiernos más democráticos,
es posible que las naciones hispanoamericanas también sufran un aumento
de la violencia criminal. Sin embargo, no hay duda que el abuso de poder
llevó a los antiguos gobiernos militares a cometer los peores tipos de vio-
130 lencia política. Éste fue el caso, por ejemplo, de los últimos gobiernos militares que regían[10] en Chile y la Argentina.

[10]*ruled, governed*

# ■■■ COMPRENSIÓN

**A** Explique la importancia que tienen las siguientes ideas dentro del contexto
de la **Lectura I.** ¿Qué asocia Ud. con cada una?

**1.** la violencia criminal          **4.** el tráfico de drogas
**2.** el derecho a llevar armas      **5.** el contraste entre ricos y pobres
**3.** el homicidio

**B** ¡NECESITO COMPAÑERO! Las siguientes ideas vienen de la **Lectura I.**
Trabajando en parejas, busquen dos o tres puntos de la lectura que apoyen o
que ejemplifiquen cada idea.

**1.** Son muy difíciles las comparaciones culturales en cuanto al número y la clase
de delitos que se cometen.

**2.** La historia de los Estados Unidos, al igual que la de Hispanoamérica, fue violenta.

**3.** La urbanización es una causa directa e indirecta de gran parte de la delincuencia y de los actos violentos que ocurren en el mundo moderno.

**4.** La desintegración de la familia y sus valores incide en el (contribuye al)
aumento global de la violencia.

**5.** La violencia criminal actualmente tiene implicaciones internacionales.

**C** ¡NECESITO COMPAÑERO! Trabajando en parejas, completen las siguientes oraciones condicionales según la información de la **Lectura I,** cambiando
los verbos entre paréntesis al tiempo apropiado. Prepárense para justificar sus
respuestas.

**1.** Si los lazos familiares (ser) menos fuertes, (haber) (más/menos) delincuencia en
la sociedad hispana.

**2.** Si España (volver) a tener un régimen totalitario, la violencia criminal (aumentar /
disminuir / no verse afectada).

**3.** Si (haber) un acuerdo absoluto sobre la definición de la palabra «derecho», (ser /
aún no ser) posible hacer comparaciones culturales sobre la incidencia del crimen
y la delincuencia.

**4.** Si las diferencias entre ricos y pobres (notarse) menos, los índices de la delincuencia criminal (subir / bajar / no cambiar).

**D** ¡NECESITO COMPAÑERO! Trabajando en parejas, analicen la **Lectura I,**
buscando cinco oraciones introducidas por una de las palabras de conexión de
las páginas 220–221. En cada caso, determinen a qué categoría (causa, efecto,
contraste, similitud, etcétera) pertenece cada palabra. Luego, presenten sus oraciones a los demás grupos de la clase. ¿Están de acuerdo todos con su análisis?

# La situación de los derechos humanos en Latinoamérica

Últimamente ha habido mejoras[1] en el estado de los derechos humanos en Latinoamérica, pero la situación no es ideal, ni mucho menos.[2] Son las conclusiones de la Comisión Interamericana de Derechos Humanos de la Organización de Estados Americanos, en su informe sobre el año 2004. Según la Comisión, la pobreza de muchos latinoamericanos representa un gran obstáculo para cualquier solución a esta situación. La región tampoco ha logrado[3] eliminar algunas clases de violaciones de derechos que plagan la región desde hace mucho tiempo.

El informe observa los logros que se han conseguido en algunos países. Entre ellos están un programa global de derechos humanos que se inició en México junto con el referendum para retirar al presidente venezolano Hugo Chávez, y las próximas elecciones limpias[4] que lo dejaron mantener el cargo de presidente. Además, la Comisión reconoció que el gobierno estadounidense ha garantizado el derecho a remedios judiciales para los que están encarcelados[5] en Cuba como resultado de la guerra contra el terrorismo. No obstante, la Comisión también tiene la intención de pedirle una explicación al gobierno estadounidense sobre lo que hace para garantizar los derechos de los inmigrantes latinoamericanos que van a los Estados Unidos en busca de trabajo.

Sin embargo, la Comisión notó que no se han eliminado otras clases de atrocidades comunes en muchos países de Latinoamérica, especialmente en Cuba, Colombia, Guatemala y Haití. Estas infracciones incluyen las detenciones arbitrarias, la falta de jueces y las prácticas de torturar y ejecutar a los arrestados por razones políticas. También indicó que la pobreza impide que más del 40 por ciento de la población latinoamericana haga uso de sus derechos. ■

*En una manifestación, La Paz, Bolivia*

[1]*improvements*  [2]ni… *not by a long shot*  [3]*managed*  [4]elecciones… *fair elections*
[5]*imprisoned*

# ■■■ INTERPRETACIÓN

**A** ¿Cuáles son algunos de los estereotipos sobre los hispanos respecto a la violencia y la delincuencia? ¿De dónde vienen estos estereotipos? ¿Qué películas o series de televisión han reforzado estas imágenes? En su opinión, ¿hay algunas que sean más acertadas que otras? Explique.

**B** ¿Qué relación existe entre la pobreza y la delincuencia? ¿y entre ésta y la prosperidad económica? ¿Existe alguna relación entre la pobreza / la prosperidad económica y el castigo que se le aplica al delincuente? Explique.

### ▪▪▪ EL CRIMEN Y LA VIOLENCIA: LA VIOLENCIA POLÍTICA

## Aproximaciones al texto

**A** ¿Cuáles de los siguientes palabras y frases clasificaría Ud. como ejemplos de violencia política? Trate de agregar otros a la lista también.

el asesinato de una figura
  pública elegida
la brutalidad policíaca
el chantaje
el espionaje
la falta de libertad de expresión
la falta de libertad de prensa
el fraude
las huelgas

la intervención en la política de
  las organizaciones criminales
las manifestaciones políticas
los movimientos revolucionarios
la represión
el soborno
el terrorismo
la tortura
¿ ?

De esas actividades, ¿cuáles existen o se practican en este país?

**B** Ud. ya ha aprendido algo sobre la violencia y la delincuencia en la cultura hispana. Complete la siguiente prueba para averiguar lo que sabe con respecto a la violencia política en esas regiones. (Encontrará las respuestas en la **Lectura II** de este capítulo.)

¿Qué elemento de la segunda columna asocia Ud. con uno de la primera?

**1.** _____ España
**2.** _____ Chile
**3.** _____ la Argentina
**4.** _____ Nicaragua

**a.** las Madres de Plaza de Mayo
**b.** Augusto Pinochet
**c.** la ETA
**d.** los contra

**C** PAPEL Y LÁPIZ ¿Qué entiende Ud. por «derechos humanos»? ¿Se diferencian éstos de los derechos civiles? En su cuaderno de apuntes, haga un mapa semántico para organizar las ideas que tenga al respecto.

### ▪▪▪ El crimen y la violencia: La violencia política

1    Por todas las razones anteriormente señaladas, el índice de la violencia criminal está en aumento en el mundo hispano. Sin embargo, es la violencia política lo que ha sido y sigue siendo uno de sus problemas más graves. En algunos casos, como se verá, los mismos factores que han refrenado la vio-
5 lencia criminal han sido la causa principal de la violencia política. Al hablar

de la violencia política, se pueden identificar dos clases específicas: la violencia que caracteriza una guerra o revolución y el terrorismo.

## La actividad revolucionaria

Una revolución es una lucha —casi siempre militar— que intenta llevar a cabo cambios radicales y profundos en la estructura del gobierno o de la sociedad de un país determinado. La lucha revolucionaria puede ser «tradicional», o sea, consistente en enfrentamientos a gran escala de tropas de soldados usando armas y métodos ortodoxos y convencionales. O puede ser no regular, es decir, conducida por guerrilleros,° terroristas, escuadrones de la muerte y otros grupos que no se ligan necesariamente ni a gobiernos ni a otras instituciones sociales. La actividad revolucionaria, y especialmente la actividad guerrillera, es común en Hispanoamérica desde hace mucho tiempo. De todas formas, hay que tener en cuenta que las revoluciones propiamente dichas no ocurren con mucha frecuencia. Algunos de los movimientos revolucionarios más importantes del siglo pasado en Hispanoamérica que consiguieron triunfar, no sin evitar a veces una auténtica guerra civil, son la Revolución Mexicana (1910–1920), la Revolución Cubana (1955–1958) y la revolución sandinista que en 1979 acabó con la dictadura de Anastasio Somoza en Nicaragua.

Por lo demás, los cambios de gobierno se han efectuado por medio de elecciones generales o por medio de golpes de estado, en los que un grupo militar toma el poder.

La actividad guerrillera, aunque no siempre ha conducido a verdaderas revoluciones, sí es común en Hispanoamérica. Las razones son muchas y complicadas. La débil e inestable situación económica de los países hispanoamericanos[†] ha creado una frustración crónica y un gran descontento entre los obreros industriales y agrícolas, que se desesperan por no alcanzar nunca un mejor nivel de vida. De hecho, los obreros industriales fueron el principal soporte político que permitió la elección de Salvador Allende —un político izquierdista, dirigente del Frente Popular— como presidente de Chile en 1970. Además, fue este grupo el que sufrió las mayores represalias tras el golpe de estado del general Augusto Pinochet, quien acabó con la democracia chilena en 1973. Los obreros agrícolas también han sido un factor decisivo para la actividad revolucionaria. No se puede olvidar que la Revolución Mexicana fue impulsada en gran parte por el movimiento campesino liderado por Emiliano Zapata. Precisamente el nombre de Zapata ha servido de bandera para el movimiento guerrillero que surgió sorpresivamente en el estado mexicano de Chiapas en las Navidades de 1994. Este grupo revolucionario retomó el lema zapatista de «tierra y libertad» y se levantó en armas contra el gobierno mexicano para combatir la marginación de los campesinos indígenas del sur del país.

Durante la década de los 60, nacieron movimientos revolucionarios en el Perú, Venezuela, Colombia, Bolivia, Guatemala y el Uruguay. Miles de

---

°El término «guerrilla», el diminutivo de «guerra», se usó por primera vez durante las campañas del duque de Wellington en España (1809–1813), cuando pequeños grupos de insurgentes españoles y portugueses ayudaron a expulsar a las tropas de Napoleón de la Península Ibérica. Sin embargo, en realidad las tácticas guerrilleras son mucho más antiguas. Quizás el origen de su uso en la edad moderna se encuentre en la Revolución Americana, cuando grupos de colonos formaron pequeñas bandas de rifleros (riflemen) cuyos métodos no ortodoxos pudieron frustrar el entrenamiento formal superior de los soldados ingleses.

[†]Véase **el Capítulo 7**, «El mundo de los negocios».

*Entre 1993 y 1995 se logró una marcada debilitación de los grandes carteles de drogas. Pablo Escobar, jefe del cartel de Medellín, murió en 1993 y en 1995 el gobierno colombiano arrestó a los líderes del cartel de Cali. Esto frenó en parte el tráfico de drogas, pero el nivel de la violencia terrorista —en especial los secuestros— no disminuyó. Las perspectivas para el futuro todavía son pesimistas.*

Kidnapping

to fail

personas murieron en los enfrentamientos entre las fuerzas revolucionarias y las fuerzas del ejército o de la policía. Fracasaron todos estos movimientos, en parte porque nunca lograron movilizar lo suficiente al resto de la población y en parte debido a la masiva reacción represiva de los
50  gobiernos.° Actualmente, la actividad guerrillera izquierdista se concentra en Colombia, el Perú[†] y, como se describirá más adelante, especialmente en Centroamérica.

### El terrorismo

El terrorismo es el uso sistemático del terror (poner bombas, asesinar, torturar, secuestrar) como manera de alcanzar cierto objetivo político. Los
55  actos terroristas pueden ser cometidos por individuos, grupos e incluso gobiernos.[‡]

---

°Esta actividad revolucionaria izquierdista preocupó mucho al gobierno estadounidense, que apoyó enérgicamente su represión. Véase el **Capítulo 7,** «El mundo de los negocios».

[†]En Colombia el gobierno actual trata de negociar con dos grupos guerrilleros principales: las FARC (Fuerzas Armadas Revolucionarias de Colombia) y el ELN (Ejército de Liberación Nacional). En el Perú el Sendero Luminoso (*Shining Path*) es el grupo guerrillero más importante, y el grupo Tupac Amaru capturó la atención mundial en 1996 al apoderarse de la embajada japonesa en Lima durante las últimas semanas de diciembre, tomando más de doscientos rehenes (*hostages*).

[‡]El terrorismo como concepto abstracto ha sido condenado por todos los países. Más problemática ha sido la manipulación del término por motivos políticos. Ciertos gobiernos que practican actividades terroristas disfrazan sus acciones bajo otros términos: «campaña contrarrevolucionaria», «control social», «acción antisubversiva». Del mismo modo muchos gobiernos denominan a ciertos grupos de oposición como «terroristas» para desacreditarlos. Además, si un grupo tiene una causa legítima a los ojos de los demás y está luchando contra una fuerza poderosa, muchas personas se inclinan a perdonar acciones que en otro contexto serían llamadas terroristas.

España sufre desde hace varias décadas los ataques terroristas del grupo vasco ETA.° Esta banda armada lucha de forma violenta por la independencia política del País Vasco, lo cual ha sido un deseo histórico del pueblo vasco. Aunque su lucha por conseguir una serie de derechos por esta zona ha despertado algunas simpatías,† hoy, con un régimen democrático y un estatuto de autonomía votado por el pueblo vasco, sus acciones admiten cada vez menos justificación política y reciben cada vez menos aprobación popular.

En Hispanoamérica muchos grupos revolucionarios han usado métodos terroristas, en especial el secuestro y las bombas, esperando demostrar a la población que el gobierno ya no podía mantener el orden establecido ni proteger a los ciudadanos. Durante la década de los 60, por ejemplo, hubo un gran número de secuestros y casos de piratería aérea. Los tupamaros en el Uruguay raptaron a diversos representantes del mundo de los negocios y de la política y exigieron grandes rescates para financiar sus actividades revolucionarias.

## Los derechos humanos

Casi todos los regímenes dictatoriales han recurrido al abuso del poder militar para eliminar toda oposición. Este tipo de gobierno valora la estabilidad y seguridad del Estado más que los derechos civiles de los ciudadanos. Hay quienes critican los gobiernos militares precisamente por esta razón; otros dirían que el orden y la paz social proporcionados por los regímenes dictatoriales facilitan las condiciones para el progreso económico. Sin embargo, no hay duda que durante la última década varios gobiernos dictatoriales de Hispanoamérica, particularmente los de Guatemala y El Salvador (como antes los de Chile y la Argentina), lejos de proteger el orden y la paz social ni de acatar las mismas leyes que decían representar, se convirtieron en los peores enemigos de su propio pueblo.

En la Argentina, entre 1976 y 1982, los gobiernos militares llevaron a cabo la llamada «guerra sucia» contra los «elementos subversivos». Desaparecieron hasta 10.000 personas sin que sus parientes ni amistades se enteraran de por qué habían desaparecido, ni adónde habían sido llevados. Ni siquiera sabían si seguían vivos.

Lo que más atrajo la atención mundial a la situación argentina fue la campaña de las llamadas «Madres de Plaza de Mayo», un grupo de madres que cada semana se reunía, y todavía se reúne, para pasar en silencio frente a la casa de gobierno para pedir la devolución de sus hijos desaparecidos. En 1983 en la Argentina se volvió a instaurar un gobierno civil y una de las primeras promesas del nuevo presidente Raúl Alfonsín fue de investigar los casos de los desaparecidos y castigar a los culpables. Nombró un tribunal a fin de iniciar el procedimiento contra las tres juntas militares que gobernaron el país entre 1976 y 1983. El tribunal procesó a nueve

---

°Siglas del lema político *Euskadi ta Azkatasuna* (País Vasco y Libertad)

†El pueblo vasco fue víctima de un tratamiento brutal durante la Guerra Civil española a manos de las tropas del general Franco. El episodio más conocido es el bombardeo de Guernica, un pueblo vasco indefenso. Ese ataque aéreo fue obra de aviones nazis por orden de Franco. Esto, seguido de las restricciones severas impuestas al pueblo vasco durante el régimen franquista, permitió que muchos españoles, e incluso algunos observadores internacionales, miraran con cierta simpatía la reacción violenta de la ETA.

La lucha constante de las Madres de Plaza de Mayo contra la violencia y el abuso de los derechos humanos ha llamado la atención mundial. Estas mujeres organizan grandes manifestaciones pacíficas para que el gobierno argentino responda por los miles y miles de individuos «desaparecidos» durante la «guerra sucia».

líderes militares, entre ellos a tres ex presidentes, y escuchó en un juicio oral y público el testimonio de más de 1.000 testigos. La sentencia,
100  pronunciada en 1985, de cinco condenas y cuatro absoluciones, dejó insatisfechos a muchos. Sin embargo, poquísimas veces en la historia ha sucedido que un gobierno civil haya responsabilizado legalmente a un gobierno militar por actos violentos, y el hecho de que esto haya ocurrido es enormemente esperanzador.°
105      En Chile, el general Augusto Pinochet llegó al poder en 1973 a través de un sangriento golpe de estado. Desde ese año y hasta 1989, año en que volvieron a celebrarse elecciones libres, Pinochet se mantuvo en el poder ejerciendo una política represiva y terrorista. Se calcula que unas 1.000 personas fueron ejecutadas por tener ideas políticas contrarias al régimen
110  y que otros 1.000 detenidos «desaparecieron». Se desconoce el número total de desaparecidos, pero sí se ha podido demostrar el uso repetido de la tortura física y sicológica. Después de su elección en 1989, el presidente Patricio Aylwin estableció una comisión para examinar las evidencias más claras de violación de derechos humanos en el país durante la dictadura.

°En 1990 el presidente argentino Carlos Menem concedió el indulto (*pardon*) a los militares que cumplían sentencia. La medida suscitó una gran controversia.

115 Esta comisión ya publicó su informe (el informe Retting), pero los más de 200 implicados en crímenes políticos todavía no han sido sometidos a juicio.

En Centroamérica la situación fue aun más trágica, ya que allí durante las últimas décadas del siglo XX las circunstancias combinaron una casi cons-
120 tante violencia guerrillera con el terrorismo. Tanto los movimientos de la izquierda y los de la derecha como las fuerzas del gobierno y de la oposición no dudaron en recurrir a los llamados «escuadrones de la muerte» que tanta desolación y sufrimiento dejaron a su paso. Lo más estremecedor fue que las víctimas en todas estas confrontaciones, como en casi todas las otras
125 de tipo guerrillero y terrorista, en su gran mayoría fueran civiles.°

En El Salvador, donde se vivió en estado de guerra civil desde 1979 hasta 1992, se estima que el número de muertos constituyó entre el 10 y el 20 por ciento de la población. En Guatemala, un país con una población de menos de 9 millones de personas, murieron más de 38.000 en las luchas del
130 gobierno militar contra los indígenas y otros grupos izquierdistas. La historia de Nicaragua a finales del siglo XX no fue más pacífica. Después de una sangrienta guerra civil, las fuerzas guerrilleras sandinistas acabaron con la dictadura de Anastasio Somoza en 1979. Casi inmediatamente comenzó otra guerra entre el nuevo gobierno y «los contra» (miembros de la Fuerza Demo-
135 crática Nicaragüense). En las elecciones de 1990, Violeta Barrios de Chamorro venció mayoritariamente al frente sandinista y también consiguió la desmo-vilización de «los contra». Entre 1990 y 1996, Nicaragua empezó a recuperar políticamente bajo la democracia lo que había perdido durante los excesos de dos dictaduras: más respeto por los derechos humanos y otros principios
140 democráticos como la libertad de prensa. Desgraciadamente, la situación económica del país empeoró gravemente durante ese mismo período. A finales de 1996, la mayoría del pueblo nicaragüense escogió a Arnaldo Alemán, antiguo alcalde de Managua, como el nuevo presidente; uno de los candidatos vencidos en las elecciones fue Daniel Ortega, antiguo presidente
145 del gobierno sandinista.

**Conclusión**

El mundo hispano, como se acaba de ver, no es ajeno a la violencia ni a los delitos. Además, conviene recordar que la creciente actividad guerrillera y terrorista en Hispanoamérica no es más que una parte de una onda mun-dial de violencia. La presión demográfica y las crisis económicas y sociales,
150 combinadas con la desesperación y el deterioro de viejas instituciones y estructuras, han hecho que se considere legítima la violencia como manera de conseguir cualquier fin.

---

°Las confrontaciones de tipo «no regular» siempre afectan a los civiles mucho más que la guerra tradicional. Se estima que el 17 por ciento de las bajas (*casualties*) durante la Primera Guerra Mundial fue civil; en la Segunda Guerra Mundial, el 45 por ciento; en las Guerras de Korea y Vietnam, el 70 por ciento. Otro efecto devastador de la lucha no regular es el desplazamiento humano. En 1989 había más de 15 millones de refugiados en el mundo; siete años después, en 1996, el número aproximado de desplazados mundial-mente había ascendido a 50 millones de personas.

En palabras del periodista y novelista argentino Tomás Eloy Martínez:
«Después de las atrocidades de las dictaduras, nuevas formas de miedo, de
155 inseguridad y de humillación humana se han instalado en América Latina.
Y como en aquellos tiempos ominosos, la barbarie del ojo por ojo y del
terror oficial como sanción contra el terror marginal, son las únicas e indig-
nantes salidas que se proponen. A los hombres les cuesta aprender de su
pasado. Tal vez por eso se pierden con frecuencia en los laberintos del
160 futuro.»

## ◼◼◼◼ COMPRENSIÓN

**A** Después de haber leído la **Lectura II,** ¿qué le sugieren las siguientes
palabras y expresiones?

1. la violencia política
2. la revolución
3. la lucha guerrillera
4. desaparecer
5. el terrorismo

**B** Vuelva a la **Actividad B** de la sección **Aproximaciones al texto** en la
página 230 e identifique cada uno de los términos de la columna a la derecha.

**C** **¡NECESITO COMPAÑERO!** Las siguientes ideas vienen de la **Lectura II.**
Trabajando en parejas, busquen en la lectura dos o tres puntos que apoyen o
que ejemplifiquen cada idea.

1. Algunos de los factores que refrenan la violencia criminal en el mundo hispano
contribuyen a la violencia política.
2. Tanto grupos como gobiernos pueden ser responsables de actos de terrorismo.
3. La actividad guerrillera ha sido común en Hispanoamérica; las revoluciones, no.
4. La Revolución Cubana tuvo el doble impacto de provocar la actividad revolucionaria en Hispanoamérica y al mismo tiempo de aumentar la represión militar.
5. El juicio de los militares argentinos, aunque problemático, tiene gran importancia histórica.

**D** Complete las siguientes oraciones condicionales según la información de
la **Lectura II,** sustituyendo los verbos entre paréntesis por una forma del
tiempo apropiado. Prepárese para justificar sus respuestas.

1. Según algunos expertos, si muchos migrantes (estar) desempleados, la actividad
criminal (hacerse) (más/menos) común.
2. Según algunos dictadores, si su régimen (ser) más abierto, (haber) (más/menos)
estabilidad política y por lo tanto (mejores/peores) condiciones económicas.
3. Si los enfrentamientos violentos (tener) el carácter de guerras «tradicionales»,
el número total de bajas y de refugiados (aumentar/disminuir).

**E** ¡NECESITO COMPAÑERO! Trabajando en parejas, analicen la **Lectura II,** buscando cinco oraciones introducidas por una de las palabras de conexión de las páginas 220–221. En cada caso, determinen a qué categoría (causa, efecto, contraste, similitud, etcétera) pertenece cada palabra. Luego, presenten sus oraciones a los demás grupos de la clase. ¿Están todos de acuerdo con su análisis?

# INTERPRETACIÓN

**A** ¿Qué entiende Ud. por «terrorismo»? ¿Cuál es la diferencia entre «actividad guerrillera» y «actividad terrorista»?

**B** Comente brevemente el efecto que pueden tener los siguientes factores en el índice de la violencia en el mundo hispano. Explique si cada uno afecta principalmente la violencia criminal o la violencia política.

■ el dramático aumento del consumo de drogas en este país y Europa

■ el crecimiento demográfico

■ la urbanización

■ la percepción de grandes diferencias entre los ricos y los pobres

■ la transición de gobierno militar a gobierno civil en una docena de países hispanoamericanos desde 1979

**C** En su opinión, ¿cuál parece ser la organización de la **Lectura II**? ¿Comparación y contraste? ¿causa y efecto? ¿división y clasificación? ¿Cree Ud. que la actitud del autor hacia el tema es objetiva o subjetiva? Busque citas en la lectura para justificar su respuesta.

**D** Siguiendo los puntos presentados en la sección **Aproximaciones al texto** del **Capítulo 10** (página 206), prepare un breve resumen de la **Lectura II** de este capítulo. En su resumen, trate de incluir tres o cuatro ejemplos de cada uno de los siguientes elementos.

■ las palabras de conexión

■ la lista de vocabulario de este capítulo

■ los usos del subjuntivo ya estudiados

# APLICACIÓN

**A** ¿Existen algunas imágenes o estereotipos del criminal en este país? Por lo general, ¿son positivas o negativas estas imágenes? ¿Cómo influyen en nuestra cultura y en nuestro sistema de valores respecto a la violencia?

**B** Identifique brevemente a los siguientes personajes del cine o de la televisión. ¿Qué revelan de la actitud norteamericana acerca de la violencia? En su opinión, ¿qué otros personajes también representan la actitud norteamericana acerca de la violencia?

- Rambo
- Dr. Evil
- Superman
- Los Simpson
- Terminator
- X-Men

**C** En la cultura hispana tanto como en la cultura norteamericana, la violencia es mayor entre los hombres que entre las mujeres, y también mayor entre los jóvenes que entre los adultos. ¿Qué factores (sociales, biológicos, culturales, etcétera) pueden explicar este hecho?

**D** Los sicólogos han observado que la agresión entre los animales aumenta notablemente cuando viven en jaulas demasiado llenas o demasiado pequeñas. ¿Qué aplicaciones pueden tener estas investigaciones en el estudio de la violencia humana? ¿Sabe Ud. de otra investigación científica sobre la agresividad? Explíquela.

**E** ¿Ocurren muchos delitos en el recinto (*campus*) de esta universidad? Comente. Donde Ud. vive, ¿cuáles son los tipos de delitos cuya incidencia ha aumentado últimamente? ¿Cuáles han disminuido? ¿Están de acuerdo estas tendencias con las estadísticas nacionales? Explique.

**F** Pensando en los varios factores contribuyentes a la violencia criminal ya señalados, ¿cuáles pueden ser las causas que expliquen la violencia contra los niños y los adolescentes? ¿Qué otros motivos se deben de tener en cuenta para entender este tipo de violencia? Explique.

**G** En la **Lectura II** se indicó que el juicio civil de los líderes militares argentinos de 1983 a 1985 fue un proceso sin muchos antecedentes históricos. ¿Puede Ud. nombrar algún otro caso similar? ¿Por qué son importantes estos casos?

**H** En los últimos años, los Estados Unidos han experimentado varios casos de violencia política y religiosa, cometidos por agencias del gobierno o por otros grupos e individuos. ¿Qué información recuerda Ud. de los siguientes casos? ¿Cuál fue el papel del gobierno en cada uno?

1. El atentado con coche bomba contra el edificio federal en la Ciudad de Oklahoma en 1995.
2. La explosión de una bomba durante los Juegos Olímpicos de Atlanta en 1996.
3. El ataque contra las Torres Gemelas del *World Trade Center* en Nueva York en 2001.

**I** ¿Puede Ud. encontrar algunas semejanzas entre los casos mencionados en la **Actividad H** y aquéllos cometidos en España e Hispanoamérica citados en este capítulo? ¿En qué se diferencian? ¿Qué importancia tiene el hecho de que la violación de los derechos humanos se produzca bajo una dictadura o bajo un régimen democrático?

## CAPÍTULO 12

# El trabajo y el ocio

1. Madrid, España
2. Barcelona, España

# Exploraciones

¿Cómo completaría Ud. esta serie? Alto… bajo, contento… triste, joven… viejo, pequeño… grande, ocio… ¿ ? Algunas personas dirían que la palabra que falta es «trabajo», pero ¿son el trabajo y el ocio dos conceptos realmente opuestos? El trabajo incluye el esfuerzo físico y el ocio se caracteriza más por el relajamiento, ¿verdad? Entonces, ¿hacer ejercicio y levantar pesas se consideran actividades de trabajo o de ocio? ■■■

**A  TRABAJAR CON LAS IMÁGENES**  Mire las fotos de la página anterior para contestar las siguientes preguntas.

■ ¿En qué actividades están participando las personas de cada foto? ¿Dónde están? ¿Con quiénes están? ¿Qué semejanzas y diferencias se ve entre las dos fotos? ¿Se están divirtiendo todas las personas en ambas fotos? Explique sus respuestas.

■ ¿En cuál escena preferiría estar Ud.? ¿Por qué?

**B  ANÁLISIS CRÍTICO**

■ ¿Qué tipos de actividades en el mundo hispano asocian Uds. con el ocio y el trabajo? Expliquen el porqué de sus asociaciones.

■ En su opinión, ¿cuál es la concepción del trabajo y el ocio en este país en términos generales? Expliquen su respuesta.

■ ¿Qué foto usarían Uds. para representar una actividad típicamente norteamericana relacionada con el ocio? ¿Sería una actividad más bien individual o una actividad en grupo? ¿Cuál(es) de las siguientes escenas incluirían?

un concierto de rock
una feria callejera (*street fair*)
una fiesta «tailgate»
un maratón
un partido de vólibol en la playa
un picnic

caminar con el perro por el parque
leer
mirar televisión
tomar un café latte y charlar en
    una terraza
¿ ?

**C  ESPECULAR**

■ ¿Cómo serán las concepciones del trabajo y el ocio en el mundo hispano y en este país en el futuro? ¿Serán iguales? ¿Serán diferentes? ¿Por qué?

■ ¿Hay algunas actitudes típicamente hispanas hacia el trabajo y el ocio que han sido adoptadas en este país? ¿Creen Uds. que hay algunas que se deben adoptar en este país? Expliquen sus respuestas.

## ■■■ EL TRABAJO Y EL OCIO: LAS PRESIONES Y EL ESTRÉS

# Aproximaciones al texto

## Taking notes

As you have seen, various methods of reconstructing the message of a reading—the use of outlines, diagrams, tables, and summaries—can improve your understanding of the content, as well as your ability to remember it. Taking notes is another useful method.

Whether you jot down your notes on the text or use a separate sheet of paper, remember that the most effective notes (like the most effective summaries) use the most abbreviated way possible to *reconstruct* the message that is found in both the content and the form of the text. Effective notes point out the text's major facts as well as its main idea, and also indicate its purpose (to describe? to defend? to attack?).

When you can write notes on the text itself, you should underline important points. You should also make marginal notes that will help you remember the relationships among the ideas without having to reread the entire article. Keep the following techniques in mind.

- When the text anticipates information ("as we will see later") or refers to information already discussed ("as we have already seen"), note in the margin exactly where this information can be located in the text, or summarize it briefly in the margin.

- When the text suggests an enumeration ("there are two main types of *x*," "this has had several important consequences"), briefly list the main points in the margin or number each point in the margin as it is discussed.

- If there is no single sentence that summarizes the main idea of a paragraph or section, summarize it briefly in the margin in your own words.

Lea brevemente el siguiente texto sobre el insomnio. Luego, examine los apuntes sobre el texto tomados por tres estudiantes (páginas 243–244).

## Insomnio: Causas y remedios

### Por Gabriela Cañas

1 SI NO CONSIGUE COGER el sueño y el despertador no va a perdonar por la mañana, intente poner en práctica este remedio chino: Con el dedo pulgar frótese el dedo gordo de los pies, por la planta, veinte veces en cada uno. El movimiento es hacia arriba, con la uña, y hacia abajo, con la yema del dedo. Lo más probable es que se quede frito a los diez minutos. 5

Éste sería uno de los muchos remedios caseros para vencer el insomnio. Pero, cuidado. Según el radiólogo Manuel Rosado, «sólo el cinco por ciento de las personas que dicen sufrir de insomnio lo padecen de verdad. Lo que le pasa a mucha gente es que tiene falta de inducción al sueño, pero luego duermen las ocho horas reglamentarias. Eso no es insomnio.»

Lo realmente importante es ir siempre a la raíz del problema. Si no se trata de una enfermedad física (muchas pueden ser causantes de insomnio), es que el problema viene por otro lado. «Hay un ritmo vital, —dice el doctor Rosado— y la incapacidad de inducción al sueño es producida por la ruptura de ese ritmo. Una acumulación de agresiones externas que quedan en el subconsciente es lo que, por la noche, no nos permite relajarnos para coger el sueño. El único remedio realmente eficaz, pero que los occidentales no sabemos aplicar, es dejar la mente en blanco, olvidar todos los problemas.»

Para nosotros es más fácil relajar el cuerpo y, de rechazo, relajar la mente. Las hierbas pueden ser muy útiles en casos así. Las más eficaces son la tila, la melisa y la valeriana. La manzanilla es muy utilizada, pero sólo resulta si la causa del insomnio es algún trastorno digestivo.

Otros remedios muy sencillos, indicados por el doctor Octavio Aparicio, que ha publicado varios artículos sobre el tema, son: tomar un vaso de leche con miel, huir de los alimentos fuertes, cenar temprano y poco, respirar aire fresco o mantener los pies, durante cinco minutos, en agua fría.

Estos remedios hay que usarlos esporádicamente, ya que, de recurrir a ellos todos los días, terminan por no dar resultado. Demasiado hábito.

Aunque esto del hábito, la costumbre, el ritmo, puede ser también utilizado. Es posible que usted se acostumbre a tomar una determinada bebida antes de acostarse y de no hacerlo, no consiga dormir. En plan sofisticado, hay algunos inventos que han aprovechado el ritmo para inducir al sueño. Los rusos, por ejemplo, han fabricado una lámpara que mantiene un ritmo constante de encendido y apagado. Mirándola fijamente se duerme uno antes de quince minutos.

Algunas veces, la causa del insomnio hay que buscarla en una mala digestión. En este caso el remedio es bien sencillo: tomar buena nota de la experiencia para que no suceda lo mismo la próxima vez. Una cuestión de voluntad, si puede uno evitarse las cenas tardías y pesadas. Hay quien aconseja, incluso, suprimir la sal en la cena. Las digestiones difíciles pueden también originar pesadillas durante el sueño. Para librarse de estas pesadillas, los médicos de comienzos del siglo XX aconsejaban tomar una infusión de hojas de naranjo, poco antes de acostarse. Remedio tan antiguo como el de contar corderitos. O el imposible del dicho popular: ordeñar una abeja.

De todas formas, antes de buscar el remedio más adecuado, hay que insistir en la teoría del doctor Rosado. Si se duermen ocho horas diarias, aunque haya que recurrir a la siesta, y a pesar de la dificultad para coger el sueño por la noche, no hay que preocuparse. «Es mucho más peligroso —dice el doctor Rosado— dormir más de lo necesario. Durante el sueño, se consume menos oxígeno y los órganos vitales están relajados. Por ello, cuanto más se duerme, más sueño se tiene. Pero, además, el cuerpo produce menos defensas, con lo que se está más expuesto a cualquier enfermedad. Se ha comprobado que dos horas diarias más de sueño acorta diez años la vida.»

Es realmente alarmante para los que se permiten el lujo de dormir diez horas. Los demás, sabiendo esto, es posible que duerman ahora más tranquilos.

*El País,* Madrid

## Estudiante 1

El artículo indica varias causas del insomnio (dificultades en relajarse, problemas digestivos) y describe remedios caseros (las hierbas, evitarse las cenas tardías y pesadas). Según el artículo, en realidad no hay tantas personas que padecen de insomnio; lo que le pasa a mucha gente es que tiene dificultad en dormirse pero una vez que se duermen, pueden dormir normalmente.

## Estudiante 2

Artículo sobre varias causas del insomnio y algunos remedios caseros. Incluye otros dos puntos interesantes.

- Hay muchas personas que tienen dificultad en dormirse, pero esto realmente no es insomnio, ya que una vez que se duermen pueden dormir sus ocho horas.

- Dormir más de ocho horas al día puede ser más peligroso que no dormir lo suficiente.

| CAUSAS | REMEDIOS |
|---|---|
| ■ muchas agresiones externas (el estrés) | ■ relajarse → dejar la mente en blanco, las hierbas, un vaso de leche con miel, respirar aire fresco, etcétera |
| ■ romper el ritmo vital | ■ recuperar el ritmo → lámpara rusa con ritmo constante de encendido y apagado, contar corderitos |
| ■ trastornos (problemas) digestivos | ■ la manzanilla, evitarse las cenas tardías y pesadas, reducir la sal, infusión de hojas de naranjo (para las pesadillas) |

## Estudiante 3

Artículo sobre varias causas del insomnio y algunos remedios caseros.

- Remedio chino: frotar el dedo gordo de los pies veinte veces hacia arriba y hacia abajo

- Sólo el cinco por ciento de las personas que dicen sufrir de insomnio lo padece de verdad; en realidad las demás solamente tienen dificultad en dormirse

- La raíz del problema → ruptura del ritmo vital a causa de la «acumulación de agresiones externas que quedan en el subconsciente» → no nos permite dormir

- Único remedio eficaz = dejar la mente en blanco; otros remedios caseros = las hierbas (la tila, la melisa, la valeriana y la manzanilla, especialmente para los problemas digestivos); tomar un vaso de leche con miel, huir de los alimentos fuertes, cenar temprano y poco, respirar aire fresco o mantener los pies durante cinco minutos en agua fría

- También es útil recurrir a la costumbre y el hábito: lámpara rusa que se enciende y se apaga rítmicamente

- Si la causa es la mala digestión, otros remedios: no volver a comer/beber lo que causó el problema la primera vez, evitarse las cenas tardías y pesadas, reducir la sal

- Para las pesadillas: tomar una infusión de hojas de naranjo antes de acostarse

- Contar corderitos; ordeñar una abeja

- Si uno duerme ocho horas diarias (puede incluir la siesta), uno está perfectamente bien. Pero, dormir más de ocho horas al día puede ser peligroso. Mientras uno duerme, el cuerpo produce menos defensas y por lo tanto está más expuesto a cualquier enfermedad. «Se ha comprobado que el dormir dos horas diarias más acorta diez años la vida.»

Si Ud. necesitara apuntes sobre el texto, ¿a quién se los pediría prestados? ¿Por qué? Indique los puntos fuertes y los puntos débiles de cada pasaje.

## PALABRAS Y CONCEPTOS

**A** Lea brevemente los titulares y mire los cinco textos que forman parte de la **Lectura I.** Indique los temas que le sugieren. ¿Qué tiene que ver cada uno con el subtítulo («Las presiones y el estrés») de la lectura?

**B** ¡NECESITO COMPAÑERO! ¿Saben Uds. lo que es el estrés? Trabajando en parejas, comenten los siguientes temas.

1. ¿Cómo se define el fenómeno del estrés? (¿Es una enfermedad, un problema mental, etcétera?)

2. ¿Cuáles son algunos de los síntomas del estrés? (¿Cómo se sabe si una persona sufre del estrés?)

3. ¿Cuáles son algunas de las causas del estrés?

---

# Escala del estrés, más de 300 alerta

Todo cambio, ya sea bueno o malo, puede desencadenar estrés. Dos psiquiatras americanos, Holmes y Rahe, han cuantificado estos cambios en una escala de valor. Según comenta el Dr. Soly Bensabat, hay que tener en cuenta una cierta mesura a la hora de la interpretación matemática; pero lo que sí es seguro es que cada vez son más importantes los cambios, el ritmo de aceleración es mayor, la exigencia de adaptación es más grande y el tributo que hay que pagar aumenta. Resultado: los grandes estrés que totalizan un índice superior a 300 presentan un riesgo importante de enfermedad grave (infartos, úlcera, depresión). Los escores de 150 a 300 son igualmente candidatos a serios problemas de sanidad. Como los cambios son imprevistos y en muchos casos inevitables, lo que hay que aprender es a dirigirlos de la mejor forma.

| | | | |
|---|---|---|---|
| Muerte de un compañero | 100 | Partida de los hijos de la casa paterna | 29 |
| Divorcio | 73 | Falta de éxitos personales | 28 |
| Enfermedades | 53 | Comienzo o fin de la escolaridad | 26 |
| Matrimonio | 50 | Cambio en las condiciones de vida | 25 |
| Licenciatura | 47 | Modificación en los hábitos personales | 24 |
| Reconciliación | 45 | Dificultades con el patrón | 23 |
| Retiro | 45 | Cambio de condiciones de trabajo | 20 |
| Engordar | 40 | Mudanzas | 20 |
| Problemas sexuales | 39 | Cambio de aficiones | 19 |
| Llegada de un nuevo miembro a la familia | 39 | Cambio de religión | 19 |
| Problemas de negocios | 39 | Cambio de actividades | 18 |
| Cambio en la situación financiera | 38 | Cambio en los hábitos del sueño | 16 |
| Muerte de un amigo íntimo | 37 | Cambio en los hábitos alimentarios | 15 |
| Aumento de disputas conyugales | 35 | Vacaciones | 13 |
| Responsabilidades profesionales | 29 | Navidades | 12 |

ENTRE TODOS Compartan entre sí los comentarios sobre el estrés. Según la clase, ¿qué es el estrés y cuáles son sus causas? ¿Notan Uds. algunas diferencias entre las causas del estrés en las mujeres y en los hombres?

**C** Lea brevemente la escala del estrés de la página anterior. ¿Qué tienen que ver las causas indicadas en esta escala con las identificadas por la clase?

Ahora lea los artículos de la **Lectura I.** Mientras lee, apunte en una tabla como la siguiente la información indicada referente a cada artículo.

| **Título** |
| --- |
| Idea principal: _____<br>Relación con el estrés: _____<br>«Puntaje» en la escala del estrés: _____<br>¿Podría un artículo semejante aparecer en la prensa en este país? _____<br>Semejanzas/Diferencias (uno o dos puntos específicos) entre este fenómeno en el mundo hispano y en este país: _____ |

# El trabajo y el ocio: Las presiones y el estrés

*El trabajo, tanto como el ocio, tiene sus características culturales. Este hombre se gana la vida como afilador (knife sharpener), profesión que apenas existe en la cultura norteamericana.*

1 **EL MUNDO ES CADA VEZ MÁS PEQUEÑO.** El comercio internacional y el turismo, la radio, la televisión, el cine y el Internet, todos acortan
5 las distancias que separan las naciones del mundo y hacen más inevitable el contacto entre sus culturas. En este país, artistas internacionales como Antonio
10 Banderas y Audrey Tautou son conocidos y admirados. En el mundo hispano se nota la creciente presencia cultural de Inglaterra, Francia, Canadá y los Estados
15 Unidos. Son omnipresentes la Coca-Cola y los *bluejeans*. Entre las caras más reconocidas figuran artistas norteamericanos: Jim Carrey y Britney Spears atraen un
20 público tan grande en los países hispanos como en este país.

Es que las diferencias culturales dependen hasta cierto punto del aislamiento. Con la progresiva industrialización y urbanización y los muchos contactos internacionales que esto implica, y también la continua emigración entre
25 países, todas las naciones industrializadas empiezan a parecerse más. Hace 100 años era necesario hablar de una cultura francesa, una alemana y una española como entidades bastante independientes, pero hoy en día es posible hablar de una cultura «europea». Hace un papel importante en esto la prensa, que

selecciona y difunde la información que llega a formar parte integral de esta
30  cultura cada vez más colectiva. Hay que señalar que la prensa hispana suele
informar sobre culturas extranjeras mucho más que la prensa estadounidense.

El resultado de este contacto se ve en la manera de vivir. Últimamente
el paso lento de la vida hispana* tradicional va cediendo el paso al ritmo
más apresurado de la sociedad moderna. Por consiguiente, hay una pre-
35  ocupación por las tensiones y el estrés asociados con el trabajo y el impersonal ambiente urbano. También se nota evidencia del intercambio cultural
en los artículos que tratan de las actividades del tiempo libre.

## Cómo recurrir las multas

*Son muchos los conductores que se sienten indefensos ante las sanciones de tráfico impuestas indiscri-
minadamente por las autoridades. Las empresas de gestión de multas dicen que siempre merece la pena
recurrirlas.*

**Por Carla Pulin**

| Vocabulario útil | | |
|---|---|---|
| **recurrir** to appeal <br> **la multa** fine, penalty <br> **el bien** asset <br> **embargar** to seize <br> **el/la infractor(a)** person who <br> breaks the law | **el asesoramiento** advice <br> **la grúa** tow truck <br> **el ayuntamiento** city hall <br> **el domicilio** home <br> **el plazo** period of time | **transcurrir** to pass, go by <br> (*period of time*) <br> **el expediente** file <br> **caducar** to expire; to close <br> (a file) |

### Cobertura legal

1  PAGAR UNA MULTA dejó de ser un detalle sin
importancia desde el 1 de mayo de 1991, fecha
en que la reforma del Reglamento General de
Recaudación establece que el primer bien a
5  embargar sea la cuenta corriente del infractor.

### Endurecimiento penal

Según el nuevo Código Penal, conducir bajo los
efectos del alcohol o drogas supone un arresto de
ocho a doce fines de semana y retirada del permiso de conducir de uno a cuatro años. Negarse
10  a hacer la prueba de detección de alcohol supone
de seis meses a un año de prisión. Conducir de
forma temeraria: prisión de uno a cuatro años y
retirada de carné de seis a diez años.

### Asesoramiento y ayuda

Existen asociaciones automovilísticas y empresas
que asesoran a sus socios a la hora de recurrir
15  una multa: ADA, RACE y AEA (Automovilistas
Europeos Asociados) y Multauto. Ésta es la única

empresa española dedicada exclusivamente a la
gestión de multas. Por 8.000 pesetas anuales
realiza todos los trámites a sus 40.000 clientes,  20
que presentan una media anual de cinco multas.
Si la empresa no gana un recurso de cada dos,
devuelve el dinero al cliente. Estas empresas
insisten en que no pretenden dar carta blanca a
que se cometan imprudencias, sino defender a  25
los infractores injustamente multados. El 80 por
ciento de las sanciones que tramitan son por
exceso de velocidad y mal aparcamiento y el
20 por ciento restante por no tener cinturón
puesto, luces, ITV, no respetar las señales de  30
tráfico.

### Grúa y abuso de poder

La grúa puede retirar un coche siempre que
constituya peligro o cause graves perturbaciones
a la circulación o al funcionamiento de algún servicio público; cuando pueda presumirse su aban-  35
dono; en caso de accidente; o cuando haya sido
inmovilizado por deficiencias del mismo.

---

*La mayoría de los artículos de este capítulo enfocan en las experiencias y las percepciones
de los españoles.

## AYUNTAMIENTO DE GRANADA

```
GRANADA              ZONA: 3
08/06/96               12:13
```

```
****** VEHICULO *******
MATRICULA: GR-5716-L
    FORD ORION Azul

****** INFRACCION ******
LUGAR.: ANCHA DE GRACIA

NUMERO: 0008

CAUSA.: ESTACIONAR EN
    ZONA DE APARCAMIENTO
    LIMITADO SIN TICKET DE
    ESTACIONAMIENTO.

OBSERVACIONES:
    Conductor ausente

CONTROLADOR: 8006
```

Está usted infringiendo la Ordenanza Municipal de la O.R.A. por lo que el presente boletín se ha trasladado a la Policía Local para su ratificación.

Una vez ratificada, recibirá notificación del Excmo. Ayuntamiento de Granada, de conformidad con el art. 79 de la Ley sobre Tráfico, Circulación de Vehículos a Motor y Seguridad Vial, con los plazos y actuaciones legalmente establecidos.

### Consejos prácticos

**1** Al recurrir la multa, usted nunca debe reconocer los hechos y tratar de justificarlos.

**2** No firme el boletín de denuncia, pues ganará tiempo a la Administración. Si no llega al domicilio en un plazo de dos meses, prescribirá.

**3** No discuta con el agente que le sanciona.

**4** Nunca rechace una notificación certificada cuando llegue a su domicilio.

**5** Las autoridades tienen obligación de parar e identificar al conductor en el momento en que se produzca la infracción.

**6** Recuerde que los defectos formales son motivo de recurso. En las denuncias debe constar la identificación del vehículo (matrícula, marca, modelo y color); la relación del hecho (debe relatar la infracción con exactitud); identificación del denunciado y del denunciante.

**7** Solicite pruebas de la infracción. Si es por exceso de velocidad, una fotografía de su coche, asegurarse del perfecto funcionamiento del cinemómetro. Si la denuncia es por aparcamiento incorrecto, solicite informes de señalización.

**8** Recuerde: Desde la fecha en que se produce la infracción hasta la notificación de la multa puede pasar un plazo máximo de seis meses y 30 días hábiles. Si transcurre dicho plazo sin que la Administración tome una decisión, el expediente caduca y se archiva.

**9** Las multas de la ORA no tienen presunción de veracidad al ser denuncias que hacen particulares. El ayuntamiento puede limitar el tiempo de estacionamiento en una vía pública y cobrar por su utilización. Lo que no puede hacer es imponer una sanción de tráfico a aquél que no pague ni retirar los vehículos. Únicamente puede cobrarle el precio del tiempo de estacionamiento y añadir un 20 por ciento de recargo.

**10** Si recibe una denuncia por infracción de tráfico de un controlador en su domicilio, siempre deberá recurrirla negando los hechos. El ayuntamiento debe aplicar el principio de presunción de inocencia y anularla. Si no la recurre y la rechaza, la denuncia seguirá su curso.

*Cambio16,* Madrid

## Las angustias del tráfico

| Vocabulario útil | |
|---|---|
| **el parabrisas** windshield<br>**impreso/a** printed<br>**mecanografiado/a** typed | **el quinto pino** (way out in) the "sticks" |

TRAIGO AQUÍ HOY dos documentos reveladores de las tensiones que provoca la caótica situación del tráfico en Madrid. Me los han enviado dos lectores que me dicen, en sus respectivas cartas, que los encontraron en el parabrisas del coche que habían dejado aparcado en la calle. El primero es una tarjeta impresa por un anónimo señor, en la que se insulta al automovilista que deja el coche mal aparcado. El otro es una hojita mecanografiada que lleva el sello de la Parroquia de Nuestra Señora del Pilar y que contiene, envuelta en sacerdotal cortesía, la amenaza de avisar a la grúa si no se respeta la señal que prohíbe el aparcamiento.

*Triunfo,* Madrid

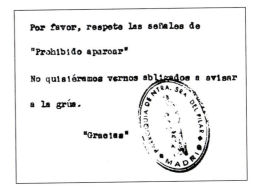

*No poder desenchufarse y cambiar de rutina: dos causas de estrés veraniego.*

# El estrés estival

*A veces, las vacaciones no sirven para descansar.*

**Por Raúl García Luna**

| Vocabulario útil | |
|---|---|
| **estival** summer<br>**la gripe** cold, flu<br>**aflojar** to relax | **el agotamiento** exhaustion<br>**desenchufar** to unplug |

1    **MÁS DE UNA VEZ** habrá escuchado usted un comentario como el siguiente: «*Che, qué pálida lo de don López Lastra. Todo el año frente a la empresa y ni una gripe. Y en cuanto sale de* 5  *vacaciones, ¡paf!, un preinfarto.*» O este otro, más corriente y menos trágico: «*De la oficina no quería ni acordarme. Solcito, casino, nada de estrés. Y apenas me mando una picada de cornalitos, chau: indigestión total.*» La pregunta se 10  cae de madura: ¿Por qué se producen estos *shocks* durante el descanso anual, si el ajetreo laboral ha quedado atrás? Los hipotéticos don López Lastra y el oficinista del caso podrían explicarlo así: «Mientras trabajábamos era 15  imposible aflojar. Hay compromisos, responsabilidades, imposible enfermarse.» A *grosso*

*modo,* no se equivocan. Pero el tema es más complejo. La doctora clínica Susana Demaestri, especialista en la técnica llamada *interpretación de contenidos y evolución de las estructuras* 20 *corporales de la personalidad,* da pistas amplias para entender el fenómeno.

   —Antes que nada, doctora, díganos qué entiende usted por estrés.

   —Un estado que puede ser causado por frus- 25 traciones, excesivas exigencias, contradicciones internas, falta de comunicación u otros problemas de la vida contemporánea. Pero el estrés también se origina a partir del trato que damos a nuestro cuerpo. Los cambios de hábitos generan estrés. 30

   —¿Un período de vacaciones, por ejemplo, puede ser campo para el estrés?

—En verano y durante las vacaciones, *contrariamente a lo deseado,* se sufren toda clase de situaciones estresantes: cambios de clima, de dieta, de horarios, y exceso de alimentos, de acción física, de sol.

—*¿Por qué y cómo ocurre esto? Es decir, ¿cuáles son los mecanismos?*

—En vez de relajarse y eliminarse tensiones, éstas se conservan y generan, por suma, nuevas expresiones de estrés que llevan al agotamiento psicofísico. Es la típica sensación de estar *peor que antes.* El veraneante no conoce la forma de disolver tensiones, liberar energía y armonizar el descanso. Por eso puede volver a casa con contracturas corporales, bloqueos y una fea sensación de insatisfacción y hasta de frustración.

Según la doctora Demaestri, *«el estrés se expresa y se fija en el cuerpo».* Para nuestro segundo entrevistado, el psiquiatra y psicoanalista Carlos Tachouet, *«el estrés es un fenómeno netamente psíquico».* Y más: *«El estrés se manifiesta en un estado físico (hipertensión, taquicardia, trastornos neurovegetativos), pero* sobre todo en un estado psíquico (presión, tensión).»

—*¿Conviene usted en que existe un estrés propio de las vacaciones?*

—Sí. También para los veraneantes hay un factor de estrés. La rutina protege de los imprevistos durante el año, y al romperse ese ritmo diario con las vacaciones surge *otra* rutina que provoca un estrés inmediato.

—*Pero esa* otra *rutina, ¿no se supone que es* benéfica *para la salud?*

—Todo es relativo. Lo que pasa es que éste es una especie de *estrés de competencia:* cierta presión social indica cómo comportarse, dónde veranear, qué no hay que perderse. Y es el preciso momento en que se dejan a un lado las habituales preocupaciones para entrar en las *nuevas.* El consumismo y la moda *llaman* a una rutina, y ésta conduce al estrés.

Como conclusión, por simple que parezca, hay que tener muy presente que el veraneo es placer más descanso.

*Somos,* Buenos Aires

# Se busca

*Importante empresa necesita ejecutivo ideal.*

| Vocabulario útil | | |
|---|---|---|
| **autodidáctico/a** self-taught | **polígloto/a** multilingual | **vinculado/a** tied, linked |
| **la licenciatura** degree; degree course | **el apego** fondness | **el engranaje** meshing of gears |
| **imprescindible** crucial | **el caracol** snail | **desmedido/a** excessive |

### Formación profesional

**EL ALTO EJECUTIVO** necesita en la actualidad una carrera universitaria, especialmente Económicas, Empresariales, Derecho o Ingeniería. Atrás quedaron los tiempos de los directivos autodidácticos. Pero la licenciatura debe ir complementada con algún *master* de prestigio, bien sea del Instituto de Estudios Empresariales (IES) o de alguna universidad extranjera.

### Dominio del inglés

En un mundo como el actual, en el que las fronteras no existen para los negocios, es imprescindible el aprendizaje de idiomas. La utilidad del inglés es algo incuestionable. Un ejecutivo no puede tener éxito si no posee unos amplios conocimientos de inglés comercial. Si además sabe algún otro idioma, todavía mejor. Tener la posibilidad de hablar con los clientes en su propia lengua es una ventaja a la hora de hacer negocios. Un profesional políglota causa siempre buena impresión.

### Experiencia en multinacional

20 Las empresas valoran mucho, a la hora de contratar, la experiencia de los altos ejecutivos en empresas importantes. Aquellos que han trabajado en industrias multinacionales tienen muchas más posibilidades de obtener un tra-
25 bajo bien remunerado. Si ha trabajado en el extranjero, su valía aumenta todavía más. El conocimiento de los mercados internacionales es una garantía para las compañías que tienen intereses en diversos países.

### Ciudadano del mundo

30 Un ejecutivo de alto *standing* debe tener siempre la maleta preparada y debe saber moverse por los aeropuertos. El apego a la casa que demuestran en no pocas ocasiones los españoles no es precisamente una cualidad que tengan
35 en cuenta las empresas. Más bien al contrario. Los altos cargos tienen la obligación de ser como los caracoles. No basta sólo con coger la maleta y salir pitando. A veces, es necesario cambiar de casa.

### Aspecto jovial

40 El nuevo ejecutivo tiene entre 30 y 40 años. No es que el ciudadano que ande por los 50 no sea válido. En ocasiones, sobre todo en la industria, el perfil está cercano a esa edad. Pero los cambios de mentalidad dan prioridad a la juventud.
45 Los talentos están siempre vinculados a la empresa a la que sirven, pero se marcharán a otra ante una oferta mejor. Su filosofía está más cerca de la cultura americana que de la japonesa, donde la empresa está considerada como una gran fami-
50 lia, un núcleo más de ese complicado engranaje que comienza con la idea del imperio.

### Gran comunicador

Tener dotes de comunicador es algo importante en una sociedad tan interconectada como la actual. El ejecutivo ideal es líder de equipo, hábil negociador, simpático y debe poseer una sana ambición,
55 que le permita servir a su empresa de forma desmedida y conseguir para ella todo lo mejor.

*El Sol,* Madrid

## Las profesiones del siglo XXI

**Por Fátima Ramírez, *con la colaboración de Beatriz Juez, Gorka Landaburu (País Vasco), José Miguel Fernández (Barcelona), Javier Casal (Valencia) y Juan José Fernández Trevijano (Sevilla)***

*El paro no sólo se combate con medidas económicas y fiscales. Hay que echarle también imaginación al asunto. Eso es, precisamente, lo que están haciendo las universidades de este país: crear nuevas carreras con demanda de empleo, como Ciencias Ambientales o Ingeniería Multimedia. Son las profesiones del nuevo milenio. Junto a ellas, otras actividades ya tradicionales, como las relacionadas con la informática, las telecomunicaciones, las ventas y los seguros necesitarán nuevos puestos de trabajo.*

| Vocabulario útil | |
|---|---|
| **el paro** unemployment | **la alimentación** nutrition |
| **el/la licenciado(a)** person who has completed a college degree program | **hacer hueco a** to make a space for |
| | **de nuevo cuño** newly minted |

1 **LOS LICENCIADOS** en Ciencias Ambientales y Ciencias del Mar, los ingenieros de Materiales y Multimedia y los graduados en Enología y en Diseño, así como titulados medios o superiores
5 en otras materias (Alimentación, Informática, Telecomunicaciones o Relaciones públicas) son los profesionales del futuro.

Mientras la universidad arroja al paro, año tras año, a miles y miles de graduados y licen-
10 ciados en carreras clásicas (abogados, periodistas, economistas, médicos, etcétera), las empresas españolas empiezan a hacer hueco en sus nóminas a los profesionales de nuevo cuño...

«Evolucionan el mercado de trabajo, las
15 demandas sociales, económicas, industriales, de servicios, culturales... mientras la universidad se mantenía en unas estructuras clásicas más o menos inmóviles. Hacía falta adecuarse a estas demandas», explica Francisco Michavila, secre-
20 tario general del Consejo de Universidades. El primer paso es ver qué tipo de estudios necesita este país para modernizarse y adaptarse a las exigencias de unas empresas cada vez más competitivas. Es una de las fórmulas más crea-
25 tivas y realistas para enfrentarse a ese cáncer que tiene la sociedad española: el paro.

La universidad, que siempre ha permanecido reacia a los cambios, abre sus puertas a los nuevos tiempos y prepara las carreras del siglo
30 XXI. Titulaciones que entroncan con los sectores más emergentes de la sociedad: medio ambiente, nuevas tecnologías, alimentación o reciclado de productos. Al tiempo que se consolidan actividades de toda la vida, como segu-
35 ros, ventas y publicidad.

### Pasión por la ecología

Teniendo en cuenta las pasiones que despiertan las cuestiones ecológicas, el medio ambiente era un campo que había que cubrir. Para ello se ha creado una licenciatura en Ciencias Ambien-
40 tales...

Otra especialidad con gran futuro es el reciclado de materiales. «Es un sector emergente. Frente a la filosofía del despilfarro, se impone la de aprovechar y preservar el medio ambiente»,
45 afirma Juan Martín Cano, secretario de la Asociación Nacional de Empresas de Fabricación Automática de Envases de Vidrio (Anfevi).

Para conseguir el reciclado se necesita la colaboración del ciudadano y de los ayuntamientos. Magín Revila, presidente del Comité de Reci-
50 clado de Vidrio, afirma que «el sector del reciclado se está desarrollando mucho y demanda personas con conocimientos de este tema».

Las ingenierías son las carreras que cuentan con un menor índice de parados. En el futuro,
55 aparecen tres muy importantes. La Ingeniería de Materiales supone uno de los grandes retos de la sociedad y de la industria ligera: Los clásicos materiales, como el hierro o el acero, se han sustituido por otros menos pesados que requieren
60 sus propios tratamientos.

La Ingeniería Química es capaz de elaborar los más variados productos a partir de las materias primas. Por ejemplo, del petróleo se derivan no sólo la gasolina sino los plásticos, que cons-
65 tituyen una industria muy sofisticada. Ese sector requiere utilizar moléculas cada vez más complicadas, estructuras más resistentes, polímeros... Quien domine todo este mundo tiene una buena salida.
70

Como la tiene la Ingeniería Multimedia, que ahora no existe como titulación universitaria y es un poderoso instrumento para desarrollar muchas profesiones. Otra de las nuevas carre-
75 ras es Ciencia y Tecnología de los Alimentos. Los alimentos ya no van directamente al consumidor o a la tienda desde los campos, los mataderos o los barcos, sino que requieren procesos complicados.

Los consumidores exigen cada vez más:
80 fecha de caducidad, etiqueta de envasado, control de calidad... «Todo lo que esté vinculado con calidad y más generalmente con calidad de vida tiene futuro», afirma Michavila.

La calidad de vida depende, en buena parte,
85 de los nuevos recursos. Aquí encuentra su sentido la licenciatura en Ciencias del Mar. En esta disciplina se unen el conocimiento científico y el de ciencia aplicada. Por ejemplo, son una buena
90 fuente de generación de energía. O la fauna para la alimentación. O los fondos marinos, de los que se extrae petróleo.

La publicidad, las relaciones públicas y el marketing seguirán creciendo en importancia en
95 esta sociedad de la imagen, donde tan fundamental es crear productos como saber venderlos.

En el área de humanidades, licenciaturas como Traducción e Interpretación tienen un porvenir muy interesante, pues con las nuevas tecnologías se borran las fronteras.

## «El trabajo fijo se acaba»

De reciente hornada es la licenciatura en Humanidades y se hace especialmente importante ahora que los directivos de las empresas quieren tener una visión global del mundo. Dirigiendo empresas ya no sólo hay ingenieros o economistas...

De todas maneras y a pesar de todas las previsiones, no hay buenas y malas carreras, como dice Mercedes Doval, vicerrectora de Estudios de la Complutense:

—El mercado de trabajo es muy cambiante. El trabajo fijo se acaba y hay que tener una mente abierta y organizarse los estudios con una visión pluridisciplinar. Lo más importante es tener una buena preparación de base y después especializarse en un segundo ciclo. No hay que rechazar carreras porque se piense *a priori* que no tienen salida...

Con el interés de la formación pluridisciplinar se elaboró el nuevo plan de estudios, que permite la combinación de ciclos de campos diferentes. Francisco Michavila le concede una gran importancia:

—Tenemos que luchar porque se consolide este sistema de máxima flexibilidad, muy bueno de cara al futuro. Por ejemplo, combinar tecnología y economía o leyes y economía. El estudiante tiene la libertad de poder hacer sus estudios más a la carta (carreras de pasarela)...

Para el catedrático de Sociología de la Universidad de Valladolid, Ricardo Montoro, «el futuro de las profesiones no está en el título sino en la funcionalidad del sujeto que la trabaja. Esto es lo que se denomina polivalencia o capacidad de adaptación».

Ahora, lo normal es que cada persona desarrolle exclusivamente el mismo tipo de trabajo. Montoro, que ha dirigido diversos estudios de mercado de trabajo para jóvenes, explica:

—En el futuro, se cambiará de posiciones, de funcionalidades. Una persona podrá pasarse diez años vendiendo un producto y los diez años siguientes fabricándolo. Es una *estructura de ocupación* mejor que la anterior y la gente se beneficiará con los cambios.

El sociólogo tiene muy claro que en los próximos diez o quince años «no va a haber espacio para la gente que no tenga cualificación, algún tipo de estudios, que sepa hacer algo diferente. Tener la seguridad de que se puede competir en lo que sea es la clave del futuro».

Quienes dominen la informática probablemente tengan el futuro asegurado. «No sólo no está copado, sino que está empezando. Precisamente ahora sufrimos una falta de profesionalización del servicio de la informática. Es una veta sobre la que se puede trabajar», añade Montoro.

Una de las características de esta sociedad inteligente es el espíritu ecologista. Por tanto, cualquier oficio relacionado con la protección del medio ambiente tiene futuro. El reciclado y la reutilización de todo tipo de productos abren nuevos campos de trabajo.

Quien se especialice en el tratamiento y depuración del agua y en agrobiología, cuyo objetivo es sustituir los pesticidas químicos por los de origen biológico, difícilmente se quedará en el paro.

Pero también habrá oficios más sencillos, tantos como permita la imaginación. Así, recoger el cristal o el papel de las casas y llevarlos a los centros de reciclaje.

La figura del vendedor se potenciará. Los comerciales del futuro, licenciados o no, no sólo tendrán *labia,* sino que serán profesionales cualificados, con conocimientos técnicos, que recorrerán el mundo con sus productos. Pasarán tanto tiempo en los aviones como en las tiendas.

Todos los servicios relacionados con la tercera edad tendrán una importante expansión, en una sociedad donde hay cada vez más gente mayor. Personas de compañía, enfermeros, geriatras, sanatorios, etcétera, serán muy necesarios entonces. Pero no sólo hay que contemplar la parte negativa.

Como recuerda Ricardo Montoro, «muchos de nuestros mayores hasta ahora han sido analfabetos, procedentes de núcleos rurales y con muy poca capacidad adquisitiva». Y añade:

—Pero en veinte años serán lo contrario. Dispondrán de dinero y serán grandes consumidores, mucho más que los jóvenes. Habrá numerosos productos dirigidos a ellos, desde viajes y vaqueros hasta coches y viviendas. Y serán muy selectivos».

Otro sector que se impulsará, en opinión de Montoro, es el de los seguros. España tiene un déficit de aseguramiento respecto a otros países europeos.

—El *boom* de asistencia de viajes es muy reciente y las cifras de aseguramiento de las casas son ridículas. Esta situación cambia cuando la capacidad de renta de los países mejora.

Las telecomunicaciones seguirán generando empleo en los próximos años, así como la ingeniería industrial y las empresas de trabajo temporal. Los más atrevidos podrán afrontar el autoempleo.

«Hay cuota de mercado. Lo que hace falta es gente con mentalización empresarial para hacerlo», comenta el sociólogo Montoro. Y aconseja: «El sentido común, para quien no se pueda permitir el lujo de hacer un estudio de mercado, es la primera cualidad para emprender con éxito la aventura.»

*Cambio16,* Madrid

## Carreras y empleos con futuro

**Publicidad y Relaciones Públicas**

Formación en la creación, diseño y producción de la comunicación publicitaria, así como en las estrategias y aplicaciones de las relaciones públicas.

**Ciencias Ambientales**

Profundiza en el estudio del medio ambiente.

**Graduado en Enología**

Estudio y tratamiento de los vinos.

**Ingeniería Química**

Elaboración de productos sofisticados a partir de las materias primas.

**Ingeniería de Materiales**

Creación y tratamiento de los nuevos materiales.

**Informática**

En contra de lo que muchos piensan, es un sector cuyo desarrollo está empezando.

**Geodesia y Cartografía**

Estudio de las dimensiones, forma y composición del globo terrestre y trazado de mapas y cartas geográficos.

**Historia y Ciencias de la Música**

Estudio de la teoría e historia de la música, sus métodos y técnicas.

**Servicios para la Tercera Edad**

Una población cada vez más longeva genera mucho trabajo a su alrededor: residencias, turismo, asistencia sanitaria, consumo, etcétera.

**Ciencias del Mar**

Estudio del mar en su planteamiento geológico, geográfico y como fuente de recursos.

**Traducción e Interpretación**

El dominio de idiomas será fundamental en un mundo donde se borran las fronteras.

**Dietética y Alimentación Humana;
Graduado de Diseño;
Telecomunicaciones**

Seguirán generando empleo en los próximos años.

**Ciencia y Tecnología de los Alimentos**

Los alimentos requieren un complicado proceso desde que nacen hasta que llegan al consumidor.

## Carreras y empleos con futuro

**Autoempleo**

Nuevas empresas tienen que surgir para atender las demandas sociales.

**Seguros**

España tiene un déficit de aseguramiento respecto a otros países europeos, que se resolverá en unos años.

**Venta**

Profesionales cualificados recorrerán el mundo vendiendo todo tipo de productos.

**Ingeniería Multimedia**

Estudia la tecnología multimedia y sus aplicaciones.

**Empresas de Trabajo Temporal**

Son las intermediarias en un mundo donde no habrá puestos fijos de trabajo.

**Reciclado**

Proceso que permite la reutilización de viejos productos para la conservación de la naturaleza.

---

**«Más posibilidades de trabajo»**

Mónica C., 24 años, Licenciada en Físicas, 1° de Ingeniería de Materiales. «Quería ampliar mis estudios de Físicas y con esta nueva carrera tengo más posibilidades de trabajo, ya que somos la primera promoción y no hay nada parecido en el mercado laboral. Me gustaría trabajar en la empresa privada.»

**«Tiene muchas salidas»**

Eva T., 23 años, Diplomada en Biología, 1° de Ciencia y Tecnología de los Alimentos. «Sabía que existía este tipo de estudios en el extranjero y cuando pusieron esta carrera en España decidí hacerla. Tiene muchas salidas: Los alimentos siempre nos van a tener que hacer falta. La gente siempre se tendrá que alimentar. La producción de alimentos es lo que más me atrae.»

**«Si no protegemos la tierra, nos quedamos sin nada»**

Elena P., 20 años, 1° de Ciencias Ambientales. «Quería hacer algo de ciencias, biología o veterinaria, pero cuando salió esta carrera, pensé que me podría atraer. Es un tema que nos debía interesar a todos porque, si no protegemos la Tierra, nos quedamos sin nada. Es una carrera bonita y con salidas.»

**«Profesión con mucho futuro»**

Mariano M., asistente social geriátrico, Diplomado en Trabajo Social. «Nos piden información sobre lugares donde puedan ser atendidos sus familiares, porque ellos no pueden hacerse cargo de la situación. Ser asistente geriátrico es una profesión con mucho futuro. La población europea envejece y hay que encontrar algún tipo de salida para la gente mayor.»

**«No dudé en elegir Ciencias del Mar»**

Ainhoa C., 18 años, 1° de Ciencias del Mar. «Terminé mis estudios de COU el año pasado. Y no dudé en elegir Ciencias del Mar. Todo lo relacionado con el medio ambiente y el mar me interesa y creo que son temas que tienen futuro.»

**«Puedo tener más oportunidades»**

Carmen F., 23 años, estudiante de Geodesía y Cartografía. «Al acabar el primer ciclo de Ingeniería Topográfica elegí esta nueva especialidad, que presenta mayores expectativas. Al ser pionera en España, sabemos que podemos tener más oportunidades.»

# COMPRENSIÓN

**ENTRE TODOS**   Compartan los análisis que Uds. hicieron de los diferentes artículos de la **Lectura I.** ¿Cuál de las situaciones estresantes recibió el puntaje más alto en la escala del estrés de la página 247? ¿Notaron algunas diferencias y semejanzas entre las situaciones estresantes en los hispanos y en los norteamericanos? ¿Sería raro encontrar alguno de estos artículos en la prensa norteamericana? Expliquen.

# INTERPRETACIÓN Y APLICACIÓN

**A**   En el artículo «Las angustias del tráfico», ¿cuál de los dos documentos le parece a Ud. más efectivo? ¿Por qué? En su opinión, ¿dejar en un coche una tarjeta como éstas es una manera efectiva de combatir el problema señalado? ¿Por qué sí o por qué no? ¿Qué le indica a Ud. el hecho de que ninguna de las tarjetas esté escrita a mano?

**B**   En el artículo sobre el tráfico se da una serie de consejos sobre cómo recurrir las multas.

■ En su opinión, ¿cuáles son los más importantes? ¿Hay algún otro consejo que Ud. añadiría a la lista? ¿Cuál sería?

■ ¿Qué le parecen las posibilidades de recurrir las multas? ¿Piensa Ud. que es mejor pagar la multa y olvidar el problema? ¿Es mejor no pagar la multa si cree que ésta no ha sido justa? ¿Por qué sí o por qué no?

■ Todos conocemos lugares por donde es más frecuente o posible recibir una multa de tráfico. ¿Piensa Ud. que a veces los policías de tráfico imponen multas principalmente para recaudar dinero para la ciudad o el pueblo? ¿Piensa que los policías de tráfico tienen que imponer cierta cantidad de multas como mínimo?

■ Si Ud. tiene un coche de color rojo y deportivo, ¿piensa que lo van a detener por cualquier causa con más frecuencia que si tiene un vehículo de otro color y/o tipo? ¿Qué otros factores pueden influir en la decisión del policía de echarle una multa al conductor? Explique.

**C**   ¿Son iguales todas las infracciones? ¿Cuáles le parecen más graves? ¿menos graves? Explique. De las siguientes infracciones, ¿cuáles son muy graves (**MG**), graves (**G**) o leves (**L**)? Indique qué sanción impondría Ud. en cada caso. Luego, compare su lista con la de sus compañeros para ver en qué coinciden.

|   |   | MG | G | L | SANCIÓN |
|---|---|----|---|---|---------|
| 1. | saltar un semáforo en rojo | ❏ | ❏ | ❏ | _____ |
| 2. | saltar un Stop | ❏ | ❏ | ❏ | _____ |

|  | MG | G | L | SANCIÓN |
|---|---|---|---|---|
| **3.** conducir a 40 millas por hora en zona de 30 | ❑ | ❑ | ❑ | _____ |
| **4.** conducir a 75 millas por hora en zona de 65 | ❑ | ❑ | ❑ | _____ |
| **5.** no respetar un «ceda el paso» (*yield*) | ❑ | ❑ | ❑ | _____ |
| **6.** conducir solo/a en estado de embriaguez (*under the influence of alcohol*) | ❑ | ❑ | ❑ | _____ |
| **7.** conducir en estado de embriaguez con otras personas en el coche | ❑ | ❑ | ❑ | _____ |
| **8.** conducir sin abrocharse el cinturón de seguridad | ❑ | ❑ | ❑ | _____ |
| **9.** conducir sin que el coche tenga seguro | ❑ | ❑ | ❑ | _____ |
| **10.** estacionar en zona prohibida | ❑ | ❑ | ❑ | _____ |
| **11.** adelantar (*to pass*) imprudentemente | ❑ | ❑ | ❑ | _____ |
| **12.** adelantar cuando está prohibido | ❑ | ❑ | ❑ | _____ |
| **13.** conducir sin permiso de conducir | ❑ | ❑ | ❑ | _____ |
| **14.** otras: _____ | ❑ | ❑ | ❑ | _____ |

**D** Según el artículo «El estrés estival», las vacaciones pueden causar el estrés. ¿Está Ud. de acuerdo? ¿Sufren de este problema de vez en cuando los estudiantes? Explique.

**E** ¿Qué opina Ud. sobre las cualidades del ejecutivo ideal que se mencionan en el artículo «Se busca»? De todas ellas, ¿cuál le parece en realidad imprescindible? Según la escala del estrés, ¿podría causarle estrés al ejecutivo desarrollar o mantener alguna de esas cualidades? Explique.

**F** **PAPEL Y LÁPIZ** El artículo «Se busca» está escrito desde la perspectiva de una empresa o negocio que busca un ejecutivo. En su cuaderno de apuntes, prepare un texto («Se ofrece») en el que describa las cualidades que Ud. podría ofrecerle a su empleador ideal.

**G** **¡NECESITO COMPAÑERO!** El artículo sobre las profesiones del siglo XXI menciona una serie de carreras universitarias destinadas a un mercado profesional bastante nuevo. ¿Cuál de ellas le parece que tiene más futuro? ¿Por qué? Trabajando en parejas, hagan una lista de carreras universitarias que en su opinión serán muy aceptadas cuando Uds. se gradúen. Hagan otra lista de carreras en que posiblemente tendrán dificultades en encontrar un empleo. Luego, comparen sus listas con las de sus compañeros para ver si están de acuerdo. Finalmente, entre todos preparen algunas recomendaciones que le harían a un(a) estudiante que piense comenzar la universidad. ¿Qué debe estudiar?

**H**  El artículo sobre las profesiones del siglo XXI incluye algunos testimonios de estudiantes que seleccionaron una de las nuevas licenciaturas universitarias. En la opinión de esos estudiantes, ¿cuál parece ser el aspecto más atractivo de la licenciatura elegida? ¿Ya ha seleccionado Ud. una carrera o especialización? ¿Consideró Ud. (o va a considerar, si todavía no se ha decidido) ese mismo aspecto al tomar su propia decisión? ¿Por qué sí o por qué no? ¿Qué otros factores tomó (va a tomar) en cuenta?

**I**  ¡NECESITO COMPAÑERO!  ¿Están Uds. de acuerdo con la selección de las situaciones estresantes que se incluyen en la escala del estrés? ¿Qué tienen que ver con la vida de un estudiante típico / una estudiante típica? Trabajando en parejas, hagan otra escala a base de las experiencias más típicas de un(a) estudiante. Luego, comparen su escala con las de las otras parejas para recopilarlas en una sola lista. Según esta nueva escala, ¿hay algunos estudiantes en la clase que serán candidatos a problemas de salud por el estrés? ¿Qué les recomendarían Uds.?

**J**  PRO Y CONTRA  Divídanse en tres grupos de cuatro o seis estudiantes para debatir los siguientes temas. Siguiendo los pasos establecidos en las actividades **Pro y contra** de los capítulos anteriores —identificar, presentar, evaluar— la mitad de cada grupo debe preparar los argumentos de la perspectiva A, mientras que la otra mitad prepara los argumentos de la perspectiva B. Todos los estudiantes también deben preparar preguntas que hacer durante los debates de los demás grupos y luego deben ayudar a decidir esos casos.

| Perspectiva A | Perspectiva B |
|---|---|
| La meta de la universidad debe ser preparar a los estudiantes para una carrera porque… | La meta de la universidad debe ser enseñar a los estudiantes a desarrollar la facultad de pensar críticamente porque… |
| Los hombres sufren menos de estrés porque son más fuertes que las mujeres. | Los hombres sufren menos de estrés porque su vida es menos complicada que la de las mujeres. |

**K**  PAPEL Y LÁPIZ  En su cuaderno de apuntes, explore más uno de los siguientes temas ya comentados en clase.

- La escala del estrés del / de la estudiante que se elaboró en la **Actividad I.** ¿Es inevitable el estrés durante los años escolares? ¿Por qué sí o por qué no? ¿Se puede hacer algo para reducirlo?

- Los hombres y el estrés. ¿Sufren más estrés que las mujeres o menos? ¿Por qué sí o por qué no? ¿Cambia esto a lo largo de la vida? Explique.

- La meta de las universidades. ¿Tienen el deber de preparar a los jóvenes para la vida laboral?

- La selección de una carrera. Los factores que hay que considerar.

- La justicia y las multas de tráfico.

# Cristina, reina de la televisión

**C**RISTINA SARALEGUI es sin duda una de las mujeres más conocidas y admiradas del mundo hispano. Su programa de televisión *El Show de Cristina* se estrenó[1] en 1989, y sigue siendo tan popular hoy como siempre. Tiene su propia revista, *Cristina: La Revista,* que circula en los Estados Unidos y en toda Hispanoamérica, y además es fundadora de la institución «Arriba la Vida» para apoyar a las personas que padecen[2] del SIDA.[3] Debido a estos logros, en una encuesta de la revista *People en Español* fue seleccionada como la persona más confiable de la televisión.

*Cristina Saralegui*

Cristina nació en Cuba y, después de la Revolución Cubana, emigró con su familia a los Estados Unidos a los 12 años. En la universidad estudió periodismo, y luego empezó a trabajar como editora de varias revistas de habla española, incluso *Cosmopolitan en Español.* Después de diez años dejó ese cargo por el de presentadora[4] de *El Show de Cristina.*

Entre sus admiradores, Cristina tiene fama de ser una mujer muy tenaz y resuelta.[5] En su programa dice frecuentemente que se siente muy orgullosa de ser hispana y también de representar a la gente menos afortunada. Es un modelo para las mujeres hispanas, y de verdad las anima a luchar por su realización personal y profesional. También defiende a los que padecen del SIDA, hablando abiertamente del tema. Esto ha contribuido a despertar la conciencia entre los hispanos sobre esta enfermedad, ya que durante mucho tiempo ese tema se consideraba tabú. A causa de la gran influencia que Cristina tiene en la comunidad, se le conoce como la Oprah del mundo hispano. ■

[1]*se... premiered*   [2]*suffer*   [3]*AIDS*   [4]*host*   [5]tenaz... *tenacious and determined*

# Lectura II

■■■ ## EL TRABAJO Y EL OCIO: EL TIEMPO LIBRE

## PALABRAS Y CONCEPTOS

Lea brevemente los titulares y mire los textos que componen la **Lectura II.** Indique los temas que le sugieren. ¿Qué tiene que ver cada uno con «El tiempo libre», subtítulo de esta lectura?

Mientras lee los artículos, apunte en una tabla como la siguiente la información indicada referente a cada artículo.

# Trabajo y ocio: Las otras vitaminas

**Por Gonzalo C. Rubio**

| Vocabulario útil | |
|---|---|
| **baldío/a** worthless, a waste of time | **agobiar** to overwhelm |
| **la jornada laboral** workday | **el agobio** nervous strain |
| **poner de manifiesto** to make clear | |

1 **EL TRABAJO Y EL OCIO** pueden ser agotadores o descansados, pero al mismo tiempo productivos o baldíos. No importa tanto qué se haga como en qué condiciones —físicas, psicológicas y 5 sociales— se realice. A los adictos al trabajo se les recomienda una terapia de ocio tanto como a los grandes desocupados, una terapia ocupacional.

Los psicólogos ocupacionales fundamentan 10 su trabajo en el estudio del de los demás, y a estas alturas nadie ignora que tanto el trabajo como el ocio tienen ribetes beneficiosos y perjudiciales para la salud, según sean elegidos o impuestos, imaginativos o rutinarios, placente- 15 ros o desagradables.

La mayoría de la gente se siente mejor, más sana y saludable, cuando tiene una actividad laboral que cuando se queda en casa. Un estudio británico lo dice, el 69 por ciento de los 20 hombres y el 65 por ciento de las mujeres que tienen una jornada laboral completa continuarían trabajando aun cuando no necesitasen el dinero que ganan.

Y si pocos son los que renunciarían al trabajo, aun son menos los que lo harían con sus 25 momentos de ocio. Más bien se tiende, al menos en las sociedades desarrolladas, a reducir la jornada laboral y a ampliar el número de días de descanso.

¿Qué tiene el trabajo —o el ocio productivo— 30 para haberse convertido en un objeto de deseo? Retribuciones aparte, el trabajo es un complejo vitamínico que contiene importantes exigencias psicológicas necesarias para la salud.

El psicólogo ocupacional británico Peter Warr 35 ha identificado nueve *nutrientes* psicológicos que todo trabajo saludable debe proporcionar: empleo de habilidades, oportunidad de autonomía y control de las demandas, variedad, incertidumbre mínima, dinero suficiente, demandas 40 moderadas, condiciones dignas, amistad en el trabajo y una posición valorada en la sociedad. El trabajo ideal es aquel que combina en sus justas proporciones estas nueve gratificaciones psicológicas, sin que falte cierto grado de auto- 45 nomía y el mínimo posible de incertidumbre.

En el trabajo —y en el descanso— también es cierto aquello de «dime cómo te gustaría trabajar —o descansar— y te diré quién eres», ya que es sabido que la realidad en muchas ocasiones poco tiene que ver con los deseos.

¿Qué gratificación psicológica puede haber cuando el trabajo no tiene otro incentivo que el económico y se reduce a un número de horas o de piezas pagadas? La primera encuesta sobre las condiciones de trabajo en España, realizada por el Instituto Nacional de Higiene y Seguridad en el Trabajo en 1987, puso de manifiesto que para muchos españoles el trabajo está lejos de ser un medio de desarrollo integral de la persona. La monotonía y la repetitividad, la falta de interés y autonomía, el horario y las comunicaciones son algunas de las principales agresiones que sufren los trabajadores a diario.

Todavía nadie se ha propuesto realizar una encuesta similar sobre las condiciones de ocio. Pero, a buen seguro, ambas prospecciones tendrían bastantes puntos comunes. La masificación y la concentración de los días de vacaciones en los mismos días de la semana y en unas cuantas semanas de año, los agobios en los puntos de mayor interés turístico y hasta las inclemencias del tiempo pueden hacer anhelar a más de uno la vuelta al trabajo.° Con todo, la cuestión no es ni dónde ni cuándo, sino cómo: En el trabajo y en el ocio, esos dos rostros cada vez más parecido de toda actividad, lo que importa es que realmente aporten su dosis vitamínica.

*Conocer,* Madrid

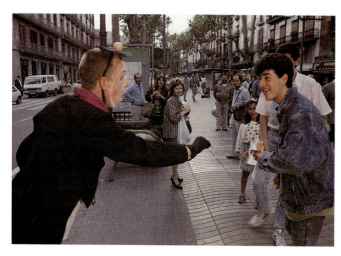

*Este mimo entretiene a un joven que pasea por las Ramblas en Barcelona, España.*

## Nochebuena en casa, Nochevieja en la calle

*Durante las Navidades los españoles comen mucho, viajan poco y apenas van a misa.*

**Por José Manuel Huesca**

| Vocabulario útil | |
|---|---|
| **la Nochebuena** Christmas Eve | **el turrón** nougat |
| **la Nochevieja** New Year's Eve | **el día de asueto** day off |
| **el cotillón** ball, formal dance | |

COTILLONES, REGALOS, ocio, viajes, champán y turrón son palabras habitualmente relacionadas con la Navidad. Una época que para muchas personas es una fiesta familiar, mientras que para otras significa simplemente la oportunidad para disfrutar unas vacaciones. Esto es lo que se desprende de un estudio realizado para *Cambio16* por la empresa de marketing Emopública.

---

°Más del 60 por ciento de los españoles que toman vacaciones anualmente lo hacen durante el mes de agosto. Gran parte de estos veraneantes se dirigen hacia las costas de España.

| ¿En compañía de qué personas pasa las fiestas? | |
|---|---|
| | % Total |
| Siempre las paso en familia. | 84,3 |
| Siempre las paso con mis amigos, novia/o. | 2,2 |
| Las paso solo. | 1,0 |
| Unos días las paso en familia y otros por mi cuenta. | 9,6 |
| No siempre las paso con la misma compañía. | 1,2 |
| NS/NC | 1,8 |

| ¿Qué día sale a fiestas/cotillones? | |
|---|---|
| | % Total |
| Nochebuena | 25,1 |
| Navidad | 20,2 |
| Nochevieja | 83,8 |
| Año Nuevo | 32,5 |
| Reyes Magos | 28,9 |
| NS/NC | 1,8 |

| ¿Qué es la Navidad? | |
|---|---|
| ¿Cuál de estas frases se ajusta más a la forma en que Ud. pasa las Navidades? | |
| | % Total |
| Es una fiesta fundamentalmente religiosa. | 9,5 |
| Es una fiesta esencialmente familiar. | 73,6 |
| Es una fiesta para consumir y gastar dinero. | 7,3 |
| Son unas vacaciones de invierno, sin ningún otro significado. | 3,2 |
| Es una época triste y deprimente que preferiría que no existiera. | 6,1 |
| NS/NC | 0,4 |

| ¿Cuál de estas fiestas es más importante? | |
|---|---|
| | % Total |
| Nochebuena | 30,8 |
| Navidad | 19,4 |
| Nochevieja | 19,4 |
| Año Nuevo | 3,7 |
| Reyes Magos | 3,6 |
| Todas por igual | 21,2 |
| NS/NC | 2,0 |

| Adorno del hogar | |
|---|---|
| | % Total |
| En mi casa ponemos el portal de Belén. | 17,4 |
| En mi casa ponemos el árbol de Navidad. | 28,6 |
| En mi casa ponemos el portal y el árbol. | 20,1 |
| En mi casa no ponemos adornos especiales. | 30,9 |
| NS/NC | 2,0 |

La primera conclusión de este estudio es que en Navidad se sale poco. Los españoles prefieren festejar estos días en su hogar con la familia que apenas ven a lo largo del año. Sólo uno de cada cuatro combina las salas de fiestas con su casa para celebrar las fiestas navideñas.

No obstante, las personas entrevistadas sí se echan masivamente a la calle en una fecha concreta: Nochevieja. Es un acontecimiento muy especial, sobre todo, para los adolescentes: Se trata de la primera noche que pasan fuera de casa divirtiéndose con los amigos y amigas, en una discoteca o en algún local que alquilan expresamente para esa ocasión.

Para muchos, las Navidades ya no son unas fechas meramente religiosas. Más de la mitad de los entrevistados no asisten a ningún oficio católico. Y casi un tercio cree que todas las fiestas tienen la misma relevancia: Lo importante es que durante estas fechas no se trabaja.

Las mujeres son la excepción que confirma la regla. Un 51 por ciento declara que en estos días va a la iglesia. Algo que sólo hace un 33 por ciento de los hombres.

Ser *rico* tiene sus ventajas, como es sabido. Según confirma la encuesta, las personas con más dinero son las que tienen más tiempo para descansar y para viajar. Y la ciudad más privilegiada es precisamente una ciudad rica: Barcelona. Cuenta con el mayor número de ciudadanos que tienen más días de asueto durante el período navideño.

| ¿Qué día hace Ud. los regalos? | |
|---|---|
| | % Total |
| Día de Reyes Magos | 64,0 |
| Día de Navidad | 9,9 |
| Días de Navidad y de Reyes Magos | 6,8 |
| No hay día fijo para dar regalos. | 9,3 |
| No hacemos regalos. | 8,9 |
| NS/NC | 1,0 |

últimos años, un 64 por ciento de los españoles prefieren dar los juguetes a sus hijos el día de Reyes, mientras que sólo un 10 por ciento lo hace el día de Navidad. Son los más jóvenes los que anhelan la fecha del 6 de enero para recoger los regalos que les han dejado en los calcetines Melchor, Gaspar y Baltasar. [50]

En estas fechas, a pesar de la crisis económica, los españoles se permiten el lujo de comer bien. Pero la encuesta confirma que el dinero es el eterno problema de los españoles. Las pesetas [55] ahorradas durante meses se gastan en un abrir y cerrar de ojos durante las Navidades: Los gastos en regalos, comidas y fiestas superan, como media, las 30.000° pesetas. Los más jóve- [60] nes a veces no superan las 5 mil pesetas.

*Cambio16,* Madrid

Otras personas menos adineradas también viajan en estas fechas: Son los emigrantes que quieren pasar las Navidades en su ciudad natal.

Hablar de la Navidad es hablar de los rega- [45] los. A pesar de la influencia anglosajona de los

# Los madrileños tienen suficiente tiempo libre

*Más de un 60 por ciento de los madrileños considera que dispone de mucho o suficiente tiempo libre, según se desprende de la encuesta* Formas de vida en el municipio *realizada por el Departamento de Estudios y Análisis del Ayuntamiento de la capital.*

## Por Alejandro Acosta

| Vocabulario útil | |
|---|---|
| **madrileño/a** from Madrid | **el «footing»** jogging |
| **el culturismo** body building | **el patinaje** skating |
| **la caza** hunting | **la hípica** horseback riding |

[1] **EN EL CAPÍTULO DEDICADO** al uso que hacen los madrileños de su tiempo libre, la investigación distingue entre las actividades que éstos reali-zan en casa y las que practican fuera del hogar.

[5] Ver la televisión o el vídeo, charlar con la familia, oír la radio, ordenar la casa, recibir visi-tas y leer el periódico son, por este orden, las principales ocupaciones caseras de los encues-tados. Cuando salen fuera, más de la mitad de [10] los entrevistados prefiere sobre todo pasear, ir de compras y visitar amigos.

Por el contrario, es poco frecuente entre los madrileños la asistencia a centros cívicos, clubs de ancianos, locales de asociaciones vecinales, sindi-cales, bingos y discotecas, si bien entre un 30 y [15] un 40 por ciento visitan museos, acuden a bares, restaurantes, cines, teatros o salen de excursión.

La investigación afirma que «se advierte un fuerte dominio del ocio pasivo sobre el activo y del ocio no productivo sobre el productivo», [20] aunque existen diferencias, a veces notables, según el sexo, la edad, la situación laboral, el

°Cuando se hizo esta encuesta, el cambio de dólares a pesetas estaba aproximadamente a 100 pesetas por 1 dólar.

*El fútbol es el deporte que más apasiona a los hispanos. Los niños lo practican en todas partes y los profesionales son héroes nacionales.*

tipo de familia y el nivel económico y cultural que tienen los encuestados.

### Libros y deportes

25 Entre los jóvenes son más frecuentes las actividades de ocio cultural y activo como leer libros, escuchar música, recibir visitas o atender el cuidado del cuerpo. Del mismo modo este tipo de prácticas recreativas son también más frecuentes entre
30 los varones que entre las mujeres. Y lo mismo ocurre si se atiende al nivel económico y cultural.

En el área 1 —clase alta y media alta— un 72 por ciento leen libros, un 78 por ciento leen periódicos y un 20 por ciento invierten parte de
35 su tiempo libre en estudiar. Estos porcentajes están muy por encima de los del área 3 —donde residen las familias más humildes—, que para esas mismas actividades son de 38, 47 y 8 por ciento, respectivamente.

40 En cuanto a los deportes, el estudio señala que es poco habitual que los cabezas de familia y sus cónyuges practiquen alguno, y cuando lo hacen, se restringe prácticamente a los varones. En cualquier caso, los deportes que sobresalen son la
45 natación, tenis, fútbol y culturismo, estos dos últimos con idéntico peso. Les siguen en importancia el ciclismo, la caza y el «footing». El golf, patinaje, o la hípica, por ejemplo, siguen siendo minoritarios, al menos por lo que a practicantes se refiere.

### Academias

50 Aparte de los estudios oficiales, la encuesta *Formas de vida* analiza lo que denomina «ense-ñanzas no regladas», en las que incluye aquellas que no están controladas por el Ministerio de Educación y con las que no se obtiene nin-
55 gún título oficial.

Este tipo de estudios no convencionales tienen una gran aceptación entre los madrileños ya que algo más de una tercera parte los siguen, y de ellos un 69 por ciento lo hacen en exclu-
60 siva y un 31 por ciento los compatibilizan con enseñanzas oficiales.

Idiomas, mecanografía y secretariado, informática, educación física y culturismo son los cursos que más adeptos tienen. Les siguen los
65 de plástica y artística, capacitación profesional, dirección y gestión de empresas, cualificación profesional en servicios y cualificación profesional en industrias.

Las mujeres se inclinan más por los idio-
70 mas, mecanografía y secretariado, artística y plástica, y a partir de los 30 años por los de corte y confección. Los varones prefieren informática y la cualificación profesional en el sector industrial; entre los menores de 30 años, un
75 número importante de hombres madrileños se apuntan a los cursos de preparación física y culturismo.

Por grupos sociales, el 42,1 por ciento de los residentes en el área 1 cursan algún tipo de
80 enseñanza no reglada, porcentaje que desciende en el área 3 hasta el 32,9 por ciento.

*Villa de Madrid,* Madrid

# El turista accidentado

*Las asociaciones de consumidores alertan sobre el fraude en viajes organizados.*

*Hoteles de cuatro estrellas que se convierten en «cuevas cuaternarias», billetes de clase turista a precio de primera, excursiones guiadas en japonés... Estos son algunos ejemplos con los que puede encontrarse el consumidor si no lee la letra pequeña y los asteriscos de los contratos de algunos viajes organizados. Una situación que las asociaciones de usuarios, los viajeros y las propias agencias de viajes desean erradicar.*

**Por Francisco J. Titos**

| Vocabulario útil | |
|---|---|
| **el folleto** brochure | **dar gato por liebre** to sell someone "a pig |
| **reclamar** to file a claim or complaint | in a poke"; to cheat someone |
| **la factura** invoice; receipt | **el saldo** clearance sale, liquidation |
| **la hoja de reclamación** complaint form | **la etiqueta** (price) tag |

1 **ANTES DE CONTRATAR** un viaje organizado con una agencia, cualquier consumidor ha leído montones de catálogos, folletos y revistas. Sin embargo, la experiencia de la Federación de
5 Amas de Casa, Consumidores y Usuarios *Al-Andalus* es que, en la mayoría de los casos, el ciudadano no conoce sus derechos como turista. El viajero español se queja más que reclama, y con frecuencia olvida que puede
10 exigir una factura completa o que tiene a su disposición hojas de reclamaciones.

Según esta Federación andaluza, para evitar desagradables sorpresas, todo consumidor que afronte un viaje organizado debe exigir a la
15 agencia dos documentos fundamentales: un folleto informativo y un contrato.

El folleto, además de fotos con playas de cocoteros y sugerentes chicas en tanga (rara vez aparece un chico), debe incluir el destino,
20 medios de transporte para llegar, duración del viaje, itinerarios, alojamientos, comidas (especificando la categoría de hoteles y restaurantes), precio del viaje, posibles excursiones opcionales, condiciones de financiación, cláusulas apli-
25 cables a posibles responsabilidades, así como datos de los organizadores.

## Contenidos exigibles

El turista debe tener siempre en cuenta que éste es el documento que le va a dar una visión, más o menos clara, de adónde va, cómo va a llegar,
30 qué puede ver allí y cuánto le va a costar. Asimismo, debe tener claro que todos y cada uno de los elementos que se reseñan en el folleto serán exigibles a la hora de realizar el viaje, a no ser que agencia y consumidor lleguen a un
35 acuerdo sobre posibles cambios...

La Federación de Amas de Casa, Consumidores y Usuarios *Al-Andalus* aconseja prestar especial atención a la letra pequeña y asteriscos del documento contractual. Es necesario leerlo entero, despacio y con atención. Del mismo
40 modo, advierte sobre la necesidad de guardar toda la documentación sobre el viaje con vistas a posibles reclamaciones posteriores. Si, a pesar de todas estas precauciones, el viaje no responde a lo firmado, el usuario tiene derecho a
45 una indemnización...

## Compras en rebajas

Esta Federación previene también a los consumidores sobre las tan populares rebajas veraniegas en pequeños comercios y grandes almacenes. Para que los usuarios no se lleven a casa
50 un gato en vez de una liebre, es necesario advertir que, en las rebajas, las tiendas deben ofrecer siempre sus productos habituales, pero a precios reducidos, sin que por ello su calidad sea inferior a la de los artículos ofrecidos en
55 temporada. Jamás debe aceptarse como rebajado el género dañado, normalmente destinado a venta en saldos.

En la etiqueta de todo artículo rebajado el nuevo precio debe figurar junto al habitual. Este nunca debe aparecer superpuesto, de modo que no impida al comprador comprobar la diferencia de precios y, por supuesto, que el producto ha sido rebajado.

Antes de realizar cualquier compra, el usuario debe informarse sobre si el establecimiento admite cambios, y si éstos pueden ser por otro artículo, por dinero o por un vale de compra. Del mismo modo, siempre debe exigirse el ticket o factura, ya que ambos son elementos imprescindibles para cualquier reclamación.

De acuerdo con la nueva Ley de Comercio, las tarjetas de crédito normalmente admitidas por un establecimiento, también deberán ser aceptadas en época de rebajas, y los productos que tengan un certificado de garantía deberán incorporarlo en las mismas condiciones durante este período.

En dicha legislación se recoge que en la publicidad e información ofrecida a los consumidores sobre las rebajas deberá indicarse tanto su fecha de inicio como de finalización. Asimismo, los productos que se ofrezcan rebajados deberán permanecer separados de los productos que no lo estén y perfectamente identificados para evitar confusiones.

*Ideal,* Granada

## ▪▪▪ COMPRENSIÓN

**ENTRE TODOS** Compartan los análisis que Uds. hicieron de los diferentes artículos de la **Lectura II.** ¿Notaron algunas diferencias y semejanzas entre la forma en que pasan el tiempo libre los hispanos y los norteamericanos? Hagan un breve resumen de estas semejanzas o diferencias con respecto a lo siguiente.

- las actividades más frecuentes para pasar el tiempo libre y las tendencias que se pueden atribuir al sexo, la edad y la clase social
- los intereses de los hispanos con respecto al aprendizaje
- los hábitos de los hispanos en lo tocante a las grandes festividades tradicionales
- los problemas relacionados con los viajes organizados y las rebajas

## ▪▪▪ INTERPRETACIÓN Y APLICACIÓN

**A** ¿Cuáles de las actividades de ocio descritas en la **Lectura II** cree Ud. que contribuyen al estrés? Explique. ¿Se puede decir lo mismo con respecto a estas mismas actividades (o actividades similares) en este país? ¿En qué sentido?

**B** De los artículos anteriores, ¿hay alguno que sería raro encontrar en la prensa norteamericana? Explique.

**C** Según el artículo «Los madrileños tienen suficiente tiempo libre», las actividades de ocio cultural (como leer libros o escuchar música) son más frecuentes que ninguna otra. ¿Cree Ud. que el norteamericano medio lee bastante? ¿Por qué sí o por qué no? ¿Leen más los jóvenes que los mayores o viceversa? ¿Se puede evaluar el nivel cultural de un pueblo por sus hábitos relacionados con la lectura? ¿Por qué sí o por qué no? ¿Es importante tener en cuenta el tipo de lectura que se hace? Explique. ¿Qué otros indicios pueden usarse para establecer el nivel cultural de una nación?

**D** Si llegara un(a) visitante de otra cultura a este país, ¿en qué actividad (no necesariamente deportiva) debe participar o qué debería presenciar (*witness*) para tener idea de lo «auténticamente norteamericano»? Explique.

**E** En los Estados Unidos, a muchas personas les gusta comprar en las ventas que tienen lugar en la puerta o en el garaje de una casa (*garage sales*). Esta costumbre no existe en muchos otros países. ¿Cómo podría Ud. explicársela a un visitante hispano / una visitante hispana que no la conociera? Considere los siguientes aspectos.

- ¿Qué se venden típicamente? ¿objetos de gran valor? ¿objetos baratos? ¿objetos raros y únicos? ¿objetos de mucha utilidad o poca? ¿objetos nuevos o viejos?

- ¿Quiénes ponen estas ventas? ¿personas de la clase alta? ¿personas que necesitan dinero? ¿personas que están aburridas?

- ¿Qué tipo de compradores frecuenta estas ventas?

**F** PRO Y CONTRA   Divídanse en tres grupos de cuatro o seis estudiantes para debatir los siguientes temas. Siguiendo los pasos establecidos en las actividades **Pro y contra** de los capítulos anteriores —identificar, presentar, evaluar— la mitad de cada grupo debe preparar los argumentos de la perspectiva A, mientras que la otra mitad prepara los argumentos de la perspectiva B. Todos los estudiantes también deben preparar preguntas que hacer durante los debates de los demás grupos y luego deben ayudar a decidir esos casos.

| Perspectiva A | Perspectiva B |
|---|---|
| Pasar mucho tiempo mirando la televisión no tiene gran efecto en nuestra cultura porque... | Pasar mucho tiempo mirando la televisión tiene un enorme efecto en nuestra cultura porque... |
| La asistencia masiva del público a competencias deportivas indica que una sociedad es saludable porque... | La asistencia masiva del público a competencias deportivas indica que una sociedad es enferma porque... |

**G** PAPEL Y LÁPIZ   En su cuaderno de apuntes, explore más uno de los siguientes temas ya comentados en clase.

- Entreviste a alguien que no sea de este país sobre sus impresiones acerca de las ventas de garaje. Escriba sus impresiones y prepare un informe para presentar a la clase.

- El ocio y el estrés.

- El nivel cultural de un pueblo: ¿Se relaciona con la lectura? ¿con el viajar? ¿con otra cosa?

- La actividad de ocio (o de trabajo) «auténticamente norteamericano».

Key ** means more than one possible answer

## ◼◼ Capítulo 1: Tipos y estereotipos

**LECTURA I:** *Los estereotipos culturales* **Aproximaciones al texto A.** 2
**B. 1.** The world becomes smaller and smaller every day. **2.** Does this movement lead
to a better understanding of the U.S. in Hispanic countries? **3.** The image that many
North Americans have of Latin America is just as simplistic. **4.** On the other hand,
many people from Hispanic countries believe that the majority of North Americans
are materialistic and that they are not interested in spiritual and artistic values.
**5.** This kind of stereotype springs from lack of understanding of other cultures. **La
idea principal es que tanto los norteamericanos como los hispanos tienen ideas estereotipadas sobre la otra cultura. **Palabras y conceptos A. 1.** las gafas **2.** lujoso
**3.** bolsillo **4.** evitar **5.** nacer **B. 1.** cada vez más **2.** lata **3.** rascacielos **4.** en cambio
**5.** todavía **6.** sino **7.** reflejo **Comprensión A. 1.** Los norteamericanos viajan más
y por eso comprenden mejor a los hispanos. Falso; aunque viajan más, suelen conservar visiones estereotipadas, especialmente cuando sólo pasan por un país como
turista. **2.** Para muchos turistas norteamericanos, España es el país del flamenco y
todos los españoles son morenos. Cierto. **3.** Algunos latinoamericanos tienen una
imagen de Norteamérica que también es simplista. Cierto. **4.** Los norteamericanos
«típicos» son unos materialistas que usan gafas oscuras y que viven en una casa
lujosa. Falso; no hay un norteamericano «típico». **5.** Las personas que creen en estereotipos son gente de poca inteligencia. Falso; aun las personas educadas e inteli-
gentes pueden tener visiones estereotipadas de otras culturas. **LECTURA II:**
*Contrastes entre culturas* **Aproximaciones al texto 1.** d **2.** f **3.** a **4.** e **5.** c **6.** b
**Palabras y conceptos 1.** en casa o en un lugar privado **2.** nerviosa, incómoda **3.** se
abrazan para saludar o despedirse de un amigo; se estrechan la mano para saludar o
despedirse en una situación formal; se cogen del brazo cuando son pareja **4.** dice
«Good-bye» o algo parecido **Comprensión** Para despedirse en una fiesta un
hispano estrecha la mano a cada uno de los que están presentes; El norteamericano
estrecha la mano al viejo amigo en una reunión inesperada; La madre hispana
amamanta a su nene en el parque; La madre norteamericana regresa a casa; Los hispanos hablan hasta dieciséis pulgadas de cerca; Dos amigas hispanas caminan
cogidas del brazo o las manos.

## ■■ Capítulo 2: La comunidad humana

**Lectura I:** *El pueblo español*   **Palabras y conceptos**   **A. 1.** identidad: Todos son sustantivos que se refieren a la persona. **2.** patria: Todos son sustantivos que indican algún grupo de personas. **3.** mantener: Todos son verbos que se refieren a la acción de evitar los cambios. **4.** marginado: Todos son adjetivos que indican alguna condición de estar excluido/a.   **B. 1.** una persona que no sabe leer o escribir **2.** no haber suficiente empleo para todos **3.** una persona o grupo que no tiene domicilio fijo **4.** lugar donde se cortan dos líneas, literales (p.ej., caminos) o figurativas (p.ej., ideas)   **C. 2 y 3.** cruce, gitano, identidad, mezcla, patria   **Comprensión**   **A.** (la primera frase de cada párrafo) **\*\*B. 1.** el punto donde dos culturas comparten una geografía y período **2.** la combinación entre dos o más culturas **3.** idioma, a veces hablado y mantenido por un pequeño grupo **4.** las costumbres, la lengua y la circunstancia que culturalmente une a un grupo de personas **5.** identificación con el lugar específico (ciudad o pequeño territorio) donde uno nació **6.** gitanos, sin domicilio fijo **7.** baile y canto de los gitanos en el sur de España **8.** grupo excluido, como, por ejemplo, los gitanos   **C. 1.** En las diversas regiones de España, se conservan muchas tradiciones y costumbres distintas. Cierto. **2.** En algunas de las comunidades, se habla una lengua diferente. Cierto. **3.** En el siglo XV, se pensaba que los gitanos venían de la India. Falso. En el siglo XV, se pensaba que los gitanos venían de Egipto. **4.** Se atribuían características muy negativas a los gitanos, porque se creía que era gente mala. Falso. Se atribuían características muy negativas a los gitanos por su extraño modo de vivir. **5.** Ya no se ve mucha discriminación contra los gitanos en España. Falso. Todavía hoy hay mucha discriminación contra los gitanos en España.   **LECTURA II:** *El pueblo hispanoamericano*   **Aproximaciones al texto**   **A. 1.** verbo: contiene; sujeto: comunidad; compl. directo: diversidad; sustantivo: conflictos; adjetivos: humana, latinoamericana, rica, exenta, económicos, políticos **2.** verbo: consideran; sujeto: ellos (tácito); compl. directo: indígenas; sustantivo: lugares; adjetivos: muchos, inferiores; adverbios: erróneamente, todavía **3.** verbo: mantienen; sujeto: indígenas; compl. directo: distancia; sustantivos: víctimas, violencia, robo, frecuencia, sociedades; adjetivos: recelosa, «ladinas»; adverbios: históricamente, con frequencia **4.** verbo: existen; sujeto: latinoamericanos; sustantivo: procedencia; adjetivos: muchos, judía, irlandesa, árabe, japonesa **5.** verbo: padecen; sujeto: descendientes; compl. directo: condiciones; sustantivos: esclavos, inferioridad; adjetivos: africanos, social, económica; adverbios: todavía **6.** verbo: crece; sujeto: conciencia; sustantivos: Latinoamérica, importancia, comunidades; adjetivos: general, indígenas; adverbios: actualmente   **\*\*B. 1.** La comunidad latinoamericana es diversa y tiene conflictos económicos y políticos. **2.** Muchos desprecian a los indígenas. **3.** Los indígenas se cuidan de los ladinos porque han sufrido violencia y robo. **4.** Muchos latinoamericanos son de origen judío, irlandés, árabe y japonés. **5.** Los descendientes de esclavos africanos sufren pobreza y discriminación social. **6.** Ahora muchas personas empiezan a tomar en cuenta a las comunidades indígenas. **C. #** 1.   **Palabras y conceptos**   **A. 1.** tipificar **2.** encerrar **3.** la riqueza **4.** actual **5.** el aporte **6.** rescatar **7.** luchar por   **B. 1.** someter **2.** la llegada **3.** perder **4.** autóctono **5.** la esclavitud   **C. 1.** desarrollar **2.** la igualdad social **3.** la esclavitud **4.** la colonización   **\*\*D.** el aporte, los derechos, perder, el reto, someter, superar, tipificar   **\*\*E.** Son marginados; tienen una cultura distinta a la del resto de la población; sufren problemas sociales y económicos.   **Comprensión**   **A. 1.** c **2.** a **3.** i **4.** e **5.** g **6.** h   **C.** Colonización anglosajona: ingleses; eliminar o encerrar; aislamiento; desconfianza. Colonización hispánica: españoles; explotar; pobreza; desconfianza.

## ■■ Capítulo 3: Costumbres y tradiciones

**LECTURA I:** *La Tomatina de Buñol*   **Aproximaciones al texto**   **\*\*A. 1.** a, b, d **2.** d, e **3.** a, d **4.** c, d   **B. 1.** d **2.** b, c **3.** b, c   **Palabras y conceptos**

**A. 1.** aplastar, estar a salvo, rendirse, la batalla, el caos, el/la contendiente, el objetivo, la sangre, sangriento **2.** el desfile, la muchedumbre, la risa. Tener lugar, lanzar; ambos verbos pueden referirse lo mismo a una guerra que a un festival. **B. 1.** b **2.** c **3.** g **4.** a **5.** d **6.** h **7.** i **8.** e **9.** f **Comprensión A. 1.** tiró, recibió. Cierto. Se sabe que en 1944 un grupo de jóvenes designados para cargar las imágenes religiosas en una procesión botaron varios puestos de fruta, incluyendo uno donde había tomates, y empezaron a tirar la fruta a todos los que vieron a su alrededor. **2.** se presentaron, podían. Cierto. La prueba de los enojados que se pusieron es que botaron varios puestos de frutas y empezaron a tirarlas a todos los que vieron. **3.** estuvieron, se ensuciaban. Falso. A las autoridades nunca les gustó el evento, no sólo porque ensuciaba las calles, sino también porque representaba una falta contra la tranquilidad cívica y porque las mismas autoridades siempre recibían la mayoría de los tomatazos. **4.** encarceló, dejó. Cierto. La policía arrestó a tantos participantes que llenaron no solamente la cárcel sino también toda la estación de policía. Mucha gente se acumuló fuera de la estación y, para evitar disturbios, el alcalde dejó libres a los encarcelados y le compró una copa a todos. **5.** tuvo. Falso. En 1957 el alcalde y la policía lograron impedir que el evento tuviese lugar. **6.** se reunió, decidieron. Falso. En 1959 se legalizó el espectáculo, pero no fue con los dueños de restaurantes que se reunió el alcalde, sino con Francisco Garcés, uno de los participantes en la primera Tomatina, y sus colegas. **B.** Otros eventos que coinciden con la Tomatina son la fiesta del santo patrón de Buñol y la gran competencia de paella; En la mañana los dueños de bares y restaurantes cubren balcones, puertas y ventanas de su establecimiento con plástico y tablas de madera; poco antes del mediodía, los participantes se reúnen en la plaza y varios camiones cargados de tomates comienzan su procesión hacia el «campo de batalla»; Al mediodía el reloj de la iglesia toca, alguien lanza un cohete que explota sobre la plaza y los instigadores empiezan a aplastar y tirar los primeros tomates desde los camiones. Dentro de pocos segundos se declara la guerra; Al final de la «batalla» todos se van al río a quitarse «la sangre» en unas duchas improvisadas. **LECTURA II: *Las posadas de México y la Virgen de Guadalupe* Palabras y conceptos**
**A.** Tienen una relación obvia: cargar en andas, el arzobispo, el atrio, la capilla, el culto, la curación, la diosa, el milagro, el nicho, la oración, el Papa, el pastor, la peregrinación, el peregrino / la peregrina, los Reyes Magos, la vela, guadalupano/a, navideño; No tienen ninguna relación obvia: todas las demás. **B. 1.** rechazar **2.** en aquel entonces **3.** fortalecer **4.** cargar en andas **5.** animar **6.** estrecho **7.** el gasto **8.** la curación **9.** el pedido **10.** encargarse de **11.** recordar **Comprensión A. 1.** F: Las posadas son una «celebración» y también tienen una función divertida y social. **2.** F: Por lo general todas las familias de la colonia cooperan, ya que es cada vez más costoso dar una posada hoy en día. **3.** C: Los dos elementos más importantes de la procesión son María y José. **4.** F: En una fiesta de posada tradicional hay varias piñatas y se reparten aguinaldos y ponche, pero sólo después de que le haya sido ofrecida posada a la Santa Pareja. **5.** F: En la última parada, sólo la mitad del grupo entra en el atrio de la iglesia y la celebración no empieza hasta que se le ofrece posada a la otra mitad que se queda fuera. **6.** F: Los aguinaldos son bolsitas de galleticas, dulces y juguetes que reciben los niños, pero no contienen monedas pequeñas. **B. 1.** Juan Diego era un azteca que hacía poco se había convertido al catolicismo y al que la Virgen se le apareció tres veces. **2.** La primera vez que Juan Diego fue a la catedral el obispo no lo recibió. **3.** Después de su segunda visita a la catedral, Juan Diego estaba preocupado porque no quería encontrarse de nuevo con la Virgen y que ésta le preguntara sobre el asunto del obispo y la construcción de una nueva catedral en la cima del Cerro de Tepeyac. **4.** El Milagro de Tepeyac fueron la aparición de las rosas de Castilla y de la imagen de la Virgen en la tilma de Juan Diego cuando éste dejó caer las rosas. **5.** Los primeros resultados del milagro fueron la construcción de una capilla en el Cerro de

Tepeyac de acuerdo con el pedido de la Virgen y la conversión de más de ocho millones de aztecas al catolicismo. **6.** La fecha del milagro, el 12 de diciembre, coincidió con el festival azteca de Tonantzín y el culto guadalupano nació de la fusión de lo español con lo indígena. Juan Diego, azteca convertido al catolicismo, quizás haya sido escogido por la Virgen por simbolizar dicha fusión.

## ■■ Capítulo 4: La familia

**LECTURA I:** *La familia hispana: Modos de vida*   **Aproximaciones al texto**
**A. 1.** un problema de la columna vertebral **2.** dos de cada diez niños
**3.** el Scolitrón **4.** 70 mil pesetas   **\*\*B. 1.** no **2.** no **3.** sí **4.** sí **5.** sí **6.** no   **Palabras y conceptos   A. 1.** a **2.** f **3.** h **4.** c **5.** d **6.** g **7.** i **8.** e   **\*\*B. 1.** padres **2.** hijos **3.** padres e hijos **4.** padres e hijos **5.** padres **6.** padres   **Comprensión   A. 1.** d **2.** a **3.** b **4.** b **5.** b   **B. 1.** La familia hispana no es homogénea. **2.** Las familias campesinas hispanas se parecen más a las familias campesinas de cualquier otro país que a las familias urbanas hispanas. **3.** Los hijos ayudan mucho. **4.** Hay semejanzas entre familias de ciertas clases socioeconómicas.   **C. 1.** La familia extendida es importante. **2.** Los hijos ya no saben ni ven tanto del trabajo de los padres. **3.** Muchas familias se mudan a centros urbanos.   **LECTURA II:** *La familia hispana: Del presente al futuro*   **Aproximaciones al texto   A. 1.** Las amistades visitan a una mujer hispana. Una mujer hispana acaba de dar a luz. La mayor parte de su atención e interés no recae sobre ella. La mayor parte de su atención e interés recae sobre el bebé. **2.** Muchas familias rurales gastan toda su energía en sobrevivir. No muestran cariño con palabras ni con abrazos ni con besos. **3.** Un hijo ya mayor puede vivir con sus padres. Está trabajando y ganando algún dinero. Tendrá tanta independencia como el joven que vive solo. **4.** La familia hispana ha sido afectada negativamente por los procesos de modernización. Ha conservado algunas características de la familia tradicional. Algunas características de la familia tradicional la diferencian de la estructura familiar típica de este país.
**B. 1.** No **2.** 1981; relativamente pocos **3.** viajar a otro país o pagar mucho dinero para anularlo   **Palabras y conceptos**   **\*\*B. 1. a.** Parte de *criar* a los niños es *educar*los.
**b.** A veces hay que *castigar* a los niños para *educar*los. **c.** *Educar* a los niños los ayuda a *independizarse*. **d.** *El cariño* es importante en el proceso de *educar* a los niños.
**2. a.** *El matrimonio* es la forma tradicional y preferida de *cohabitación* para muchas personas. **b.** Muchas parejas prefieren *la unión consensual* al *matrimonio*. **c.** *El divorcio* es una manera de terminar *el matrimonio*. **d.** Para muchas personas religiosas, es importante *el matrimonio* antes de *dar a luz* a los hijos.   **\*\*C. 1.** la terminación legal del matrimonio **2.** de todos los días, común **3.** control sobre otros en forma de obediencia a través de castigos **4.** disfrutar   **Comprensión   A. 1.** C **2.** F: Aunque los hijos hispanos viven con sus padres hasta más tarde, tienen tanta independencia como los hijos norteamericanos que viven solos. **3.** F: El divorcio es legal en varios países hispanos, incluida España. **4.** C **5.** F: Aunque más mujeres trabajan fuera de casa, siguen teniendo la mayoría de la responsabilidad doméstica.   **B. 1.** Aunque muchos jóvenes hispanos viven con sus padres hasta casarse, tienen bastante independencia, especialmente los hijos varones. **2.** La unión consensual es más y más común en el mundo hispano, por eso el índice de divorcio en España después de 1981 no ha subido tanto. **3.** Hoy en día, los abuelos tienen mejor salud y son más activos e independientes, especialmente en las clases alta y media. **4.** Los esposos hispanos de 24 a 35 años de edad son más y más activos en las labores de casa y en la educación de los hijos.   **C. 1.** La familia extendida en la que los abuelos ayudan con los niños y la casa es menos común que antes. **2.** Algunos hombres, especialmente entre 24 y 35 años de edad, ayudan más en las labores de casa y con los niños. **3.** La unión consensual es más y más popular.

# ▪▪ Capítulo 5: Geografía, demografía, tecnología

**LECTURA I:** *La Hispanoamérica actual* \*\***Aproximaciones al texto 1.** H **2.** H **3.** O **4.** O **5.** H **6.** O **7.** O **8.** H **Palabras y conceptos A. 1.** despoblado **2.** subir **3.** dificultar **4.** la periferia **5.** disminuir **6.** crear **7.** la pobreza **8.** lleno **9.** a pesar de **10.** el regionalismo **11.** fértil **12.** la escasez \*\***B.** *oportunidad:* aumentar, poblar, cosecha; *problema:* índice de mortalidad, índice de natalidad; *síntoma:* la barrera, la pobreza, el regionalismo, despoblado; *solución:* crear, crecer, el camino, control de natalidad, cultivar \*\***D.** La geografía y la gente hispanoamericanas de hoy: cómo la geografía de Hispanoamérica influye en dónde vive la gente y qué oportunidades laborales y agrícolas hay. **Comprensión** \*\***A. 1.** Es *paradójica* la diferencia entre la riqueza natural y la pobreza de la gente. **2.** Hay mucha *diversidad* en la geografía latinoamericana. **3.** Los Andes son una *barrera* entre la periferia y el interior de Sudamérica. **4.** Los Andes producen el *aislamiento* de las comunidades latinoamericanas, lo cual contribuye al analfabetismo de la población. **5.** El *control de la natalidad* no se acepta en las clases bajas porque se necesita cierto nivel de educación para emplear los diversos métodos y porque muchas mujeres de estas clases se valoran según el número de hijos que tienen. \*\***B. 1.** Es cierto que hay mucha diversidad geográfica en Hispanoamérica. **2.** No es cierto que la cordillera de los Andes se extienda desde el país más norteño hasta el punto más al sur de Hispanoamérica. **3.** No es cierto que el transporte de mercancías se haga rápida y fácilmente dentro de los países hispanoamericanos. **4.** Creo que el índice de mortalidad es más bajo hoy que hace diez años. **5.** No creo que muchas rutas comerciales atraviesen los Andes. **6.** Dudo que la mayoría de la población viva en los pequeños pueblos de las zonas rurales. **7.** Creo que el crecimiento demográfico en Latinoamérica representa uno de los más altos del mundo. **8.** No es cierto que el clima en toda Hispanoamérica sea bastante uniforme. **9.** Creo que la mayoría de la población en Hispanoamérica es muy joven. **10.** Dudo que los escasos recursos naturales de Hispanoamérica causen la gran pobreza de mucha gente. \*\***C. 1.** Es bueno que haya mucha diversidad geográfica en Hispanoamérica porque esta diversidad ha contribuido a la diversidad humana y agrícola. **2.** La cordillera de los Andes se extiende desde el país más norteño hasta el punto más al sur de Sudamérica. Es problemático que los Andes se extiendan así porque forman una barrera entre la periferia y el interior que hace difícil la comunicación, la transportación y el comercio. **3.** El transporte de mercancías entre los países hispanoamericanos es difícil. Es problemático que el transporte de mercancías sea difícil porque muchas comunidades están aisladas y no pueden participar en la economía de Hispanoamérica ni de su propio país. **4.** Es problemático que el índice de mortalidad sea más bajo porque la tasa de natalidad no ha bajado y esta combinación provoca el crecimiento demográfico más alto del mundo después de África. **5.** Pocas rutas comerciales atraviesan los Andes. Es problemático que pocas rutas comerciales atraviesen los Andes porque muchas comunidades están aisladas de la economía nacional e internacional. **6.** La mayoría de la población vive en la periferia. Es problemático que la mayoría de la población viva en la periferia porque la población está concentrada en un porcentaje pequeño de la tierra, principalmente en las ciudades grandes. **7.** Es problemático que el crecimiento demográfico en Latinoamérica represente uno de los más altos del mundo porque casi la mitad de la población tiene menos de quince años y esta población está concentrada en las ciudades grandes. **8.** El clima en toda Hispanoamérica varía mucho. Es problemático que el clima varíe mucho porque el clima forma otra barrera a la comunicación, la transportación y el comercio. **9.** Es problemático que la mayoría de la población sea joven porque este sector pasivo aumenta mientras que el sector activo que lo sostiene no aumenta. **10.** A pesar de los abundantes recursos naturales de Hispanoamérica, se encuentra gran pobreza de mucha gente. Es problemático que se encuentre gran pobreza de mucha gente a pesar de los abundantes recursos naturales porque con una explotación más adecuada de estos recursos, habría menos pobreza. **E. 1.** Los Andes dificultan la comunicación. **2.** El aislamiento causa un regionalismo fuerte. **3.** La mujer de las clases bajas no tiene la educación que necesita para emplear los métodos de control de natalidad; también muchas mujeres de las clases bajas se valoran según el número de hijos que tengan. **4.** Muchas familias emigran a las capitales en busca de trabajo y las comunidades del interior están aisladas por barreras geográficas y climatológicas. **LECTURA II:** *El ambiente urbano: Problemas y soluciones* **Primera parte   Aproximaciones al texto   \*\*A. 1.** O: Los primeros números se basan en hechos, pero la proyección para el año 2010 es una opinión. **2.** O: No es cierto que nadie viva en las megalópolis, pero el escritor opina que nadie debe vivir en ellas. **3.** H: Es una realidad que las comparaciones son difíciles y la definición de las ciudades es vaga. **4.** H: El comentario se basa en números y cálculos científicos. **5.** O: El escritor piensa que los países en desarrollo no deben buscar sus soluciones en los ejemplos de países desarrollados, pero puede haber otras opiniones.   **\*\*B.** Algunas megaciudades: Nueva York, la Ciudad de México, Buenos Aires, París, Londres, Cairo, Johannesburgo, Moscú, Tokio, Pekín, Shanghai   **\*\*C.** Las ciudades grandes pueden ofrecer más instituciones culturales como museos, bibliotecas, orquestas sinfónicas y teatros. Pero también otras instituciones como las escuelas pueden sufrir bajo el peso de la sobrepoblación. Las ciudades ofrecen más diversidad de empleo, pero hay bastante desempleo. También hay mucho tráfico y mucha contaminación.   **\*\*D.** Las ciudades grandes, la historia de su desarrollo, las oportunidades para los pobres y los problemas de las ciudades grandes en el Tercer Mundo. Negativamente, por las palabras «los pobres» y «no funcionan».   **Comprensión   \*\*B. 1.** Dudo que en el futuro (es decir, para el año 2025), haya menos megaciudades que hoy. **2.** No es cierto que la mayoría de las megaciudades se encuentren en los países industrializados. **3.** Creo que la tecnología —las máquinas de vapor, las nuevas técnicas agrícolas, el automóvil— causa el éxodo de los habitantes del campo hacia la ciudad. **4.** Creo que la tecnología —el fax, los servicios de mensajería, la informática— ofrece una alternativa a la vida en la gran urbe. **5.** Creo que, en el futuro, las megaciudades pueden llevar a una revolución de los pobres contra los ricos. **6.** Dudo que muchas personas vivan en las megaciudades porque les gusten. **7.** No es cierto que sea más fácil gobernar en una megaciudad que en una ciudad pequeña.   **\*\*C. 1.** En el futuro, va a haber más megaciudades que hoy. Es problemático que haya más megaciudades para el año 2025 porque tienen efectos negativos en la ecología y muchos residentes serán pobres y jóvenes. **2.** La mayoría de las megaciudades se encuentra en los países subdesarrollados. Es problemático que la mayoría de las megaciudades se encuentre en los países subdesarrollados porque éstos no pueden proporcionar la infraestructura, el empleo ni las viviendas necesarios para sostener a su población. **3.** Es problemático que la tecnología cause el éxodo de los habitantes del campo hacia la ciudad porque los que van para las ciudades a buscar trabajo suelen ser pobres y de poca educación. **4.** Es bueno que la tecnología ofrezca una alternativa a la vida en la gran urbe, porque muchas personas pueden realizar y enviar el trabajo que hacen a través de fax, correo electrónico y otros servicios de mensajería. **5.** Es problemático que, en el futuro, las megaciudades puedan llevar a una revolución de los pobres contra los ricos, porque será violenta y grande. **6.** Muchas personas viven en las megaciudades principalmente para trabajar. Es problemático que muchas personas vivan en las megaciudades principalmente para trabajar, porque no están a gusto y los pobres viven en condiciones muy malas. **7.** Es más difícil gobernar una megaciudad que una ciudad pequeña. Es problemático que sea más difícil gobernar en una megaciudad porque la mitad de la población mundial vivirá en una megaciudad para el año 2025 **Segunda parte** **\*\*Aproximaciones al texto**   Problemas: contaminación del aire, desempleo, falta de vivienda adecuada, sobrepoblación, tráfico, polución acústica, pobreza. Soluciones: transporte público, reciclaje, institutos y servicios públicos, intercambio de basura por alimentos, teleempleo. **Comprensión** \*\*A. ¿Qué problemas tenía Curitiba? Tenía problemas de insuficientes viviendas para los pobres, basura, transporte público y limpieza de la ciudad. ¿Cómo resolvieron estos problemas? Con poco dinero y mucha imaginación, construyeron parques y casas para los pobres y mejoraron el transporte público. Para la basura y la limpieza, iniciaron un programa agresivo de reciclaje y otro en que los residentes van a lugares designados para cambiar sus bolsas de basura por un paquete de alimentos. ¿Qué ciudad tiene problemas con la violencia y la pobreza? Nueva York. ¿Qué hacen para mejorar la situación? La ciudad le ofrece a sus residentes varias opciones de educación, entretenimiento y servicios: 94 universidades, 1.991 escuelas, 5 centros médicos, 117 emisoras de radio, 36 canales de televisión, 30 mil taxis y la ayuda de 27.750 policías. ¿Qué problemas tienen en Madrid? Como en muchas ciudades, los residentes tienen que enfrentarse con problemas de tráfico y contaminación porque casi todos manejan una distancia bastante larga para llegar y volver del trabajo. ¿Qué soluciones han encontrado? Ahora unos 30.000 españoles trabajan a través del ciberespacio; son teleempleados que se comunican con la empresa con ordenadores, módem y fax. ¿Qué ciudad tiene problemas con la estrechez espacial y la basura? Tokio. ¿Cómo resuelven los problemas con la estrechez y la basura? Han construido puntuales medios de transporte público e implementaron programas de reciclaje, uno de los cuales utiliza el calor de aguas residuales para extraer energía que regula la temperatura de varios edificios.

## ■■■ Capítulo 6: El hombre y la mujer en el mundo actual

**LECTURA I:** *La mujer en el mundo hispano: De la tradición al cambio* **Aproximaciones al texto** \*\*A. II. *Idea principal:* Nuestras acciones contradicen nuestro deseo de que hijos e hijas tengan las mismas oportunidades. **B.** *Ejemplo:* Nos mostramos más preocupados por el futuro de los niños que por el de las niñas. **C.** *Ejemplo:* No relacionamos la decisión vocacional de nuestras hijas con la necesidad de alcanzar unos ingresos para mantener a su familia como lo hacemos en cuanto a los hijos. **III.** La escuela, una fábrica de segundonas. **A.** *Ejemplo:* La escuela, la familia y la sociedad enseñan a las niñas a rechazar las carreras que prometen los puestos de mayores salarios y prestigio. **C.** *Ejemplo:* Los profesores de ambos sexos dedican más atención e instrucción a los niños que a las niñas. **IV.** Guerreros y muñecas. *Idea principal:* Los juguetes ponen énfasis en las diferencias entre los sexos. **A.** *Ejemplo:* La mayoría de los juguetes (y los anuncios para los juguetes) se presentan exclusivamente para niños o niñas sin considerarlos intercambiables. **B.** *Ejemplo:* Los mensajes e imágenes de los anuncios asocian fuerza, valor, agresividad y competitividad con los niños, y la pasividad y maternidad con las niñas. **C.** *Ejemplo:* Los niños reciben más variedad y cantidad de juguetes que las niñas y sus juguetes son más caros, complicados y activos que los que tradicionalmente se dan a las niñas. \*\*B. Sí. Casi todos los puntos identificados en el artículo son representativos de la cultura norteamericana, porque en este país también se encuentra sexismo en todos los niveles mencionados (familia, escuela, sociedad), especialmente en la juguetería. **C.** La mujer hispana tradicional versus la mujer de hoy. Se va a presentar información sobre la educación y el trabajo de la mujer hispana. **1.** MP **2.** MP **3.** Q **4.** D **5.** MP **6.** Q **7.** D **Palabras y conceptos A. 1.** el mito **2.** la abnegación **3.** agresivo \*\*C. **1.** Avances verbales o físicos de naturaleza sexual y dirigidos a una persona que no los ha solicitado. **2.** Una mujer cuyo esposo murió. **3.** Tratar a otro o a un grupo como si fuera inferior o menos válido. **D. 1.** f **2.** e **3.** b **4.** a **5.** d **Comprensión** \*\*A. las mujeres hispanas en el pasado, la igualdad o desigualdad de las mujeres en el trabajo, el papel de las mujeres en la sociedad hispana, las diferencias y semejanzas entre las mujeres en los países hispanos y las mujeres en este país **B. 1.** En la sociedad hispana tradicional se insiste en que las mujeres *sean* pasivas y abnegadas. **2.** La gran mano de obra doméstica permite que las mujeres de la clase alta *tengan* más oportunidades profesionales. **3.** A los padres tradicionales no les importa que sus hijas *se eduquen*. **4.** Muchos maridos hispanos se oponen a que las mujeres *trabajen* fuera de casa. **5.** Los hombres hispanos tradicionales prefieren que las mujeres *se queden* en casa y *cuiden* a los hijos. **C. a.** …prohíben que las compañías *despidan* a las mujeres a causa del embarazo. **b.** …permiten que las mujeres *amamanten* a sus hijos durante el día laboral. **c.** …permiten que las mujeres *tengan* derecho a un descanso pagado después del parto. **d.** …permiten que las compañías *paguen* más a los hombres que a las mujeres por el mismo trabajo. **D. 1.** Los modelos tradicionales del hombre y de la mujer hispanos; las imágenes subrayan la contradicción entre las expectativas de cada uno. **2.** Las actitudes y la manifestación de éstas históricamente en la cultura; los padres y maridos no se preocupan por la educación ni la posición profesional de la niña/mujer; la posición femenina es pasiva, abnegada, materna. **3.** No poder leer ni escribir; hay una alta incidencia de analfabetismo entre las mujeres hispanas porque tradicionalmente la educación de la mujer tenía poca importancia en la cultura hispana. **4.** Una mujer que limpia las casas, prepara las comidas o cuida a los hijos de otros; los puestos que las mujeres ocupan en el mundo laboral aún son de los tradicionalmente femeninos, como el de empleada doméstica. **E. 1.** Hay una gran mano de obra doméstica que libera el tiempo de las mujeres de clase alta y éstas aprovechan el tiempo libre para dedicarse a la caridad, a actividades artísticas e intelectuales, a la política y al mundo profesional. **2.** En los países hispanos, la ley protege y ayuda a la mujer hispana durante y después de su embarazo, pero el gobierno no ayuda a las empresas con los gastos de dar a las empleadas descanso pagado y tiempo libre para amamantar a sus nenes. Por eso, muchas empresas no emplean a mujeres. **3.** No hay muchas oportunidades de empleo en áreas rurales, por eso las mujeres rurales lo buscan en las ciudades donde se encuentran desorientadas y son fácilmente explotadas. **4.** Más y más mujeres se benefician de una buena educación, incluida la educación universitaria y, como resultado, más mujeres participan en el mundo laboral. Sin embargo, desgraciadamente, muchas mujeres todavía no tienen un trabajo equiparable a su nivel de educación. **LECTURA II: *La mujer en el mundo hispano: El camino hacia el futuro* Aproximaciones al texto A. 1. *V:* es; *cláusula subordinada:* aunque estas observaciones generales pueden variar en mayor o menor medida dependiendo del lugar o de las clases sociales; *cláusula subordinada:* que no está mal visto que un hombre presuma de tener relaciones con muchas mujeres **2. *S:*** la verdad; ***V:*** es; *cláusula subordinada:* que a muchas mujeres todavía les cuesta aceptar su propia capacidad para las carreras tradicionalmente masculinas, temiendo que para alcanzar el éxito profesional tendrán que dejar de ser femeninas **3. *S:*** la situación; ***V:*** ha mejorado; *frases preposicionales:* en el campo; de la educación; de las mujeres; en los últimos años **B. 1. *S:*** la mayoría; ***V:*** opta; *frases preposicionales:* de las mujeres; por carreras menos ambiciosas; *frase verbal:* teniendo mayor acceso a la educación **2. *S:*** el estudio español; ***V:*** señaló; *frase verbal:* antes citado; *cláusula subordinada:* que los hombres aceptaban la igualdad de las mujeres **3. *V:*** es; *cláusula subordinada:* que en muchos países la presión de los grupos feministas ha cambiado estas leyes **\*\*C. 1.** MP **2.** MP **3.** MP **4.** MP **5.** MP **Comprensión \*\*A.** Lo que dictan las leyes sobre el adulterio; las carreras que prefieren las mujeres hispanas; qué tipo de trabajo ejercen ahora las mujeres hispanas; el sexismo en el trabajo **B. 1. a.** …permiten que una pareja *se divorcie* por razones de adulterio. **b.** …permiten que las mujeres *asistan* a la universidad. **c.** …permiten que las mujeres *sean* elegidas para cargos políticos. **2. a.** …se espera que los hombres *tengan* mucha experiencia sexual antes de casarse. **b.** …la gente se opone a que las mujeres *tengan* mucha experiencia sexual antes de casarse. **c.** …se cree que las mujeres *deben* estar en casa. **\*\*C. I. A.** El papel de la mujer hispana ha cambiado. **B.** La mujer debe ser pasiva, pura, virginal, sumisa, abnegada. **C.** El hombre debe ser fuerte, independiente, dominante. **II. A.** El analfabetismo entre mujeres hispanas era común. **B.** Muchas estudiantes siguen pautas de comportamiento totalmente tradicionales; estudian carreras relacionadas con las letras. **C.** Las mujeres que trabajan ocupan puestos tradicionalmente femeninos; la mayoría de las mujeres hispanas no ha conseguido un puesto en el mundo laboral equiparable a su educación. **III. A.** Se cree que las esposas/madres sólo deben trabajar fuera de casa si hay necesidad económica; muchos hombres no quieren que su esposa trabaje fuera de casa. **B.** Las empresas hispanas no pueden despedir a empleadas embarazadas y, después del parto, están obligadas a darles descanso obligatorio y, en algunos países, una hora para amamantar al hijo. Sin embargo, estas empresas no reciben ninguna ayuda financiera del gobierno que impone estas condiciones y, como resultado, muchas empresas optan por no emplear a mujeres para evitar estas obligaciones. **IV. A.** Las mujeres solteras menores de veinticinco años de edad no podían vivir solas e independientes sin el permiso de los padres; las esposas estaban obligadas a vivir donde dijera el esposo, no podían abrir su propia cuenta bancaria ni trabajar ni recibir una herencia sin la autorización del marido. **B.** La unión libre es muy común en muchos países hispanos; en nueve países hispanos el número de hijos ilegítimos es más grande que el número de hijos legítimos. **V.** Las mujeres han avanzado mucho en las esferas legal y política; con un avance semejante de las actitudes de y hacia la mujer, ésta podría mejorar profundamente también su posición social.

## ■■ Capítulo 7: El mundo de los negocios

**LECTURA I:** *Los Estados Unidos en Latinoamérica: Una perspectiva histórica*
**Aproximaciones al texto** **\*\*A. 1.** una compañía o empresa; convencer; a personas de una edad determinada, a consumidores, a personas de un sexo determinado **2.** un experto o especialista; informar, evaluar; a especialistas **3.** un periodista; criticar, informar, evaluar; al público general **4.** una persona común y corriente; criticar, quejarse; al público general (y al director) **5.** un experto o especialista y/o un periodista; convencer, informar, evaluar, entretener; al público general **6.** un escritor; entretener; al público general **7.** un experto o especialista; convencer, informar, evaluar; a especialistas **8.** una persona común y corriente; alabar; al público general **B. 1.** c **2.** a **3.** d, e **4.** f **5.** f **6.** c **7.** c **Palabras y conceptos** **\*\*A. 1.** los bienes, la deuda, la exportación, los impuestos, invertir, la inversión, el lema, la libre empresa, las materias primas, el préstamo, proporcionar, el presupuesto, la subvención **2.** aliado, culpar, la culpa, culpable, el derrumbamiento, la deuda externa, el dictador, la dictadura, la fuente, intervenir, izquierdista, la política (exterior), proteger, respaldar, el respaldo **B. 1.** c: destruir, hacer caer o derrocar causa el derrumbamiento del recibidor de estas acciones **2.** h: estos hombres fueron dictadores **3.** f: son compañías o lugares donde se hace inversiones **4.** g: un aliado puede ser amigo, defensor o partidario **5.** j: el agradecido está contento, es atento y da las gracias por lo hecho **6.** i: la subvención, como el préstamo, da ayuda económica o crédito financiero **7.** b: respaldar es una forma de apoyar, aprobar y ayudar **8.** e: éstos son materias primas **9.** a: la libre empresa requiere competencia, ganancias y capitalismo **10.** d: el presidente y los diplomáticos toman decisiones y firman tratados que forman la política exterior **C. 1.** Cuando hay mucha inflación, culpo a una situación en que la demanda es mayor que los productos disponibles. **2.** Cuando las condiciones son favorables, recomiendo que inviertan el dinero en la Bolsa. **3.** Para proteger de la inflación la economía, a veces es necesario

subir las tasas de interés. **4.** Durante el deterioro de la economía, tenemos que respaldar a las empresas. **5.** Cuando hay mucho crecimiento en la economía, intervengo para evitar la inflación.   **°°D. 1.** e, g **2.** h **3.** f, i **4.** a **5.** c **6.** b **7.** b, d   **Comprensión A. 1.** interviniera, C **2.** siguieron, F: Antes de 1930, los Estados Unidos siguieron una política de intervención en los países centroamericanos. **3.** hizo, limitara, F: Theodore Roosevelt hizo mucho para la expansión de los Estados Unidos en la América Latina. **4.** defendió, F: El «Corolario Roosevelt» a la Doctrina Monroe marcó el comienzo de un período de frecuentes y violentas intervenciones en los países latinoamericanos. **5.** hubiera, C   **B.** —Taft; la «Diplomacia del Dólar»; la expansión de los intereses económicos de los Estados Unidos; se establecieron varias empresas norteamericanas en Latinoamérica y los latinoamericanos empezaron a desconfiar de los norteamericanos. —Monroe; la Doctrina Monroe; la no intervención europea en América; los Estados Unidos, considerándose protector, intervienen mucho en los asuntos de los países latinoamericanos. —T. Roosevelt; «Corolario Roosevelt»; intervenir en los países latinoamericanos para asegurar las inversiones e intereses económicos de las «naciones civilizadas»; es el período que llaman la Época del Palo Grande y hay muchas intervenciones violentas. —F. Roosevelt; Política de Buena Voluntad; mejorar las relaciones entre los Estados Unidos y Latinoamérica; la sospecha y desconfianza que tenían los latinoamericanos hacia los norteamericanos disminuyen.   **LECTURA II:** *Los Estados Unidos en Latinoamérica: Metas y motivos*   **Comprensión   A. 1.** Muchos países latinoamericanos que dependen de la producción de una o dos materias primas sufren ahora un desequilibrio en la balanza de pagos porque los precios para las materias primas han bajado y, consecuentemente, sale del país más dinero del que entra. **2.** El presidente Kennedy inició la Alianza para el Progreso para ayudar económica y políticamente a los países de Latinoamérica para que éstos pusieran en marcha diversos proyectos para el progreso económico y la reforma social. **3.** El enfoque principal de la política exterior norteamericana fue la lucha contra el comunismo desde la Segunda Guerra Mundial hasta el comienzo de la década de los 90; el temor norteamericano al comunismo aumentó con la Revolución Cubana en 1959. **4.** Las materias primas cuestan mucho menos que los productos refinados, y un país que depende económicamente de la exportación de materias primas no gana lo suficiente para amortizar lo que compra o necesita comprar. **5.** Los realistas creen que los Estados Unidos deben basar sus decisiones de política exterior principalmente en la defensa de sus intereses y de la seguridad nacional. **6.** Los reformistas prefieren emplear principios democráticos para decidir la conducta que se ha de observar con respecto a otros gobiernos; para los reformistas, las alianzas con gobiernos autoritarios son malas. **7.** El Tratado de Libre Comercio entre México, Canadá y los Estados Unidos es un tratado económico controvertido que se aprobó en 1993.   **B. 1.** estimulara, F: El presidente Kennedy creía que el desarrollo económico estimularía la reforma social. **2.** fue, F: Durante las décadas de los 50 y los 60, la intervención norteamericana fue más directa que hoy en día. **3.** respaldaron, fueran, C **4.** aprobó, C **5.** mejoró, F: La economía latinoamericana sufrió durante la última década del siglo XX, porque el valor de las materias primas ha bajado.   **LECTURA III:** *Los Estados Unidos en Latinoamérica: Memoria del fuego*   **Palabras y conceptos   °°A.** *amenazar* porque uno impone su voluntad al otro; *asesinar* porque es una acción violenta y criminal contra otra persona; *defraudar* porque es una acción a veces criminal y casi siempre dañina para otra persona o grupo de personas; *desamar* porque el aborrecimiento y el odio no nutren el espíritu ni el estado mental; *atropello* porque es una violación de los derechos de otra persona, las leyes o las normas; *ira* porque suele provocar una confrontación violenta; *sublevarse y sublevados* porque, aunque sean justificados, algún abuso o crimen inició el deseo de sublevarse. **Comprensión   A. 1.** C **2.** F: Todos los países latinoamericanos tienen tratados comerciales con los Estados Unidos, Inglaterra, Francia y Alemania, pero ninguno los tiene con sus vecinos. **3.** C **4.** F: El presidente Nixon asignó dinero para derrocar al presidente Salvador Allende de Chile. **5.** F: La enmienda Platt autorizaba a los Estados Unidos a invadir y a quedarse en Cuba cuando quisieran y les atribuía el poder de decidir cuál era el presidente más adecuado para Cuba. **6.** C    **B.** —1909; Nicaragua; Una compañía norteamericana debe impuestos a Nicaragua; intervención militar norteamericana. —1912; Cuba; sublevación de los campesinos; intervención militar norteamericana. —1953; Guatemala; expropiación de la *United Fruit Company;* intervención del Secretario de Estado. —1970; Chile; elección de Salvador Allende; intervención de la CIA.

## ■■ Capítulo 8: Creencias e ideologías

**Lectura I:** *Tradiciones, misterios y curiosidades: Las tradiciones religiosas*
**Aproximaciones al texto**    **1.** informar **2.** informar **3.** informar **4.** informar, entretener **5.** informar **6.** informar, convencer **7.** entretener, convencer **8.** informar **9.** entretener    **Comprensión**    **1.** decidan, C **2.** puedan, F: Hoy en día no son muchos los que tienen que bautizarse antes de que puedan hacer la primera comunión; sin embargo el número es significativo. **3.** deseen, F: A muchos padres les desagradan los factores no religiosos que influyen en el deseo de sus hijos de bautizarse y hacer la primera comunión. **4.** eligen, C **5.** tengan, C **6.** sea, F: En España, las fiestas para celebrar la primera comunión suelen ser grandes y detalladas.    **Palabras y conceptos**    **°°A. 1.** I **2.** MP **3.** I **4.** P **5.** I **6.** I    **Comprensión**    **B. 1.** Los periodistas se interesan por los aspectos más incendiarios de la sociedad/cultura, no por la vida y los seres cotidianos. Un elemento esencial de la vida y cultura hispanas es el catolicismo. **2.** Los católicos no diseminan su fe agresivamente como lo hacen los protestantes evangelistas. La Iglesia católica es esposa de Cristo, madre de los católicos y tan omnicomprensiva que se la da por sentado. **3.** El aspecto teatral y televisivo y la imagen maquillada del protestantismo evangélico atrae a los jóvenes. **4.** El renacimiento protestante, lo cual implica un cambio inmediato y total, en una sola generación ha podido ir cambiando una tradición de 400 años.    **Palabras y conceptos**    **B. 1.** tal vez **2.** muy posible **3.** tal vez **4.** muy posible **5.** muy posible **6.** lo dudo mucho **7.** muy posible **8.** lo dudo mucho **9.** lo dudo mucho **10.** tal vez **11.** muy posible **12.** lo dudo mucho    **Comprensión**    **B. 1.** d **2.** i **3.** e **4.** a **5.** g **6.** c **7.** b **8.** h    **C. 1.** F: En la actualidad las relaciones entre el pueblo judío y el pueblo español son muy positivas. **2.** F: Los judíos que vivieron en España en el siglo XV hablaban hebreo, pero el español era parte integral de su vida. **3.** F: Los judíos ya vivían en España cientos de años antes de que España fuera cristiana. **4.** F: Después de su expulsión de España, los judíos mantuvieron el ladino y muchas tradiciones judeo-españolas. **5.** C **6.** F: La mayoría de las personas que usan el ladino hoy en día reside en Israel. **7.** F: Hay una gran tradición literaria escrita en ladino. **8.** F: Dentro y fuera de Israel los sefardíes tienen mucho contacto social, educativo y político, pero no lingüístico. **9.** C **10.** F: El gobierno de Israel apoya los esfuerzos para promover el ladino. **11.** C **12.** F: Según el Sr. Navon, los judíos sefardíes no tienen una actitud separada hacia la paz.    **LECTURA II:** *Tradiciones, misterios y curiosidades: Los enigmas y las curiosidades*    **Palabras y conceptos**    **°°A. 1.** *parasicología:* la agudeza, materializarse, la percepción extrasensorial, trastornar, ultratumba; *la comunicación con los muertos:* anterior, dotado, fallecer, la percepción extrasensorial, retroceder, trastornar, ultratumba; *la reencarnación:* fallecer, postular, retroceder, trastornar, ultratumba    **B. 1.** más allá de la muerte, «la vida» después de la muerte **2.** la persona que estudia apariciones extraterrestres **3.** una cosa o acontecimiento en el que se puede creer o fiar **4.** la abilidad de percibir cosas (pensamientos de otras personas, espíritus

invisibles) imperceptibles para la mayoría de las personas **5.** una cosa o una persona que, por naturaleza, va a fallecer o deshacerse **6.** un lugar donde una persona o cosa se mantiene oculta.

## ■■■ Capítulo 9: Los hispanos en los Estados Unidos

**Lectura I:** *Mexicanoamericanos: Su historia y una experiencia personal* **Aproximaciones al texto A. 1. I.** Actitud ante la mujer que acaba de dar a luz —**A.** Norteamericanos: la mayoría de la atención de las amistades que la visitan recae sobre ella; **B.** Hispanos: los visitantes se reúnen en torno al recién nacido. **II.** Actitud de los padres ante los hijos —**A.** Hispanos: los niños son el centro de la atención, «la razón de ser» del matrimonio y con frecuencia participan en las actividades de los adultos; **B.** Norteamericanos: los niños suelen ser tratados con menos indulgencia y tolerancia. **III.** Actitud ante el castigo a los hijos —**A.** Hispanos: usan con más frecuencia el castigo físico y son más demostrativos y abiertos con sus emociones; **B.** Norteamericanos: recurren más al castigo «psicológico». **IV.** Convivencia de padres e hijos —**A.** Hispanos: los hijos suelen vivir en casa de sus padres por más tiempo, aunque la independencia de los hijos no se define por la separación; **B.** Norteamericanos: los hijos que todavía viven en casa de sus padres, por definición, carecen de libertad personal. **V.** Actitud ante la independencia personal —**A.** Hispanos: fomentan la cooperación antes que el espíritu competitivo y agresivo; **B.** Norteamericanos: son más competitivos y asocian la independencia con el sentido de «poder hacerlo solo»; el segundo método.    **B. 1.** Capítulos 5 y 7 **2.** Los dos. Causa remota: Las primeras máquinas de vapor sellan el fin del mundo rural. → Muchos han emigrado a las ciudades en busca de trabajo, resultando en la sobrepoblación de áreas urbanas. Causa inmediata: En los últimos años el valor de las materias primas ha caído en precio, provocando un serio desequilibrio en la balanza de pagos en países latinoamericanos que dependen de la exportación de una o dos materias primas.    °°**C.** Este capítulo tiene una organización de división.    **Palabras y conceptos A. 1.** hacer caso **2.** el becario **3.** acoger **4.** el adiestramiento **5.** controvertido    °°**B. 1.** *Green Card, The Pérez Family* **2.** *Dead Poets Society*    °°**C. 1.** F **2.** F **3.** C **4.** F **5.** F **6.** F **7.** F **8.** F **9.** C    **Comprensión A. 1.** se pobló, C **2.** estaba, F: Cuando los primeros colonos norteamericanos llegaron al suroeste, 75 mil mexicanos ya vivían allí. **3.** se establecieron, adaptarse, C **4.** se ganó, F: Un territorio equivalente a la mitad del territorio total mexicano se ganó por los Estados Unidos en la guerra de 1846. **5.** vivían, fueron echados, F: Después de la guerra, los mexicanos que vivían en la región del suroeste tenían la alternativa de volver a México o quedarse y convertirse en ciudadanos norteamericanos. **6.** se negaron, F: Los derechos de los mexicoamericanos se garantizaron en el Tratado de Guadalupe. **7.** Se encuentra, C    **B. 1.** a **2.** b. **3.** Ø **4.** a **5.** Ø **6.** c **7.** Ø    **LECTURA II:** *Los puertorriqueños* **Aproximaciones al texto A. 1.** comparación/contraste **2.** causa/efecto **3.** división/clasificación **4.** comparación/contraste **5.** causa/efecto **6.** comparación/contraste **7.** causa/efecto **8.** división/clasificación    **B.** La organización del Capítulo 6 combina causa/efecto y comparación/contraste. La organización principal del Capítulo 2 es división/clasificación. **Comprensión A. 1.** La mayoría de la población puertorriqueña se encuentra en Nueva York, Boston, Filadelfia y Chicago. Empezaron a llegar en grandes números durante los años 50, no como inmigrantes sino como ciudadanos norteamericanos. Puerto Rico era para entonces Estado Libre Asociado. **2.** Puerto Rico pasó de España a los Estados Unidos durante la Guerra de 1898 y en 1917 se convirtió en territorio estadounidense. La economía puertorriqueña sufrió porque las fincas de muchos campesinos pasaron a manos de las grandes compañías norteamericanas. **3.** El *Jones Act* les dio a los puertorriqueños ciudadanía norteamericana, pero Puerto Rico aún se consideraba una colonia. Los puertorriqueños no tenían control interno, por ejemplo, sobre las leyes o los sistemas monetarios, postales y educativos. **4.** Los migrantes «cíclicos» vienen a los Estados Unidos para ganar dinero, pero no se establecen aquí porque piensan volver a la isla. Como consecuencia, quieren mantener su lengua y cultura, lo cual hace difícil la educación de sus hijos. Estos tienen problemas con el inglés, y cuando la familia regresa a Puerto Rico, su español también es deficiente. **5.** El movimiento negro despertó la «conciencia» cultural y política puertorriqueña. La situación socioeconómica es difícil, pero ha mejorado. **6.** Puerto Rico es un Estado Libre Asociado que depende casi totalmente de los Estados Unidos. La mayoría de los puertorriqueños rechaza la independencia porque pondría en peligro la economía puertorriqueña y los puertorriqueños perderían entrada libre a los Estados Unidos y los derechos y beneficios de la ciudadanía. Por otro lado, como estado de los Estados Unidos, Puerto Rico perdería su identidad, cultura y lengua. **Lectura III: *Los cubanoamericanos* Comprensión** \*\***B.** Efecto: Los niños mexicoamericanos tienen problemas en la escuela y pierden su autoestima. / Causa: La llegada del ferrocarril en la década de 1870 atrajo a más y más pobladores anglos. Efecto: Los Estados Unidos rompió relaciones con Cuba. / Causa: Los Estados Unidos inician un embargo económico y las Naciones Unidas lo apoyan. Efecto: Los puertorriqueños tienen más control sobre sus propios asuntos. / Causa: Los Estados Unidos ganaron la Guerra de 1898 contra España. Efecto: En las comunidades mexicoamericanas y puertorriqueñas, se despertaron la conciencia y el orgullo políticos, culturales y sociales. / Causa: Después de la Segunda Guerra Mundial y durante los años 70, hubo progreso en cuanto a la educación. Efecto: Miami es una de las ciudades más bilingües de los Estados Unidos / Causa: La primera oleada era principalmente de inmigrantes educados que ya hablaban inglés y el gobierno estadounidense los acogió y los ayudó mucho porque eran «víctimas» del comunismo. Efecto: Puerto Rico sufrió económicamente después de la ocupación norteamericana. / Causa: Puerto Rico es Estado Libre Asociado de los Estados Unidos pero lingüística y culturalmente es un país hispano. **C.** *Los mexicanos:* en la década de los 1540; en el suroeste; conquistados; educación, discriminación social y explotación económica; mano de obra agrícola. *Los puertorriqueños:* la mayoría, en los años 50; en Nueva York, Boston, Filadelfia y Chicago; ciudadanos norteamericanos; discriminación social y explotación económica; trabajo urbano para obreros no cualificados. *Los cubanos:* (primera oleada) en los años 60; en Miami, Nueva York y Nueva Jersey; refugiados políticos; llegaron sin ninguna posesión; trabajo para profesionales y educados.

## ■■■ Capítulo 10: La vida moderna

**LECTURA I: *Ciencia a la carta*** \*\***Aproximaciones al texto Palabras y conceptos** \*\***A. 1.** actitudes, opiniones, valoraciones subjetivas **2.** factores naturales **3.** factores científicos **4.** factores comerciales y culturales **5.** factores sociales y políticos **Comprensión A. 1.** f **2.** e **3.** b **4.** g **5.** c **6.** d **7.** a **B. 1.** C **2.** C **3.** F: La mutagénesis es la modificación de un organismo con tratamientos físicos y químicos que alteran la expresión de sus genes. **4.** F: Los españoles son más reacios a las innovaciones genéticas que los estadounidenses, quienes tienen una mentalidad más abierta hacia el desarrollo tecnológico. **5.** C **LECTURA II: *Más inteligente: Beneficios del ejercicio cerebral* Palabras y conceptos** \*\***A. 1.** almacenar, erigir, la corteza cerebral, la materia gris, acotado **2.** lavar(se) los dientes, el dentífrico, la vigilia, la víspera, desvelado **3.** almacenar, borrar, erigir, la corteza cerebral, la materia gris, el olfato, el tacto, la vejez, acotado, a corto plazo, a largo plazo **4.** la amígdala, el catador de vino, el comensal, el dentífrico, la despensa, la grasa, el olfato, el tacto.

## ■■ Capítulo 11: La ley y la libertad individual

**LECTURA I:** *El crimen y la violencia: La violencia criminal* **Aproximaciones al texto** **A. 1.** I: a pesar de **2.** L **3.** I: por consiguiente **4.** L **5.** L **\*\*B. 1.** b, sin embargo **2.** b, no obstante **3.** b, porque **4.** a, es decir **5.** a, al contrario de **Understanding Text Structure** **A. I.** Los Estados Unidos en Hispanoamérica: Una perspectiva histórica —**A.** Introducción **B.** La Doctrina Monroe **C.** La época de la intervención: Roosevelt, Taft y Wilson **D.** La Política de Buena Voluntad. **II.** Los Estados Unidos en Hispanoamérica: Metas y motivos —**A.** El factor económico **B.** El factor político **C.** Mirando hacia el futuro. **III.** Los Estados Unidos en Hispanoamérica: *Memoria del fuego* —**II. A. 1.** La economía colonial **2.** Economías coloniales latinoamericanas **3.** Los Estados Unidos y los recursos naturales latinoamericanos **4.** Monopolio norteamericano en Latinoamérica **B. 1.** La lucha contra el comunismo **2.** Los Estados Unidos y países anticomunistas **C. 1.** Confrontación Este-Oeste **2.** Reformistas/Realistas **3.** Desequilibrios económicos de países latinoamericanos **4.** *NAFTA* **B. 1.** un alijo de heroína **2.** el presidente Ernesto Samper **3.** en el avión del presidente colombiano **4.** para «enlodar el nombre del presidente» **5.** el 20 de septiembre de 1996 (viernes) **Palabras y conceptos** **\*\*A. 1.** juicio, proscrito: Después de un juicio que afecta a un grupo de proscritos, puede haber una represalia. **2.** refrenar, delincuencia: Para refrenar la delincuencia, necesitamos la aprobación pública de ciertas medidas anti-delictivas. **3.** tender, prevenido: Las líneas aéreas tienden a estar prevenidas contra la piratería aérea. **4.** procesar, adinerado: Este tribunal procesa a las personas adineradas que no acatan las leyes. **\*\*B. 1.** toman la justicia en sus manos **2.** después de ser víctima de un crimen o una amenaza **3.** el robo, el asesinato, el secuestro **4.** raptar **5.** después de tomar alguna acción violenta contra otra persona o grupo **\*\*D. 1.** proceso legal para determinar la culpabilidad del acusado **2.** llevarse a una persona a través del engaño, la violencia o la seducción **3.** los actos que se consideran infracciones contra la ley **4.** el criminal **5.** una persona rica **6.** lo que retiene u obstaculiza **Comprensión** **\*\*A. 1.** En los Estados Unidos la violencia criminal es más temida que la violencia política. **2.** Muchos norteamericanos insisten en su derecho a llevar armas. **3.** En algunas culturas indígenas, el homicidio es menos grave que la violación de ciertos tabúes tradicionales. **4.** El tráfico de drogas entre los Estados Unidos e Hispanoamérica ha resultado en crímenes que no respetan fronteras y la corrupción asociada con el tráfico de drogas ha causado problemas graves en Bolivia, Colombia y el Perú. **5.** El contraste entre los ricos y los pobres es cada vez más evidente, especialmente en las ciudades grandes. **\*\*B. 1.** Lo que se considera un crimen varía de país a país y de cultura a cultura. No hay un acuerdo absoluto sobre la definición de la palabra «derecho». Un gran número de delitos, especialmente los delitos sexuales o los que implican a un miembro de la familia de la víctima, nunca se declaran. Algunos delitos pertenecen a más de un país. **2.** En los Estados Unidos, la matanza sistemática de los indígenas, la colonización del oeste por medio de las armas, la brutalidad de la esclavitud, los conflictos violentos del movimiento laboral. En Hispanoamérica, la conquista, las luchas sangrientas entre indígenas y europeos, la exterminación de la población indígena. **3.** Las ciudades producen condiciones aptas para la violencia. Los emigrantes son más susceptibles de desarrollar una conducta criminal. La familia se desintegra y los valores tradicionales se ven reemplazados cada vez más por intereses materiales. **4.** Con la desintegración de la familia, crecen la desilusión y el descontento y, por consiguiente, los delitos y la violencia. Los jóvenes abandonados dependen de la vida criminal para sobrevivir. **5.** Cada año, hay más contacto entre culturas y países y con ellos mayores posibilidades de que un país se vea afectado por las actividades de organizaciones criminales internacionales. Hay muchas organizaciones internacionales cuyos delitos superan fronteras. Las actividаdes de estas organizaciones están en manos de individuos que viajan de un país a otro con pasaportes falsos y amistades poderosas. **C. 1.** son, hay, más **2.** volviera, disminuiría **3.** hubiera, aún no sería **4.** se notara, no cambiarían **\*\*D. Lectura II:** *El crimen y la violencia: La violencia política* **Aproximaciones al texto A.** el terrorismo, la brutalidad policíaca, el asesinato de una figura pública elegida, las manifestaciones políticas, los movimientos revolucionarios, la represión, la tortura, la falta de libertad de expresión, la falta de libertad de prensa, el espionaje, la intervención en la política de las organizaciones criminales **B. 1.** c **2.** b **3.** a **4.** d **Comprensión \*\*A. 1.** terrorismo, guerrilleros, escuadrones de la muerte, ejecuciones, tortura **2.** guerra civil, México, Cuba, Nicaragua **3.** economías débiles e inestables, obreros agrícolas e industriales **4.** militares, guerrillas, fusilamientos **5.** la guerra sucia, la Argentina, Augusto Pinochet, Chile, la ETA de España, secuestros, bombas, piratería aérea, los tupamaros del Uruguay **B. a.** las madres y otros parientes de algunos de los diez millones de «subversivos» que desaparecieron entre 1976 y 1983 en la Argentina **b.** el dictador de Chile que mantuvo un poder represivo y terrorista entre 1973 y 1989 en Chile **c.** grupo terrorista vasco en España que lucha por la libertad política del país vasco **d.** miembros de la Fuerza Democrática Nicaragüense **C. 1.** Muchos régimes dictatoriales establecen el orden y la paz social, pero recurren al abuso del poder militar para eliminar la oposición; después de establecerse la democracia en España, el nivel de violencia criminal subió mucho. **2.** grupos: la ETA, los contra, los tupamaros, los campesinos indígenas de Chiapas; gobiernos: la Argentina, Chile, Guatemala, El Salvador **3.** Sólo ha habido tres revoluciones grandes: la mexicana, la cubana y la nicaragüense; la economía débil e inestable de muchos países hispanoamericanos crea una frustración crónica y un gran descontento entre los obreros industriales y agrícolas. **4.** La mayoría de los cambios de gobierno en Hispanoamérica se ha efectuado por medio de elecciones generales o golpes de estado. Los movimientos revolucionarios que nacieron en los años 60 no tuvieron mucho éxito porque no lograron movilizar bastante a la población y porque la reacción de los gobiernos fue masiva y represiva. **5.** La sentencia de cinco condenas y cuatro absoluciones dejó a muchos insatisfechos, pero es raro que un gobierno civil responsabilice legalmente a un gobierno militar por actos violentos. **D. 1.** están, se hace, más **2.** fuera, habría, menos, peores **3.** tuvieran, aumentaría

## ■■ Capítulo 12: El trabajo y el ocio

**LECTURA I:** *El trabajo y el ocio: Las presiones y el estrés* **Aproximaciones al texto** Usaría los apuntes del estudiante **2.** Los apuntes del estudiante 1 son demasiado breves y no diferencian entre la idea principal y una idea mencionada aparte. Los apuntes del estudiante 3 no están bien organizados: no categorizan los puntos y no dan ninguna jerarquía de ideas. Los apuntes del estudiante 2 están claramente organizados con un resumen del tema del artículo, la mención de dos puntos interesantes que abren y cierran el artículo y dos listas de los puntos importantes. **Palabras y conceptos A.** *Cómo recurrir las multas* → la confrontación de las autoridades (la policía) con los conductores. Recibir una multa o amenaza de la policía crea presión y estrés. *Las angustias del tráfico* → las tensiones que provoca la caótica situación del tráfico en Madrid. Conducir y aparcar pueden generar tensiones y estrés, tanto por la falta de espacio para aparcar y la congestión del tráfico, como por las frecuentes infracciones de las señales. *El estrés estival* → hacer planes, coordinar preferencias y horarios. Las vacaciones pueden producir mucha presión y mucho estrés por conflictos entre los que viajan juntos, precios altos y/o inesperados. *Se busca* → solicitar empleo. Buscar o cambiar de trabajo siempre produce presión y estrés porque uno se está «*vendiendo*». *Las profesiones del siglo XXI* → trabajo súper técnico, computadoras. La necesidad de prepararse bien para el mundo del trabajo en el futuro causa presión y estrés. **LECTURA II:** *El trabajo y el ocio: El tiempo libre* **Palabras y conceptos** *Trabajo y ocio: Las otras vitaminas* → el elemento terapéutico del trabajo y del ocio. *Nochebuena en casa, Nochevieja en la calle* → cómo se pasan estos dos días festivos. *Los madrileños tienen suficiente tiempo libre* → los habitantes de Madrid gozan de mucho tiempo libre. *El turista accidentado* → el tiempo libre que pasamos de vacaciones tiene sus peligros. °°**Comprensión** Existen bastantes semejanzas y algunas diferencias entre la forma en que pasan el tiempo libre los hispanos y los norteamericanos. A los españoles, por ejemplo, les gusta mirar la televisión o el vídeo, charlar con la familia, oír la radio, recibir visitas, etcétera. En general, se prefiere el ocio pasivo frente al ocio activo. Entre los jóvenes predomina el ocio cultural y activo. El cabeza de familia, sobre todo si es varón, a veces practica algún deporte. En cuanto al aprendizaje, las enseñanzas no regladas, es decir, estudios no convencionales, tienen una gran aceptación. Las mujeres prefieren idiomas y actividades artísticas; los varones prefieren informática y el sector industrial. Durante las fiestas, sobre todo las Navidades, los españoles suelen estar con la familia, excepto en la Nochevieja. A veces, las clases sociales más altas tienen más tiempo libre durante las fiestas y es normal viajar en ellas. Los regalos de Navidad en España se suelen hacer el día de Reyes. En cuanto a los viajes organizados, es muy importante conocer todos los detalles del viaje con información completa y detallada para prevenir que el consumidor se lleve «gato por liebre». Sobre las rebajas, los consumidores deben asegurarse que las compras son rebajas de verdad en cuanto al precio, calidad, garantías y condiciones en que los productos se ofrecen.

# SPANISH-ENGLISH VOCABULARY

This vocabulary does not include exact or close cognates of English. Also omitted are certain common words well within the mastery of second-year students, such as cardinal numbers, articles, pronouns, possessive adjectives, and so on. Adverbs ending in **-mente** and regular past participles are not included if the root word is found in the vocabulary or is a cognate. Terms are generally defined according to their use(s) in this text.

The gender of nouns is given for all nouns except masculine nouns ending in **-l, -o, -n, -e, -r,** and **-s** and feminine nouns ending in **-a, -d, -ión,** and **-z.** For nouns with masculine and feminine variants, both are listed when the English equivalents are different words (*grandmother, grandfather*); in most cases, however, only the masculine form is given (**abogado, piloto**). Adjectives are given only in the masculine singular form. Based on the 1994 decision of the Spanish Real Academia, the letter combinations **ch** and **ll** are no longer treated as separate letters (nor separately alphabetized). Verbs that have a spelling change in the first-person present indicative indicate the change with a parenthetical **(g), (j), (zc),** and so on. For stem-changing verbs, both present-tense and preterite (if any) stem changes are given. Finally, verbs that have further irregularities are followed by *irreg.*

The following abbreviations are used in this vocabulary.

| | | | |
|---|---|---|---|
| *abbrev.* | abbreviation | *irreg.* | irregular |
| *adj.* | adjective | *m.* | masculine |
| *adv.* | adverb | *med.* | medical |
| *conj.* | conjunction | *n.* | noun |
| *dim.* | diminutive | *p.p.* | past participle |
| *f.* | feminine | *pl.* | plural |
| *fig.* | figurative | *P.R.* | Puerto Rico |
| *ger.* | gerund | *prep.* | preposition |
| *gram.* | grammar | *s.* | singular |
| *indef. pron.* | indefinite pronoun | *sl.* | slang |
| *inf.* | infinitive | *Sp.* | Spain |
| *inv.* | invariable | *var.* | variation |

# A

**abajo** *adv.* down; below; **hacia abajo** downward(s)

**abandonar** to abandon

**abandono** abandonment

**abanico** fan

**abarcador** all-embracing, all-inclusive

**abarcar** to include

**abastecedora** supplier

**abastecimiento** supply

**abatido** discouraged

**abducción** abduction

**abduccionista** *adj. m., f.* pertaining to abduction

**abeja** bee

**abierto** (*p.p. of* **abrir**) opened

**ablandarse** to soften; to calm down

**abnegación** self-denial, self-sacrifice

**abnegado** self-denying, self-sacrificing

**abogado** lawyer, attorney; **abogado defensor** defense attorney

**abogar por** to advocate; to plead for

**abolición** abolition

**abono** fertilizer

**aborto** abortion

**abrazar** to hug

**abrazo** hug

**abreviatura** abbreviation, shortening

**abrigar** to protect, shelter

**abrir** (*p.p.* **abierto**) to open; **en un abrir y cerrar de los ojos** in the blink of an eye

**abrocharse** to buckle one's seatbelt

**abrumador** overwhelming

**absolución** absolution

**absoluto** absolute

**absorber** to absorb

**abstracto** abstract

**absurdo** absurd

**abuela** grandmother

**abuelo** grandfather; *pl.* grandparents; **tíos abuelos** great-uncles and great-aunts

**abundancia** abundance

**abundar** to abound

**aburrido** bored; boring

**abusar de** to abuse

**abuso** abuse

**acabar** to finish, complete; **acabar con** to put an end to; **acabar de +** *inf.* to have just (*done something*); **acabar por** to end up by, finish up by

**academia** academy

**académico** academic

**acalorado** heated; angry

**acatar** to respect, obey (*laws*)

**acceder (a)** to agree (to)

**acceso** access

**accesorio** accessory

**accidente** accident

**acción** action

**accionista** *m., f.* stockholder, shareholder

**aceite** oil

**aceleración** acceleration

**acelerar** to accelerate

**acentuar (acentúo)** to accentuate

**aceptable** acceptable

**aceptación** acceptance

**aceptar** to accept

**acerca de** *prep.* about, concerning, with regard to

**acercar** to bring, place near(er); **acercarse a** to approach, move near to

**acero** steel

**acertado** accurate

**acertar (ie)** to guess right, hit upon; to be correct, right; **acertar a +** *inf.* to happen to + *inf.*

**ácido** acid

**aclarar** to clarify, make clear

**acogedor** welcoming, warm

**acoger** (*like* **coger**) to welcome, receive; to shelter, protect; **acogerse (a)** to have recourse (to)

**acogida** welcome, reception

**acomodar** to accommodate

**acompañar** to accompany

**acondicionado: aire acondicionado** air conditioning

**aconsejar** to advise

**acontecer (zc)** to happen

**acontecimiento** event, happening, incident

**acordarse (ue)** to remember

**acortar** to shorten, reduce

**acoso** harassment; **acoso sexual** sexual harassment

**acostarse (ue)** to go to bed

**acostumbrarse a** to become accustomed to

**acotado** mapped out

**actitud** attitude

**actitudinal** attitudinal

**actividad** activity

**activista** *adj. m., f.* activist

**activo** active; working

**acto** act

**actuación** action; behavior

**actual** present, current

**actualidad: en la actualidad** at the present time, at present

**actuar (actúo)** to act

**acudir** to go; to attend; **acudir a** to resort to

**acuerdo** agreement; **acuerdo prematrimonial** prenuptial agreement; **de acuerdo con** in accordance with; **estar** (*irreg.*) **de acuerdo** to be in agreement; **llegar a un acuerdo** to reach an agreement

**aculturación** acculturation

**acumulación** accumulation

**acumular** to accumulate

**acusado** *n.* accused (person); *adj.* accused; notable

**acusar** to accuse

**acústico: polución acústica** noise pollution

**adaptación** adaptation

**adaptar(se)** to adapt

**adecuado** adequate

**adecuar** to adapt, fit

**adelantar** to pass (*in a car*)

**adelante** ahead; forward; **salir** (*irreg.*) **adelante** to come out well/ahead

**adelanto** advance, progress

**además** *adv.* moreover, furthermore; **además de** besides, in addition to

**adentro** inside

**adepto** follower, supporter

**adhesivo: letrero adhesivo (en los parachoques)** bumper sticker

**adición: en adición (a)** additionally, in addition (to)

**adicional** additional

**adicto** addict

**adiestramiento** job training

**adinerado** wealthy

**adiós** good-bye

**aditivo** additive

**adivinar** to guess

**adivinatorio** prophetic

**administración** administration

**administrar** to administer, manage

**admiración** admiration

**admirador** admirer

**admirar** to admire

**admitir** to admit

**adolescente** adolescent

**adoptar** to adopt

**adoptivo** foster; adopted

**adorno** decoration

**adquirido: síndrome** (*m.*) **de inmunodeficiencia adquirida (SIDA)** acquired immune deficiency syndrome (AIDS)

**adquirir (ie)** to acquire

**adquisitivo** acquisitive; **capacidad adquisitiva** purchasing capacity
**adulterio** adultery
**adulto** *n., adj.* adult
**adversario** adversary
**advertir (ie, i)** to warn, advise
**adyacente** adjacent
**aéreo** *adj.* air; **Fuerza Aérea** Air Force; **piratería aérea** skyjacking
**aeróbicos** aerobics
**aeropuerto** airport
**afanarse** to strive
**afectar** to affect
**afeitar** to shave
**afianzar** to support
**afición** taste
**aficionado** fanatic (*Sp.*)
**afilador** sharpener
**afinidad** relationship
**afirmación** statement, affirmation
**afirmar** to affirm, assert
**afirmativo** affirmative
**aflojar** to relax
**afluencia** affluence
**afortunadamente** fortunately
**africano** *n., adj.* African
**afroamericano** *n., adj.* African-American
**afrontar** to face, confront
**afuera** *adv.* outside
**afueras** *n. pl.* outskirts
**agacharse** to duck (down)
**agarrar** to grasp; to seize
**agencia** agency
**agente** *m., f.* agent; **agente de bolsa** stockbroker
**agigantado** enormous
**agitarse** to become excited
**aglomeración** agglomeration
**aglomerado: madera de aglomerado** pressed particle board
**agnóstico** *n.* agnostic
**agobiar** to overwhelm
**agobio** nervous strain
**agotador** exhausting
**agotamiento** exhaustion
**agradable** pleasant
**agradecer (zc)** to thank
**agradecido** grateful
**agrado** liking, pleasure
**agrario** agrarian
**agravar** to aggravate, make worse; **agravarse** to get worse
**agregar** to add
**agresión** aggression
**agresividad** aggressiveness

**agresivo** aggressive
**agrícola** *m., f.* agricultural
**agricultor** farmer
**agricultura** agriculture
**agrobiología** agrobiology
**agrupación** group
**agrupar** to group
**agua** *f.* (*but* **el agua**) water; **aguas residuales** *pl.* wastewater
**agudeza** acuteness
**agudizarse** to become more serious, get worse
**agúdo** sharp
**aguinaldo** Christmas bonus
**aguja** needle
**agujerear** to pierce
**agujetas** *pl.* side stitch (*pain*)
**ahijada** goddaughter
**ahijado** godson
**ahínco** zeal; eagerness
**ahogado** muffled; drowned; smothered
**ahondarse** to grow deeper
**ahora** now; **ahora mismo** right now
**ahorrar** to save
**ahorro** savings
**aire** air; **aire acondicionado** air conditioning; **al aire libre** outdoors; **conducto de aire** air vent
**aislado** isolated
**aislamiento** isolation
**aislante** insulator
**aislar (aíslo)** to isolate
**ajeno** of another, belonging to another
**ajetreo** bustle
**ajustar(se)** to adjust; to adapt
**ajuste** adjustment
**alabar** to praise
**alarma** alarm
**alarmante** alarming
**alarmar** to alarm; **alarmarse** to become alarmed
**alboroto** tumult, uproar
**alcalde** mayor
**alcance** reach; **al alcance de la mano** within arm's reach
**alcanzar** to reach
**alcohólico** *adj.* alcoholic
**alegar** to allege
**alegría** happiness
**alejado** distant; remote
**alejar** to put further away; to keep at a distance
**alemán** *n., adj.* German
**Alemania** Germany
**alentador** encouraging
**alergólogo** allergist

**alerta** *adv.* on the alert
**alertar** to alert
**alfabetización** literacy
**alfabeto** alphabet
**algo** *indef. pron.* something; *adv.* somewhat
**alguien** *indef. pron.* someone
**algún, alguno** some; **alguna vez** sometime; once; ever (*with a question*); **algunas veces** sometimes
**aliado** ally
**alianza** alliance
**alienación** alienation
**alienado** alienated
**alienígena** *n. m., f.* alien
**alijo** load (*of contraband*)
**alimentación** nutrition
**alimentar** to feed
**alimentario** nourishing, alimentary
**alimenticio** pertaining to food
**alimento** food
**aliviar** to lessen, alleviate
**allá** *adv.* (over) there; **el más allá** the other world; life after death; **más allá** further, farther
**allí** there; **allí mismo** right there
**alma** *f.* (*but* **el alma**) soul
**almacén** store
**almacenar** to store
**almuerzo** lunch
**alojamiento** lodging
**alquilar** to rent
**alrededor** *n. s.* surroundings; *pl.* outskirts, environs
**alrededor de** around, about
**alterar** to alter
**alternativa** *n.* alternative
**altibajos** *m. pl.* ups and downs
**altiplano** altiplano, high plateau
**altitud** altitude
**alto** *n.* stop, halt; **hacer** (*irreg.*) **un alto** to stop, halt
**alto** *adj.* tall; high; **clase** (*f.*) **alta** upper class
**altura** height
**alucinación** hallucination
**aludir (a)** to allude (to)
**alumno** student
**ama** *f.* (*but* **el ama**): **ama de casa** housewife, homemaker; **ama de hogar** housewife
**amable** kind
**amalgama** amalgam
**amamantar** to suckle, nurse
**amancebamiento** cohabitation
**amante** *m., f.* lover

**amar** to love

**amargura** bitterness

**Amazonas** *n.* Amazon; **Río Amazonas** Amazon River

**amazónico** Amazonian

**ambición** ambition

**ambicioso** ambitious

**ambientado** set (*story*)

**ambiental** environmental

**ambiente** atmosphere; environment; **medio ambiente** environment

**ámbito** ambit, scope

**ambos** both

**ambulancia** ambulance

**amenaza** threat

**amenazar** to threaten

**América Central** Central America

**América Latina** Latin America

**americanización** Americanization

**americanizarse** to become Americanized

**americano** *n., adj.* American

**amianto** asbestos

**amigo** friend

**amistad** friendship

**amor** love

**amoroso** amorous

**amortizar** to amortize, pay off (*a loan*)

**ampliar (amplío)** to enlarge, broaden

**amplio** extensive; wide

**anacronismo** anachronism

**analfabetismo** illiteracy

**analfabeto** *adj.* illiterate

**analizar** to analyze

**anciano** elder; old man; **asilo de ancianos** nursing home

**andaluz** *adj.* Andalusian

**andar** *irreg.* to walk; **andar en bicicleta** to ride a bicycle

**andas: cargar en andas** to carry in a procession

**andino** *adj.* Andean

**anécdota** anecdote

**anecdótico** anecdotal

**anfitrión** host

**ángel** angel

**angloamericano** Anglo-American

**anglohablante** *n. m., f.* English speaker; *adj. m., f.* English-speaking

**angloparlante** *n. m., f.* English speaker; *adj. m., f.* English-speaking

**anglosajón** *n., adj.* Anglo-Saxon

**ángulo** angle

**angustia** anxiety, distress

**angustiado** agonized; agonizing

**anhelar** to yearn for, long for

**anhelo** yearning, ardent desire

**animadversión** enmity, ill will

**animar** to enliven; to motivate

**anonimato** anonymity

**anónimo** anonymous

**anormal** abnormal

**anotación** annotation

**anotar** to jot down

**ansiedad** anxiety

**ansioso** anxious

**antártico** Antarctic; **círculo polar antártico** Antarctic Circle

**ante** *prep.* before, in front of, in the presence of; in view of, with regard to; **ante todo** above all

**antecedente** antecedent; **antecedentes criminales** *pl.* criminal record

**antepasado** ancestor, predecessor

**anteponer** (*like* **poner**) to place before

**anterior** previous, earlier

**antes** *adv.* before, previously; **antes de** before; **antes de** + *inf.* before + *ger.*; **antes (de) que** *conj.* before; **antes que nada** above all

**anticipar** to anticipate

**anticomunista** *m., f.* anti-communist

**anticonceptivo** *n., adj.* contraceptive

**antiestadounidense** anti-American

**antiguedad** antiquity

**antiguo** former; old; ancient

**antinarcótico** *adj.* drug enforcement

**antinatural** unnatural

**antioxidante** *n.* antioxidant

**antipático** disagreeable, unpleasant

**antisubversiva** anti-subversive

**antiyanqui** anti-American

**antología** anthology

**antónimo** antonym

**antropólogo** anthropologist

**anual** annual

**anular** to annul

**anunciar** to announce

**anuncio** announcement; advertisement; **anuncio comercial** advertisement

**añadir** to add

**año** year; **año escolar** school year; **Año Nuevo** New Year; **año pasado** last year; **cumplir... años** to turn . . . years old; **hace... años** . . . years ago; **tener** (*irreg.*)... **años** to be . . . years old; **todos los años** every year

**apagar** to put out; to turn off

**Apalaches** Appalachians

**aparato** appliance, device, machine

**aparcamiento** *n.* parking

**aparcar** to park

**aparecer (zc)** to appear

**aparente** apparent

**aparición** appearance; ghost

**apariencia** appearance

**apartado** section

**apartamento** apartment

**aparte** *adv.* apart; aside; **aparte de** apart from, besides

**apasionar** to excite; to fill with enthusiasm

**apatía** apathy

**apego** fondness

**apellido** last name

**apelotonarse** to pile up

**apenas** *adv.* hardly

**aperitivo** aperitif, cocktail

**apetecer (zc)** to long for, crave

**apetecible** appetizing; desirable

**aplastar** to squash, smash

**aplaudir** to applaud

**aplicable** applicable

**aplicación** application

**aplicado** studious, industrious; applied

**aplicar** to apply

**apoderarse de** to appropriate, seize

**aportar** to bring, contribute

**aporte** contribution; **aporte calórico** caloric intake

**apostar (ue)** to bet, wager

**apóstol** apostle

**apoyar** to support

**apoyo** support

**apreciar** to appreciate

**aprecio** appreciation

**apremiar** to urge, press

**aprender** to learn

**aprendizaje** learning

**apresurado** hurried; in a hurry

**aprobación** approval

**aprobar** (*like* **probar**) to approve

**apropiado** appropriate

**aprovechar** to make use of; **aprovecharse (de)** to take advantage (of)

**aproximación** approximation

**aproximado** approximate

**apuntar** to jot down; **apuntarse a** to enroll in

**apunte** note

**aquel: en aquel entonces** back then

**aquí** here

**árabe** *n.* Arabic; Arab; *adj.* Arab, Arabian

**arbitrario** arbitrary

**árbol** tree

**arbusto** bush

**archipiélago** archipelago

**archivar** to file (*documents*)

**área** *f.* (*but* **el área**) area

**arena** sand

**argentino** *n., adj.* Argentine

**argumento** argument

**árido** arid, dry

**aristocrata** *m., f.* aristocrat

**arma** weapon; *pl.* arms, weapons

**armado** armed; **fuerzas armadas** armed forces

**armar** to arm

**armonizar** to harmonize

**aroma** *m.* smell, scent, perfume

**arquitecto** architect

**arraigado** deeply rooted

**arraigarse** to become entrenched

**arrastrar** to pull, drag

**arrebatar** to snatch, seize

**arreglar** to straighten, arrange; **arreglarse** to be arranged, fixed

**arreglo** arrangement

**arrendado** rented

**arrepentirse (ie)** to repent

**arresto** arrest

**arriba** *adv.* above, overhead; **hacia arriba** upward(s)

**arrojar** to show, yield

**arroz** *m.* rice

**arte** *m., f.* art

**artería** artery

**arteriosclerosis** *f.* arteriosclerosis

**artesano** artisan

**ártico** arctic

**artículo** article

**artificial: fuegos artificiales** *pl.* fireworks

**artista** *m., f.* artist

**artístico** artistic

**arzobispo** archbishop

**asalariado** salaried

**asaltar** to assault

**asamblea** assembly

**asbesto** *s.* asbestos

**ascendencia** ancestry

**ascender (ie) a** to amount to, add up to

**aseguramiento** insurance

**asegurar** to assure; to insure; **asegurarse (de)** to make sure (of)

**asesinar** to murder

**asesinato** murder, assassination

**asesor** advisor; **asesor deportivo** sports trainer

**asesoramiento** advice

**asfalto** asphalt

**así** *adv.* so, thus, in this/that manner; **así como** as well as; **así que** *conj.* so, then, thus

**asiático** *n.* Asian

**asiento** seat; chair

**asignar** to assign

**asignatura** assignment

**asilo** home (*for the aged*); **asilo de ancianos** nursing home

**asimilación** assimilation

**asimilarse** to assimilate

**asimismo** likewise, also

**asistencia** attendance

**asistente** *m., f.* attendant, assistant

**asistir** to attend

**asociación** association

**asociado** associated; **Estado Libre Asociado (ELA)** Commonwealth

**asociar** to associate

**asombro** surprise

**asombroso** surprising

**aspecto** appearance; aspect

**aspiración** aspiration, hope

**aspirar** to aspire

**asterisco** asterisk

**astrología** astrology

**astrónomo** astronomer

**asueto: día** (*m.*) **de asueto** day off

**asumir** to assume

**asunto** matter

**atacar** to attack

**atañer** to concern (*used only in 3^{rd} person*)

**ataque** attack

**atar** to tie

**atardecer** *n.* late afternoon

**atasco** traffic jam

**ataúd** coffin

**atención** attention; **llamar la atención** to attract, draw attention; **prestar atención** to pay attention

**atender** (*like* **tender**) to attend to, take care of

**atentado** criminal assault, attack

**atento** attentive

**ateo** *n.* atheist

**aterrador** terrifying

**aterrizaje** landing

**aterrorista** *adj. m., f.* terrifying

**atesorar** to possess

**atinar** to find, stumble upon

**atípico** atypical

**atlántico** *n., adj.* Atlantic

**atmósfera** atmosphere

**atmosférico** atmospheric

**atónito** amazed, thunderstruck

**atracción** attraction

**atractivo** attractive

**atraer** (*like* **traer**) to attract

**atrapar** to trap

**atrás** back; behind

**atrasado** slow; backward

**atravesar (ie)** to cross

**atribuir (y)** to attribute

**atrio** churchyard

**atrocidad** atrocity

**atrofiado** atrophied

**atropello** outrage

**auditorio** auditorium

**aumentar** to increase

**aumento** increase

**aun** *adv.* even, yet, although, still; **aun cuando** even though, even if

**aún** *adv.* yet, still; **aún más** furthermore, moreover

**aunque** although, even, though

**ausencia** absence

**ausente** absent

**austeridad** austerity

**austero** austere

**australiano** *adj.* Australian

**autenticidad** authenticity

**auténtico** authentic

**auto** car, automobile

**autoafirmación** self-affirmation

**autobiografía** autobiography

**autobronceador** self-tanning lotion

**autobús** *m.* bus

**autocambio** self-change

**autóctono** native, indigenous

**autodeterminación** self-determination

**autodidáctico** self-taught

**autoempleo** self-employment

**automóvil** automobile

**autonomía** autonomy

**autónomo** autonomous

**autopista** freeway, expressway

**autopsia** autopsy

**autor** author

**autoridad** authority

**autoritario** authoritarian

**autorización** authorization

**autorizar** to authorize

**autovía** highway

**avance** advance

**avanzar** to advance

**aventura** adventure

**averiguar** to ascertain, find out

**aviación** aviation

**avión** airplane

**avisar** to inform; to advise; to warn

**aviso** warning

**ayer** yesterday
**ayuda** help, assistance
**ayudar** to help
**ayuntamiento** city hall
**azteca** *n., adj. m., f.* Aztec
**azúcar** sugar; **caña de azúcar** sugarcane
**azul** blue

## B

**báculo** walking stick
**bahía** bay; **Bahía de Cochinos** Bay of Pigs
**bailador** dancer
**bailar** to dance
**bailarín** dancer
**baile** dance
**bajar** to lower; to go down
**bajo** *adj.* low; lowered; short; **Países Bajos** Netherlands
**bajo** *adv.* down, below, underneath; *prep.* under, below, beneath
**bala** bullet, shot
**baladí** trifling, trivial
**balanza** balance, scale; **balanza de pagos** balance of payments
**balbucear** to stammer, stutter
**balcón** balcony
**baldío** worthless, a waste of time
**balsámico** healing
**bálsamo** balm
**bananero** *adj.* banana, pertaining to bananas
**banca** banking
**bancario: cuenta bancaria** bank account
**banco** bank; bench; **Banco Mundial** World Bank; **tarjeta de banco** bank card
**banda** band
**bandera** flag
**bandolera** bandoleer, belt of ammunition
**banquería** banking
**banquero** banker
**banquete** banquet
**bañarse** to bathe
**baño** bathroom; **cuarto de baño** bathroom
**barato** inexpensive, cheap
**barbarie** *f.* barbarism, savagery
**barco** ship
**barrera** barrier
**barrio** neighborhood
**basarse en** to base one's ideas, opinions, judgments on

**base** *f.* base; **a base de** as the basic ingredients
**básico** basic
**basquetbol** basketball
**bastante** *adj.* enough, sufficient; *adv.* enough, sufficiently; fairly, rather
**bastar** to be enough, sufficient
**basura** trash
**basurero** garbage man
**batalla** battle; **batalla campal** pitched battle
**baúl** trunk
**bautismo** baptism
**bautizarse** to get baptized
**bautizo** baptism
**bebé** baby
**beber** to drink
**bebida** beverage
**becario** scholarship recipient
**Bélgica** Belgium
**bélico** warlike, martial, bellicose
**belleza** beauty
**bello** beautiful
**beneficiar** to benefit, profit, help; **beneficiarse de** to benefit from, profit from
**beneficio** benefit
**beneficioso** beneficial, profitable, useful
**benéfico** charitable, kind
**benévolo** benevolent
**besar** to kiss
**beso** kiss
**bestiario** bestiary
**besucón** *adj.* kissing, displaying affection
**bíblico** biblical
**biblioteca** library
**bicicleta** bicycle; **andar** (*irreg.*) **/ montar en bicicleta** to ride a bicycle
**bien** *n.* good; *pl.* goods, assets, wealth
**bien** *adv.* well; fine; **estar** (*irreg.*) **bien visto** to be approved of
**bienestar** well-being
**bilingüe** bilingual
**billete** ticket
**biografía** biography
**biográfico** biographical
**biología** biology
**biológico** biological; **producto biológico** natural food
**bioquímica** biochemistry
**bioquímico** biochemical
**biotecnología** biotechnology
**bisabuela** great-grandmother
**bisabuelo** great-grandfather; *pl.* great-grandparents

**blanco** *n.* white (*color*); blank space; **en blanco** blank; *adj.* white; **carta blanca** carte blanche
**bloque** block
**bloqueo** blockade
**boato** pomp and circumstance
**bobo** foolish, stupid, silly
**boca** mouth
**bocadillo** sandwich
**boda** wedding
**bofetón** slap
**bohemio** *n.* bohemian
**boletín** bulletin
**bolsa** sack, bag; stock market; **agente de bolsa** stockbroker
**bolsillo** pocket
**bomba** bomb
**bombardear** to bombard
**bombardeo** bombardment
**bombear** to pump out (*liquids*)
**bombero** firefighter
**bonito** pretty
**borde** edge, border, side
**borracho** drunk
**borrar** to erase
**borroso** blurry
**bosque** forest
**bosquejo** outline
**botar** to dump, throw out
**botella** bottle
**brazo** arm; **cogerse (j) del brazo** to go arm in arm
**brecha** gap, breach
**breve** brief
**brevedad** brevity, briefness
**brigada** brigade
**brillante** brilliant
**brillo** brilliance, shine
**británico** *adj.* British
**broma** joke; **gastar bromas** to play jokes
**bronce** bronze
**bronceador** suntan lotion
**bronquio** bronchial tube
**Bruselas** Brussels
**bruto: en bruto** uncut, raw; **producto nacional bruto** gross national product
**budismo** Buddhism
**budista** *n., adj. m., f.* Buddhist
**buen, bueno** *adj.* good; kind; **a buen seguro** certainly, undoubtedly; **buenas noches** good evening; good night; **en buena parte** in large part
**buey** *m.* ox
**bulevar** boulevard

**burdo** coarse, rough
**burlar** to evade, elude, outwit
**burocracia** bureaucracy
**burocrático** bureaucratic
**burro** donkey
**buscar** to search for, look for
**búsqueda** search

## C

**caballero** gentleman
**caballo** horse
**caber** *irreg.* to fit; to have enough room; **no cabe duda** there is no doubt
**cabeza** head; **de cabeza** at the head; **dolor de cabeza** headache
**cabo: al cabo de** at the end of; **llevar a cabo** to complete
**cacahuate** peanut
**cada** each; every; **cada vez más** increasingly, more and more; **cada vez que** whenever, every time that
**caducar** to expire; to close (*a file*)
**caducidad: fecha de caducidad** expiration date
**caer** *irreg.* to fall; **caer desmayado** to faint; **dejar caer** to drop
**café** coffee; café; **café de comercio justo** fair trade coffee
**cafetería** cafeteria
**caída** fall
**calcetín** sock
**calcular** to calculate
**cálculo** calculation
**calefacción** heating
**calendario** calendar; **calendario juliano** Julian calendar
**calidad** quality
**caliente** hot
**calificación** mark, grade (*on a test*)
**calificar** to grade, assess
**caligrafía** calligraphy, penmanship
**calle** *f.* street
**callejero** pertaining to the street; **feria callejera** street fair; **pandilla callejera** street gang
**callejón sin salida** dead end street
**calor** heat; **hacer** (*irreg.*) **calor** to be hot (temperature)
**caloría** calorie
**calórico: aporte calórico** caloric intake
**caluroso** warm, hot
**calvario** painful burden
**cama** bed
**cámara** camera

**cambiante** changing
**cambiar** to change; to exchange; **cambiar de opinión** to change one's mind; **cambiar de postura** to change one's stance
**cambio** change; **a cambio de** in exchange for; **en cambio** on the other hand
**caminar** to walk
**camino** way; road
**camionero** truck driver
**camisa** shirt
**campal: batalla campal** pitched battle
**campaña** campaign; countryside
**campeonato** championship
**campesino** *n.* peasant; *adj.* country; rural; peasant
**campo** field
**camuflado** camouflaged
**Canadá** *m.* Canada
**canadiense** *adj.* Canadian
**canal** channel; canal
**cáncer** cancer
**canciller** chancellor
**canción** song
**candidato** candidate
**canela** cinnamon
**canguro** kangaroo
**cansado** tired
**cansancio** fatigue, weariness
**cantante** *m., f.* singer
**cantar** to sing
**cante flamenco** flamenco singing
**cantidad** quantity
**canto** song; singing
**caña** *sl.* glass (*of beer*); **caña de azúcar** sugarcane
**caos** *m.* chaos
**caótico** chaotic
**capa** layer; coat; covering
**capacidad** ability; **capacidad adquisitiva** purchasing capacity
**capacitación** training
**capaz** able, capable
**capilla** chapel
**cápita: per cápita** per capita
**capital** *f.* capital (city)
**capitalismo** capitalism
**capítulo** chapter
**captar** to grasp (*an idea*)
**capturar** to capture
**capuchino** *n.* Capuchin (*monk*)
**cara** face
**caracol** snail
**carácter** character, disposition, nature; trait, feature

**característica** characteristic
**caracterización** characterization
**caracterizar** to characterize
**carboncillo** charcoal (*for drawing*)
**cárcel** *f.* jail
**carecer (zc)** to lack
**carencia** lack
**carga** burden, worry; load; cargo, freight
**cargar** to carry; to load; **cargar en andas** to carry in a procession
**cargo** post, office, position; task, duty; charge; **hacerse** (*irreg.*) **cargo (de)** to take charge (of)
**Caribe** *n.* Caribbean (*sea, region*)
**caridad** charity
**caries** *f. pl.* tooth decay
**cariño** affection
**cariñoso** affectionate
**carne** *f.* meat; flesh; **chile con carne** chili with meat
**carnicería** butcher shop
**caro** expensive
**carpiano: síndrome del túnel carpiano** carpal tunnel syndrome
**carpintero** carpenter
**carrera** career, profession; university specialty, major; race (*contest*)
**carretera** highway
**carro** car
**carroza** float
**carta** letter; chart, map; **carta blanca** carte blanche; **estudios a la carta** parallel studies
**cartel** poster, sign; cartel
**cartero** postal carrier
**cartografía** cartography
**cartón** cardboard
**cartucho de tinta** ink cartridge
**casa** house; **ama** (*f., but* **el ama**) **de casa** housewife, homemaker; **casa editorial** publishing house; **echar la casa por la ventana** to roll out the red carpet
**casados** married couple
**casamiento** marriage
**casar** to marry; **casarse** to get married
**cascada** cascade, waterfall
**casco** hoof (*of a horse*); **casco urbano** city limits
**casero** *adj.* home, pertaining to the home
**casi** almost
**caso** case; **hacer** (*irreg.*) **caso** to pay attention; **no hacer** (*irreg.*) **caso** to ignore

**castellano** *n.* Spanish, Castilian (*language*); *adj.* Castilian

**castidad** chastity; celibacy

**castigador** punitive, punishing

**castigante** punitive, punishing

**castigar** to punish

**castigo** punishment

**Castilla** Castile

**castrista** *m., f.*, pertaining to Fidel Castro

**casucha** hut, hovel

**catalán** *language from the Spanish region of Catalonia*

**catalogar** to catalogue

**catálogo** catalogue

**Cataluña** Catalonia

**catarsis** *f.* catharsis

**catástrofe** *f.* catastrophe

**catastrófico** catastrophic

**catecismo** catechism

**catedral** *f.* cathedral

**catedrático** professor

**categoría** category

**categórico** categorical

**catequesis** *f.* catechism (classes)

**catolicismo** Catholicism

**católico** *n., adj.* Catholic

**caudal** abundance, large quantity

**causa** cause; **a causa de (que)** because of

**causante** causing, causative

**causar** to cause

**caza** hunting

**cazuela** casserole

**ceder** to cede, yield; **ceder el paso a** to make way for, step aside for

**cefalea** migraine, violent headache

**celebración** celebration

**celebrar** to celebrate

**célibe** *adj.* celibate

**celta** *n. m., f.* Celt

**celular** cellular; **teléfono celular** cellular telephone

**cementerio** cemetery

**cena** dinner, supper

**cenar** to dine

**censo** census

**centenar** (*a group of*) one hundred

**centenario** *n.* centennial

**centímetro** centimeter

**central** *f.* central office, headquarters

**central: América Central** Central America

**centrar** to center, focus

**centro** center; **centro comercial** shopping center, mall

**Centroamérica** Central America

**centroamericano** *adj.* Central American

**cerámica** ceramics, pottery

**cerca** *adv.* near, nearby, close by; **cerca de** near; close to; approximately

**cercano** *adj.* near, close

**cerebro** brain

**ceremonia** ceremony

**cerrar (ie)** to close; **en un abrir y cerrar de los ojos** in the blink of an eye

**cerro** hill

**certeza** certainty; **tener** (*irreg.*) **la certeza** to be certain, sure

**certificado** *n.* certificate; *adj.* certified

**cerveza** beer

**champán** champagne

**chantaje** blackmail

**chaperona** chaperon

**chapuza: hacer** (*irreg.*) **chapuzas** to do odd jobs

**charlar** to chat, discuss

**chica** girl

**chicle** chewing gum

**chico** *n.* boy; *adj.* small

**chile con carne** chili with meat

**chileno** *n., adj.* Chilean

**chinampa** floating garden

**chinchero** bug trap

**chino** *n.* Chinese (*language*); *n., adj.* Chinese

**chistoso** funny

**chupar** to suck

**ciberespacio** cyberspace

**cíclico** cyclical

**ciclismo** cycling

**ciclo** cycle

**cielo** sky; heaven; **poner** (*irreg.*) **el grito en el cielo** to raise a great fuss

**ciencia** science

**científico** scientific

**ciento** one hundred; **por ciento** percent

**cierto** certain, sure; **hasta cierto punto** up to a point

**cifra** figure, number

**cigarrillo** cigarette

**cima** top (*of a hill or mountain*)

**cine** movie theater; movies

**cinematográfico** *adj.* cinematographic

**cinemómetro** *a special camera used for photographing vehicles exceeding the speed limit*

**cínico** cynical

**cinta** tape

**cinturón** belt; **cinturón de seguridad** seatbelt

**circulación** traffic

**circular** *n. f.* circular

**círculo** circle; **círculo polar antártico** Antarctic Circle

**circunstancia** circumstance

**cita** quote

**citado** cited, quoted

**citarse** to set a date

**cítrico** citric

**ciudad** city

**ciudadanía** citizenship

**ciudadano** *n.* citizen; *adj.* civic

**cívico** civic

**civilización** civilization

**civilizado** civilized

**clarividencia** clairvoyance

**claro** clear

**clase** *f.* class; **clase alta** upper class; **clase media** middle class; **compañero de clase** classmate

**clásico** classic

**clasificación** classification

**clasificar** to classify

**cláusula** clause

**clavarse** to get stuck (*into something*)

**clave** *n. f.* key

**cliente** *m., f.* client

**clientela** clientele

**clima** *m.* climate

**climatológico** climatologic

**clínico** clinical

**cobarde** *adj.* cowardly

**cobertura** cover, covering

**cobrar** to charge

**cobre** copper

**cocaína** cocaine

**coche** car

**cochino: Bahía de Cochinos** Bay of Pigs

**cocina** kitchen

**cocinar** to cook

**cocinero** cook

**cocotero** coconut palm

**código** code

**coexistir** to coexist

**coger (j)** to catch; to grasp; to take, to take hold of; **cogerse del brazo** to go arm in arm

**cohabitación** cohabitation

**cohete** rocket

**coincidencia** coincidence

**coincidir** to coincide

**cola** line; tail; **pescadilla que se muerde la cola** vicious circle

**colaboración** collaboration

**colaborar** to collaborate

**colectivo** collective; joint

**colega** *m., f.* colleague

**colegio** secondary school

**colesterol** cholesterol

**colocación** placement

**colocar** to place

**colofón** colophon

**colombiano** *n., adj.* Colombian

**Colón** Columbus

**colonia** colony; neighborhood

**colonización** colonization

**colonizador** colonizing

**colono** colonist

**colorido** coloring; color

**colosal** colossal, gigantic

**columna** column

**coma** comma

**comadre** *f., name by which a parent calls the godmother of his or her child*

**comandante** commander

**combatir** to fight, battle (against, with)

**combinación** combination

**combinar** to combine

**combustible** fuel

**comensal** table companion

**comentar** to comment on; to talk about

**comentario** comment, remark

**comenzar (ie)** to begin

**comer** to eat; **dar** (*irreg.*) **de comer** to feed

**comercial** commercial; **anuncio comercial** advertisement; **centro comercial** shopping center, mall

**comercializar** to commercialize

**comerciante** *m., f.* merchant

**comercio** business; trade; **café de comercio justo** fair trade coffee; **comercio justo** fair trade; **libre comercio** free trade; **Tratado de Libre Comercio (TLC)** North American Free Trade Agreement (NAFTA)

**comestibles** *pl.* food, foodstuff; provisions

**cometer** to commit

**cómico** funny, comical

**comida** food

**comienzo** beginning, start

**comisión** commission

**comité** committee

**como** like; as; **así como** as well as; **como consecuencia** as a result; **tal como** just like, just as; **tan... como** as . . . as; **tan pronto como** as soon as; **tanto... como** both . . . and . . .

**cómodo** comfortable

**compadecer (zc)** to sympathize with, commiserate with

**compadrazgo** godparent status, relationship

**compadre** *name by which a parent calls the godfather of his or her child*

**compañero** companion, friend; **compañero de clase** classmate

**compañía** company

**comparación** comparison

**comparar** to compare

**compartir** to share

**compasivo** sympathetic

**compatibilizar** to make compatible

**compensar** to compensate; **compensarse** to be compensated

**competencia** competition

**competir (i, i)** to compete

**competitividad** competitiveness

**competitivo** competitive

**compilado** compiled

**complejidad** complexity

**complejo** *n., adj.* complex

**complementar** to complement, complete

**complemento directo** *gram.* direct object

**completar** to complete

**completo** complete

**complicado** complicated

**complutense** *adj. m., f.* pertaining to **Alcalá de Henares** (Madrid)

**componente** component

**componer** (*like* **poner**) to compose, make up

**comportamiento** behavior

**comportarse** to behave

**composición** composition

**compositor** composer

**comprador** buyer

**comprar** to buy

**compras: compras en rebajas** discount shopping; **ir** (*irreg.*) **de compras** to go shopping

**comprender** to understand

**comprensión** comprehension

**comprobado** proven

**comprobar** (*like* **probar**) to prove

**comprometerse** to make a commitment

**compromiso** compromise

**compuesto** (*p.p. of* **componer**) composed, made up (of)

**computador** computer

**computadora** computer

**comulgante** *m., f.* communicant

**comulgar** to take communion

**común** common; **común y corriente** average; **tener** (*irreg.*) **en común** to have in common

**comunal** communal

**comunicación** communication; **medios de comunicación** media

**comunicador** communicator

**comunicar(se)** to communicate

**comunidad** community

**comunión** communion; **hacer** (*irreg.*) **la primera comunión** to make/receive one's first communion

**comunismo** communism

**comunista** *adj. m., f.* communist

**conceder** to concede

**concentración** concentration

**concentrar** to concentrate, focus, center; **concentrarse** to be concentrated; to be focused, centered

**concepción** conception

**concepto** concept

**conciencia** conscience

**concienciación** raising of consciousness

**concienciar** to raise consciousness

**concientización** raising of consciousness

**concientizar** to raise consciousness

**concienzudamente** conscientiously

**concierto** concert

**conciso** concise

**concluir (y)** to conclude

**conclusión** conclusion

**concluyente** conclusive

**concordancia** agreement, concordance; *gram.* agreement

**concreto** concrete

**concurrir** to concur

**concurso** contest

**condado** county

**condena** sentence

**condenar** to condemn; to sentence

**condición** condition

**condicionar** to condition

**condón** condom

**conducir** *irreg.* to drive; **conducir a** to lead to; **permiso de conducir** driver's license

**conducta** conduct

**conducto de aire** air vent

**conductor** driver

**conectar** to connect

**conejo** rabbit

**conexión** connection

**confección: corte** (*m.*) **y confección** ready-made clothing

**conferencia** conference

**conferenciante** lecturer, speaker

**confesar (ie)** to confess

**confianza** confidence

**configurarse** to be/become shaped or formed

**confinar** to confine

**confirmación** confirmation

**confirmar** to confirm

**conflicto** conflict

**conformar** to form, shape

**conformidad** conformity

**confrontación** confrontation

**confundir** to confuse

**confusión** confusion

**confuso** confused

**congreso** congress

**conjetura** conjecture

**conjunto: en conjunto** as a whole

**conmemoración** commemoration

**conmemorar** to commemorate

**connotación** connotation

**Cono Sur** *the region comprised of Argentina, Chile, Uruguay, and Paraguay*

**conocer (zc)** to know

**conocimiento** knowledge; **recobrar el conocimiento** to regain consciousness

**conquista** conquest

**conquistador** conqueror

**consciencia** conscience

**consciente** conscious

**consecuencia** consequence; **como consecuencia** as a result; **en consecuencia** as a result; therefore

**consecuente** consequent; consistent

**consecutivo** consecutive

**conseguir** (*like* **seguir**) to obtain, attain, get

**consejo** council; advice

**consensual** consensual; **unión consensual** common-law marriage

**conserva** preserve, conserve (*culinary*)

**conservación** conservation

**conservador** conservative

**conservar** to preserve, maintain, conserve

**considerar** to consider

**consiguiente: por consiguiente** consequently, therefore

**consistir en** to consist in; to be composed of, consist of

**consolador** consoling, comforting

**consolidar** to consolidate

**conspiración** conspiracy, plot

**constancia** constancy, steadiness

**constante** constant

**constar** to be clear, obvious, or evident; **constar de** to be composed of, consist of

**constitución** constitution

**constitucional** constitutional

**constituir (y)** to constitute; to compose, make up

**construcción** construction

**construir (y)** to build, construct

**consuelo** consolation, comfort, relief

**consumidor** consumer

**consumir** to consume

**consumismo** consumerism

**consumista** *adj. m., f.* consumer

**consumo** consumption

**contabilidad** accounting

**contabilizar** to enter, record, or register in accounts or books

**contactar** to contact

**contacto** contact

**contador** accountant

**contagioso** contagious

**contaminación** pollution, contamination

**contaminante** *n.* contaminant, pollutant; *adj.* contaminating, polluting

**contar (ue)** to count; to tell; **contar con** to count on; **contar corderitos** to count sheep

**contemplar** to contemplate

**contemplativo** contemplative

**contemporáneo** contemporary

**contendiente** *m., f.* combatant

**contener** (*like* **tener**) to contain

**contenido** *n.* content

**contento** content

**contestadora: contestadora de teléfono** telephone answering machine; **máquina contestadora de mensajes** telephone answering machine

**contestar** to answer

**contexto** context

**continente** continent

**continuación: a continuación** following, next

**continuar (continúo)** to continue

**continuo** continuous

**contra** against; **contra viento y marea** against all odds; **pro y contra** for and against

**contraatacar** to counterattack

**contraceptivo** *n.* contraceptive

**contractura** contracture (*med.*)

**contradecir** (*like* **decir**) to contradict

**contradicción** contradiction

**contradictorio** contradictory

**contraer** (*like* **traer**) to contract

**contrapartida** contrast

**contraproducente** counterproductive

**contrario** contrary; opposite; **al contrario** on the contrary; **lo contrario** the opposite; **por el contrario** on the contrary

**contrarrestar** to counteract

**contrarrevolucionario** counter-revolutionary

**contraste** contrast

**contratar** to contract

**contrato** contract

**contribución** contribution

**contribuir (y)** to contribute

**control** control; **control de la natalidad** birth control

**controlador** *n.* controller; *adj.* controlling

**controlar** to control

**controversia** controversy

**controvertido** controversial

**convencer** (*like* **vencer**) to convince

**convención** convention

**convencional** conventional

**convencionalismo** conventionalism

**conveniente** convenient; advantageous; worthwhile

**convenio** agreement, pact

**convenir** (*like* **venir**) to be advisable; to be worthwhile; to agree, concur

**convento** convent

**conversación** conversation

**conversar** to converse

**conversión** conversion

**converso** converted

**convertir (ie, i)** to convert; **convertirse en** to become

**convicción** conviction

**convincente** convincing

**convivencia** living together

**convivir** to live together

**convocar** to convoke, call together

**conyugal** conjugal

**conyuge** *m., f.* spouse

**cooperación** cooperation

**cooperar** to cooperate

**cooperativa** *n.* cooperative

**cooperativo** cooperative

**coordinar** to coordinate

**copa** *sl.* drink; **tomar una copa** to have a drink

**copista** *m., f.* transcriber

**corazón** heart

**corbata** tie

**corderito: contar (ue) corderitos** to count sheep

**cordillera** mountain range

**coreano** *n., adj.* Korean

**cornalito** small strap, yoke (*oxen*)

**corolario** corollary

**corporación** corporation

**correcto** correct, right

**corregir (i, i) (j)** to correct

**correo** mail; **correo electrónico** electronic mail, e-mail

**correr** to run

**corresponder** to correspond

**correspondiente** corresponding

**corriente** *adj.* current; **común y corriente** average; **cuenta corriente** checking account; **estar** (*irreg.*) **al corriente** to be up to date

**corroborar** to corroborate

**corrupción** corruption

**corrupto** corrupt

**cortauñas** fingernail clipper

**corte** *f.* court; **Corte Suprema** Supreme Court

**corte** (*m.*) **y confección** ready-made clothing

**cortejo** procession; **cortejo fúnebre** funeral procession

**cortesía** courtesy

**corteza** cortex

**corto** short; **a corto plazo** (in the) short term

**cosa** thing

**cosecha** harvest

**cosmopolita** *m., f.* cosmopolitan

**costa** coast; cost, price; **a costa de** at the cost of

**costado** side

**costar (ue)** to cost

**coste** cost, disadvantage

**costo** cost, price

**costoso** costly

**costumbre** *f.* custom

**costurera** seamstress

**cotidiano** daily

**cotillón** ball, formal dance

**creación** creation

**creador** creative

**crear** to create

**creatividad** creativity

**creativo** creative

**crecer (zc)** to grow, become larger

**creciente** growing

**crecimiento** growth

**credibilidad** credibility

**crédito** credit; **tarjeta de crédito** credit card

**crédulo** credulous; gullible

**creencia** belief

**creer (y)** to believe

**crema** cream; **crema quitacutículas** cuticle cream

**Creta** Crete

**creyente** *n. m., f.* believer; *adj.* believing

**criada** maid

**crianza** rearing, raising

**criar (crío)** to raise, bring up

**crimen** crime

**criminal** *adj.* criminal; **antecedentes criminales** *pl.* criminal record

**criminalidad** criminality; crime; **nivel de criminalidad** crime rate

**cripta** crypt

**criptoamnesia** ability to recover forgotten memories

**criptozoología** study of animals of unknown origin (*such as the Loch Ness monster*)

**crisis** *f. s.* crisis; *pl.* crises

**crisol** crucible; melting pot

**crisotilo** chrysotile

**cristal** crystal

**cristiandad** Christendom

**cristianismo** Christianity

**cristiano** *n., adj.* Christian

**Cristo** Christ

**crítica** criticism

**criticar** to criticize

**crítico** critical

**crónica** chronicle

**cronológico** chronological

**cruce** crossroads

**crudo** crude

**cruzar** to cross

**cuadro** picture; table

**cuadruplicar** to quadruple

**cualidad** quality

**cualificación** qualification

**cualificado** qualified

**cualquier** any

**cualquiera** anyone

**cuando** when; **aun cuando** even though, even if; **de vez en cuando** once in a while

**cuantificar** to quantify

**cuanto: cuanto más... más...** the more . . . the more . . . ; **en cuanto**

as soon as; while; **en cuanto a** as to, in regard to; **unas cuantas** a few

**Cuaresma** Lent

**cuarto** *n.* room; **cuarto de baño** bathroom; *adj.* fourth

**cuaternario** quaternary, having four parts

**cubano** *n., adj.* Cuban

**cubanoamericano** *n.* Cuban American

**cubeta** bucket

**cubierto** (*p.p. of* **cubrir**) covered; **en cubiertas** undercover, secretly

**cubrir** (*p.p.* **cubierto**) to cover

**cuello** neck

**cuenta** account; **cuenta bancaria** bank account; **cuenta corriente** checking account; **darse** (*irreg.*) **cuenta** to realize; **ir** (*irreg.*) **por su cuenta** to go one's separate way; **por mi cuenta** in my opinion; **tener** (*irreg.*) **en cuenta** to keep in mind; **tomar en cuenta** to take into account

**cuento** story

**cuerpo** body

**cuestión** matter, question

**cuestionar** to question

**cuestionario** questionnaire

**cueva** cave

**cuidado** care

**cuidar** to take care of

**culminación** culmination

**culminar** to culminate

**culpa** blame, guilt; **tener** (*irreg.*) **la culpa** to be responsible, at fault

**culpable** guilty

**culpar** to blame

**cultivable** arable

**cultivar** to grow, cultivate

**cultivo** cultivation

**culto** *n.* devotion; *adj.* refined, cultured

**cultura** culture

**culturismo** bodybuilding

**cumplir** to carry out; to fulfill; **cumplir... años** to turn . . . years old

**cuna** cradle

**cuñada** sister-in-law

**cuñado** brother-in-law; *pl.* brothers- and sisters-in-law

**cuño: de nuevo cuño** newly minted

**cuota** quota

**cura** *m.* priest; *f.* cure

**curación** cure

**curativo** curative

**curiosidad** curiosity

**curioso** curious

**cursilería** cheapness, tawdriness
**cursillo** short course
**cursivo: en letra** (*s.*) **cursiva** in italics
**curso** course
**curva** curve
**custodiado** guarded, watched, taken care of
**cuyo** whose

# D

**danza** dance
**dañar** to harm, damage
**dar** *irreg.* to give; **dar a luz** to give birth; **dar de comer** to feed; **dar empesijo** to begin; **dar gato por liebre** to swindle; **dar golpes** to pound, hit; **dar las gracias** to thank, give thanks; **dar paso a** to give way to; **dar pasos** to take steps; **dar pecho** to breastfeed; **dar por sentado** to take for granted; **dar un paseo** to go for a walk; **darse cuenta** to realize; **darse la mano** to shake hands
**datado** dated
**dato** fact, piece of information; *pl.* data, information, facts
**debajo** *adv.* underneath, below; **debajo de** under, underneath, below
**debatir** to debate
**deber** *n.* duty, task
**deber** to owe; **deber** + *inf.* to have to, must, ought, should; **deber de** + *inf.* must (*expressing conjecture*); **deberse a** to be due to
**debido** due, owed; **debido a (que)** due to, because of
**débil** weak
**debilitación** weakening, debilitation
**debilitar** to weaken, debilitate
**década** decade
**decena** ten (*group of ten*)
**decepción** deception
**decibelio** decibel
**decidir** to decide; to settle, resolve; **decidirse** to make up one's mind; to decide
**decir** *irreg.* to say; **es decir** that is to say; **querer** (*irreg.*) **decir** to mean
**decisión** decision; **tomar una decisión** to make a decision
**decisivo** decisive, conclusive
**declaración** declaration
**declarar** to declare
**declive** decline
**dedicar (a)** to dedicate, devote (to)

**dedo** finger; toe; **dedo gordo** big toe; **dedo pulgar** thumb
**defecto** defect
**defender (ie)** to defend
**defensa** defense
**defensor** defending; defensive, protective; **abogado defensor** defense attorney
**deficiencia** deficiency
**deficiente** deficient
**déficit** *m.* deficit, shortage
**definición** definition
**definir** to define
**definitivo** definitive, final; **en definitiva** then, so, finally
**defraudar** to cheat
**dejar** to leave; to let, allow, permit; **dejar caer** to drop; **dejar de** + *inf.* to stop, cease + *ger.*; **dejar paso a** to lead to; **dejarse** + *inf.* to let, allow oneself + *inf.*; **dejarse llevar** to get carried away
**delante** *adv.* before, in front, ahead; **delante de** in front of; in the presence of; opposite
**delantero** *adj.* front, fore, first
**delgado** thin
**deliberado** deliberate
**delicado** delicate
**delictivo** *adj.* criminal
**delimitar** to delimit
**delincuencia** criminality, delinquency
**delincuente** *n., adj.* criminal, delinquent
**delirio** delirium
**delito** crime
**demanda** demand
**demandante** *m., f.* plaintiff
**demás** other, rest of the; **los demás** the others, the rest; **por lo demás** as for the rest
**demasiado** *adj.* too much; *pl.* too many; *adv.* too; too much
**democracia** democracy
**democrático** democratic
**demografía** demography
**demográfico** demographic
**demógrafo** demographer
**demora** delay
**demostrar** (*like* **mostrar**) to demonstrate
**demostrativo** demonstrative
**denominación** denomination, designation, title
**denominador** denominator
**denominar** to name; to designate
**densidad** density

**dentífrico** toothpaste
**dentro** *adv.* inside, within; **dentro de** inside, within, in; **dentro de poco** soon, shortly
**denuncia** announcement, declaration; denouncement, accusation
**denunciado** *n.* defendant (*law*)
**denunciante** *m., f.* plaintiff
**departamento** department
**dependencia** dependence
**depender** to depend
**dependiente** *m., f.* clerk
**deporte** sport; **practicar deportes** to play sports
**deportivo** sporting, sporty, sports; **asesor deportivo** sports trainer
**deprimente** depressing
**deprimir** to depress
**depuración** purification, cleansing
**derecha** *n.* right; **a la derecha** to the right
**derechista** *m., f.* rightist, right-wing
**derecho** right; law
**derivar** to derive, come from
**derrocar** to overthrow, bring down
**derrotero** *fig.* means, ways, methods
**derruído** torn down, razed, ruined
**derrumbamiento** toppling, tearing down
**derrumbar** to tear down, demolish; to collapse, cave in
**desacreditar** to discredit
**desacuerdo** disagreement
**desafiar (desafío)** to challenge, dare, defy
**desafortunadamente** unfortunately
**desagradable** unpleasant
**desagradar** to displease
**desagradecido** ungrateful person, ingrate
**desagravio** compensation
**desahogo** emotional release
**desalborotar** to put down (*a riot*)
**desamar** to stop loving
**desanimar** to discourage
**desaparecer** (*like* **aparecer**) to disappear
**desaparecido** *n.* disappeared person; *adj.* disappeared
**desaparición** disappearance
**desapercibido** unnoticed
**desaprobar** (*like* **probar**) to disapprove
**desarmar** to disarm
**desarrollar** to develop
**desarrollo** development; **en vías de desarrollo** developing

**desastre** disaster
**desastroso** disastrous
**desatendido** ignored; neglected
**descansar** to rest
**descanso** (period of) rest
**descendencia** origin, ancestry
**descender (ie)** to descend, go down
**descendiente** descendant
**descenso** fall; descent
**desconcertador** disconcerting
**desconcertante** disconcerting; bewildering
**desconchado** chipped; flaking
**desconfianza** mistrust
**desconocer** (*like* **conocer**) to not know, be ignorant of
**descontar** (*like* **contar**) to discount; to disregard
**descontento** dissatisfied, displeased
**describir** (*like* **escribir**) to describe
**descriminación** discrimination
**descripción** description
**descrito** (*p.p. of* **describir**) described
**descubrimiento** discovery
**descubrir** (*like* **cubrir**) to discover
**desde** from; since; **desde entonces** from that time on, since then; **desde hace** + *period of time* for + *period of time*
**desdén** distain
**desear** to desire
**desembarcar** to disembark, go ashore
**desempeñar** to fulfill, carry out; **desempeñar un papel** to play a role
**desempleado** unemployed
**desempleo** unemployment
**desencadenar** to unchain; to release
**desenchufar** to unplug
**desenlace** denouement, conclusion
**desenmascarar** to unmask; *fig.* to reveal, expose
**desenredar** to untangle
**desentumecer (zc)** to revive, to rid of numbness
**deseo** desire
**desequilibrio** imbalance
**deserción** desertion
**desertor** deserter
**desesperación** desperation
**desesperado** desperate
**desestabilizar** to destabilize
**desfavorecido** underprivileged
**desfile** parade
**desgracia** misfortune; disgrace
**desgraciadamente** unfortunately
**deshabitado** uninhabited

**desierto** desert
**designar** to designate
**desigualdad** inequality
**desilusión** disillusion
**desilusionar** to disillusion
**desintegración** disintegration
**desintegrar** to disintegrate
**desinterés** disinterest
**deslumbrado** dazzled
**desmayado: caer** (*irreg.*) **desmayado** to faint
**desmedido** excessive
**desmontado** cleared
**desmotivar** to discourage
**desmovilización** demobilization
**desnudo** naked, nude
**desobedecer** (*like* **obedecer**) to disobey
**desocupado** unemployed person
**desodorante** deodorant
**desolación** desolation
**desorden** disorder
**desorientar** to disorient
**despacho** office
**despacio** *adv.* slowly
**despedido: ser** (*irreg.*) **despedido** to be fired
**despedir** (*like* **pedir**) to fire (*from a job*); **despedirse** to say good-bye
**despensa** groceries
**desperdicio** waste, garbage
**despertador** alarm clock
**despertar (ie)** to wake up
**despilfarro** waste, squandering
**desplazado** displaced person
**desplazamiento** displacement
**desplazar** to displace
**desplomar** to collapse; to drop drastically
**despoblación** depopulation
**despoblado** uninhabited
**despreciado** scorned
**despreciar** to scorn
**desprender** to let loose, release
**despropósito** absurdity, nonsense
**desprovisto** lacking, devoid of, destitute
**después** *adv.* after, afterward; later; then; **después de** after; next to; **después de todo** after all, when all is said and done
**destacado** emphasized
**destacar** to emphasize
**destinado (a)** destined (for); addressed (to)
**destino** destination

**destrucción** destruction
**destruir (y)** to destroy
**desvalorizar** to devalue, depreciate
**desvelada** *n.* sleeplessness
**desvelado** sleepless
**desventaja** disadvantage
**desvínculo** separation
**detallado** detailed
**detalle** detail
**detallista** *m., f.* detail-oriented
**detección** detection
**detectar** to detect
**detener** (*like* **tener**) to detain; to arrest
**deterioro** deterioration
**determinación** determination
**determinado** definite, specific; fixed; determined
**determinar** to determine; to assign, appoint, fix
**detrás de** behind
**deuda** debt
**devastador** devastating
**devolución** return
**devolver** (*like* **volver**) to return
**devoto** devotee
**día** *m.* day; **día a día** day by day; **día de asueto** day off; **Día de los Reyes Magos** Epiphany; **Día de Navidad** Christmas Day; **día laboral** workday; **hoy (en) día** nowadays; **ponerse** (*irreg.*) **al día** to bring oneself up to date; **todos los días** every day
**diabetes** *f. s.* diabetes
**dialecto** dialect
**diálogo** dialogue
**diario** *n.* newspaper; *adj.* daily; **a diario** every day
**dibujar** to draw
**dibujo** drawing
**diccionario** dictionary
**dicho** *n.* saying; *adj.* (*p.p. of* **decir**) said; told
**dictador** dictator
**dictadura** dictatorship
**dictar** to dictate
**diente** tooth; **lavarse los dientes** to brush one's teeth
**diestro** right-handed
**dietético** dietetic
**diferencia** difference; **a diferencia de** unlike
**diferenciar** to differentiate, distinguish
**diferente** different
**difícil** difficult

**dificultad** difficulty
**dificultar** to make difficult
**difundir** to disseminate, spread
**difunto** deceased, dead person
**difusión** spreading, diffusion
**digestión** digestion
**digestivo** digestive
**dignidad** dignity
**digno** worthy
**dimensión** dimension
**diminutivo** *gram.* diminutive
**diminuto** diminutive, small
**Dinamarca** Denmark
**dinero** money
**Dios** God
**dios** god
**diosa** goddess
**diplomacia** diplomacy
**diplomado** having an academic degree
**diplomático** diplomatic
**dirección** address
**directivo** directive
**directo** direct; **complemento directo** *gram.* direct object
**dirigir (j)** to direct; **dirigirse a** to head toward; to address, speak to
**disciplina** discipline
**discoteca** discotheque
**discriminación** discrimination
**discriminar** to discriminate
**discriminatorio** discriminatory
**discurso** speech
**discusión** discussion
**discutir** to argue
**disentir** (*like* **sentir**) to dissent, disagree
**diseñar** to design
**diseño** design
**disfraz** costume
**disfrazar** to disguise
**disfrutar (de)** to enjoy
**disminución** decrease; decline
**disminuir (y)** to decrease, diminish
**disolución** breaking up; dissolution
**disolver (ue)** (*p.p.* **disuelto**) to dissolve; to break up
**disparar** to shoot, fire
**disparo** shot, discharge
**dispersar** to disperse, spread out
**dispersión** dispersion
**disperso** spread out, dispersed
**disponer** (*like* **poner**) to dispose, arrange; **disponer de** to make use of; to dispose of
**disponibilidad** availability
**disponible** available
**disposición** disposition

**dispuesto: estar** (*irreg.*) **dispuesto a** to be ready to, prepared to
**disputa** dispute
**disputar** to dispute; to debate
**disquete** diskette
**disrupción** disruption
**distancia** distance
**distanciarse** to keep oneself apart
**distinguir (g)** to distinguish
**distintivo** distinctive
**distinto** different, distinct, unlike
**distracción** distraction
**distribuido** distributed
**disturbio** disturbance
**diversidad** diversity
**diversificar** to diversify
**diversión** entertainment; amusement
**diverso** different, distinct, diverse
**divertir (ie, i)** to divert, distract; to amuse, entertain; **divertirse** to have a good time
**dividir** to divide
**divino** divine
**división** division
**divorciarse** to get divorced
**divorcio** divorce
**divulgación** spreading
**doble** *n., adj.* double
**docena** dozen
**doctrina** doctrine
**documentación** documentation
**documentado** documented
**documento** document
**dogma** *m.* dogma
**dogmático** dogmatic
**dólar** dollar
**dolor** pain, ache; **dolor de cabeza** headache
**doméstico** domestic, pertaining to the home or homeland; **quehacer doméstico** chore; **tarea doméstica** chore
**domicilio** home, residence
**dominación** domination
**dominante** dominant
**dominar** to dominate, control; to master; to have thorough knowledge of
**Domingo de Tentación** Temptation Sunday
**Dominicana: República Dominicana** Dominican Republic
**dominio** dominion, power; control
**don** *title of respect used with a man's first name*
**donde** where
**dondequiera** wherever

**doña** *title of respect used with a woman's first name*
**doquier: por doquier** on every side, everywhere
**dormir (ue, u)** to sleep; **dormirse** to fall asleep
**dosificarse** to do (*something*) in moderation
**dosis** *f.* dose
**dotado** gifted
**dotar** to endow
**dote** gift, talent
**dramático** dramatic
**dramatismo** drama, dramatic character or atmosphere
**dramatización** dramatization
**dramaturgo** playwright
**drástico** drastic
**droga** drug; **mulo de drogas** drug trafficker; **tráfico de drogas** drug trafficking
**ducha** shower (stall)
**duda** doubt; **no cabe duda** there is no doubt; **sin duda** without doubt
**dudar** to doubt
**dudoso** doubtful
**dueño** owner
**dulce** *n.* candy; *adj.* sweet
**dulzura** sweetness
**duplicidad** duplicity
**duque** duke
**duración** duration
**duradero** durable, lasting
**durante** during
**durar** to last
**duro** hard; harsh, severe

## E

**echar** to throw (out, away); to expel; **echar de menos** to miss; **echar la casa por la ventana** to roll out the red carpet
**eclesiástico** ecclesiastic, ecclesiastical
**ecología** ecology
**ecológico** ecological
**ecologista** *n. m., f.* ecologist; *adj. m., f.* ecological
**economía** economy
**económico** economical
**economista** *m., f.* economist
**economizar** to economize
**ecuatoriano** *n.* Ecuadorian
**edad** age
**edificación** construction, building (*process*)
**edificio** building (*structure*)

**editorial: casa editorial** publishing house

**educación** education; upbringing

**educacional** educational

**educador** educator

**educar** to rear, bring up; to teach (*rules of good conduct*); to educate

**educativo** educational, educative; **formación educativa** academic preparation or background

**efectivo** effective

**efecto** effect, result

**efectuar (efectúo)** to carry out, perform; **efectuarse** to take place, be carried out

**eficaz** efficient

**eficiencia** efficiency

**efigie** *f.* effigy, image

**egiptano** *n.* Egyptian

**Egipto** Egypt

**egoísta** *m., f.* selfish

**ejecutar** to execute

**ejecutivo** executive

**ejemplar** example

**ejemplificar** to exemplify

**ejemplo** example; **por ejemplo** for example

**ejercer (z)** to practice (*a profession*); to exercise (*one's rights*)

**ejercicio** exercise; **hacer** (*irreg.*) **ejercicio** to exercise

**ejercitarse** to train; to practice

**ejército** army

**ELA** *abbrev. of* **Estado Libre Asociado** Commonwealth

**elaboración** manufacture; making; working (*metal, wood*)

**elaborar** to manufacture, make; to work (*metal, wood*)

**elección** election; **elección limpia** fair election

**electricidad** electricity

**eléctrico** electrical

**electrizante** electrifying

**electrodo** electrode

**electrodoméstico** home appliance

**electrónica** electronics

**electrónico** electronic; **correo electrónico** electronic mail, e-mail

**elegante** elegant

**elegir (i, i) (j)** to elect

**elemento** element

**elevado** high

**elevarse** to rise

**eliminar** to eliminate

**elite** *n. f.* elite

**eludir** to avoid, elude

**embajada** embassy

**embajador** ambassador

**embarazo** pregnancy

**embargar** to seize

**embargo: sin embargo** nevertheless, however

**embarrado** smeared, stained with mud

**emblema** *m.* emblem, symbol

**emblemático** emblematic, symbolic

**emborracharse** to get drunk

**emboscada** ambush

**embriaguez** intoxication, drunkenness

**embrional** embryonic

**emergente** emerging

**emigración** emigration

**emigrante** *m., f.* emigrant

**emigrar** to emigrate

**emisión** emission; broadcast

**emisora** broadcasting station

**emitir** to emit, send forth

**emocional** emotional

**empapado** soaked

**emparejar** to match

**emparentado** related (*family*)

**empedrado** cobble-stoned

**empeñarse (en)** to engage (in); to persist (in); to insist on, be determined

**empeño** insistence, determination

**empeorar** to worsen

**emperador** emperor

**empesijo: dar** (*irreg.*) **empesijo** to begin

**empezar (ie)** to begin

**empleado** employee

**empleador** employer

**emplear** to employ

**empleo** employment, work; job

**emprender** to begin, undertake

**empresa** company, firm, business; **libre empresa** free enterprise

**empresaria** businesswoman

**empresarial** *adj.* business

**empresario** businessman

**empujar** to push

**encabezado (por)** headed, led (by)

**encantado** delighted, enchanted

**encantador** enchanting

**encarar** to face, confront

**encarcelado** prisoner

**encarcelar** to imprison, jail

**encargar** to entrust, put in charge; **encargarse de** + *inf.* to take charge of

**encauzar** to channel, guide, lead

**encefálico: masa encefálica** brain mass

**encender (ie)** to turn on

**encerrar** (*like* **cerrar**) to enclose, confine

**encierro** confinement

**encima: por encima de** above, over

**encontrar (ue)** to find; to meet, encounter; **encontrarse** to be located, found; **encontrarse con** to come across

**encuentro** meeting

**encuesta** survey, poll

**encuestado** person surveyed

**endocrinólogo** endocrinologist

**endurecimiento** hardening

**enemigo** enemy

**enérgicamente** energetically

**energía** energy

**enfadado** angry

**énfasis: poner** (*irreg.*) **énfasis** to emphasize

**enfermarse** to get sick

**enfermedad** sickness

**enfermero** nurse

**enfermo** ill, sick

**enfocar** to focus

**enfoque** focus

**enfrentamiento** clash, confrontation

**enfrentar(se)** to face, confront

**engañar** to deceive, cheat; to cuckold

**engaño** deception, trick

**engendrar** to produce, generate

**engordar** to get fat

**engranaje** meshing of gears

**enigma** *m.* enigma

**enlatado** canned

**enlazar** to connect, link

**enlodar** to muddy

**enmienda** amendment

**enojarse** to become angry

**enología** œnology (*study of wines*)

**enorme** huge, enormous

**enriquecer (zc)** to enrich, make wealthy

**ensalada** salad

**ensayo** essay

**enseñanza** teaching

**enseñar** to teach

**ensuciar** to dirty, make messy

**entablar** to begin

**ente** entity, being

**entender (ie)** to understand

**enterarse** to find out

**entero** entire

**enterrado** buried

**entidad** entity

**entonado** intoned

**entonces** then; **desde entonces** from that time on, since then; **en aquel entonces** back then

**entorno** (immediate) surroundings

**entrar** to enter

**entre** between; among

**entregar** to give, deliver; **entregarse a** to surrender oneself to

**entrenamiento** training

**entretener** (*like* **tener**) to entertain

**entrevista** interview

**entrevistado** person interviewed

**entrevistar** to interview; **entrevistarse** to have an interview, be interviewed

**entroncar** to connect, link up

**entusiasmo** enthusiasm

**enumeración** enumeration

**enumerar** to enumerate

**envasado** packaging

**envase** can, tin (can), jar

**envejecer (zc)** to age

**envejecimiento** aging

**envenenado** poisoned

**enviar (envío)** to send

**envidia** envy

**envolver** (*like* **volver**) to wrap

**epilepsia** epilepsy

**epiléptico** *n.* epileptic

**episodio** episode

**época** season, time of year

**equilibrado** balanced

**equilibrio** balance, equilibrium

**equiparable** comparable

**equiparación** comparing

**equipo** team; equipment

**equitativo** equitable, fair, just

**equivalente** *n., adj.* equivalent

**equivaler** (*like* **valer**) to equal, be equivalent

**equivocarse** to make a mistake

**ergonomía** ergonomics

**erigir (j)** to erect, build

**erradicar** to eradicate

**erróneamente** erroneously

**escala** scale; **a/en gran escala** on a large scale

**escándalo** scandal

**escandaloso** scandalous

**escandinavo** *n.* Scandinavian

**escáner** scanner

**escapar(se)** to escape

**escasez** scarcity

**escaso** scarce

**escena** scene

**escenario** setting, background

**escenificación** dramatization

**escéptico** skeptical

**esclavitud** slavery

**esclavo** slave

**escocés** *n.* Scot; *adj.* Scotch, Scottish

**escoger (j)** to choose

**escolar** *n.* scholar, pupil, student; *adj.* pertaining to a student or school; **año escolar** school year

**escolaridad** curriculum

**escoliosis** *f.* scoliosis

**escombro** rubble, debris

**esconder** to hide, conceal

**escondite** hiding place

**escor** *sl.* score

**escribir** (*p.p.* **escrito**) to write

**escrito** (*p.p. of* **escribir**) written

**escritor** writer

**escritura** writing; handwriting; document

**escuadrón** squadron

**escuchar** to listen

**escudero** squire

**escuela** school; **escuela secundaria** middle and/or high school

**escueto** plain, simple, direct

**escupir** to spit; to spew

**esencial** essential

**esfera** sphere

**esfuerzo** effort; strain

**eslavo** Slav

**eso: por eso** for that reason

**espacial** *adj.* space

**espacio** *n.* space

**espalda** back

**espantado** frightened, scared

**España** Spain

**español** *n.* Spaniard; Spanish (*language*); *adj.* Spanish

**esparcido** scattered

**especial** special

**especialidad** specialty

**especialista** *m., f.* specialist

**especialización** specialization

**especializar** to specialize

**especie** *f.* species

**especificar** to specify

**específico** specific

**espectacular** spectacular

**espectáculo** spectacle, sight; show, performance

**especulación** speculation

**especular** to speculate

**espera** wait

**esperanza** hope; expectation; **esperanza de vida** life expectancy

**esperanzador** hopeful

**esperar** to hope (for); to expect; to wait for

**espionaje** espionage

**espiritismo** spiritualism

**espiritista** *n. m., f.* spiritualist; *adj. m., f.* spiritualistic

**espíritu** *m.* spirit

**espiritual** spiritual

**espontáneamente** spontaneously

**esporádico** sporadic

**esposa** wife, spouse

**esposo** husband, spouse

**espuma** froth, foam; **espuma de urea formol** *a type of foam insulation*

**espumoso** frothy, foamy

**esquema** *m.* plan, outline

**estabilidad** stability

**estabilizar** to stabilize

**estable** stable

**establecer (zc)** to establish; to found; **establecerse** to settle, take up residence; to set oneself up

**establecimiento** establishment

**estación** season; station

**estacionamiento** parking

**estacionar** to park

**estadio** stadium

**estadística** *s.* statistics

**estadístico** statistical

**estado** state; **Estado Libre Asociado (ELA)** Commonwealth; **Estados Unidos** United States; **fiscalía general del estado** attorney general's office; **golpe de estado** coup d'état; **secretario de estado** secretary of state

**estadounidense** *n. m., f.* person from the United States; *adj. m., f.* U.S., from the United States

**estallar** to explode; to break out (*war*)

**estándar** standard

**estaño** tin

**estar** *irreg.* to be; **estar a punto de +** *inf.* to be about to; **estar a salvo** to be safe; **estar al corriente** to be up to date; **estar bien/mal visto** to be approved/disapproved of; **estar de acuerdo** to be in agreement; **estar dispuesto a** to be ready to, prepared to; **estar en juego** to be at work, at play; **estar para +** *inf.* to be about to

**estatal** *adj.* state, pertaining to the state

**estático** *adj.* static

**estatus** status

**estatuto** statute
**estereotipar** to stereotype
**estereotipo** stereotype
**estéril** sterile
**esterilidad** sterility
**esterilización** sterilization
**estiércol** manure
**estilo** style
**estimable** worthy of esteem or respect
**estimación** estimation
**estimar** to think, consider
**estimulador** stimulator
**estimular** to stimulate
**estipular** to stipulate
**estirar** to stretch
**estival** *adj.* summer
**estómago** stomach
**estrado** dais
**estratagema** stratagem
**estrategia** strategy
**estratégico** strategic
**estratificación** stratification
**estrecharse la mano** to shake hands
**estrechez** narrowness
**estrecho** *n.* strait; **Estrecho de Magallanes** Strait of Magellan; *adj.* close, narrow
**estrella** star
**estrellarse** to crash
**estremecedor** terrifying, shocking
**estrenar** to make a debut
**estrés** stress
**estresante** stressful
**estrictamente** strictly
**estridente** strident
**estructura** structure
**estudiante** *m., f.* student
**estudiar** to study
**estudio** study; **estudios a la carta** parallel studies
**estudioso** scholar
**estupendo** stupendous, wonderful
**estúpido** stupid
**etapa** stage, step, era
**etcétera** et cetera
**eterno** eternal
**etiqueta** label, tag
**etiquetado** label, tag
**etiquetar** to label, tag
**étnico** ethnic
**Europa** Europe
**europeo** *n., adj.* European; **Unión Europea** European Union
**Euskadi** Basque Country
**éuskera** Basque (*language*)
**evaluar (evalúo)** to evaluate

**evangélico** *n.* evangelist; *adj.* evangelical
**evangelio** gospel
**evangelizar** to evangelize; to preach the gospel
**evento** event
**evidencia** evidence
**evidente** obvious, evident
**evitar** to avoid
**evocar** to evoke
**evolución** evolution
**evolucionar** to evolve, develop
**exacto** exact
**exageración** exaggeration
**exagerado** exaggerated
**exaltar** to exalt
**examinar** to examine
**excedencia** *n.* leave (*from work*)
**excelente** excellent
**Excelentísimo (Excmo)** Most Excellent
**excepción** exception
**excepto** except
**exceptuar (exceptúo)** to exclude, except
**excesivo** excessive
**exceso** excess
**exclamación** exclamation
**excluir (y)** to exclude
**exclusión** exclusion
**exclusivo** exclusive; **en exclusiva** in exclusion
**Excmo** *abbrev. of* **Excelentísimo** Most Excellent
**excursión** excursion, trip; **salir** (*irreg.*) **de excursión** to go/leave on a trip
**exentar** to exempt
**exhausto** exhausted
**exhibir** to exhibit
**exigencia** demand; requirement
**exigible** required
**exigir (j)** to demand; to require
**exiliado** exile (*person*)
**exilio** exile
**existencia** existence
**existente** existent
**existir** to exist
**éxito** success; **tener** (*irreg.*) **éxito** to be successful
**éxodo** exodus
**expansión** expansion
**expectación** expectation
**expectativa** expectation, hope
**expediente** file
**experiencia** experience; **experiencia extracorporea** out-of-body experience

**experimentador** experimenter, researcher
**experimentar** to experience; to experiment
**experimento** experiment
**experto** expert
**explicación** explanation
**explicar** to explain
**exploración** exploration
**explorar** to explore
**explosión** explosion
**explotación** exploitation; working (*of a mine*)
**explotar** to exploit; to work (*a mine*); to explode, blow up
**exponente** exponent
**exponer** (*like* **poner**) to expose
**exportación** export(s)
**expresamente** expressly
**expresar** to express
**expresión** expression
**expropiación** expropriation
**expropiar** to expropriate
**expuesto** (*p.p. of* **exponer**) exposed
**expulsar** to expel
**expulsión** expulsion, expelling
**exquisito** exquisite
**extender (ie)** to extend
**extensión** extension
**extenso** extensive
**extenuado** debilitated
**exterior: política exterior** foreign policy
**exterminación** extermination
**exterminar** to exterminate
**exterminio** extermination, eradication
**externo** external; foreign
**extinción** extinction
**extinguir (g)** to extinguish
**extracorporeo: experiencia extracorporea** out-of-body experience
**extradoméstico: trabajo extradoméstico** job outside the home
**extraer** (*like* **traer**) to extract
**extranjero** *n.* foreigner; abroad, foreign countries; *adj.* foreign
**extrañar** to miss, long for
**extraño** strange
**extraordinario** extraordinary
**extrarradio** *s.* outskirts
**extrasensorial: percepción extrasensorial (PES)** extrasensory perception (ESP)
**extraterrestre** *n., adj.* extraterrestrial
**extravagante** extravagant
**extremo** *n.* extreme; limit; *adj.* extreme

# F

**fábrica** factory
**fabricación** manufacture, making
**fabricar** to manufacture, make
**faceta** side, aspect, facet
**fachada** facade, front
**fácil** easy
**facilidad** facility, ease
**factible** feasible
**factura** invoice, bill, receipt
**facultad** gift, ability; faculty, power; school (*of a university*)
**faena** task
**faja: de la faja a la mortaja** from cradle to tomb
**fallar** to fail
**falta** lack; **hacer** (*irreg.*) **falta** to be necessary
**faltar** to be missing; to fail to keep, do, fulfill
**fama** fame; reputation
**familia** family
**familiar** *n.* relative; *adj.* familiar; pertaining to a family; **planificación familiar** family planning
**famoso** famous
**fanático** *n., adj.* fanatic
**fantasía** fantasy
**fantasma** *m.* ghost
**fantasmal** ghostly, spectral
**fantástico** fantastic
**farándula** show
**faraón** pharaoh
**farmacéutico** pharmaceutical
**farol** lamp, light
**fascinante** fascinating
**fase** *f.* phase
**fatalismo** fatalism
**fatalista** *m., f.* fatalistic
**fatiga** fatigue
**favor** favor; **a favor de** in favor of; **por favor** please
**favorecer (zc)** to favor
**favorito** favorite
**fe** *f.* faith
**fecha** date; **fecha de caducidad** expiration date
**fecundo** fertile
**federación** federation
**felizmente** happily
**femenino** feminine
**feminidad** femininity
**feminista** *adj. m., f.* feminist
**feminización** feminization
**fenómeno** phenomenon
**feo** ugly

**feria callejera** street fair
**férreo: vía férrea** railway, railroad
**ferretería** hardware store
**ferrocarril** railroad, railway
**ferroviario** pertaining to the railroad
**fértil** fertile
**fertilidad** fertility
**festividad** festivity
**fiable** trustworthy, reliable
**fiarse (me fío) de** to be faithful; to have faith in
**fibra** fiber
**ficción** fiction
**ficticio** fictitious
**fidedigno** credible, trustworthy, reliable
**fiebre** *f.* fever
**fiel** faithful
**fiesta** party; holiday; feast, holy day; **Fiesta de Posada** Christmas party
**figura** figure
**figurar** to figure
**fijado** fixing
**fijar** to fix, set; **fijarse** to notice; to set, establish
**fijo** stationary; set, definite
**fila** row
**Filadelfia** Philadelphia
**filosofía** philosophy
**filosófico** philosophical
**filósofo** philosopher
**filtrar** to filter
**filtro** filter
**fin** end; **a fin de** + *inf.* in order to; **a fines de** at the end of; **en fin** finally; after all; in short; **fin de semana** weekend; **para fines de** by the end of; **por fin** finally
**final: a finales de** at the end of; **para finales de** by the end of
**finalización** finalization
**financiación** financing
**financiar** to finance
**financiero** financial
**finca** farm; property
**finlandés** *adj.* Finnish
**Finlandia** Finland
**fino** fine
**firma** signature
**fiscal** *n.* district attorney; *adj.* fiscal
**fiscalía general del estado** attorney general's office
**física** physics
**físico** physical
**fisiología** physiology
**flamenco: cante flamenco** flamenco singing

**flexibilidad** flexibility
**flor** *f.* flower
**flotar** to float
**fluctuar (fluctúo)** to fluctuate
**fluido** *n.* fluid
**fluorescente** fluorescent
**folclore** folklore
**folleto** brochure
**fomentar** to foster, promote
**fondo** back, rear; bottom; background; **a fondo** completely, thoroughly; **en el fondo** at heart, deep down
**forastero** newcomer; outsider
**forma** form
**formación** education, rearing; **formación educativa** academic preparation or background
**formaldehído** formaldehyde
**formalidad** formality
**formar** to form, shape; to educate, bring up; **formar parte de** to be part of
**formol: espuma de urea formol** *a type of foam insulation*
**formular** to formulate
**fortalecer (zc)** to strengthen
**fortuna** fortune
**fosa nasal** nostril
**foto** *f.* photo(graph)
**fotocopiadora** photocopier
**fotografía** photograph; photography
**fotoquímica** photochemistry
**fracasar** to fail
**fracaso** failure
**fragancia** fragrance
**frágil** fragile
**fragmento** fragment
**francés** *n.* French (*language*); French person; *adj.* French
**Francia** France
**franco** frank
**franquista** *adj. m., f.* pertaining to Franco
**frase** *f.* phrase
**frecuencia** frequency; **con frecuencia** frequently
**frecuente** frequent
**fregar (ie)** to scrub; to wash (*dishes*); to mop; **fregar el suelo** to mop the floor
**freno** brake; check
**frente** front; **frente a** facing, opposite
**fresa** strawberry
**fresco** fresh; cool
**frío** *n., adj.* cold; **hacer** (*irreg.*) **frío** to be cold (temperature)

**frito** fried
**frontera** border
**frotar** to rub
**frustración** frustration
**frustrar** to frustrate
**fruta** fruit (*edible fruit*)
**fruto** fruit (*result, product*)
**fuego** fire; **fuegos artificiales** *pl.* fireworks
**fuente** *f.* source
**fuera** *adv.* outside, out; **fuera de** outside (of)
**fuerte** strong
**fuerza** force; strength; **Fuerza Aérea** Air Force; **fuerza laboral** workforce; **fuerzas armadas** armed forces
**fulminado** struck down; wounded
**fumador** smoker
**fumar** to smoke
**función** function
**funcionalidad** functionality
**funcionamiento** functioning
**funcionar** to function
**funcionario** civil servant
**fundamentalista** *n. m., f.* fundamentalist
**fundamento** foundation
**fundar** to found
**fundidor** welder
**fundir** to melt
**fúnebre** funeral; **cortejo fúnebre** funeral procession
**fusión** fusion
**futuro** *n., adj.* future

**G**

**gafas** (eye)glasses
**gala: hacer** (*irreg.*) **gala** to display
**galán** leading man
**Gales** Wales
**gallego** Galician (*language from the region of Galicia in Spain*)
**galletita** cookie
**gama** range
**gamín** street child
**ganadería** livestock raising
**ganadero** *adj.* cattle, pertaining to cattle
**ganado** livestock, cattle
**ganancia** profit
**ganar** to earn; to win; to gain; **ganarse la vida** to earn a living
**ganas** *pl.* desire, feeling
**garaje** garage
**garantía** guarantee

**garantizar** to guarantee
**garganta** throat
**gasa** gauze
**gasolina** gasoline
**gastar** to spend; **gastar bromas** to play jokes
**gasto** expense
**gato** cat; **dar** (*irreg.*) **gato por liebre** to swindle
**gemelo** *adj.* twin
**gen** gene
**generación** generation
**general** *n.* general; *adj.* general; **en líneas generales** generally speaking; **fiscalía general del estado** attorney general's office; **por lo general** in general; **secretario general** secretary general
**generalización** generalization
**generalizado** generalized
**generar** to generate
**género** *gram.* gender
**generoso** generous
**genético** genetic
**gente** *f.* people
**geodesia** geodesy
**geografía** geography
**geográfico** geographic
**geológico** geologic
**geopolítico** geopolitical
**geriatra** *m., f.* geriatrician
**geriátrico** geriatric
**gestión** management
**gesto** gesture
**gigantesco** gigantic
**gigantismo** gigantism
**girar** to spin around; to revolve
**giratorio** revolving
**gitano** *n., adj.* gypsy
**glacial** icy, freezing
**global** global, total
**globalización** globalization
**globo** globe; balloon
**glosa** gloss
**gnóstico** Gnostic
**gobernabilidad** governability
**gobernador** governor
**gobernar (ie)** to govern
**gobierno** government
**godo** Goth
**golpe** blow, knock, hit; strike (*hammer*); **dar** (*irreg.*) **golpes** to pound, hit; **de golpe** suddenly; **golpe de estado** coup d'état
**gordo: dedo gordo** big toe
**gorra** cap

**gozar (de)** to enjoy
**grabación** recording
**grabado** imprinted, recorded
**grabar** to record
**gracia** charm; *pl.* thank you; **dar** (*irreg.*) **las gracias** to thank, give thanks; **gracias a** thanks to, owing to
**gracioso** charming; funny
**grado** degree
**graduado** *n., adj.* graduate
**graduarse (me gradúo)** to graduate
**gráfico** *m., f.* graph; diagram
**gran, grande** big, large; great; **a/en gran escala** on a large scale
**granjero** farmer
**grasa** *n.* fat
**gratificación** gratification
**gratis** free, for nothing
**grave** serious
**gravedad** gravity, seriousness
**Grecia** Greece
**gregoriano** Gregorian
**griego** *n.* Greek
**gripe** *f.* cold; flu
**gris** grey; **materia gris** grey matter
**gritar** to yell, shout
**grito** yell, shout; **poner** (*irreg.*) **el grito en el cielo** to raise a great fuss
**grúa** tow truck
**grueso** thick
**grupo** group
**guadalupano** pertaining to the Virgin of Guadalupe
**guapo** good-looking, handsome
**guardar** to put away; to keep
**guardería infantil** day care center, nursery
**guatemalteco** *adj.* Guatemalan
**guayaba** guava apple
**gubernamental** governmental
**guerra** war; **Segunda Guerra Mundial** Second World War
**guerrero** warrior, fighter; soldier
**guerrilla** *s.* partisans; band of guerrillas
**guerrillero** *n., adj.* guerrilla
**guía** *m., f.* guide (*person*); *f.* guide (*book*); guidance
**gustar** to be pleasing to
**gusto** taste; pleasure

**H**

**haber** *irreg.* to have (*auxiliary*); **hay** there is; there are
**hábil** able, competent, capable
**habilidad** ability, skill
**habitación** room

**habitáculo** dwelling, residence

**habitante** *m., f.* inhabitant

**habitar** to inhabit

**hábito** habit

**habitual** customary, habitual

**hablar** to speak; to talk

**hacendado** landowner; farmer; rancher

**hacer** *irreg.* to do; to make; **desde hace** + *period of time* for + *period of time*; **hace** + *period of time* = *period of time* + ago; **hace... años** . . . years ago; **hacer calor/frío** to be hot/cold (temperature); **hacer caso** to pay attention; **hacer chapuzas** to do odd jobs; **hacer ejercicio** to exercise; **hacer falta** to be necessary; **hacer gala** display; **hacer hincapié en** to stress, emphasize; **hacer hueco** to make space for; **hacer la primera comunión** to make/receive one's first communion; **hacer mella en** to harm, injure (*a reputation*); **hacer mención** to mention; **hacer referencia** to allude (to); **hacer sol** to be sunny; **hacer un alto** to stop, halt; **hacerse** to make oneself, to become; **hacerse cargo (de)** to take charge (of); **no hacer caso** to ignore

**hacia** *prep.* toward(s); **hacia abajo** downward(s); **hacia arriba** upward(s)

**hacinamiento** overcrowding

**hallar** to find

**hambre** *f.* hunger; **tener** (*irreg.*) **hambre** to be hungry

**hamburguesa** hamburger

**hasta** *adv.* even; *prep.* until; up to; down to; as far as; **hasta cierto punto** up to a point; **hasta pronto** see you soon; **hasta que** *conj.* until

**hazaña** deed

**hebreo** *n.* Hebrew (*language*); *adj.* Hebrew

**hecho** *n.* fact; **de hecho** in fact; *adj.* (*p.p. of* **hacer**) done; made

**hembra** *n.* female

**hemisferio** hemisphere

**herbicida** herbicide

**heredero** heir, inheritor

**herencia** inheritance

**herido** wounded

**hermana** sister

**hermanastros** stepsiblings

**hermano** brother; *pl.* brothers and sisters

**hermoso** beautiful

**héroe** hero

**heroico** heroic

**heroína** heroine

**herramienta** tool

**hervido** boiled

**heterogéneo** heterogeneous

**híbrido** *adj.* hybrid

**hidratante** hydrating

**hidratar** to hydrate

**hierba** herb

**hierro** iron

**hígado** liver

**higiene** hygiene

**higiénico** hygienic

**hija** daughter

**hijo** son; child; *pl.* sons; children

**himno** hymn

**hincapié: hacer** (*irreg.*) **hincapié en** to stress, emphasize

**hindú** *n. m., f.* Hindu

**hiperestesia** hyperesthesia

**hípica** horseback riding

**hipnosis** *f.* hypnosis

**hipnótico** hypnotic

**hipnotizado** hypnotized

**hipnotizador** hypnotist

**hipótesis** *f. s., pl.* hypothesis

**hipotético** hypothetical

**hispánico** *adj.* Hispanic

**hispano** *n., adj.* Hispanic

**Hispanoamérica** Spanish America; Latin America

**hispanoamericano** *n., adj.* Spanish American; Latin American

**hispanohablante** Spanish-speaking

**historia** history; story

**historiador** historian

**histórico** historic

**hito** important moment

**hogar** home; **ama** (*f., but* **el ama**) **de hogar** housewife

**hogareño** domestic, pertaining to the home

**hoguera** bonfire

**hoja** page; leaf

**hojalata** tin

**Holanda** Holland

**holandés** *adj.* Dutch

**hombre** man

**homicidio** homicide

**homogéneo** homogeneous

**honesto** honest

**honrar** to honor

**hora** hour; time; **hora punta** rush hour; **por hora** by the hour

**horario** schedule

**hornada** batch

**horno** oven; **horno (de) microondas** microwave oven

**horóscopo** horoscope

**hospicio** hospice

**hostil** hostile

**hostilidad** hostility

**hoy** today; **hoy (en) día** nowadays

**hoya** hole; pit

**hueco: hacer** (*irreg.*) **hueco** to make space for

**huelga** strike

**huella** track; imprint, impression

**huérfano** orphan

**huevo** egg

**huida** flight, escape

**huir (y)** to flee, run away, escape

**humanidad** humanity

**humanitario** humanitarian

**humano** *n., adj.* human; **ser humano** human being

**humedad** humidity

**humedecer (zc)** to dampen, moisten

**húmedo** humid

**humilde** humble

**humillación** humiliation

**humillado** humbled; humiliated

**humillante** humbling; humiliating

**humo** smoke

**humor** humor; mood

**humorístico** humorous

**hundirse** to sink

**Hungría** Hungary

# I

**ibero** *n.* Iberian

**ideado** planned, thought up

**idealista** *m., f.* idealistic

**idealizado** idealized

**idéntico** identical

**identidad** identity

**identificable** identifiable

**identificación** identification

**identificado: objeto volante no identificado (OVNI)** unidentified flying object (UFO)

**identificar** to identify

**ideología** ideology

**ideológico** ideological

**idioma** *m.* language

**iglesia** church

**ignorancia** ignorance

**ignorar** to be ignorant of, not know

**igual** equal; same; similar; **al igual que** just as, like; **igual que** the same as

**igualación** equalization, leveling
**igualar** to make equal, equalize
**igualdad** equality
**igualitario** egalitarian
**igualmente** likewise, also
**ilegal** illegal
**ilegítimo** illegitimate
**ilógico** illogical
**iluminación** illumination
**iluminado** lit, illuminated
**ilusión** illusion
**ilusionista** *m., f.* illusionist; magician
**ilustración** illustration
**imagen** *f.* image
**imaginación** imagination
**imaginar(se)** to imagine; to suppose
**imaginativo** imaginative
**imbécil** imbecile
**imitar** to imitate
**impacto** impact
**imparable** unstoppable
**impedir** (*like* **pedir**) to impede, prevent
**imperar** to reign, rule
**imperativo** imperative
**imperdonable** unpardonable
**imperialista** *adj. m., f.* imperialist
**imperio** empire
**ímpetu** *m.* impetus
**implantación** implantation
**implantar** to implant
**implementar** to implement
**implicación** implication
**implicar** to imply; to involve
**implícito** implicit
**imponer** (*like* **poner**) to impose
**importación** importation
**importancia** importance
**importante** important
**importar** to be important; to matter; to import
**imposible** impossible
**imprescindible** essential, indispensable
**impresión** impression
**impresionante** impressive
**impresionar** to impress, make an impression on
**impreso** printed
**impresora** (computer) printer
**imprevisto** unexpected, unforeseen
**improvisación** improvisation
**improvisar** to improvise
**imprudencia** indiscretion
**imprudente** imprudent, indiscreet
**impuesto** *n.* tax; *adj.* (*p.p. of* **imponer**) imposed
**impulsar** to impel, drive, force

**impulso** impulse
**inadvertidamente** inadvertently
**inagotable** inexhaustible
**inalterable** unalterable
**inaugurar** to inaugurate
**incapaz** incapable
**incendio** fire
**incentivo** incentive
**incertidumbre** *f.* uncertainty
**incidencia** incidence
**incidir** to influence
**inclemencia** inclemency
**inclinación** inclination
**inclinar** to incline, bow, bend; **inclinarse a** + *inf.* to be or feel inclined to + *inf.*
**incluir** (**y**) to include
**inclusive** including
**incluso** even; including
**incómodo** uncomfortable
**incompleto** incomplete
**incomprensible** incomprehensible
**inconcebible** inconceivable
**inconsciente** *n.* (the) unconscious
**incontrolable** uncontrollable
**incontrolado** uncontrolled
**inconveniente** inconvenience
**incorporación** incorporation
**incorporar(se)** to incorporate (oneself); to join
**incorpóreo** bodiless
**incorrecto** incorrect
**incrédulo** unbeliever
**incrementar** to increase
**incuestionable** unquestionable
**indefenso** defenseless, helpless
**indeleble** permanent
**indemnización** indemnification
**independencia** independence
**independiente** independent
**independización** process of becoming independent
**independizarse** to become independent
**indicación** indication
**indicar** to indicate
**índice** index; **índice de mortalidad** death rate; **índice de natalidad** birth rate
**indicio** indication, sign
**indiferencia** indifference
**indígena** *m., f.* indigenous, native
**indignante** irritating
**indirecto** indirect
**indiscutible** indisputable, unquestionable

**individuo** *n.* individual
**indolente** indolent, lazy
**inducción** induction
**inducir** *irreg.* to induce, lead
**indudablemente** undoubtedly
**indulgencia** indulgence
**indulgente** indulgent
**indulto** pardon
**industria** industry
**industrialización** industrialization
**industrializado** industrialized
**inesperado** unexpected
**inestabilidad** instability
**inestable** unstable
**inevitable** unavoidable
**inexacto** inexact
**infancia** infancy
**infanticidio** infanticide
**infantil** *adj.* child, infant; **guardería infantil** day care center, nursery
**infarto** heart attack
**infección** infection
**inferior** inferior; lower
**inferioridad** inferiority
**infierno** hell
**infinito** infinite
**inflación** inflation
**influencia** influence
**influenciar** to influence
**influir** (**y**) to influence; **influir en** to have or produce an effect upon
**influyente** influential
**información** information
**informar** to inform; to tell; **informarse** to find out; to investigate
**informática** computer science
**informativo** informative
**informe** report
**infracción** infraction
**infractor** violator
**infraestructura** infrastructure
**infranqueable** impassable; insurmountable
**infringir** (**j**) to infringe, violate
**infusión** infusion
**ingeniería** engineering
**ingeniero** engineer
**ingesta** ingestion
**Inglaterra** England
**inglés** *n.* English (*language or person*); *adj.* English
**ingrediente** ingredient
**ingreso** income, revenue; *pl.* earnings
**iniciación** initiation
**inicial** *adj.* initial
**iniciar** to initiate

**iniciativa** initiative
**injustamente** unjustly
**inmediatez** suddenness
**inmediato** immediate
**inmenso** immense, enormous
**inmersión** immersion
**inmigración** immigration
**inmigrante** immigrant
**inminente** imminent
**inmortalidad** immortality
**inmóvil** immobile
**inmovilidad** immobility
**inmovilizar** to immobilize
**inmundodeficiencia: síndrome** (*m.*) **de inmunodeficiencia adquirida (SIDA)** acquired immune deficiency syndrome (AIDS)
**innegable** undeniable
**innombrable** nameless
**innovación** innovation
**inocencia** innocence
**inocente** innocent
**inquieto** worried
**insatisfacción** dissatisfaction
**insecto** insect
**inseguridad** insecurity
**insistir (en)** to insist (on)
**insomnio** insomnia
**insoportable** unbearable
**insospechable** beyond suspicion
**inspección** inspection
**inspiración** inspiration
**inspirar** to inspire
**instalación** installation
**instalar** to install
**instantáneo** instantaneous
**instar** to urge
**instaurar** to establish
**instigador** instigator
**instinto** instinct
**institución** institution
**instituir (y)** to institute
**instituto** institute
**instrucción** instruction
**instrumento** instrument
**insultar** to insult
**insuperable** insurmountable
**insurgente** *n.* insurgent
**intacto** intact
**integración** integration
**integrar(se)** to integrate
**integridad** integrity
**integro** whole, complete
**intelectual** *n., adj.* intellectual
**inteligencia** intelligence
**inteligente** intelligent

**intención** intention
**intensificar** to intensify
**intenso** intense
**intentar** to try
**intento** attempt; intention
**interaccionar** to interact
**interactuar** (*like* **actuar**) to interact
**interamericano** inter-American
**intercalar** to mix in
**intercambiable** interchangeable
**intercambio** exchange
**intercesión** intercession
**interconectado** interconnected
**interés** interest
**interesante** interesting
**interesar** to interest
**interestelar** interstellar
**interior** *n.* interior; inside; *adj.* interior; domestic, internal (*politics*)
**interlocutor** speaker
**intermediario** *n.* intermediary
**intermitente** intermittent
**internacional** international
**interno** internal
**interpretación** interpretation
**interpretar** to interpret
**interrogante** question
**interrumpido** interrupted
**interrupción** interruption
**intervención** intervention
**intervencionismo** interventionism
**intervenir** (*like* **venir**) to intervene
**íntimo** intimate
**intolerancia** intolerance
**intoxicación** intoxication
**introducción** introduction
**introducir** *irreg.* to introduce
**intruso** intruder
**intuición** intuition
**inundar** to flood, inundate
**inútil** useless
**invadir** to invade
**invalidar** to invalidate
**invasión** invasion
**invasor** invader
**inventar** to invent
**invento** invention
**inversión** investment
**inversionista** *m., f.* investor
**inverso** inverse; opposite; **reflejo inverso** mirror image
**invertir (ie, i)** to invest
**investigación** investigation
**investigador** investigator
**investigar** to investigate
**invitación** invitation

**invitado** guest
**invitar** to invite
**invocar** to invoke
**involucrado** involved
**ir** *irreg.* to go; **ir de compras** to go shopping; **ir por su cuenta** to go one's separate way; **irse** to go away
**ira** anger; rage
**iraní** *n. m., f.* Iranian
**Irlanda** Ireland
**irlandés** *adj.* Irish
**irónico** ironic
**irresponsabilidad** irresponsibility
**irritabilidad** irritability
**irritación** irritation
**irritar** to irritate
**isla** island
**islámico** Islamic
**Italia** Italy
**italiano** *n., adj.* Italian
**itinerario** itinerary
**izquierda** *n.* left (*political*); left-hand side; **a la izquierda** left, on the left
**izquierdista** leftist, left-wing
**izquierdo** *adj.* left

# J

**jadear** to pant
**jamás** never
**Jánuca** Hanukkah
**Japón** Japan
**japonés** *n., adj.* Japanese
**jardín** garden
**jaula** cage
**jauría** pack, crowd
**jefe** boss; leader, chief
**jerárquico** hierarchic, hierarchical
**jerga** jargon; slang
**Jerusalén** Jerusalem
**Jesucristo** Jesus Christ
**jíbaro** peasant (*P.R.*)
**jornada** workday
**joven** *n.* youth, young person; *adj.* young
**joya** jewel; piece of jewelry
**jubilado** retired (*from work*)
**judaísmo** Judaism
**judeo-español** Judeo-Spanish (*dialect*)
**judío** *n.* Jew; *adj.* Jewish
**juego** game; **en juego** at stake; **estar** (*irreg.*) **en juego** to be at work, at play; **Juegos Olímpicos** Olympic Games
**juerga** spree
**juez** *m.* judge
**jugar (ue)** to play
**juguete** toy

**juguetería** toy store; toy business
**juguetón** playful
**juicio** trial; lawsuit
**juliano: calendario juliano** Julian calendar
**jungla** jungle
**juntarse** to meet, come together
**junto a** near, next to; **junto con** along with, together with
**juntos** together
**jurado** sworn
**jurídico** legal
**justicia** justice
**justificable** justifiable
**justificación** justification
**justificar** to justify
**justo** fair, just; **café de comercio justo** fair trade coffee; **comercio justo** fair trade
**juventud** youth (*period of time*)

## K

**kilo** kilo, kilogram
**kilogramo** kilogram, kilo
**kilométrico** very long, extensive
**kilómetro** kilometer

## L

**laberinto** labyrinth
**labor** *f.* labor, work
**laboral** pertaining to work or labor; **día** (*m.*) **laboral** workday; **fuerza laboral** workforce
**laboratorio** laboratory
**lácteo** *adj.* dairy
**ladino** *n., adj.* Old Castilian
**lado** side; **al lado de** next to, beside; **por otro lado** on the other hand
**ladrón** thief
**lago** lake
**lágrima** tear
**lagrimear** to well up with tears
**laguna** lacuna, gap
**lamentablemente** unfortunately, lamentably
**lámina** thin plate or sheet
**lámpara** lamp
**lanzar** to launch; to throw
**lápiz** *m.* pencil
**lapso** lapse, passing of time
**largo** long; **a largo plazo** (in the) long term; **a lo largo de** along; throughout; **de recorrido largo** for the long haul
**laringe** larynx
**lata** (tin) can

**latente** latent
**latifundio** land grant
**latino** *n., adj.* Latin, Latino; **América Latina** Latin America
**Latinoamérica** Latin America
**latinoamericano** *n., adj.* Latin American
**latitud** latitude
**lavadero** laundry
**lavadora** washing machine
**lavar** to wash; **lavarse los dientes** to brush one's teeth
**lazo** bow; tie, link
**lealtad** loyalty
**lección** lesson
**leche** *f.* milk
**lector** reader
**lectura** reading
**leer (y)** to read
**legado** legacy
**legalización** legalization
**legalizar** to legalize
**legítimo** legitimate, lawful
**legumbre** *f.* vegetable
**lejano** far-off, distant, remote
**lejos** *adv.* far away; **lejos de** far from
**lema** *m.* slogan
**lengua** tongue; language
**lenguaje** language
**lento** slow
**lesión** injury
**letra** letter (*of the alphabet*); lyric; **en letra** (*s.*) **cursiva** in italics
**letrero adhesivo (en los parachoques)** bumper sticker
**levadura** yeast
**levantar** to raise, lift; **levantar pesas** to lift weights; **levantarse** to get up, stand up; to rise, rebel
**levitación** levitation
**ley** *f.* law
**liberación** liberation
**liberar** to liberate, free
**libertad** freedom, liberty
**libio** *n.* Libyan
**libra** pound
**librarse de** to get rid of
**libre** free; **al aire libre** outdoors; **Estado Libre Asociado (ELA)** Commonwealth; **libre comercio** free trade; **libre empresa** free enterprise; **redacción libre** free writing; **Tratado de Libre Comercio (TLC)** North American Free Trade Agreement (NAFTA)
**librería** bookstore
**libro** book; **libro de texto** textbook

**licencia** license
**licenciado** person who has completed a college degree
**licenciatura** degree, degree course
**líder** leader
**liderado (por)** led (by)
**liebre** hare; **dar** (*irreg.*) **gato por liebre** to swindle
**ligarse** to join together, ally
**ligero** light (*weight*)
**lima** file
**limitar** to limit
**límite** limit
**limpiar** to clean
**limpieza** cleaning; cleanliness
**limpio** clean; **elección limpia** fair election
**linchamiento** lynching
**línea** line; **en líneas generales** generally speaking
**lingüístico** linguistic
**lío** problem
**liquidar** to liquidate
**liso** smooth
**lista** list
**listo** ready; smart
**literario** literary
**literatura** literature
**litro** liter
**liturgia** liturgy
**liviano** light; loose
**llamada** call
**llamado** called; so-called
**llamar** to call; **llamar la atención** to attract, draw attention; **llamarse** to be called
**llamativo** showy, flashy
**llano** *n. pl.* plains; *adj.* flat
**llave** *f.* key
**llegada** arrival
**llegar** to arrive, reach; **llegar a ser** to become; **llegar a un acuerdo** to reach an agreement
**llenar** to fill
**lleno** full
**llevar** to carry; to wear; to take; **dejarse llevar** to get carried away; **llevar a cabo** to complete
**llorar** to cry
**lluvia** rain
**lluvioso** rainy
**lóbulo** lobe
**localidad** place, site
**loco** crazy
**lógica** logic
**lógico** logical

**lograr** to achieve
**logro** achievement, success
**lombriz** worm
**Londres** London
**longevo** long-lived
**longitud** length
**lorito** parrot
**lucha** fight, struggle
**luchador** fighter
**luchar** to fight, struggle
**lucir (zc)** to shine; to wear
**lucrativo** lucrative
**luego** soon; at once; then
**lugar** place; **en lugar de** instead of; **en primer/segundo lugar** in the first/second place; **tener** (*irreg.*) **lugar** to take place
**lujo** luxury
**lujoso** luxurious
**luminoso** bright; **Sendero Luminoso** Shining Path
**luna** moon
**Luxemburgo** Luxemburg
**luz** light; **a la luz de** in light of; **dar** (*irreg.*) **a luz** to give birth

## M

**macizo** strong, solid
**madera** wood; **madera de aglomerado** pressed particle board
**madre** *f.* mother
**madrileño** *n.* person from Madrid; *adj.* from Madrid
**madrina** godmother
**maduración** ripening
**maduro** mature; ripe
**maestro** teacher
**Magallanes: Estrecho de Magallanes** Strait of Magellan
**magallón** *part of an agricultural irrigation system used by indigenous peoples near Lake Titicaca*
**magia** magic
**mágico** magical
**magnético** magnetic
**magnetismo** magnetism
**magnetofónico** magnetophonic
**mago: Día** (*m.*) **de los Reyes Magos** Epiphany; **Reyes Magos** Three Wise Men, Magi
**mahometano** *n.* Muslim
**maíz** *m.* corn
**majestad: Su Majestad** Your Majesty
**mal** *n.* wrong; evil
**mal** *adv.* badly; **estar** (*irreg.*) **mal visto** to be disapproved of

**mal, malo** *adj.* bad; sick
**maldición** curse
**maléfico** *adj.* evil; pernicious
**malestar** malaise, indisposition
**maleta** suitcase
**malgastar** to waste
**mamá** mother, mom
**mancha** stain
**mandar** to send
**mandato** mandate, order; *gram.* command
**manejo** handling, management
**manera** way, manner, method; **a la manera de** like, in the manner of; **de manera que** so that; **de todas maneras** whatever happens, by all means
**manifestación** demonstration, manifestation
**manifestarse (ie)** to show, reveal oneself
**manifiesto: poner** (*irreg.*) **de manifiesto** to make clear
**maniobra** maneuver
**manipulación** manipulation
**manipular** to manipulate
**mano** *f.* hand; **a mano** by hand; **a manos de** at the hands of; **al alcance de la mano** within arm's reach; **darse** (*irreg.*) **la mano** to shake hands; **de segunda mano** secondhand; **estrecharse la mano** to shake hands; **mano de obra** workforce
**mantener** (*like* **tener**) to maintain; to keep
**mantenimiento** maintenance
**mantilla** veil
**manufacturado** manufactured
**manzanilla** chamomile
**mañana** *n.* morning; *adv.* tomorrow
**mapa** *m.* map
**maquillado** made up (*with cosmetics*)
**máquina** machine; **máquina contestadora de mensajes** telephone answering machine; **máquina de vapor** steam engine
**mar** sea; **Mar Mediterráneo** Mediterranean Sea; **Mar Muerto** Dead Sea
**maratón** marathon
**maravilla** wonder
**maravilloso** marvelous, wonderful
**marca** mark; brand
**marcar** to mark, stamp; **marcar la pauta** to set the pace; to take the lead

**marcha** march; trek; **poner** (*irreg.*) **en marcha** to put in motion; **puesta en marcha** *n.* starting, launching
**marcharse** to go away, leave
**marcial** *adj.* martial
**marciano** Martian
**marea** tide; **contra viento y marea** against all odds
**margen** *m., f.* margin, border
**marginación** shutting out, pushing aside, marginalizing
**marginado** shut out, pushed aside, marginalized
**marginalización** marginalization
**marido** husband
**marihuana** marijuana
**marino** *adj.* marine
**marítimo** maritime
**marroquí** *adj.* Moroccan
**Marruecos** Morocco
**martillazo** blow with a hammer
**martillo** hammer
**marxista** *n. m., f.* Marxist
**mas** *conj.* but, however, although
**más** more; **aún más** furthermore, moreover; **cada vez más** increasingly, more and more; **cuanto más... más...** the more . . . the more . . . ; **el más allá** the other world; life after death; **más allá** further, farther
**masa encefálica** brain mass
**masaje** massage
**máscara** mask
**masculinidad** masculinity
**masculino** masculine
**masificación** amassing
**masivo** massive
**masticar** to chew
**matadero** slaughterhouse
**matanza** killing
**matar** to kill
**matemático** mathematical
**materia** subject; material; **materia gris** grey matter; **materias primas** raw materials
**materialista** *m., f.* materialistic
**materialización** materialization
**materializarse** to appear (out of nowhere)
**maternidad** maternity
**matrícula** register, registration
**matrimonio** marriage, matrimony
**máximo** maximum
**mayor** *n.* elder; *adj.* greater; older; **en su mayor parte** for the most

part; **la mayor parte** most, the majority

**mayoría** majority

**mayoritario** pertaining to the majority

**mecánico** mechanical

**mecanismo** mechanism

**mecanización** mechanization

**mecanografía** typing

**mecanografiado** typed

**media** average, mean

**mediado: a mediados de** in the middle of

**mediano** medium, average

**medianoche** *f.* midnight

**mediante** by means of, through

**medicina** medicine

**médico** *n.* doctor; *adj.* medical

**medida** measurement, measure; means; **a medida que** as, at the same time as

**medio** *n.* middle; half; means; environment; **en medio de** in the middle of; **medio ambiente** environment; **medios de comunicación** media; **por medio de** by means of

**medio** *adj.* average; half; middle, mid; **a medio plazo** (in the) medium term; **clase** (*f.*) **media** middle class; **Medio Oriente** Middle East

**mediodía** *m.* midday, noon

**meditación** meditation

**mediterráneo** *adj.* Mediterranean; **Mar Mediterráneo** Mediterranean Sea

**megaciudad** very large city

**megalópolis** *f.* megalopolis

**megaurbe** *f.* very large city

**mejor** better; best

**mejora** improvement

**mejoramiento** improvement

**mejorar** to improve

**melisa** lemon balm

**mella: hacer** (*irreg.*) **mella en** to harm, injure (*a reputation*)

**melón** melon

**membresía** membership

**memoria** memory

**mención** mention; **hacer** (*irreg.*) **mención** to mention

**mencionar** to mention

**menor** *n.* minor; *adj.* lesser; least; smaller; smallest; younger; youngest

**menos** less; lesser; least; **a menos que** *conj.* unless; **al menos** at least; **echar de menos** to miss; **ni mucho**

**menos** not by any means; **por lo menos** at least

**mensaje** message; **máquina contestadora de mensajes** telephone answering machine

**mensajería: servicio de mensajería** delivery service

**mensajero** messenger, carrier

**mentalidad** mentality

**mentalización** mentality

**mente** *f.* mind

**mentir (ie, i)** to lie

**mentiroso** lying

**menudo** *adj.* minute; **a menudo** frequently, often

**meramente** solely, purely

**mercado** market

**mercancía** merchandise

**merecer (zc)** to deserve

**mérito** merit

**mero** mere

**mes** month

**mesa** table

**mestizo** *n.* person of mixed blood, race; *adj.* mixed blood, race

**mesura** restraint, control

**meta** goal

**metabólico** metabolic

**metamorfosis** *f.* metamorphosis

**meteoro** meteor

**meteorológico** meteorological

**método** method

**metro** subway

**metropolitano** metropolitan

**mexicano** *n., adj.* Mexican

**México** Mexico

**mexicoamericano** *n.* Mexican American

**mezcla** mixture

**mezclar** to mix

**mezcolanza** hodgepodge, jumble

**micrófono** microphone

**microonda: horno (de) microondas** microwave oven

**microorganismo** microorganism

**miedo** fear; **tener** (*irreg.*) **miedo** to be afraid

**miembro** member

**mientras (que)** *conj.* while; *adv.* meanwhile; **mientras tanto** meanwhile

**migración** migration; immigration

**migrante** *n. m., f.* migrant, immigrant

**migratorio** *adj.* migrant

**milagro** miracle

**milagrosamente** miraculously

**milenario** millenary

**milenio** millennium

**militar** *adj.* military

**milla** mile

**millonario** millionaire

**mina** mine

**minería** mining

**minga** communal work

**minimercado** mini-market

**mínimo** mininum

**ministerio** ministry

**ministro** minister; **primer ministro** prime minister

**minoría** *n.* minority

**minoritario** *adj.* minority

**minucioso** meticulous

**minuto** minute

**mirada** look

**mirar** to look at; to watch

**misa** mass

**miserable** *n.* wretch, unfortunate person

**miseria** poverty; **trabajar por una miseria** to work for peanuts; **villa de miseria** shantytown

**misión** mission

**misionero** missionary

**mismo** self; same; **ahora mismo** right now; **al mismo tiempo** at the same time; **allí mismo** right there; **lo mismo** the same thing

**misterio** mystery

**mitad** half

**mitigar** to mitigate

**mito** myth

**mitología** mythology

**mixto** mixed

**mobilario** furniture

**moda** fashion; style; **pasar de moda** to go out of style

**modélico** *adj.* model

**modelo** *n.* model

**moderado** moderate

**modernización** modernization

**modernizar** to modernize

**moderno** modern

**modificación** modification

**modificar** to modify

**modo** way, manner; **de modo que** *conj.* so that; **de todos modos** anyway

**molécula** molecule

**molestar** to bother, annoy

**molestia** annoyance

**molino** mill

**momento** moment

**monarquía** monarchy

**moneda** coin

**monetario** monetary

**monja** nun
**monje** monk
**monjita** *dim. for* **monja** nun
**monocromático** monochromatic
**monopolio** monopoly
**monopolista** *m., f.* monopolist
**monopolizar** to monopolize
**monotonía** monotony
**monótono** monotonous
**monstruo** monster
**montaje** montage
**montaña** mountain; **Montañas Roco-sas** Rocky Mountains
**montar en bicicleta** to ride a bicycle
**montón** heap, pile
**morador** resident, inhabitant
**moraleja** *n.* moral
**morbosidad** illness
**morder (ue): pescadilla que se muerde la cola** vicious circle
**moreno** dark-skinned; dark-haired
**morir(se) (ue, u)** ( *p.p.* **muerto**) to die
**mortaja: de la faja a la mortaja** from cradle to tomb
**mortalidad** mortality; **índice/tasa de mortalidad** death rate
**mostrar (ue)** to show
**motivación** motivation
**motivar(se)** to motivate
**motivo** motive
**motor** engine, motor; **motor a vapor** steam engine
**mover(se) (ue)** to move
**móvil** mobile
**movilidad** mobility
**movilizar** to mobilize
**movimiento** movement
**muchacha** girl
**muchacho** boy; *pl.* boys; boys and girls
**muchedumbre** *f.* crowd
**mucho** *adj.* much, a lot; *pl.* many; **muchas veces** often, frequently
**mucho** *adv.* a lot, much, very much; **ni mucho menos** not by any means
**mudanza** *n.* move (*to another house, location*)
**mudarse** to move (*to another house, location*)
**mueble** piece of furniture; *pl.* furniture
**muelle** wharf
**muerte** *f.* death; **pena de muerte** death penalty
**muerto** *n.* dead person; *adj.* (*p.p. of* **morir**) dead; **Mar Muerto** Dead Sea
**muestra** sample

**mujer** *f.* woman
**mulero** mule driver
**mulo de drogas** drug trafficker
**multa** fine, penalty
**multado** fined
**multiculturismo** multiculturalism
**multimillonario** multimillionaire
**multinacional** multinational
**múltiple** *adj.* multiple
**multiplicar** to multiply
**multitud** crowd, multitude
**mundial** *adj.* world; **Banco Mundial** World Bank; **Segunda Guerra Mundial** Second World War
**mundo** world
**municipio** municipality
**muñeca** doll; stuffed animal
**muralla** city wall; rampart
**murmurar** to murmur
**muro** wall; rampart
**músculo** muscle
**museo** museum
**música** music
**músico** musician
**musiquero** music cabinet or shelf
**musulmán** *n.* Muslim
**mutagénesis** *f.* process of creating a new organism from genetic material of two or more existing organisms
**mutuo** mutual
**muy** very

# N

**nacer (zc)** to be born
**nacido: recién nacido** newborn
**nacimiento** birth
**nación** nation
**nacional** national; **producto nacional bruto** gross national product
**nacionalidad** nationality
**nacionalismo** nationalism
**nacionalización** nationalization
**nada** nothing; **antes que nada** above all; **no tener** (*irreg.*) **nada que ver con** to have nothing to do with
**nadie** no one, nobody
**naranjo** orange tree
**narcotráfico** drug trafficking
**nariz** nose
**narración** narration
**narrar** to narrate
**narrativo** narrative
**nasal: fosa nasal** nostril
**natación** swimming
**natal** pertaining to birth

**natalidad: control de la natalidad** birth control; **índice/tasa de natalidad** birth rate
**nativo** *n., adj.* native
**naturaleza** nature
**naturalización** naturalization
**nauseas** *pl.* nausea; **producir** (*irreg.*) **nauseas** to nauseate, sicken
**nave** *f.* ship
**Navidad** Christmas; **Día de Navidad** Christmas Day
**navideño** pertaining to Christmas
**necesario** necessary
**necesidad** necessity
**necesitar** to need
**nefasto** ominous, unlucky
**negar(se) (ie)** to deny (oneself)
**negativo** negative
**negociador** negotiator
**negociar** to negotiate
**negocio** business
**negro** black
**nene** very young child
**neoyorquino** New Yorker
**netamente** clearly
**neurona** neuron
**neurovegetativo** neurovegetative
**neutralizar** to neutralize
**neutro** neuter
**ni** nor; **ni... ni...** neither . . . nor . . . ; **ni mucho menos** not by any means; **ni que** as if; **ni siquiera** not even
**nicaragüense** *adj.* Nicaraguan
**nicho** *small religious shrine*
**niebla** fog; film
**nieta** granddaughter
**nieto** grandson; *pl.* grandchildren
**nieve** *f.* snow
**niñez** childhood
**niño** child
**nipón** Japanese
**níquel** nickel
**nivel** level; **nivel de criminalidad** crime rate
**no obstante** nevertheless
**Nobel: Premio Nobel** Nobel Prize
**noche** *f.* night; **buenas noches** good evening; good night; **por la noche** at night
**Nochebuena** Christmas Eve
**Nochevieja** New Year's Eve
**noción** notion
**nómada** *n. m., f.* nomad; *adj. m., f.* nomadic
**nombrar** to name
**nombre** name

**norma** rule, standard; **norma penal** penal code

**normativo** normative

**noroeste** northwest

**norte** north

**Norteamérica** North America

**norteamericano** *n., adj.* North American

**norteño** northern

**nota** note; **nota al pie de la página** footnote; **tomar nota de** to take note of

**notar** to note, notice, observe

**notario** notary, notary public

**noticias** *pl.* news

**notificación** notification

**notoriedad** notoriety

**novedad** novelty

**novia** fiancée; girlfriend

**noviazgo** courtship; engagement

**novio** fiancé; boyfriend

**núcleo** nucleus; core

**nuevamente** again

**nuevo** new; **Año Nuevo** New Year; **de nuevo** again; **de nuevo cuño** newly minted

**numérico** numerical

**número** number

**numerología** numerology

**numeroso** numerous

**nunca** never

**nutrición** nutrition

**nutricionista** *m., f.* nutritionist

**nutriente** nutrient

## O

**o** or; **o sea** in other words

**obedecer (zc)** to obey

**obesidad** obesity

**obispo** bishop

**objetivo** objective; target

**objeto** object; **objeto volante no identificado (OVNI)** unidentified flying object (UFO)

**obligación** obligation

**obligar (a)** to oblige, force

**obligatoriedad** obligation

**obligatorio** obligatory, compulsory

**obra** work; **mano** ( *f.*) **de obra** work-force

**obrero** worker

**observación** observation

**observador** observer

**observar** to observe

**obsesión** obsession

**obsesionado** obsessed

**obsesivo** obsessive

**obstante: no obstante** nevertheless

**obtener** (*like* **tener**) to obtain

**obvio** obvious

**ocasión** occasion

**ocasional** occasional

**ocasionar** to occasion, cause

**ocaso** sunset; *fig.* decline

**occidental** western

**Océano Pacífico** Pacific Ocean

**ocio** leisure

**ocultar** to hide

**oculto** hidden

**ocupación** occupation

**ocupar** to occupy; to fill

**ocurrir** to occur, happen; **ocurrirse** to come to mind

**odiar** to hate

**odio** hatred

**oeste** west

**ofender** to offend

**oferta** offer; supply

**oficina** office

**oficinista** *m., f.* clerk, office worker

**oficio** occupation, job, work

**ofrecer (zc)** to offer

**oftalmología** ophthalmology

**oír** *irreg.* to hear

**ojo** eye; **en un abrir y cerrar de los ojos** in the blink of an eye

**oleada** wave, surge

**olfato** sense of smell

**olímpico: Juegos Olímpicos** Olympic Games

**olvidar(se)** to forget

**olvido** forgetfulness; oblivion

**ominoso** ominous

**omitir** to omit

**omnicomprensivo** all encompassing

**omnipresente** omnipresent

**opción** option

**operación** operation

**operador** operator

**operar** to operate

**opinar** to think

**opinión** opinion; **cambiar de opinión** to change one's mind

**oponerse a** (*like* **poner**) to oppose, be opposed to

**oportunidad** opportunity

**oposición** opposition

**opresión** oppression

**optar (por)** to opt (for)

**optativo** optional

**optimista** *n. m., f.* optimist; *adj. m., f.* optimistic

**opuesto** (*p.p. of* **oponer**) opposite

**oración** sentence; prayer

**orador** orator

**orden** order; **poner** (*irreg.*) **(en) orden** to put in order, organize

**ordenador** computer (*Sp.*)

**ordenanza** ordinance

**ordenar** to arrange, put in order; to order, command

**órgano** organ

**orgullo** pride

**orientación** orientation

**oriental** eastern

**orientar** to orient

**oriente** east; **Medio Oriente** Middle East

**origen** origin

**originar(se)** to originate, create

**originario** native of

**ortodoxo** orthodox

**osar** to dare

**osco** *n.* Oscan (language); *adj.* Oscan (*an ancient people of central Italy*)

**oscuridad** darkness

**oscuro** dark

**otorgar** to grant

**otro** another; other; **en otras palabras** in other words; **otra vez** again; **por otra parte** on the other hand; **por otro lado** on the other hand

**ouija: tablero de ouija** Ouija board

**oveja** sheep

**OVNI** *abbrev. of* **objeto volante no identificado** unidentified flying object (UFO)

**oxígeno** oxygen

**oyente** listening; hearing

**ozono** ozone

## P

**paciente** *n., adj.* patient

**pacífico** pacific, peaceful; **Océano Pacífico** Pacific Ocean

**pacifista** *m., f.* pacifist

**padecer (zc)** to suffer

**padrastro** stepfather; hangnail; *pl.* stepparents

**padre** father; *pl.* parents

**padrino** godfather; *pl.* godparents

**pagar** to pay

**página** page; **nota al pie de la página** footnote

**pagos: balanza de pagos** balance of payments

**país** country; **Países Bajos** Netherlands

**paisaje** landscape

**palabra** word; **en otras palabras** in other words; **tener** (*irreg.*) **la palabra** to have the floor

**palacio** palace

**paliar** to palliate, alleviate

**pálido** pale

**palo** stick

**pan** bread; **tostadora de pan** toaster

**Panamá** Panama

**pandilla** gang; **pandilla callejera** street gang

**panegírico** eulogy

**pánico** panic

**pantalla** screen

**papa** *m.* pope

**papá** *m.* Dad

**papel** paper; role; **desempeñar un papel** to play a role

**papeleo** paperwork, red tape

**para** for; in order to; toward; by; **estar** (*irreg.*) **para** + *inf.* to be about to; **para finales de** by the end of; **para fines de** by the end of; **para que** *conj.* so that

**parabrisas** *m. s.* windshield

**paracaidista** *m., f.* parachutist; *sl.* squatter

**parachoque** bumper; **letrero adhesivo (en los parachoques)** bumper sticker

**parada** stop

**paradoja** paradox

**paradójico** paradoxical

**paraíso** paradise

**paralela** parallel

**paralizar** to paralyze

**parangón** comparison, parallel

**parapsicología** parapsychology

**parar** to stop

**parcial** partial

**parecer** (**zc**) to seem, appear; **parece que** to look as if, seem that; **parecerse a** to look alike, resemble

**pared** wall

**pareja** couple, pair

**parentesco** kinship, relationship

**paréntesis** *s.* parenthesis; *pl.* parentheses

**pariente** *n.* relative

**parlamento** parliament

**paro** unemployment

**parque** park

**párrafo** paragraph

**parroquia** parish

**parte** *f.* part; **de parte de** on behalf of; on the side of; from; **en buena parte** in large part; **en su mayor parte** for the most part; **formar parte de** to be part of; **la mayor parte** most, the majority; **por mi parte** as far as I am concerned; **por otra parte** on the other hand; **por/en todas partes** everywhere

**participación** participation

**participante** participant

**participar** to participate

**partida** departure; **punto de partida** starting point

**partidario** supporter, follower

**partido** game; (political) party

**partir** to split, divide; to depart, leave; **a partir de** as of, from (*this moment, this day, etc.*)

**parto** (act of giving) birth

**pasado** past; **año pasado** last year

**pasaje** passage

**pasaporte** passport

**pasar** to pass; to spend (*time*); to happen; **pasar a ser** to become; **pasar de moda** to go out of style

**pasatiempo** pastime

**pasear** to take a walk; to take a ride

**paseo: dar** (*irreg.*) **un paseo** to go for a walk

**pasión** passion

**pasional: triángulo pasional** love triangle

**pasivo** passive; nonworking

**paso** step; **ceder el paso a** to make way for, step aside for; **dar** (*irreg.*) **paso a** to give way to; **dar pasos** to take steps; **dejar paso a** to lead to

**pastor** shepherd

**patata** potato

**patente** obvious, evident, clear

**paterno** paternal

**patinaje** skating

**patio de recreo** playground

**patología** pathology

**patria** homeland

**patriarcal** patriarchal

**patriótico** patriotic

**patrón** patron; owner; boss; **santo patrón** patron saint

**patrulla** patrol

**paupérrimo** extremely poor

**pausa** pause, break

**pauta** pattern, model; guideline, rule; **marcar la pauta** to set the pace; to take the lead

**pavo** turkey

**payaso** clown

**payo** peasant

**paz** peace

**pecador** sinner

**pecho** chest; breast; **dar** (*irreg.*) **pecho** to breastfeed

**pedagogía** pedagogy

**pedagógico** pedagogical

**pedido** request

**pedir** (**i, i**) to ask; **pedir permiso** to ask permission; **pedir posada** to request lodging; **pedir prestado** to borrow

**Pekín** Peking

**pelea** fight

**pelícano** pelican

**película** movie, film

**peligro** danger; **poner** (*irreg.*) **en peligro** to endanger

**peligroso** dangerous

**pellejitos** *pl.* flaking skin

**pelo** hair

**peluquero** hairdresser

**pena** penalty, punishment; sorrow; pain; **pena de muerte** death penalty; **valer** (*irreg.*) **la pena** to be worthwhile

**penal** penal; **norma penal** penal code

**penalizar** to penalize

**penas: a penas** hardly

**pendiente** pending

**péndulo** pendulum

**penetrar** to penetrate

**península** peninsula

**penoso** difficult; embarrassing

**pensamiento** thought

**pensar** (**ie**) (**en**) to think (about)

**penúltimo** penultimate

**peor** worse, worst

**pequeño** small

**per cápita** per capita

**percepción** perception; **percepción extrasensorial (PES)** extrasensory perception (ESP)

**percibir** to perceive

**perder** (**ie**) to lose; to waste; **perderse** to get lost

**pérdida** loss

**perdonar** to forgive, pardon

**perecedero** perishable

**peregrinación** pilgrimage

**peregrinaje** pilgrimage

**peregrino** pilgrim

**perezoso** lazy

**perfección** perfection

**perfecto** perfect
**perfil** profile
**perfumado** perfumed
**periferia** periphery
**periférico** peripheral
**periódico** *n.* newspaper; *adj.* periodic
**periodista** *m., f.* journalist
**período** period
**perjudicar** to damage, harm
**perjudicial** harmful
**permanecer (zc)** to remain
**permanente** permanent
**permisible** permissible
**permisivo** permissive
**permiso** permission; permit; **pedir (i, i) permiso** to ask permission; **permiso de conducir** driver's license
**permitir** to permit, allow
**pernicioso** pernicious
**pero** but
**perpetrado** perpetrated
**perpetuar (perpetúo)** to perpetuate
**perpetuo** perpetual
**perplejo** perplexed
**perro** dog
**persecución** persecution
**perseguidor** pursuer
**perseguir (***like* **seguir)** to pursue
**perseverancia** perseverance
**persistencia** persistence
**persona** person
**personaje** character
**personalidad** personality
**perspectiva** perspective
**pertenecer (zc)** to belong
**perteneciente (a)** belonging (to)
**perturbación** disturbance
**perturbado** disturbed
**perturbador** disturbing
**Perú** *m.* Peru
**peruano** *adj.* Peruvian
**pervivencia** survival
**PES** *abbrev. of* **percepción extrasensorial** extrasensory perception (ESP)
**pesa: levantar pesas** to lift weights
**pesadilla** nightmare
**pesado** heavy
**pesar: a pesar de (que)** in spite of, despite
**pescadilla que se muerde la cola** vicious circle
**pescado** fish
**pese a** despite
**pesimista** *m., f.* pessimistic
**peso** weight

**peste** *f.* bubonic plague
**pesticida** pesticide
**petición** petition
**petroleo** oil
**petrolero** *adj.* oil, petroleum; pertaining to oil, petroleum
**picada** bite, peck, pricking
**picante** spicy
**pie** foot; **nota al pie de la página** footnote
**piel** *f.* skin
**pierna** leg
**pieza** piece
**pijama** *m. s.* pajamas
**pila** sink, basin (*baptismal*); battery
**Pilato: Poncio Pilato** Pontius Pilate
**piloto** pilot
**pino: al quinto pino** way out in the sticks
**pintura** painting
**piña** pineapple
**piñata** *suspended candy-filled papier-mâché object to be broken with a stick by blindfolded partygoers*
**pionero** pioneer
**piratería aérea** skyjacking
**pisar los talones** to keep on someone's heels; to follow closely
**pista** hint
**pistola** pistol, gun
**pistoletazo** pistol shot
**pitando: salir (***irreg.***) pitando** to leave in a hurry
**pizarra** chalkboard
**placentero** pleasant, agreeable
**placer** pleasure
**plagar** to plague
**planchar** to iron
**planeta** *m.* planet
**planificación** planning; **planificación familiar** family planning
**planificador** planner
**plano** plane, surface; **de plano** plainly, flatly
**planta** plant
**plantación** plantation
**planteamiento** statement; proposal
**plantear** to state, expound; to carry out; **plantearse** to raise, pose (*a question, a problem*)
**plasmarse** to take shape
**plástico** *n., adj.* plastic
**plata** silver
**platillo volante** flying saucer
**Platón** Plato
**playa** beach

**plazo** period of time; **a corto/medio/largo plazo** (in the) short/medium/long term
**pleno** full
**pluridisciplinario** multidisciplinary
**población** population
**poblador** settler
**poblar (ue)** to populate, settle
**pobre** poor
**pobreza** poverty
**poco** *n.* a little bit; *adj., adv.* little, few; **dentro de poco** soon, shortly; **pocas veces** rarely; **poco a poco** little by little
**poder** *n.* power
**poder** *irreg.* to be able to
**poderoso** powerful
**poeta** *m.* poet
**polaco** Pole
**polar: círculo polar antártico** Antarctic Circle
**polémica** controversy
**polémico** polemic, polemical
**policía** police (*force*)
**policiaco** *adj.* police, pertaining to the police
**poligloto** multilingual
**polímero** polymer
**politécnico** polytechnic
**política** policy; politics; **política exterior** foreign policy
**político** *n.* politician; *adj.* political
**polivalencia** versatility
**pollo** chicken
**polución** pollution; **polución acústica** noise pollution
**polvo** dust
**pólvora** powder
**pomposo** magnificent, ornate
**ponche** punch
**Poncio Pilato** Pontius Pilate
**poner** *irreg.* to put, place; **poner de manifiesto** to make clear; **poner el grito en el cielo** to raise a great fuss; **poner en marcha** to put in motion; **poner (en) orden** to put in order, organize; **poner en peligro** to endanger; **poner en práctica** to put into practice; **poner énfasis** to emphasize; **ponerse al día** to bring oneself up to date
**popularidad** popularity
**popularización** popularization
**por** for; because of; by; through; per; **acabar por** to end up by, finish up by; **dar por sentado** to take for

granted; **ir** (*irreg.*) **por su cuenta** to go one's separate way; **por ciento** percent; **por consiguiente** consequently, therefore; **por doquier** on every side, everywhere; **por ejemplo** for example; **por el contrario** on the contrary; **por encima de** above, over; **por eso** for that reason; **por favor** please; **por fin** finally; **por hora** by the hour; **por la noche** at night; **por la tarde** in the afternoon; **por lo demás** as for the rest; **por lo general** in general; **por lo menos** at least; **por (lo) tanto** therefore; **por lo visto** evidently, apparently; **por medio de** by means of; **por mi cuenta** in my opinion; **por mi parte** as far as I am concerned; **por otra parte** on the other hand; **por otro lado** on the other hand; **¿por qué?** why?; **por razón de** because of; **por separado** separately; **por supuesto** of course; **por todas partes** everywhere; **por último** finally; **por una vez** for once

**porcentaje** percentage
**porque** because
**portaequipajes** *s.* luggage rack
**portal** city gate
**portavoz** *m., f.* spokesperson
**portuario** pertaining to a port
**portugúes** *n.* Portuguese (*language, person*)
**porvenir** future
**posada** inn; *pl.* Christmas festivities; *reenactment of Joseph and Mary's search for an inn;* **Fiesta de Posada** Christmas party; **pedir (i, i) posada** to request lodging
**poscomunista** *m., f.* post-Communist
**poseer (y)** to possess
**posesión** possession
**posibilidad** possibility
**posible** possible
**posición** position
**positivo** positive
**posponer** (*like* **poner**) to postpone
**postergado** postponed
**posterior** subsequent, later
**postular** to hypothesize, suggest
**postura** stance; **cambiar de postura** to change one's stance
**potencial** *n.* potential
**potenciar** to strengthen
**práctica** practice; **poner** (*irreg.*) **en práctica** to put into practice

**practicante** practitioner
**practicar** to practice; **practicar deportes** to play sports
**pragmático** pragmatic
**precaución** precaution
**preceder** to precede
**precio** price
**precioso** precious
**precipitarse** to rush headlong
**preciso** necessary; precise
**precognición** precognition
**preconcebido** preconceived
**predecir** (*like* **decir**) to predict
**predicador** preacher
**predicar** to preach
**predominar** to predominate
**preexistente** preexisting
**preferencia** preference
**preferible** preferable
**preferir (ie, i)** to prefer
**pregunta** question
**preinfarto** preinfarction
**prejuicio** prejudice
**preludio** prelude
**prematrimonial: acuerdo prematrimonial** prenuptial agreement
**premio** prize; **Premio Nobel** Nobel Prize
**prensa** press
**preocupación** worry
**preocupado** worried
**preocuparse** to worry
**preparación** preparation
**preparar** to prepare
**preponderante** preponderant, prevailing
**presencia** presence
**presenciar** to witness
**presentación** presentation
**presentar** to present
**presente** *n., adj.* present
**preservar** to preserve
**preservativo** condom
**presidencia** presidency
**presidente** president
**presión** pressure
**presionar** to pressure
**preso** prisoner
**prestación** loan
**prestado: pedir (i, i) prestado** to borrow
**prestamista** *m., f.* moneylender
**préstamo** loan
**prestar** to lend; **prestar atención** to pay attention
**prestigio** prestige

**prestigioso** prestigious
**presumir(se)** to presume, assume
**presunción** presumption
**presunto** supposed, presumed
**presupuestario** budgetary
**presupuesto** budget
**pretender** to try; to intend to (do something)
**pretensión** pretension
**prevalecer (zc)** to prevail, triumph
**prevención** prevention
**prevenido** prepared, on one's guard
**prevenir** (*like* **venir**) to prevent
**prever** (*like* **ver**) to foresee
**previamente** previously
**previo** prior, previous
**previsión** prevision
**prima** premium; bonus
**primario** primary
**primer, primero** first; **de primera** first class; **en primer lugar** in the first place; **hacer** (*irreg.*) **la primera comunión** to make/receive one's first communion; **primer ministro** prime minister
**primicia** *pl.* early results
**primitivo** primitive
**primo** *n.* cousin
**primo: materias primas** raw materials
**primordial** fundamental
**princesa** princess
**principal** main
**príncipe** prince
**principio** beginning, start; **al principio** in/at the beginning
**prioridad** priority
**prisa: tener** (*irreg.*) **prisa** to be in a hurry
**prisión** prison
**privación** loss
**privado** private
**privatización** privatization
**privilegiado** privileged person
**privilegio** privilege
**pro y contra** for and against
**probabilidad** probability
**probar (ue)** to taste; to test; to prove
**problema** *m.* problem
**problemático** problematic
**procedencia** origin, source
**procedente** originating (from)
**proceder** to proceed, issue, originate
**procedimiento** procedure, process; proceedings
**procesar** to put on trial

**procesión** procession
**proceso** process
**proclamar** to proclaim
**procurar** to procure
**producción** production
**producir** *irreg.* to produce; **producir nauseas** to nauseate, sicken
**productivo** productive
**producto** product; **producto biológico** natural food; **producto nacional bruto** gross national product
**proeza** prowess
**profanar** to desecrate
**profano** profane
**profesar** to profess
**profesión** profession
**profesional** professional
**profesionalización** professionalization
**profesor** professor, teacher
**profundizar** to deepen; to delve deeply (*into a subject*)
**profundo** deep, profound
**programa** *m.* program
**programable** programmable
**programador** computer programmer
**progresar** to progress
**progresista** *m., f.* progressive
**progresivo** progressive
**progreso** progress
**prohibición** prohibition
**prohibir (prohíbo)** to forbid, prohibit
**proliferar** to proliferate, multiply
**prolífico** prolific
**prolongado** prolonged, extended
**prolongar** to prolong, extend
**promesa** promise
**promoción** promotion
**promover** (*like* **mover**) to promote
**pronombre** pronoun
**pronosticar** to predict
**pronto** soon; **hasta pronto** see you soon; **tan pronto como** as soon as
**pronunciar** to pronounce; to deliver (*a speech*)
**propagación** spreading
**propaganda** advertising, publicity; propaganda
**propiedad** property
**propio** one's own; one's self; characteristic; **propio de** belonging to
**proponer** (*like* **poner**) to propose
**proporción** proportion
**proporcionar** to supply, provide; to give, yield
**propósito** purpose
**propuesta** proposal

**proscrito** outlaw
**prospección** exploration, survey
**prosperar** to prosper
**prosperidad** prosperity
**prostituta** prostitute
**protagonista** *m., f.* protagonist
**protección** protection
**protector** protector, patron
**proteger (j)** to protect
**proteína** protein
**protestante** *n., adj.* Protestant
**protestantismo** Protestantism
**prototipo** prototype
**provechoso** profitable, beneficial
**proveedor** provider
**provocar** to provoke; to make, cause
**proximidad** proximity
**próximo** next
**proyección** projection
**proyectar** to project
**proyecto** project
**prueba** test; proof
**pseudoprofesional** pseudoprofessional
**psicoanálisis** *f.* psychoanalysis
**psicoanalista** *m., f.* psychoanalyst
**psicoanalítico** psychoanalytical
**psicofísico** psychophysical
**psicofonía** *an audible supernatural entity*
**psicokinesia** psychokinesis
**psicología** psychology
**psicológico** psychological
**psicólogo** psychologist
**psicoterapéuta** psychotherapist
**psique** psyche
**psiquiatra** *m., f.* psychiatrist
**psíquico** psychic
**psiquismo** psychic phenomena
**publicación** publication
**publicar** to publish
**publicidad** publicity
**publicitario** *adj.* (pertaining to) advertising, publicity
**público** *n.* audience, public; *adj.* public
**pueblo** town; people
**puerta** door
**puerto** port
**puertorriqueño** *n., adj.* Puerto Rican
**pues** then; well
**puesta en marcha** *n.* starting, launching
**puesto** job, post; **puesto que** *conj.* because, since
**pulgada** inch
**pulgar: dedo pulgar** thumb
**pulmón** lung

**pulpa** pulp
**pulpo** octopus
**pulular** to teem, abound
**punta: hora punta** rush hour
**puntaje** score
**puntería** aim
**punto** point; **a punto de** about to; **estar** (*irreg.*) **a punto de** + *inf.* to be about to; **hasta cierto punto** up to a point; **punto de partida** starting point; **punto de vista** point of view
**puntual** punctual
**puñado** handful, fistful
**puño** fist
**puro** pure

## Q

**quedar** to be left; to have left; **quedarse** to stay, remain
**quehacer** task; **quehacer doméstico** chore
**queja** complaint
**quejarse** to complain
**quemar** to burn
**querer** *irreg.* to want; to love; **querer decir** to mean
**quien** who, whom
**quietecito** *dim. of* **quieto** still
**quieto** still
**químico** chemical
**quinto: al quinto pino** way out in the sticks
**quinua** quinoa
**quiromancia** palmistry
**quitacutículas: crema quitacutículas** cuticle cream
**quitar** to remove, take away
**quizá(s)** perhaps

## R

**racional** rational
**racionamiento** rationing
**racismo** racism
**racista** *m., f.* racist
**radio** *f.* radio (*medium*)
**radiólogo** radiologist
**raíz** root
**rama** branch
**ramificarse** to branch out
**rancho** ranch
**raptar** to kidnap
**rapto** kidnapping
**raro** rare, uncommon
**rascacielo** skyscraper
**rasgo** trait
**ratificación** ratification

**ratificado** ratified

**rato** while, short time

**ratón** rat

**rayo** ray

**raza** race; **La Raza** *an Hispanic political party*

**razón** *f.* reason; **por razón de** because of; **tener** (*irreg.*) **razón** to be right

**reacción** reaction

**reaccionar** to react

**reaccionario** *n.* reactionary

**reacio** obstinate, stubborn

**reactivo** reactive

**real** real; royal

**realidad** reality

**realista** *m., f.* realistic

**realización** realization, carrying out, putting into effect

**realizar** to carry out, put into effect

**rebaja** reduction, rebate, discount; **compras en rebajas** discount shopping

**rebajado** reduced (*in price*), discounted

**rebelarse** to revolt; to rebel

**recaer** (*like* **caer**) **sobre** to fall on

**recalcitrante** stubborn, obstinate

**recargo** surcharge

**recaudación** collection, collecting

**recaudador** collector

**recelo** distrust, suspicion

**receloso** suspicious

**receptivo** receptive

**rechazar** to reject

**rechazo** rejection

**recibir** to receive

**reciclado** recycled

**reciclaje** recycling

**recién** recently, newly; **recién nacido** newborn

**reciente** recent

**recinto** enclosure, space, area

**recitar** to recite

**reclamación** claim, demand; complaint

**reclamar** to file a claim or complaint

**reclutar** to recruit

**recobrar** to recover, recuperate, regain; **recobrar el conocimiento** to regain consciousness

**recoger** (*like* **coger**) to pick up; to collect, gather

**recomendable** recommendable

**recomendación** recommendation

**recomendar** (**ie**) to recommend

**recomponer** (*like* **poner**) to repair again

**reconciliación** reconciliation

**reconciliarse** to reconcile

**reconocer** (*like* **conocer**) to recognize

**reconquistar** to reconquer, regain

**recopilación** compilation; abridgment

**recopilar** to compile; to abridge

**recordar** (**ue**) to remember, recall, bring to mind

**recorrer** to travel; to traverse

**recorrido: de recorrido largo** for the long haul; **recorrido turístico** tourist route

**recreado** recreated

**recreativo** recreational

**recreo: patio de recreo** playground

**recto** straight

**recuerdo** memory

**recuperar** to recover, recuperate; **recuperarse** to recover (one's health)

**recurrir** (**a**) to appeal (to); to resort to, fall back on

**recurso** resource; way, means, recourse

**red** network

**redacción** writing; editing; editorial staff; **redacción libre** free writing

**reducción** reduction

**reducido** reduced, lessened

**reducir** *irreg.* to reduce

**reemplazar** to replace

**reencarnación** reincarnation

**reencarnacionista: terapia reencarnacionista** past-life regression therapy

**reencarnista** *adj.* past life

**reestablecido** reestablished

**referencia: hacer** (*irreg.*) **referencia** to allude (to)

**referente** referring, relating

**referirse** (**ie, i**) **a** to refer to

**refinado** refined

**refinería** refinery

**reflejar** to reflect

**reflejo** reflection; **reflejo inverso** mirror image

**reflexión** reflection (*mental*)

**reforma** reform

**reformista** *m., f.* reformist

**reforzar** (**ue**) to reinforce, strengthen

**refrenar** to hold back, curb

**refrendado** authenticated

**refrescante** refreshing

**refrescar** to refresh

**refresco** cold drink

**refrigeración** refrigeration

**refuerzo** reinforcement; help, aid

**refugiado** refugee

**refugio** asylum

**refutar** to rebut

**regadío** irrigation

**regalar** to give (*presents*)

**regalo** gift, present

**regañar** to scold

**regar** (**ie**) to water, irrigate

**régimen** regime

**región** region

**regionalismo** regionalism

**regir** (**i**) (**j**) to govern

**registrado** recorded

**registro** register, record

**regla** rule

**reglado** regulated

**reglamentario** required

**reglamento** regulation

**regresar** to return

**regresión** regression

**regulable** able to regulate

**regularidad** regularity

**rehén** hostage

**rehusar** to refuse, turn down

**reina** queen

**reino** realm, kingdom; **Reino Unido** United Kingdom

**reír(se)** *irreg.* to laugh

**reja** gate

**relación** relation

**relacionarse** to be related

**relajamiento** relaxation

**relajar(se)** to relax

**relatar** to tell, relate, narrate

**relativo** relative

**relato** account; story

**relevancia** relevance

**religión** religion

**religioso** religious

**reloj** *m.* clock

**remedio** remedy, cure, solution

**remontarse** to go back (*to a past time*)

**remordimiento** remorse

**remoto** remote

**remuneración** remuneration

**remunerado** remunerated

**renacer** (*like* **nacer**) to be reborn

**Renacimiento** Renaissance

**rendir** (**i, i**) to yield, produce; **rendirse** to give up, surrender

**renombre** renown

**renovado** renovated

**renta** income

**renunciar** to renounce, give up

**reñir** (**i, i**) to fight, quarrel

**reojo: ver** (*irreg.*) **de reojo** to see out of the corner of one's eye

**reparar** to repair
**repartir** to distribute, share, divide up
**reparto** distribution
**repasar** to review
**repente: de repente** suddenly
**repentino** sudden
**repercusión** repercussion
**repetir (i, i)** to repeat
**repetitivo** repetitive
**repetitividad** repetitiveness
**repleto** replete, full
**reposabrazo** armrest
**represalia** reprisal, retaliation
**representación** representation
**representante** *n.* representative
**representar** to represent
**representativo** *adj.* representative
**represión** repression
**represivo** repressive
**reprimenda** reprimand
**reprimir** to repress, check
**reprobar** to fail (an exam)
**reproducir** (*like* **producir**) to reproduce
**República Dominicana** Dominican Republic
**republicano** *n.* republican
**repudiar** to repudiate
**reputación** reputation
**requerir (ie, i)** to require
**requisito** requirement
**resaltar** to stand out
**rescatar** to salvage, rescue
**rescate** ransom, reward
**resentimiento** resentment
**reseña** review
**reseñar** to review
**reserva** reserve
**reservar** to reserve
**resfriado** cold, flu
**residir** to reside
**residual: aguas** (*pl.*) **residuales** wastewater
**resignado** resigned; submissive
**resistencia** resistance
**resistente** resistant
**resistir** to resist; **resistirse a** + *inf.* to refuse to + *inf.*
**resolución** resolution
**resolver (ue)** (*p.p.* **resuelto**) to resolve
**respaldar** to back, support
**respaldo** backing, support
**respectivo** respective
**respecto** respect, relation; **al respecto** about the matter; **con respecto a** with regard to

**respetar** to respect
**respeto** respect
**respetuoso** respectful
**respirar** to breathe
**respiratorio** respiratory
**responder** to answer, respond
**responsabilidad** responsibility
**responsabilizarse** to take responsibility
**respuesta** answer
**restante** remaining
**restauración** restoration
**restaurante** restaurant
**resto** rest
**restricción** restriction
**restringir (j)** to restrict, limit
**resuelto** determined
**resultado** result
**resultante** *f.* resultant (*math*)
**resultar** to turn out
**resumen** summary
**resumir** to summarize
**resurgimiento** resurgence
**retener** (*like* **tener**) to retain
**retirar** to take away, remove; **retirarse** to withdraw, retire
**reto** challenge
**retórica** rhetoric
**retornar** to return
**retorno** return
**retrasar** to delay
**retrato** portrait
**retribución** retribution
**retroceder** to go/pull back
**retrógrado** retrogressive
**retrotraer** (*like* **traer**) to regress (*under hypnosis*)
**reunión** meeting; reunion
**reunir (reúno)** to bring together, unite; **reunirse** to assemble, meet
**reutilización** reutilization
**revelación** revelation
**revelador** revealing
**revelar** to reveal
**revisar** to examine; to review
**revisión** revision
**revista** magazine
**revolución** revolution
**revolucionario** *n., adj.* revolutionary
**revuelo** commotion, stir
**rey** *m.* king; **Día** (*m.*) **de los Reyes Magos** Epiphany; **Reyes Magos** Three Wise Men, Magi
**rezar** *sl.* to say, read
**ribete** effect
**rico** rich, wealthy

**ridículo** ridiculous
**riesgo** risk
**riflero** rifleman
**rígido** rigid
**rima** rhyme
**rincón** corner
**río** river; **Río Amazonas** Amazon River
**riqueza** richness, wealth
**risa** laughter, laugh
**rítmicamente** rhythmically
**ritmo** rhythm
**rito** rite
**robar** to steal, rob
**robo** theft, robbery
**rocoso: Montañas Rocosas** Rocky Mountains
**rodar (ue)** to roam, wander
**Rodas** Rhodes
**rodear** to surround
**rodeo** twist, turn
**rodilla** knee
**rojo** red; **saltar un semáforo en rojo** to run a red light
**romancero** balladeer
**romano** *n.* Roman
**romántico** romantic
**romanza** romance, romanza (*music*)
**romería** *festival near a religious shrine*
**rompecabezas** *m. s., pl.* riddle, puzzle
**romper** (*p.p.* **roto**) to break
**ron** rum
**ronda** round
**ropa** clothes
**rosa** rose
**rostro** face
**roto** (*p.p. of* **romper**) broken
**rubio** *adj.* blond
**rudo** coarse, rough
**rueda** wheel
**ruido** noise
**ruina** ruin
**Rumania** Romania
**ruptura** rupture, break
**Rusia** Russia
**ruso** *n.* Russian
**ruta** route
**rutina** *n.* routine
**rutinario** *adj.* routine

## S

**saber** *irreg.* to know; (*preterite*) to find out; **saber** + *inf.* to know how to (*do something*)
**sabiduría** wisdom
**sabio** wise, learned
**sabor** flavor

**sacar** to take out; to obtain, get
**sacerdotal** priestly
**sacerdote** priest
**sacramento** sacrament
**sacrificado** sacrificed
**sacrificio** sacrifice
**sagrado** sacred
**sal** *f.* salt
**sala** room; hall, salon
**salarial** pertaining to salary, wages
**salario** salary, wages
**saldo** clearance sale
**salida** exit; **callejón sin salida** dead end street
**salir** *irreg.* to leave, go out; **salir adelante** to come out well/ahead; **salir de excursión** to go/leave on a trip; **salir pitando** to leave in a hurry
**saltar** to jump; to skip; **saltar un semáforo en rojo** to run a red light
**salud** health
**saludable** healthy, wholesome
**salvaje** wild; uncultivated
**salvar** to save
**salvo** *adv.* except; **estar** (*irreg.*) **a salvo** to be safe
**sanatorio** sanitarium, hospital
**sanción** sanction
**sancionar** to sanction
**sangre** *f.* blood
**sangriento** bloody
**sanidad** health
**sanitario** sanitary
**sano** healthy
**santo** *n.* saint; **santo patrón** patron saint; *adj.* holy
**sardina** sardine
**satélite** satellite
**satisfacción** satisfaction
**satisfacer** *irreg.* (*p.p.* **satisfecho**) to satisfy
**saturado** saturated
**secar** to dry
**sección** section
**seco** dry
**secretariado** secretariate
**secretario** secretary; **secretario de estado** secretary of state; **secretario general** secretary general
**secreto** secret
**secta** sect
**secuela** sequel; aftermath
**secuencia** sequence
**secuestrar** to kidnap
**secuestro** kidnapping

**secundario** secondary; **escuela secundaria** middle and/or high school
**sed** thirst
**sede** *f.* headquarters
**sedentario** sedentary
**sedentarismo** inactivity, act of being sedentary
**seducir** *irreg.* to seduce
**seductor** seductive
**sefardí** *n. m., f.* Sephardi; *pl.* Sephardim; *adj.* Sephardic
**seguida: en seguida** immediately
**seguidor** follower
**seguimiento** continuation
**seguir (i, i) (g)** to follow
**según** according to
**segundo** second; **de segunda mano** secondhand; **en segundo lugar** in the second place; **Segunda Guerra Mundial** Second World War
**segundona** second daughter
**seguridad** security; **cinturón de seguridad** seatbelt
**seguro** *n.* insurance; **a buen seguro** certainly, undoubtedly; *adj.* sure; safe
**selección** selection
**seleccionar** to select
**selectivo** selective
**sello** stamp; record label
**selva** jungle
**semáforo: saltar un semáforo en rojo** to run a red light
**semana** week; **fin de semana** weekend
**semántico** semantic
**semejante** similar
**semejanza** similarity
**semiderruido** partly torn down, destroyed
**senado** senate
**senador** senator
**sencillo** simple
**Sendero Luminoso** Shining Path
**sensación** sensation
**sensibilidad** sensitivity
**sensible** sensitive
**sensorial** *adj.* sensory
**sensualidad** sensuality
**sentado: dar** (*irreg.*) **por sentado** to take for granted
**sentarse (ie)** to sit down
**sentencia** sentence (*legal*)
**sentenciar** to sentence, condemn
**sentido** sense
**sentimiento** feeling
**sentir(se) (ie, i)** to feel; to be sorry

**señal** signal
**señalar** to point out
**señalización** signals, system of signals
**señor (Sr.)** Mr.; man
**señora (Sra.)** Mrs.; woman
**señorita (Srta.)** Miss; young woman
**separación** separation
**separado: por separado** separately
**separar(se)** to separate
**sepultura** tomb
**ser** *n.* being; **ser humano** human being
**ser** *irreg.* to be; **es decir** that is to say; **llegar a ser** to become; **o sea** in other words; **pasar a ser** to become; **ser despedido** to be fired
**serie** *f.* series
**serio** serious; **tomar en serio** to take seriously
**serpentino** serpentine
**servicio** service; **servicio de mensajería** delivery service
**servir (i, i)** to serve
**sesión** session
**seudónimo** pseudonym
**severidad** severity
**severo** severe, harsh
**sexismo** sexism
**sexo** sex
**sexual** sexual; **acoso sexual** sexual harassment
**sexualidad** sexuality
**si** if
**sí** yes
**sicología** *var. of* **psicología** psychology
**sicológico** *var. of* **psicológico** psychological
**SIDA** *m. abbrev. of* **síndrome** (*m.*) **de inmunodeficiencia adquirida** acquired immune deficiency syndrome AIDS
**siempre** always
**siervo** slave, serf
**siesta** nap
**siglo** century
**significado** meaning
**significar** to mean
**significativo** significant
**signo** sign
**siguiente** following
**silencio** silence
**silicio** silicon
**silla** chair
**sillón** armchair
**simbólico** symbolic
**simbolismo** symbolism

**simbolizar** to symbolize
**símbolo** symbol
**similitud** similarity, resemblance
**simpatía** sympathy
**simpático** nice
**simplificar** to simplify
**simplista** *m., f.* simplistic
**simultáneo** simultaneous
**sin** without; **callejón sin salida** dead end street; **sin duda** without doubt; **sin embargo** nevertheless, however
**sincero** sincere
**sincretismo** syncretism
**sindical** pertaining to the trade or labor union
**sindicato** trade or labor union
**síndrome** *m.* syndrome; **síndrome de inmunodeficiencia adquirida (SIDA)** acquired immune deficiency syndrome (AIDS); **síndrome del túnel carpiano** carpal tunnel syndrome
**sinfín** endless number, endless amount
**singular** unique
**sino** but, except, but rather; **sino que** *conj.* but rather
**sinónimo** *n.* synonym; *adj.* synonymous
**síntesis** *f.* synthesis
**siquiera: ni siquiera** not even
**sirena** siren
**sistema** *m.* system
**sistemático** systematic
**sistematizar** to systematize
**sistémico** systemic
**sitio** place
**situación** situation
**situado** located, situated
**SMS** (*short message service*) text message
**soborno** bribery
**sobrante** left over
**sobre** over; on; about; regarding; **recaer sobre** to fall on; **sobre todo** above all
**sobrecarga** overload
**sobrecargar** to overload
**sobreesfuerzo** overexertion
**sobremanera** excessively, beyond measure
**sobrenatural** supernatural
**sobrepasar** to surpass
**sobrepoblación** overpopulation
**sobrepoblado** overpopulated
**sobresalir** (*like* **salir**) to succeed
**sobrevivir** to survive
**socavar** to undermine
**socialismo** socialism

**sociedad** society
**socio** associate
**socioeconómico** socioeconomic
**sociología** sociology
**sociológico** sociological
**sociólogo** sociologist
**sociopolítico** sociopolitical
**sofisticación** sophistication
**sofisticado** sophisticated
**sol** sun; **hacer** (*irreg.*) **sol** to be sunny
**solar** *n.* lot, plot of land
**soldado** soldier
**soledad** loneliness
**solemne** solemn
**soler** (**ue**) to be in the habit of, accustomed to
**solicitar** to request
**solidaridad** solidarity
**solitario** solitary, lone
**solo** *adj.* alone; only; sole
**sólo** *adv.* only
**soltero** single, unmarried
**solución** solution
**solucionar** to solve
**sombra** shade
**sombrero** hat
**someter** to subject; to conquer, subdue
**sometido** subjected; conquered, subdued
**sondeo** survey, poll
**sonrisa** smile
**soñar** (**ue**) (**con**) to dream (about)
**sopa** soup
**soportar** to tolerate, put up with; to bear, endure
**soporte** support
**sorprender** to surprise
**sorprendido** surprised
**sorpresa** surprise
**sospecha** suspicion
**sospechar** to suspect
**sospechoso** suspicious
**sostener** (*like* **tener**) to hold up, support; to maintain
**sótano** basement
**suavizar** to soften
**subciudad** sub city
**subconsciente** subconscious
**subdesarrollado** underdeveloped
**subdividir** to subdivide
**subdivisión** subdivision
**subempleado** underemployed
**subir** to go up; to climb
**subjetivo** subjective
**sublevación** revolt

**sublevados** *pl.* people/groups/nations in rebellion
**sublevarse** to revolt, rise up
**subordinación** subordination
**subordinado** subordinate
**subrayar** to underline
**subtítulo** subtitle
**suburbio** suburb
**subvención** grant (*of money*)
**subversivo** subversive
**suceder** to happen, occur
**sucesión** succession
**suceso** event
**sucio** dirty
**sucursal** branch office
**Sudamérica** South America
**sudamericano** *adj.* South American
**Suecia** Sweden
**sueldo** salary
**suelo** floor; **fregar** (**ie**) **el suelo** to mop the floor
**sueño** sleep; dream
**suerte: tener** (*irreg.*) **suerte** to be lucky
**sufí** *n. m.* Sufi
**suficiente** enough, sufficient
**sufijo** *gram.* suffix
**sufrimiento** suffering
**sufrir** to suffer
**sugerencia** suggestion
**sugerir** (**ie, i**) to suggest
**sugestión** suggestion
**suicidarse** to commit suicide
**suicidio** suicide
**sujeto** subject
**suma** sum, amount; total
**sumado a** added to
**sumamente** extremely
**suministrar** to supply
**sumiso** submissive
**sumo** supreme, greatest
**superaparato** monster machine
**superar** to overcome
**superciudad** very large city
**superficie** *f.* surface
**superior** top, upper; higher, greater; superior, better
**superioridad** superiority
**supermoderno** ultramodern
**superpoblación** overpopulation
**superpotencia** superpower
**superpuesto** (*p.p. of* **superponer**) superimposed
**supersónico** supersonic
**superstición** superstition
**superurbe** *f.* very large city or metropolis

**supervivencia** survival

**suponer** (*like* **poner**) to suppose

**supremo: Corte** (*f.*) **Suprema** Supreme Court

**suprimir** to suppress

**supuesto** (*p.p. of* **suponer**) supposed; **por supuesto** of course

**sur** south; **Cono Sur** *the region comprised of Argentina, Chile, Uruguay, and Paraguay*

**sureste** southeast

**surgir (j)** to arise

**suroeste** southwest

**suscitar** to provoke

**suspención** suspension

**suspendido** suspended

**suspenso** suspense

**suspirar** to sigh

**sustancial** substantial

**sustantivo** *gram.* noun

**sustituir (y)** (*var. of* **substituir**) to substitute

**sustraer** (*like* **traer**) (*var. of* **substraer**) to take away; to misappropriate; to steal

**sútil** subtle

## T

**tabaco** tobacco

**tabla** table, chart

**tablero** board; **tablero de ouija** Ouija board

**tacón** heel

**táctica** tactic

**tacto** sense of touch

**Tailandia** Thailand

**tal** such (a); **con tal (de) que** provided that; **tal como** just like, just as; **tal o cual** this or that; **tal vez** maybe, perhaps

**taladro** shipworm; worm

**talento** talent

**talla** stature

**talón: pisar los talones** to keep on someone's heels; to follow closely

**tamal** *dish made of corn meal, chicken or meat, and chile wrapped in a corn husk or banana leaf*

**tamaño** size

**también** also

**tampoco** neither, not either

**tan** so, as; such; **tan... como** as . . . as; **tan pronto como** as soon as

**tanga** thong

**Tánger** Tangier

**tango** *music and dance from Argentina*

**tanto** so much; as much; *pl.* so many, as many; **mientras tanto** meanwhile; **por (lo) tanto** therefore; **tanto... como** both . . . and

**taquicardia** tachycardia

**tarde** *n. f.* afternoon; **por la tarde** in the afternoon; *adv.* late

**tardío** late, belated

**tarea** task; homework; **tarea doméstica** chore

**tarjeta** card; **tarjeta de banco** bank card; **tarjeta de crédito** credit card

**tasa** rate; **tasa de mortalidad** death rate; **tasa de natalidad** birth rate

**tatuaje** tattoo

**taxista** *m., f.* taxi driver

**taza** cup

**té** tea

**teatral** theatrical, pertaining to the theater

**teatro** theater

**techo** roof

**tecla** key (*on a keyboard, musical instrument*)

**teclado** keyboard

**técnica** technique

**tecnología** technology

**tecnológico** technological

**tecnópolis** *f.* technological city

**telaraña** spider's web; web

**telecomunicación** telecommunications

**teleempleado** telecommuter

**telefónico** *adj.* telephone

**teléfono** telephone; **contestadora de teléfono** telephone answering machine; **teléfono celular** cellular telephone

**telequinésico** telekinetic

**teletrabajador** telecommuter

**televisión** television

**televisivo** *adj.* television, pertaining to television

**televisor** television set

**tema** *m.* subject, theme

**temer** to fear

**temerario** reckless

**temor** fear

**temperatura** temperature

**tempestad** tempest, storm

**templado** temperate

**temporada** season

**temporal** temporary

**temporáneo** transitory, passing

**temprano** early

**tenaz** tenacious

**tendencia** tendency

**tender (ie)** to hang; **tender a** to have the tendency to; to tend to

**tener** *irreg.* to have; **tener... años** to be . . . years old; **tener en común** to have in common; **tener en cuenta** to keep in mind; **tener éxito** to be successful; **tener hambre** to be hungry; **tener la certeza** to be certain, sure; **tener la culpa** to be responsible, at fault; **tener la palabra** to have the floor; **tener lugar** to take place; **tener miedo** to be afraid; **tener prisa** to be in a hurry; **tener que** to have to (*do something*); **(no) tener (nada) que ver con** to have (nothing) to do with; **tener razón** to be right; **tener suerte** to be lucky

**tentación: Domingo de Tentación** Temptation Sunday

**tentáculo** tentacle

**teología** theology

**teoría** theory

**teóricamente** theoretically

**terapeuta** *m., f.* therapist

**terapéutico** therapeutic

**terapia** therapy; **terapia reencarnacionista** past-life regression therapy

**tercer, tercero** third

**tercermundista** *adj. m., f.* third-world

**tercio** *n.* third, third part

**térmico** thermal

**terminal** *f.* terminal

**terminar** to end, finish

**término** term, word

**termómetro** thermometer

**terrateniente** *m., f.* land owner

**terraza** terrace

**terreno** land, ground, terrain; plot of land

**terrestre** earthly, terrestial

**territorio** territory

**terrorismo** terrorism

**terrorista** *n., adj. m., f.* terrorist

**tesis** *f.* thesis

**tesoro** treasure

**testigo** witness

**testimonio** testimony

**textil** *n.* textile

**texto** text; **libro de texto** textbook

**tía** aunt

**tibetano** *adj.* Tibetan

**tiburón** shark

**tiempo** time (*general*); weather; tense (*gram.*); **a tiempo** on time; **al**

**mismo tiempo** at the same time; **viajero del tiempo** time traveler

**tienda** store

**tierra** land, earth; Earth (*planet*)

**tila** linden

**tilma** *small blanket-like shawl*

**tino** sight, aim

**tinta: cartucho de tinta** ink cartridge

**tío** uncle; *pl.* aunts and uncles; **tíos abuelos** great-uncles and great-aunts

**típico** typical

**tipifiar** to characterize, typify

**tirar** to throw

**tirón** pull

**tiroteo** shooting

**titulación** title; diploma

**titular** headline

**titularse** to be called, entitled

**título** title

**TLC** *abbrev. of* **Tratado de Libre Comercio** North American Free Trade Agreement (NAFTA)

**tocante a** concerning

**tocar** to play (*an instrument*); to touch

**todavía** still, yet

**todo** all, everything, all of; **ante todo** above all; **de todas maneras** whatever happens, by all means; **de todos modos** anyway; **después de todo** after all, when all is said and done; **por/en todas partes** everywhere; **sobre todo** above all; **todos los años** every year; **todos los días** every day

**Tokio** Tokyo

**tokiota** *m., f.* person from Tokyo

**tolerancia** tolerance

**tolerante** tolerant

**tolerar** to tolerate

**tomar** to take; to drink; to eat; **tomar en cuenta** to take into account; **tomar en serio** to take seriously; **tomar nota de** to take note of; **tomar una copa** to have a drink; **tomar una decisión** to make a decision; **tomar vacaciones** to take a vacation

**tomatazo** blow or hit with a tomato

**tomate** tomato

**Tomatina** *tomato festival in Spain during which participants throw tomatoes at each other*

**tomo** tome

**tonelada** ton

**tono** tone

**tonterías** nonsense

**topar(se)** to bump into

**topográfico** topographic

**topología** topology

**toque** touch

**torno: en torno a** about, in connection with; around

**toro** bull

**torre** *f.* tower

**torturar** to torture

**tortuoso** tortuous

**tortura** torture

**tostadora de pan** toaster

**totalidad** totality, whole

**totalitario** totalitarian

**totalizar** to sum up

**tóxico** toxic

**toxicómano** drug addict

**toxina** toxin

**traba** obstacle

**trabajador** *n.* worker; *adj.* hard-working

**trabajar** to work; **trabajar por una miseria** to work for peanuts

**trabajo** work; job; **trabajo extradoméstico** job outside the home

**tradición** tradition

**tradicional** traditional

**traducción** translation

**traducir** *irreg.* to translate

**traer** *irreg.* to bring

**traficante** *m., f.* trafficker

**tráfico** traffic; **tráfico de drogas** drug trafficking

**trágico** tragic

**traje** suit

**tramitar** to transact

**trámites** negotiations, procedures, formalities

**tranquilidad** tranquillity, peacefulness

**tranquilo** calm, tranquil, peaceful

**transcurrir** to pass, go by (*period of time*)

**transformación** transformation

**transformar** to transform; **transformarse** to become transformed

**transgénesis** *f.* genetic alteration

**transgénico** genetically altered

**transición** transition

**tránsito** transition

**transmitir** to transmit

**transpersonalista** *m., f.* channeler

**transporte** transportation

**tranvía** *m.* tram, streetcar

**trascendencia** importance

**trasladar** to transfer, move

**traslado** transfer, move

**trasplante** transplant

**trastornar** to upset

**trastorno** disturbance, disorder

**tratado** treaty; **Tratado de Libre Comercio (TLC)** North American Free Trade Agreement (NAFTA)

**tratamiento** treatment

**tratar** to treat; **se trata de** it's a question of, it's about; **tratar de** + *inf.* to try to (*do something*); **tratar de** + *noun* to deal with (*a topic*)

**trato** treatment

**trauma** *m.* trauma

**traumático** traumatic

**través: a través de** through, across

**travieso** mischievous

**trayecto** distance

**trayectoria** path, course

**trazado** traced

**tremendo** tremendous, dreadful

**tren** train

**triángulo** triangle; **triángulo pasional** love triangle

**tribulación** tribulation

**tribunal** court, tribunal

**tributo** tribute

**trigo** wheat

**tripulado** manned

**triste** sad

**tristeza** sadness

**triunfar** to triumph

**triunfo** triumph

**tropa** troupe

**tubo** tube

**tugurio** hovel, shack

**tul** tulle

**Tullería: Las Tullerías** The Tuileries (*park in Paris*)

**tumba** grave, tomb

**tumbar** to overthrow

**túnel** tunnel; **síndrome del túnel carpiano** carpal tunnel syndrome

**tupamaro** urban guerrilla

**tupido** thick, dense

**turismo** tourism

**turista** *n., adj. m., f.* tourist

**turístico** *adj.* tourist; **recorrido turístico** tourist route

**Turquía** Turkey

**turrón** nougat

# U

**ubicación** location

**ubicarse** to be located

**ufólogo** person who studies UFOs

**úlcera** ulcer

**último** last, final; latest; **por último** finally

**ultracuento** story describing out-of-the-ordinary events

**ultradimensional** from another dimension

**ultratumba** *n.* beyond the grave

**ultravioleta** *m., f.* ultraviolet

**unanimidad** unanimity

**unas cuantas** a few

**único** unique; only

**unidad** unity; unit

**unido** united; **Estados Unidos** United States; **Reino Unido** United Kingdom

**unifamiliar** *adj.* one-family

**unificar** to unify; **unificarse** to become unified

**uniforme** *adj.* uniform

**uniformidad** uniformity

**unión** union; **unión consensual** common-law marriage; **Unión Europea** European Union

**universidad** university

**universitario** *adj.* university

**universo** universe

**uña** fingernail; toenail

**urbanista** *m., f.* city planning expert

**urbanístico** *adj.* city-planning

**urbanización** urbanization; migration to the cities

**urbano** urban; **casco urbano** city limits

**urbe** *f.* large city, metropolis

**urea: espuma de urea formol** *a type of foam insulation*

**urgencia** urgency

**uruguayo** *n., adj.* Uruguayan

**usar** to use

**uso** use

**usuario** user

**útil** useful

**utilización** use

**utilizar** to use, utilize

**uva** grape

## V

**vaca** cow

**vacación** vacation; **tomar vacaciones** to take a vacation

**vacío** *n.* emptiness; *adj.* empty

**vagabundo** vagrant

**vagar** to roam, wander

**vago** vague

**vale** receipt

**valenciano** *adj.* Valencia, pertaining to Valencia (*Spain*)

**valer** *irreg.* to be worth; to be of value; **valer la pena** to be worthwhile; **valerse** to fend for oneself; to stand on one's own feet

**valeriana** valerian

**valía** worth, value

**validez** validity

**válido** valid

**valiente** brave

**valioso** valuable

**valle** valley

**valor** value

**valorar** to value

**vampirismo** vampirism

**vanagloriarse** to boast; to pat oneself on the back

**vanguardia** vanguard

**vapor** steam; **máquina de vapor** steam engine; **motor a vapor** steam engine

**vaquero** cowboy

**variación** variation

**variar (varío)** to vary

**varios** several, many

**varón** *n., adj.* male

**vasco** *n.* Basque (*language*); *adj.* Basque

**vaso** glass

**vasto** vast

**vaticinar** to prophesy, predict

**vecinal** *adj.* neighborhood

**vecindario** neighborhood

**vecino** neighbor

**vedar** to prohibit, forbid

**vegetal** *n.* vegetable, plant; *adj.* vegetable

**vehículo** vehicle

**vejez** old age

**vela** candle; wake

**velocidad** speed

**vencer (z)** to overcome

**vendaje** bandage

**vendedor** salesperson

**vender** to sell

**venezolano** *adj.* Venezuelan

**venir** *irreg.* to come

**venta** sale, selling

**ventaja** advantage

**ventana** window; **echar la casa por la ventana** to roll out the red carpet

**ventilación** ventilation

**ventilado** ventilated

**ver** *irreg.* to see; **(no) tener** (*irreg.*) **(nada) que ver con** to have

(nothing) to do with; **ver de reojo** to see out of the corner of one's eye

**veracidad** veracity, truthfulness

**veraneante** *m., f.* summer resident

**veranear** to (spend the) summer

**veraneo** summering, vacation

**veraniego** summery, pertaining to summer

**verano** summer

**verdad** truth

**verdadero** true

**verde** green

**verdura** vegetable

**vergonzoso** shameful

**vergüenza** shame

**verificar** to verify

**versión** version

**verso** verse

**vertebral: columna vertebral** spinal column

**vertiginoso** dizzy; rapid, sudden

**vértigo** vertigo, dizziness

**vestido** dress

**veterinaria** veterinary medicine

**vez** time, instance; **a la vez** at the same time; **a su vez** in turn; **a veces** sometimes, at times; **alguna vez** sometime; once; ever (*with a question*); **algunas veces** sometimes; **cada vez más** increasingly, more and more; **cada vez que** whenever, every time that; **de vez en cuando** once in a while; **en vez de** instead of; **muchas veces** often, frequently; **otra vez** again; **pocas veces** rarely; **por una vez** for once; **tal vez** maybe, perhaps; **una vez** once

**vía** way, road, route; passage, tract, duct (*med.*); manner, means; **en vías de desarrollo** developing; **vía férrea** railway, railroad

**viajar** to travel

**viaje** trip

**viajero del tiempo** time traveler

**vial** pertaining to roads, streets

**vicerrector** vice-rector

**viceversa** vice versa

**víctima** victim

**victoria** victory

**vida** life; **esperanza de vida** life expectancy; **ganarse la vida** to earn a living

**vidente** *m., f.* seer; person with ESP

**videoconferencia** video conference

**videograbadora** video recorder; VCR
**videojuego** video game
**vidrio** glass
**viejo** old
**viento** wind; **contra viento y marea** against all odds
**vigencia** use; force
**vigilar** to watch over
**vigilia** wakefulness
**villa de miseria** shantytown
**vinculado** linked, tied
**vinculante** linking
**vínculo** link, tie
**vino** wine
**viñeta** vignette
**violación** violation; rape
**violar** to break the law; to rape
**violencia** violence
**violento** violent
**violeta** *adj. m., f.* violet
**virador** toner
**virgen** *f.* virgin
**virginidad** virginity
**virtud** virtue
**visión** vision
**visitante** *m., f.* visitor

**visitar** to visit
**víspera** eve
**vista** view; **punto de vista** point of view
**visto** (*p.p. of* **ver**) seen; **estar** (*irreg.*) **bien/mal visto** to be approved/disapproved of; **por lo visto** evidently, apparently
**vitalidad** vitality
**vitamina** vitamin
**vitamínico** *adj.* vitamin
**viuda** widow
**viudo** widower
**vivienda** housing
**vivir** to live
**vivo** alive
**vocablo** word
**vocabulario** vocabulary
**vocación** vocation
**vocacional** vocational
**volante: objeto volante no identificado** (**OVNI**) unidentified flying object (**UFO**); **platillo volante** flying saucer
**volcarse** (**ue**) **en** to throw oneself into
**voleibol** volleyball

**volumen** volume
**voluntad** will; willpower
**voluntario** volunteer
**volver** (**ue**) (*p.p.* **vuelto**) to return; **volverse** to become
**votante** *m., f.* voter
**votar** to vote
**voto** vote
**voz** voice
**vuelta** return
**vulgaridad** vulgarity

## Y

**ya** already
**yacimiento** bed, deposit, field
**Yakarta** Jakarta
**yantar** *n.* food
**yema** yolk (*of egg*)

## Z

**zanahoria** carrot
**zapatista** pertaining to the Mexican revolutionary Emiliano Zapata
**zona** zone, area
**zurdo** left-handed

**Grateful acknowledgement is made for the use of the following:**

**Mary Lee Bretz** is Professor Emerita of Spanish and former Chair of the Department of Spanish and Portuguese at Rutgers University. Professor Bretz received her Ph.D. in Spanish from the University of Maryland. She has published numerous books and articles on nineteenth- and twentieth-century Spanish literature and on the application of contemporary literary theory to the study and teaching of Hispanic literature.

**Trisha Dvorak** is Senior Program Manager with Educational Outreach at the University of Washington. She has coordinated elementary language programs in Spanish and taught courses in Spanish language and foreign language methodology. Professor Dvorak received her Ph.D. in Applied Linguistics from the University of Texas at Austin. She has published books and articles on aspects of foreign language learning and teaching, and is co-author of *Composición: Proceso y síntesis*, a writing text for third-year college students.

**Carl Kirschner** is Professor of Spanish and Dean of Rutgers College. Formerly Chair of the Department of Spanish and Portuguese at Rutgers, he has taught courses in linguistics (syntax and semantics), sociolinguistics and bilingualism, and second language acquisition. Professor Kirschner received his Ph.D. in Spanish Linguistics from the University of Massachusetts. He has published a book on Spanish semantics and numerous articles on Spanish syntax, semantics, and bilingualism, and edited a volume on Romance linguistics.